20●25

나유리
조은혜
이종서
윤승재
김현세
지음

2025
프로야구 가이드북

이제 프로야구 관전을 위한 ——————
—————— 새로운 준비를 해야 할 때

CONTENTS

CHAPTER 1. FEATURE

PREVIEW 1. 스토브리그 핵심 정리   008

PREVIEW 2. 2025시즌 KBO 달라지는 점   010

CHAPTER 2. 2025 KBO LEAGUE SCOUTING REPORT

 KIA 타이거즈 KIA TIGERS   016

 삼성 라이온즈 SAMSUNG LIONS   040

 LG 트윈스 LG TWINS   064

 두산 베어스 DOOSAN BEARS   088

 kt 위즈 kt WIZ   112

PREVIEW 3. 궁금하셨죠?
           대전 한화생명 볼파크를 소개합니다   012

SSG 랜더스 SSG LANDERS   136

롯데 자이언츠 LOTTE GIANTS   160

한화 이글스 HANWHA EAGLES   184

NC 다이노스 NC DINOS   208

키움 히어로즈 KIWOOM HEROES   232

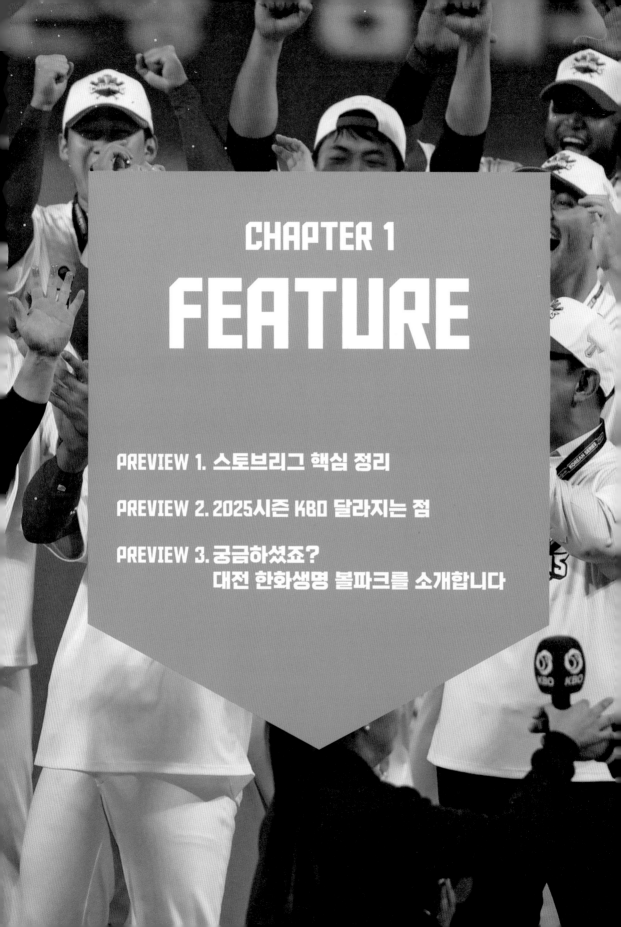

CHAPTER 1
FEATURE

PREVIEW 1. 스토브리그 핵심 정리

PREVIEW 2. 2025시즌 KBO 달라지는 점

PREVIEW 3. 궁금하셨죠?
          대전 한화생명 볼파크를 소개합니다

스토브리그 핵심 정리

한눈에 보는 선수 이적 현황

FA

선수	FA 등급	원소속 구단	계약 구단	계약 내용	보상
우규민	C	KT	KT	2년 7억 원 (계약금 2억 원·총 연봉 4억 원 ·옵션 1억 원)	
최정	C	SSG	SSG	4년 110억 원 (계약금 30억 원·총 연봉 80억 원)	
심우준	B	KT	한화	4년 50억 원 (계약금 24억 원·총 연봉 18억 원 ·옵션 8억 원)	보상선수 한승주 보상금 2억 9천만 원
엄상백	B	KT	한화	4년 78억 원 (계약금 34억 원 ·총 연봉 32억 5천만 원 ·옵션 11억 5천만 원)	보상선수 장진혁 보상금 2억 5천만 원
허경민	B	두산	KT	4년 40억 원 (계약금 16억 원·총 연봉 18억 원 ·옵션 6억 원)	보상선수 김영현 보상금 6억 원
김원중	A	롯데	롯데	4년 54억 원 (계약금 12억 원·총 연봉 32억 원 ·옵션 10억 원)	
구승민	A	롯데	롯데	2+2년 21억 원 (계약금 3억 원·총 연봉 12억 원 ·옵션 6억 원)	
장현식	B	KIA	LG	4년 52억 원 (계약금 16억 원·총 연봉 36억 원)	보상선수 강효종 보상금 1억 6천만 원
노경은	B	SSG	SSG	2+1년 25억 원 (계약금 3억 원·총 연봉 13억 원 ·옵션 9억 원)	
김헌곤	C	삼성	삼성	2년 6억 원 (계약금 2억 원·총 연봉 2억 원 ·옵션 2억 원)	
임정호	C	NC	NC	3년 12억 원 (계약금 3억 원·총 연봉 6억 원 ·옵션 3억 원)	
최원태	A	LG	삼성	4년 70억 원 (계약금 24억 원·총 연봉 34억 원 ·옵션 12억 원)	보상선수 최채흥 보상금 8억 원
김강률	C	두산	LG	3+1년 14억 원 (계약금 5억 원·총 연봉 9억 원)	
류지혁	B	삼성	삼성	4년 26억 원 (계약금 3억 원·총 연봉 17억 원 ·옵션 6억 원)	
임기영	B	KIA	KIA	3년 15억 원 (계약금 3억 원·총 연봉 9억 원 ·옵션 3억 원)	
하주석	B	한화	한화	1년 1억 1천만 원 (연봉 9천만 원 옵션 2천만 원)	
서건창	C	KIA	KIA	1+1년 5억 원 (계약금 1억 원 ·총 연봉 2억 4천만 원 ·옵션 1억 6천만 원)	
김성욱	C	NC	NC	2년 3억 원 (계약금 5천만 원·총 연봉 2억 원 ·옵션 5천만 원)	
이용찬	B	NC	NC	2+1년 10억 원 (계약금 1억 원·총 연봉 3억 원 ·옵션 6억 원)	
문성현	C	키움	-	2025년 3월 21일 기준 미계약	

대어가 많지 않은 편이었으나 투수 쪽에 시선이 가는 시장이었다. 엄상백, 최원태, 김원중이 주목받는 FA였고, 그중 선발 두 명 엄상백, 최원태의 거취가 주요 관심사 중 하나였다. 둘 모두 유니폼을 환복하고 새로운 팀에서 새로운 출발을 하게 됐다. 모두 4년 70억 원대 계약으로 소위 '잭폿'을 터트렸다. 1호 계약 역시 스토브리그에서 화제를 모은 팀 KT에서 나왔다. 녹슬지 않는 베테랑 우규민이 2년 최대 7억 원에 잔류해 기분 좋은 소식을 전했다. 야수는 통산 홈런 1위 최정이 사실상 개장 직전 계약에 합의해 심우준, 허경민에게 시선이 쏠렸다. 둘 중 심우준이 먼저 계약 소식을 전했다. 1호 이적 소식이었다. KT는 선발, 주전 유격수를 잃었지만, 보상선수 한승주, 장진혁을 영입해 실속을 챙겼다.

비FA 다년계약

선수	구단	포지션	계약일	계약 내용
최주환	키움	내야수	2024년 11월 5일	2+1+1년 12억 원 (총 연봉 12억 원 ·옵션 충족 시 계약 자동 연장)
김재현	키움	포수	2024년 11월 22일	6년 10억 원 (총 연봉 6억 원·옵션 4억 원)

키움은 KBO리그에서 리빌딩 기조를 가장 확실하게 내세우는 팀이다. 성적을 등한시하지 않지만, 저연차 선수에게 쏟는 정성과 노력이 상당하다. 그럼에도 매 시즌 눈길을 끄는 점은 베테랑 계약이다. 저연차 선수를 중심으로 운영되는 것은 분명하지만, 구심점을 항상 신경 쓰는 분위기다. 최주환 역시 2024시즌을 앞두고 2차 드래프트를 통해 키움 유니폼을 입곤 베테랑으로서 가치까지 인정받게 됐다. 김재현 또한 키움 원 클럽 맨으로서 인정받았다.

트레이드

날짜	구단	트레이드 내용
2024년 10월 31일	KT ↔ SSG	김민 ↔ 오원석
2024년 11월 22일	롯데 ↔ 두산	김민석, 추재현, 최우인 ↔ 정철원, 전민재
2024년 12월 19일	키움 ↔ KIA	조상우 ↔ 2026년 신인 1, 4R 지명권+10억 원

스토브리그 개막은 김민, 오원석 트레이드 소식과 함께였다. SSG는 공이 빠르고 선발·불펜이 다 소화되는 김민이 필요해

애지중지 키운 오원석을 내줬다. KT는 좌완이 절실했다. 그로부터 약 1개월 후, 롯데가 1라운드에 뽑은 톱 유망주 김민석 포함 3명을 내주는 출혈을 감수하고 불펜, 내야 약점을 메웠다. 이게 끝이 아니다. 윈나우 팀 KIA가 신인 지명권과 현금을 키움에 주고 국가대표 클로저 출신 조상우를 영입해 화제였다.

⚾ 주요 방출 선수 계약

구단	선수	포지션	전 소속 팀
LG	심창민	투수	NC
KT	최동환	투수	LG
롯데	박시영	투수	KT
키움	장필준	투수	삼성
키움	강진성	내야수	SSG
키움	오선진	내야수	롯데
키움	김동엽	외야수	삼성

⚾ 10개 구단 외국인 선수 계약 현황

구단	선수	등록명	영문 이름	포지션	계약 내용	특이 사항
KIA	제임스 네일	네일	James Naile	투수(우투우타)	180만 달러 (계약금 40만·연봉 120만·옵션 20만)	2년 차
	아담 올러	올러	Adam Oller	투수(우투우타)	100만 달러 (계약금 20만·연봉 60만·옵션 20만)	신규
	패트릭 위즈덤	위즈덤	Patrick Wisdom	내야수(우투우타)	100만 달러 (계약금 20만·연봉 80만)	신규
삼성	데니 레예스	레예스	Denyi Reyes	투수(우투우타)	120만 달러 (계약금 20만·연봉 70만·옵션 30만)	2년 차
	아리엘 후라도	후라도	Ariel Jurado	투수(우투우타)	100만 달러 (계약금 30만·연봉 70만)	3년 차
	르윈 디아즈	디아즈	Lewin Díaz	내야수(좌투좌타)	80만 달러 (계약금 10만·연봉 50만·옵션 20만)	2년 차
LG	엘리에이저 에르난데스	에르난데스	Elieser Hernández	투수(우투우타)	130만 달러 (계약금 30만·연봉 80만·옵션 20만)	2년 차
	요니 치리노스	치리노스	Yonny Chirinos	투수(우투우타)	100만 달러 (계약금 20만·연봉 80만)	신규
	오스틴 딘	오스틴	Austin Dean	내야수(우투우타)	170만 달러 (계약금 30만·연봉 120만·옵션 20만)	3년 차
두산	콜 어빈	콜어빈	Cole Irvin	투수(좌투좌타)	100만 달러 (계약금 20만·연봉 80만)	신규
	잭 로그	잭로그	Zach Logue	투수(좌투좌타)	80만 달러 (계약금 10만·연봉 70만)	신규
	제이크 케이브	케이브	Jake Cave	외야수(좌투좌타)	100만 달러 (계약금 20만·연봉 80만)	신규
KT	윌리엄 쿠에바스	쿠에바스	William Cuevas	투수(우투양타)	150만 달러 (계약금 30만·연봉 100만·옵션 20만)	7년 차
	엔마누엘 데 헤이수스	헤이수스	Enmanuel De Jesus	투수(좌투좌타)	100만 달러 (계약금 20만·연봉 80만)	2년 차
	멜 로하스 주니어	로하스	Mel Rojas Jr.	외야수(우투양타)	180만 달러 (계약금 30만·연봉 150만)	6년 차
SSG	드류 앤더슨	앤더슨	Drew Anderson	투수(우투우타)	120만 달러 (연봉 115만·옵션 5만)	2년 차
	미치 화이트	화이트	Mitch White	투수(우투우타)	100만 달러 (연봉 100만)	신규
	기예르모 에레디아	에레디아	Guillermo Heredia	외야수(좌투우타)	180만 달러 (연봉 160만·옵션 20만)	3년 차
롯데	찰리 반즈	반즈	Charlie Barnes	투수(좌투좌타)	150만 달러 (계약금 40만·연봉 95만·옵션 15만)	4년 차
	터커 데이비슨	데이비슨	Tucker Davidson	투수(좌투좌타)	95만 달러 (계약금 35만·연봉 50만·옵션 10만)	신규
	빅터 레이예스	레이예스	Víctor Reyes	외야수(우투양타)	125만 달러 (계약금 20만·연봉 80만·옵션 25만)	2년 차
한화	라이언 와이스	와이스	Ryan Weiss	투수(우투우타)	95만 달러 (계약금 15만·연봉 60만·옵션 20만)	2년 차
	코디 폰세	폰세	Cody Ponce	투수(우투우타)	100만 달러 (계약금 20만·연봉 80만)	신규
	에스테반 플로리얼	플로리얼	Estevan Florial	외야수(우투좌타)	85만 달러 (계약금 5만·연봉 70만·옵션 10만)	신규
NC	라일리 톰슨	라일리	Riley Thompson	투수(우투좌타)	90만 달러 (계약금 13만·연봉 52만·옵션 25만)	신규
	로건 앨런	로건	Logan Allen	투수(좌투좌타)	100만 달러 (계약금 14만·연봉 56만·옵션 30만)	신규
	맷 데이비슨	데이비슨	Matt Davidson	내야수(우투우타)	150만 달러 (계약금 24만·연봉 96만·옵션 30만)	2년 차
키움	케니 로젠버그	로젠버그	Kenny Rosenberg	투수(좌투좌타)	80만 달러 (연봉 70만·옵션 10만)	신규
	야시엘 푸이그	푸이그	Yasiel Puig	외야수(우투우타)	100만 달러 (연봉 100만)	2년 차
	루벤 카데네스	카데네스	Ruben Cardenas	외야수(우투우타)	60만 달러 (연봉 45만·옵션 15만)	2년 차

2025시즌 KBO 달라지는 점

더 낮아진다 _로봇심판의 변화

기존 내용

● 스트라이크 ● 볼

앞뒤
중간면과 끝면 2번 판정
홈 플레이트 중간면과 맨끝면
두 곳에서 공이
상/하 라인을 스쳐야 스트라이크

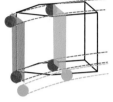

좌우
**홈플레이트 크기
좌우로 각각 2cm 확대 적용**
중간면에서 한 번만 판정

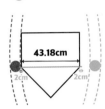

43.18cm

2cm 2cm

상하
**신장비율 적용 기준
기존보다 0.6% 하향 조정**
상단 하단 모두 적용

지면으로부터
신장의 55.75%

지면으로부터
신장의 27.04%

변경 내용

지난해 KBO리그에 성공적으로 안착한 '로봇 심판'이 새 시즌 변화를 맞는다. KBO는 지난해 12월 실행위원회를 통해 새 시즌 '자동 투구 판정 시스템(ABS·Automatic Ball-Strike System)'의 스트라이크 존을 0.6%p 낮추기로 결정했다. 신장 180cm인 선수 기준으로 약 1cm가 더 낮아지는 셈이다. 존의 크기는 기존과 동일하다. 상하단 기준은 홈 플레이트의 중간 면과 끝 면 두 곳에서 공이 상하 높이 기준을 충족해 통과해야 스트라이크로 판정된다. 사이드는 홈플레이트 크기 좌우로 각각 2cm 확대 적용한 기준을 그대로 이어 가고, 중간 면에서 한 번만 판정해 스트라이크 여부를 가린다.
ABS는 지난해 KBO리그에 큰 변화를 가져다줬다. 로봇 심판

의 판단으로 판정이 공정해졌다는 평가와 선수가 심판의 판정에 항의하고 충돌하는 불필요한 시간을 줄였다는 호평도 이어졌지만, 현장에서는 "타자가 칠 수 없는 공이 스트라이크가 된다"는 등의 불만이 여러 번 제기됐다. 스트라이크존 모서리를 잘 활용하던 베테랑 투수들과 프레이밍으로 스트라이크를 만들어 내던 포수들도 피해를 봤다는 평가.
크기는 그대로, 위치만 하향 조정된 이번 ABS 변화가 어떤 영향을 줄지는 미지수다. 낮게 깔리는 노련한 변화구로 삼진을 잡아내는 베테랑 투수들은 이번 조정을 반기고 있는 듯. 존 상단 모서리 타격에 어려움을 겪던 타자들의 불만도 잡아낼 수 있을지 주목된다.

더 빨라진다 _피치클락의 정식 도입

지난해 시범 운영된 '피치클락'이 올 시즌엔 정식 도입된다. 피치클락은 투구 간 시간제한을 두는 규정으로, 보다 빠르고 박진감 넘치는 승부를 유도하기 위해 미국 메이저리그(MLB)에서 먼저 도입한 제도다.
올해 KBO선 주자가 없을 때 20초, 주자가 있을 때 25초 안에 투수가 공을 던져야 한다. 규정된 시간 안에 공을 던지지 못하면, 볼 카운트 하나가 추가된다. 타석 간 간격은 33초, 타석당 타자의 타임아웃 횟수는 2회까지 허용하기로 했다.
처음 정식 도입하는 제도인 만큼, MLB보단 완화된 규정으로 경기를 치른다. MLB는 무주자 시 15초 이내, 유주자 시 18초 이내에 공을 던져야 한다. KBO도 지난해 주자가 없을 때 18초, 있을 때 23초로 제한을 둬 운영했지만, 시범 운영이라 경

기에 영향을 미치진 않았다. 하지만 페널티가 정식으로 적용되는 올해부터는 다르다.
이닝 교대 시간과 투수 교체 시간도 현장의 의견을 반영해 일부 조정했다. 이닝 교대 시간은 현행 2분에서 2분 10초로 늘고, 이닝 중 투수 교체 시간도 2분 10초로 기존보다 10초 당겼다.
피치클락 역시 지난해 후반기 정식 도입을 목표로 운영했으나, 현장의 반대에 부딪혀 시행되지 못했다. 시범 운영의 기간이 짧았다는 점과 선수들의 부상 우려가 크다는 점에서 미뤄졌다. 하지만 이제는 필수다. 2026 월드베이스볼클래식(WBC)에 피치클락이 정식 도입된다는 소식에 KBO의 발등에도 불이 떨어졌다. 적응과 시행착오가 많을 것으로 보인다.

더 정교해진다 _체크 스윙 퓨처스리그 시범 도입

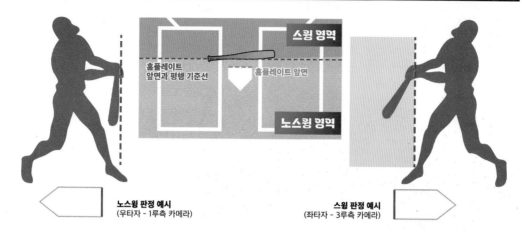

노스윙 판정 예시
(우타자 - 1루측 카메라)

스윙 판정 예시
(좌타자 - 3루측 카메라)

체크 스윙의 비디오판독도 KBO 퓨처스리그 일부 구장에서 시범 도입한다.

타자가 투수의 투구한 공을 타격하려는 의도로 배트를 휘두르는 동작을 할 때, 그 여세로 인해 배트의 각도가 홈플레이트 앞면과 평행을 이루는 지점보다 투수 방향으로 넘어갔을 때 심판은 스윙 스트라이크로 판정한다. 타자석 옆면 기준으로 90도다.

KBO는 이와 관련된 규정 마련을 위해 현장 의견 수렴 및 현장 테스트를 진행했다. 8월부터 일부 구장에서 체크 스윙 판독 카메라를 설치 시범 운영했고, 확보한 영상으로 활용 적절성을 검토해 왔다. KBO는 내·외부 전문가와 선수 대표 의견을 수렴, KBO리그에서의 도입은 유보하는 대신, 퓨처스리그에서 시범 도입을 최종 확정했다.

체크 스윙과 관련된 정확한 규정은 프로에 아직 없다. 미국 대학야구(NCAA)에서만 체크 스윙을 규정하고, 미국 애리조나 교육리그에서만 '체크 스윙 챌린지'를 시범 운영하고 있다. KBO는 현지에 직원을 파견해 조사 및 분석에 나섰고, 판정의 정확도 및 완성도 측면에서 시간을 두고 추가적인 검증을 계속 치를 예정이다.

더 명확해진다 _1루 3피트 라인 확대

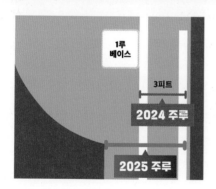

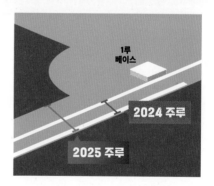

말도 많고 탈도 많았던 '3피트 라인' 규정도 보다 명확해진다. 기존 규정에 따르면, 타자들은 1루로 뛸 때, 홈에서 1루 베이스 후반부 그라운드에 그어진 3피트 레인 안쪽으로 뛰어야 했다. 새 시즌엔 1루 페어 지역 안쪽의 흙 부분까지 달릴 수 있게 확대 적용하기로 했다.

3피트 라인은 매 시즌 논란이 되어 왔다. 타자가 페어 지역 안쪽으로 뛰어 상대 수비를 방해하는 경우에만 아웃을 줬으나, 라인 안쪽으로 뛰어도 아웃을 주는 상황이 발생했다. 주로 범위가 명확하지 않은 탓이었다. 문제를 인식한 KBO는 주자의 주로 범위를 명확하게 해 규정으로 명시화했다.

다만 페어웨이 쪽 잔디를 밟고 뛰었다고 해서 반드시 주자 아웃은 아니다. 내야 잔디 부분을 달려 1루 송구를 처리하는 야수를 방해하였다고 심판원이 판단하였을 경우 규칙 위반 아웃 처리하기로 했다.

KBO는 현재 구장별로 상이한 1루 파울라인 안쪽의 너비를 내년 시범 경기 전까지 모든 구장이 동일하게 맞춰지도록 조정하기로 했다.

궁금하셨죠?
대전 한화생명 볼파크를 소개합니다

지난 시즌을 끝으로 61년 역사의 '최고령 구장' 이글스파크와 결별한 한화 이글스가 새로운 홈구장 대전 한화생명 볼파크로 둥지를 옮겼다.

국비 150억 원, 시비 1,438억 원, 한화 486억 원으로 총 사업비 2,074억 원을 들인 대전 한화생명 볼파크는 지하 2층, 지상 4층으로 연면적 5만 8405.56㎡ 규모로 지어졌다. 관중 수용 인원은 20,007명으로, 12,000명을 수용했던 이글스파크와 비교해 8,007명이나 늘었다.

한화 이글스는 올해로 창단 40주년을 맞이하며 BI를 변경했고, 신구장의 외관과 관중석도 새로운 BI와 유니폼에 적용된 네이비블루 색상으로 꾸몄다. 편안하면서도 고풍스러운 색상을 적용한 대신, 좌우에 우뚝 솟은 파울 폴대는 한화 이글스의 상징색인 주황색으로 포인트를 줬다.

노란색이 아닌 다른 색 폴대가 사용된 것은 대전 한화생명 볼파크가 최초이자 유일하다.

'국내 최초' 몬스터월 & '아시아 최초' 복층 불펜

대전 한화생명 볼파크에는 곳곳에 '최초' 타이틀이 가득하다. 그만큼 개성 넘치는 특색들이 곳곳에 자리 잡고 있다. 먼저 국내 최초 비대형 오각형의 외야는 홈에서 펜스까지 거리가 좌측 99m, 좌중간 115m, 중앙 122m, 우중간 112m, 우측 95m로 제각각 달라 예측 불허의 다양하고 역동적인 플레이를 볼 수 있을 것으로 보인다.

우측 외야에는 펜스가 짧은 대신 너비 32m, 높이 8m에 달하는 '몬스터월'이 자리 잡고 있다. 아마도 경기 내내 눈길을 사로잡을 요소. 몬스터월 표면은 미디어 글라스로 되어 있어 다양한 이미지 연출이 가능하다. 투명해 선수와 관중이 서로를 볼 수 있기도 하고, 경기 정보를 제공하는 보조 전광판이나 광고판 역할까지 한다.

몬스터월 뒤쪽이 바로 아시아 최초의 복층 불펜이다. 1층은 홈팀인 한화가 쓰고, 2층은 원정팀이 사용한다. 홈과 원정 불펜투수가 동시에 몸을 푸는 모습을 한눈에 담을 수 있는, 어디에서도 볼 수 없는 색다른 장면을 연출한다. 불펜은 1루 홈 더그아웃과의 거리를 최소화했고, 마운드로 향하는 동선도 1층을 사용하는 한화가 더 짧아 이 부분은 홈 어드밴티지로 작용한다.

인피니티풀에서 수영하며 야구 관람이 가능하다고?

대전 한화생명 볼파크의 또 하나의 자랑이자 가장 유니크한 공간은 3루 측에 위치한 인피니티풀이다. 미국 애리조나 다이아몬드백스 홈구장인 체이스 필드에도 수영장이 있지만, 야구장 안에 인피니티풀이 들어온 건 대전 한화생명 볼파크가 세계 최초다. 아파트 8층 높이의 야구장 꼭대기에서 수영을 하면서 야구를 관람할 수 있다. 한화는 이 인피니티풀을 포함한 구역을 365일 상시 운영할 방침이다. 수영장은 온수가 제공되어 겨울에도 따뜻하게 이용할 수 있다. 야구 경기가 있을 때는 경기 티켓이 포함된 패키지 상품으로 판매되며, 경기 없는 날에도 이용할 수 있도록 운영할 계획. 바(bar)와 파티를 운영하거나, 한화의 원정 경기를 함께 관람하는 방안도 구상 중이다.

MLB 명물부터 대전 로컬 맛집까지, 먹거리도 다양해졌슈

야구장이라면 눈은 물론 입까지 즐거워야 하는 건 당연하다. 대전 한화생명 볼파크에는 일명 '야구푸드'를 책임질 다양한 매장들이 마련됐다.

1루 측에는 MLB 공식 푸드 서비스 브랜드 '아라마크'가 KBO 최초로 들어선다. 실내외 외야 테라스를 자유롭게 오가며 경기를 관람할 수 있는 특화 좌석으로, 핫도그와 햄버거, 멕시칸 푸드 등 MLB 구장 인기 메뉴들을 만날 수 있다.

착한 가격, 대중적 메뉴로 이름난 '백주부' 백종원의 더본코리아의 다양한 브랜드들도 자리잡는다.

빽다방 빵연구소부터 역전우동, 연돈볼카츠, 한신포차, 백스비어, 빽보이피자, 고투웍, 새마을식당까지, 다채로운 메뉴들이 팬들을 기다리고 있다.

홈런볼빵, 컵 스타일 우동과 비빔면 등 야구장에서만 맛볼 수 있는 전용 메뉴들도 만나볼 수 있다.

이글스파크의 대표 먹거리였던 '농떡'의 농심가락도 이글스파크에서 볼파크로 그대로 자리를 옮겼고, '아이스크림 떡볶이'로 유명한 대전 로컬 맛집 '바로그집'도 입점했다. 이밖에도 명랑핫도그, 북촌손만두, 공차, 요아정 등 인기 브랜드들이 대거 들어오면서 팬들에게 '야푸' 고르는 재미를 선사할 예정이다.

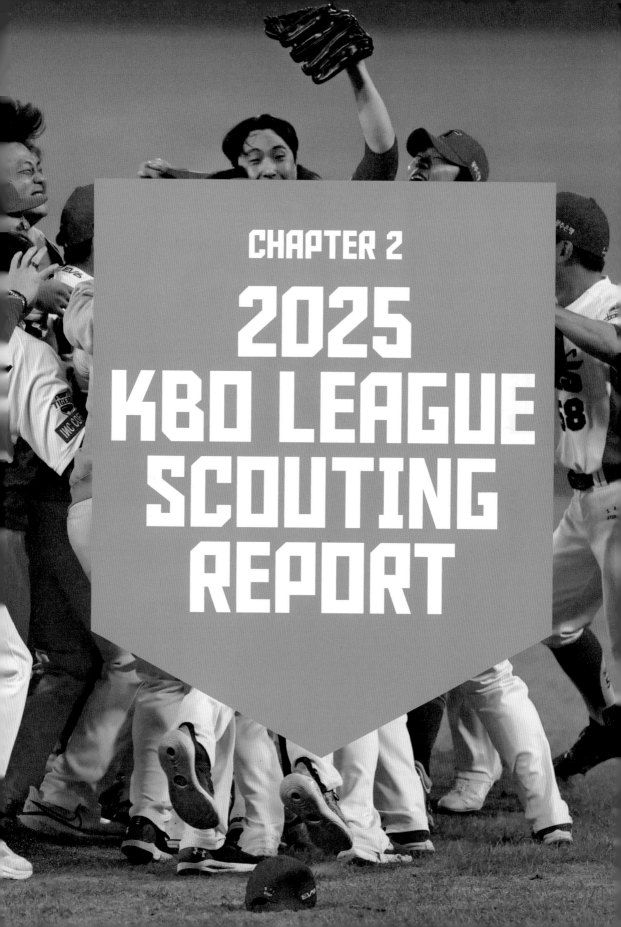

CHAPTER 2

2025
KBO LEAGUE
SCOUTING
REPORT

TEAM PROFILE

구단명 : KIA 타이거즈

연고지 : 광주광역시

창립연도 : **1982년**(해태 타이거즈), **2001년**(KIA 타이거즈)

구단주 : **송호성**

대표이사 : **최준영**

단장 : **심재학**

감독 : **이범호**

홈구장 : **광주 기아 챔피언스필드**

영구결번 : **7 이종범 18 선동열**

한국시리즈 우승 : **1983 1986 1987 1988 1989 1991 1993 1996 1997 2009 2017 2024**

UNIFORM

HOME

AWAY

2025 KIA TIGERS DEPTH CHART

• 지명타자

최형우

나성범

좌익수
이우성
이창진
김석환

중견수
최원준
김호령

우익수
나성범
박정우

유격수
박찬호
김규성

2루수
김선빈
서건창
윤도현

3루수
김도영
윤도현

1루수
위즈덤
서건창
변우혁

• 감독

이범호

포수
김태군
한준수
한승택

• 2025 예상 베스트 라인업

1번 타자	박찬호	유격수
2번 타자	최원준	중견수
3번 타자	김도영	3루수
4번 타자	위즈덤	1루수
5번 타자	나성범	우익수
6번 타자	최형우	지명타자
7번 타자	이우성	좌익수
8번 타자	김태군	포수
9번 타자	김선빈	2루수

• 예상 선발 로테이션

네일

올러

양현종

윤영철

김도현

• 필승조

전상현

최지민

곽도규

이준영

조상우

• 마무리

정해영

TEAM INFO

팀 분석

2024 팀 순위 (포스트시즌 최종 순위 기준)

1위

최근 5년간 팀 순위

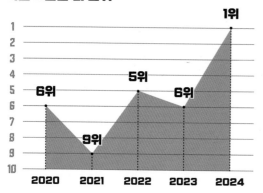

연도	순위
2020	6위
2021	9위
2022	5위
2023	6위
2024	1위

2024시즌 팀 공격력

↑: High / ↓: Low

타율↑	홈런↑	병살타↓	득점권 타율↑	삼진↓	OPS↑
0.301	163개	119개	0.308	915개	0.828
1위	3위	10위	1위	1위	1위

2024시즌 팀 마운드

↑: High / ↓: Low

평균자책점↓	탈삼진↑	QS↑	볼넷↓	피안타율↓	피홈런↓	WHIP↓
4.40	1,125개	40	539개	0.269	141개	1.48
1위	4위	공동 9위	8위	2위	6위	3위

2024시즌 팀 수비력

↑: High / ↓: Low

실책↓	견제사↑	병살 성공↑	도루저지율↑
146개	7개	133번	22.3%
10위	5위	3위	9위

2024시즌 최다 마킹 유니폼

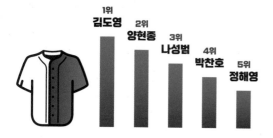

1위 김도영
2위 양현종
3위 나성범
4위 박찬호
5위 정해영

PARK FACTOR

홈구장_광주 기아 챔피언스필드

2.6m
121m
116m 116m
99m 99m

천연 잔디
(켄터키 블루그래스)

수용인원

20,500석

구장 특성

어느덧 개장 10주년을 넘어섰다. 오픈 콘코스형 구조가 독특하고, 외야 일부가 잔디석 구조로 되어 있어 전체적으로 뚫린 느낌을 주는 한국 최초의 개방형 야구장. 홈런이 많이 나오는 구장은 아니나, 우측 외야에 마련된 기아자동차 홈런존이 하이라이트. 해당 지역으로 홈런볼이 떨어지면, 홈런을 친 타자는 전시된 자동차를 선물로 받는다.

HOME STADIUM GUiDE

원정팬을 위한
교통편 추천, 주차, 숙소 팁

아쉽게도 지하철 연결은 안 되어 있다. 하지만 원정팬들의 경우 고속열차역인 광주송정역이나, 광주공항에 내려서 택시 혹은 버스로 이동하기에 크게 나쁜 거리는 아니다. 수도권 지역에서 가는 팬들은 비행편 시간이 맞으면 항공을 이용하는 것도 괜찮다. 고속버스 터미널과 광주역의 경우 야구장에서 매우 가깝다. 주차는 지하 주차장 일부 가능하지만, 홈 경기가 열리는 날에는 '입출차 지옥'이 펼쳐지기 때문에 대중교통 이용을 추천한다. 숙소는 상무지구 쪽이 가장 가깝고, 야구장 인근에도 깔끔한 호텔이 1~2개 있다. 먹거리까지 즐기고 싶으면 자동차 기준 15~20분 정도 소요되는 금남로, 충장로 지역도 추천.
광주에 방문하는 원정팬들에게는 빼놓을 수 없는 즐거움

이 바로 맛집 투어. 챔필에서 멀지 않은 곳에, 광주의 명물인 오리탕 골목이 있고 갓 구워 뜨겁게 먹는 육전 맛집도 유명한 가게가 여럿 있다. 골라 먹는 재미가 있는 광주 먹여행이 될 수 있다.

응원단

응원단장
서한국

치어리더
고가빈

치어리더
김한나

치어리더
박성은

치어리더
신혜령

치어리더
유세리

치어리더
유세빈

치어리더
윤수인

치어리더
이소민

치어리더
정가예

치어리더
조다빈

치어리더
천소윤

치어리더
한지은

장내아나운서
서영호

19

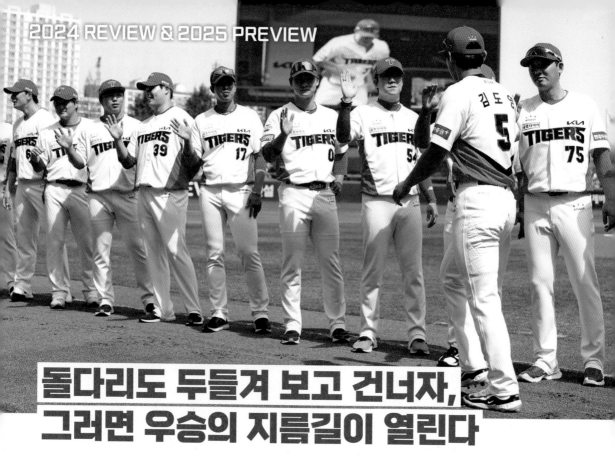

돌다리도 두들겨 보고 건너자, 그러면 우승의 지름길이 열린다

작년에 이것만 잘됐으면 좋았을 텐데

나무랄 데 없는 최고의 피날레. 역사적인 12번째 한국시리즈 우승 그리고 통합 우승을 해낸 타이거즈. 감격적이고 짜릿한 가을의 승리를 KIA 팬들에게, 광주 시민들에게 선물한 KIA지만, 사실 우승 과정이 마냥 순탄했던 것은 아니다. 부상 선수가 너무나 많았다. 시즌 초반 '에이스'로 기대받았던 윌 크로우가 팔꿈치 부상으로 시즌 아웃되며 부랴부랴 대체 선수를 찾았고, 캠 알드레드, 에릭 스타우트, 에릭 라우어까지 이어진 2선발은 시즌 끝까지 만족스럽지 못했다. 4선발 이의리(팔꿈치 수술 시즌 아웃), 5선발 윤영철(허리), 임기영(내복사근) 등도 부상으로 낙담했고, 제임스 네일은 시즌 막바지에 타구에 턱 골절상을 입었다. 투수뿐만 아니라 야수들도 부상이 많았다. 시즌 초반 나성범과 황대인을 시작으로 최형우, 이우성까지 시즌 중반 부상으로 전력에서 이탈했다. 이범호 감독은 1년 내내 부상 선수들의 상태 브리핑을 하는 데 많은 시간을 써야 했다. 아마 주축 선수들의 부상이 이보다 조금만 덜했어도 KIA는 훨씬 더 수월하게 우승을 할 수 있었을 것이다. 그만큼 부상 선수들이 지나치게 많아 정상 라인업 가동에 어려움이 컸다.

또 하나의 약점은 수비 실책. KIA는 리그 최강의 '쉬어 갈 곳 없는' 타순을 보유하고 있는데, 아이러니컬하게도 동시에 수비 실책 1위 팀이기도 하다. 팀 실책 146개로 10개 구단 중 압도적 1위. 2위인 롯데(123개)와도 차이가 꽤 많이 난다. 개인별 실책도 3루수 김도영이 30실책으로 리그 전체 1위고, 유격수 박찬호가 23개로 공동 2위에 올라있다. 방망이 화력만큼은 원톱인데 수비력이 다소 못 받쳐주는 아킬레스건을 갖고 있었고, 그러다 보니 실책으로 흐름이 뒤집히는 경기도 자주 나왔다. KIA는 부상 방지, 실책 감소를 목표로 2년 연속 우승에 도전한다.

스토브리그 성적표

우승 시즌에, 우승 주역 중 한 명인 FA 장현식을 놓친 것은 적지 않은 충격이었다. 그러나 조상우 트레이드로 어느 정도 만회했고, 에이스급 외인 아담 올러를 영입했다.

지극히 주관적인 올 시즌 예상 순위와 이유

대체 KIA가 아니면 누가 우승 후보란 말인가. 그만큼 작년 한국시리즈에서 보여 준 KIA 전력은 무섭고도 탄탄했다. 올해도 장현식, 조상우 트레이드를 제외하고는 전력 이탈이 크지 않고, 지난해 큰 부상을 입었던 선수들이 대부분 복귀를 준비하고 있기 때문에 강력한 우승 후보로 꼽힌다. 이미 빈자리가 없는 타순과 탄탄한 뎁스까지. 특히 올러와 위즈덤이 투타에서 핵심 역할만 성공적으로 해 준다면, 우승까지 가는 길은 수월할 전망이다. 물론, 야구에는 늘 변수가 존재하고, 그 변수를 지워 가는 게 사령탑의 역할인데 이미 지난해 보여 준 이범호 감독의 모습은 확신을 심어 준다.

생년월일	1981년 11월 25일
출신학교	대구수창초-경운중-대구고-목원대
주요 경력	한화 이글스(2000~2009)-소프트뱅크 호크스(10) -KIA 타이거즈(11~19)-KIA 타이거즈 2군 총괄코치(21) -KIA 타이거즈 1군 타격코치(22~23) -KIA 타이거즈 감독(24~)

"이제 초보가 아니라서 더 무섭다"

현역 시절부터 지켜봐 온 이범호는 아주 스마트한 야구선수였다. 시야도 넓고, 주위를 배려하면서도 야구에 있어서만큼은 예리하고 정확하게 분석했다. 코치 때도 '공부하는 코치'로 이름났던 그는 사실 준비된 감독감이었다. 예상보다 빠르게, 어수선한 상태에서 감독을 맡게 되면서 우려하는 주위 시선도 많았지만 그 모든 편견을 이겨 냈다. 선수들에게는 약속대로 끝까지 믿어 줬고, 결정을 내려야 할 때는 냉철했다. 초보 감독일 때는 어쩔 수 없는 시행착오도 많았지만, 우승 이후 절친한 친구인 김주찬 QC 코치를 영입하는 등 '이범호의 팀'에 가깝게 스스로 만들어 가고 있다.

71 이범호

1군

수석코치	QC코치	타격코치	타격코치	투수코치	불펜코치	배터리코치	작전코치
손승락	김주찬	홍세완	조승범	정재훈	이동걸	나카무라 다케시	조재영

퓨쳐스

주루코치	수비코치	퓨쳐스 감독	타격코치	투수코치	투수코치	배터리코치	작전·주루코치
윤해진	김민우	진갑용	최희섭	이상화	이정호	이해창	이현곤

수비코치	잔류군 총괄	잔류군코치	잔류군코치
박기남	김석연	서덕원	박효일

47 ⓒ 외야수(좌투좌타)
나성범

생년월일	1989년 10월 3일
신장/체중	183cm / 100kg
출신학교	광주대성초-진흥중-진흥고-연세대
연봉(2025)	8억 원

#시범경기_불참_이유
나성범은 올해 오키나와 연습경기에서 한 번도 출전하지 않았다. 보통 주전 선수들이나 베테랑 선수들도 연습경기 후반부부터는 본격적으로 실전에 나서는 것을 감안하면 다소 의외. 나성범은 지난 몇 년간 종아리, 햄스트링 부상이 반복되며 부상에 대한 후유증을 겪고 있었다. 올해는 아픈 곳 없이 건강한 몸 상태로 개막을 준비하지만, 연습경기를 빨리 뛰는 것보다 다리 운동을 더 한 후 시범경기부터 나서는 것이 좋겠다는 판단이었다. 오해의 소지를 차단한 나성범은 시범경기부터 문제없이 뛰면서 올 시즌 산뜻한 출발을 알렸다.

#다시_한번?
3할-30홈런-100타점을 언제든 할 수 있는 능력을 갖춘 타자지만, 의외로 달성을 한 적은 딱 2번이다. 2번 모두 NC에서 뛰었던 2014년과 2020년이고, 2022년 KIA 이적 후에는 없었다. 첫해 3할은 달성했지만, 21홈런-97타점으로 못 미쳤고, 2023년에는 부상으로 시즌 절반 이상을 날렸다. 지난해에도 부상으로 시즌을 늦게 시작해 2할 9푼 1리-21홈런-80타점에 그쳤다. 본인에게는 아쉬운 성적. 나성범은 다시 한번 자신의 3번째 3할-30홈런-100타점을 목표로 정조준한다.

#외국인_선수들에게도_캡틴
나성범은 국내 선수들뿐만 아니라 외국인 선수들도 무척 잘 챙긴다. 지난해까지 함께 뛰었던 소크라테스, 네일 등 외국인 선수들과도 매우 자주 교류하는 편이다. 한국시리즈 우승을 하고 난 후에는 외국인 선수들과 별도로 기념 촬영을 하고, 미국 캠프 휴식일에는 함께 골프 라운딩에 나서는 등 외국인 선수들이 팀에 빨리 녹아들고 친해질 수 있게 누구보다 성심성의껏 나서는 진짜 리더의 모습을 보여 주고 있다.

🎤 TMI 인터뷰
1. 내가 가장 처음 좋아했던 야구선수는?
- 추신수
2. 나만의 유니폼 패션 포인트는?
- 팔토시, 손목보호대
3. 다른 팀에서 데리고 오고 싶은 선수와 그 이유는?
- 우리팀이 잘해서 외부에서 데려올 선수 없다.
4. 내가 추천하는 최고의 보양 비법은?
- 매 끼니 잘 먹고 잘 자고 물 많이 마시기.
5. 본인 또는 동료 이름으로 삼행시
- [최] 최형우 선수
  [형] 형우 형님
  [우] 우리팀이다.

2024시즌 기록

타율	경기	타석	타수	득점	안타
0.291	102	424	374	51	109
2루타	3루타	홈런	루타	타점	도루
17	1	21	191	80	0
볼넷	삼진	병살타	장타율	출루율	RISP
38	98	8	0.511	0.357	0.299

전력분석	KIA의 캡틴. 주장으로서 항상 모범적인 생활과 철저한 자기 관리를 하는 선수로 후배들이 믿고 따른다. 항상 꾸준한 훈련을 하고, 자신만의 루틴을 정립해 왔다. 지난해에는 부상 여파로 아쉬운 성적을 기록했지만, 여전히 리그 최상급 파워와 스윙 스피드, 빼어난 콘택트 능력으로 언제든지 3할-30홈런-100타점을 기대해 볼 수 있는 중심 타자.
강점	언제 누구를 상대로 터져도 이상하지 않은 장타력.
약점	잘 치는 만큼 피할 수 없는 삼진.
수비력	하체 부상 탓에 전성기 기량만큼은 아니지만, 강한 어깨는 여전하다.

54
양현종

투수(좌투좌타)

생년월일	1988년 3월 1일
신장/체중	183cm / 91kg
출신학교	학강초-광주동성중-광주동성고
연봉(2025)	5억 원

#우리_팀에_누가_있다고?

타이거즈 팬의 '뽕'이 차오르는 이 한마디. 양현종은 작년 한국시리즈 2차전에서 승리 투수가 된 후 팬들에게 이렇게 말했다. 팀이 흔들릴 때마다 안정감을 만들어 주는 투수. KIA 팬들에게는 자부심과 직결되는 투수인 양현종이 한국시리즈 우승을 위한 기세를 이어 가기 위해 직접 팬들에게 건넨 한마디다. 2007년 KIA 입단 후 벌써 19년 차를 맞는 양현종. 최고참 투수로서 전설을 향해 달려간다.

#현진이_형의_커브

상황에 맞춰 변신할 수 있는 투수 양현종. 올해 KBO가 ABS 스트라이크존을 작년보다 하향 조정한다고 발표하자, 커브 공략에 나섰다. 뚝 떨어지는 변화구가 필요하다는 판단하에 커브 구사율을 이전보다 더 늘리겠다는 선언이다. 양현종의 교본이 되고 있는 선수는 한화 류현진. 류현진의 커브를 참고해 새 시즌 ABS 변화에 따른 대처를 준비한다.

#전설_겸_레전드

양현종은 각종 리그 기록을 갈아치우고 있다. 지난해 송진우에 이어 역대 두 번째로 2,500이닝을 돌파했고, 역대 최초로 10시즌 연속 170이닝에도 성공하면서 자신이 세웠던 신기록을 또 한 번 깼다. 또 송진우(2048K)를 넘어서 통산 최다 탈삼진 신기록(2076K)까지 세웠다. 하지만 올해부터는 무리하지 않을 예정. 이범호 감독은 "현종이와도 이야기를 나눴고, 올해 규정이닝(144이닝)만 던지자고 계획을 세웠다"고 말했다. 나이를 감안해 170이닝 투구는 이제 엔딩?

2024시즌 기록

평균자책점	경기	승	패	홀드	세이브
4.10	29	11	5	0	0
승률	이닝	투구수	피안타	피홈런	볼넷
0.688	171 1/3	2,620	174	21	41
삼진	실점	자책점	피안타율	WHIP	QS
129	86	78	0.257	1.25	15

전력분석	KBO리그 대표적인 좌완 투수. 20대 초반에는 제구가 안 되는 파이어볼러였지만, 연차와 경험이 쌓일수록 제구가 월등하게 좋아졌고 다양한 변화구로 타자를 요리할 수 있는 투수로 거듭났다. 30대 중반에 접어들면서 완급 조절을 잘하기 때문에 기교파라는 오해가 있지만, 사실 직구 승부를 누구보다 즐기는 승부형 투수이기도 하다. 10년 연속 170이닝 이상 투구가 증명해 주듯 이닝 소화력이 빼어나다. 예전만큼 윽박지르는 투구는 어려워도 여전히 리그에서 손에 꼽히는 좌완 선발 투수.
강점	편안하다. 언제 어떻게든 위기를 넘길 것 같은 경기 운영 능력
약점	조금씩 상승하는 피장타율.

TMI 인터뷰

1. 내가 가장 처음 좋아했던 야구선수는?
- 이상훈

2. 나만의 유니폼 패션 포인트는?
- 고글

3. 다른 팀에서 데리고 오고 싶은 선수와 그 이유는?
- 이정후, 말이 필요 없는 선수.

4. 내가 추천하는 최고의 보양 비법은?
- 잠 많이 잔다.

5. 본인 또는 동료 이름으로 삼행시
- **[양]** 양현종
  [현] 현재까지
  [종] 종신 타이거즈

62
투수(우투우타)
정해영

생년월일	2001년 8월 23일
신장/체중	189cm / 98kg
출신학교	광주대성초-광주동성중-광주제일고
연봉(2025)	3억 6천만 원

#확신의_마무리
KIA는 이번 겨울 트레이드를 통해 우완 투수 조상우를 영입했다. 조상우는 히어로즈에서 다년간 마무리로 뛰면서 많은 경험을 쌓은 투수. 그런데 KIA에는 이미 마무리 정해영이 존재한다. 과연 조상우를 영입해서, 2명의 마무리가 공존하게 되는 건지 궁금해하는 시선이 많았다. 하지만 이범호 감독은 단호하고도 명쾌했다. "우리 팀의 마무리 투수는 정해영입니다."

#가문의_영광
정해영은 작년 올스타 팬 투표 최다 득표 1위를 차지했다. 총 139만 6,077표를 얻었고, 마무리 투수 부문에서는 역대 처음 1위. 그만큼 상징성이 크다. KIA가 전반기부터 1위를 달리면서 화력 지원이 몰렸고, 경쟁자들 중 가장 좋은 성적을 거둔 정해영이 가장 많은 팬들의 선택을 받았다. 단, 정해영은 올스타전을 앞두고 어깨 통증으로 엔트리에서 말소됐는데, "팬분들이 뽑아주셨기 때문에 인사라도 가고 싶다"며 참석했다. 경기에 뛰지는 못했지만, 아버지 '정회열'의 이름이 적힌 타이거즈 올드 유니폼을 입고 포수 마스크를 쓰며 '부전자전' 이벤트를 펼쳐 웃음꽃이 터졌다.

#신기록을_향해영
타이거즈 최다 세이브 기록은 '전설' 선동열이 가지고 있다. 선동열은 해태 시절, 선발로도, 마무리로도 뛰었다. 특히 현역 마지막에는 주로 마무리로 활약했다. 통산 세이브 개수는 132개. 정해영은 대선배 선동열의 기록에 빠르게 근접하고 있다. 지난해까지 121세이브를 거두며 이제 구단 신기록까지 12개 남았다. 아마 올해 전반기 중 선동열의 기록을 깰 수 있지 않을까?

🎤 TMI 인터뷰

1. 내가 가장 처음 좋아했던 야구선수는?
- 정회열

2. 나만의 유니폼 패션 포인트는?
- 바지 밑단 밴드

3. 다른 팀에서 데리고 오고 싶은 선수와 그 이유는?
- 우리팀 유출만 막아도 된다.

4. 내가 추천하는 최고의 보양 비법은?
- 고기 많이 먹기.

5. 본인 또는 동료 이름으로 삼행시
- [이] 이젠 진짜
  [범] 범접할 수 없는
  [호] 호랑이입니다.

2024시즌 기록

평균자책점	경기	승	패	홀드	세이브
2.49	53	2	3	1	31
승률	이닝	투구수	피안타	피홈런	볼넷
0.400	50 2/3	840	47	8	16
삼진	실점	자책점	피안타율	WHIP	QS
50	14	14	0.244	1.24	0

전력분석	큰 키와 준수한 신체 조건을 갖춘 우완 정통파 마무리 투수. 최고 구속이 150km/h 초반으로 최근 마무리 투수들의 트렌드에 비해 빠른 편은 아니지만, 실제 타자들이 느끼기에 공이 훨씬 더 빠르고 힘 있게 느껴진다. 고교 졸업 후 얼마 지나지 않아 곧장 마무리 투수를 맡을 정도로 직구의 위력이 있다. 또 마무리 투수에 적합한 멘탈도 갖추고 있다. 타이트한 승부 상황에도 크게 긴장하지 않고 스트라이크를 던질 수 있는 투수다.
강점	마무리 투수에 최적화된 강심장.
약점	갑작스런 제구 난조와 변화구 완성도.

11
조상우

생년월일	1994년 9월 4일
신장/체중	186cm / 97kg
출신학교	서화초-상인천중-대전고
연봉(2025)	4억 원

#현실이_됐다

사실 조상우는 벌써 몇 년째 트레이드 대상으로 거론됐다. 이전부터 이야기가 나오다가, 본격적으로 소문 아닌 소문이 퍼지기 시작한 것은 작년 여름. 조상우가 트레이드 매물로 나왔다는 이야기가 파다했고, 구체적으로 몇몇 팀이 관심을 보인다는 확인되지 않은 썰이 엄청났다. 결국 트레이드는 성사되지 못했는데, 비시즌 KIA가 최종 딜에 나섰다. 장현식이 LG로 이적하자 현금 10억 원과 신인 드래프트 1, 4라운드 지명권을 내주는 승부수를 던지면서 조상우를 전격 영입했다. 소문의 주인공이었던 조상우가 마침내 유니폼을 바꿔 입었다.

#승부수

동기부여는 충분하다. KIA는 2년 연속 대권에 도전하기 위해 조상우를 선택했고, 조상우 역시 프로 데뷔 이후 처음으로 팀을 옮기면서 개인 목표를 세울 수 있게 됐다. 아직 우승 반지가 없는 조상우는 지난해 우승 팀인 KIA에서 자신의 첫 우승을 하고 싶다. 동시에 프로 데뷔 후 첫 FA 자격도 얻는다. 조상우는 비시즌 자비를 들여 미국으로 건너가 드라이브라인에서 바이오 메카닉을 활용해 구위 회복에 본격 나섰다.

#돌직구_되찾을까

지난해 키움에서 어깨 통증으로 시즌을 일찍 마쳤다. 8월 10일 등판이 1군 마지막 기록. 사실 군 제대 이후 성적이 만족스럽다고 보기에는 힘들었다. 특히 복귀는 했어도 이전처럼 위력적인 돌직구를 뿌린다는 평가를 받지 못했다. 직구의 구속도 아직 예전처럼 회복하지는 못했고, 공의 힘도 아쉬웠다. 조상우는 KIA 이적 이후 묵직한 직구를 되찾기 위해 힘쓰고 있다. 스프링캠프 막바지부터 145km/h가 넘는 공을 뿌리면서 조금씩 회복세를 보인다.

2024시즌 기록

평균자책점	경기	승	패	홀드	세이브
3.18	44	0	1	9	6
승률	이닝	투구수	피안타	피홈런	볼넷
0.000	39 2/3	652	40	2	20
삼진	실점	자책점	피안타율	WHIP	QS
36	17	14	0.272	1.51	0

전력분석	탄탄한 피지컬과 위력적인 구위, 안정적인 제구력까지 갖춰 1이닝을 완벽하게 막을 수 있는 마무리형 투수다. 20대 초반에는 150km/h 후반대 강속구를 뿌렸지만, 현재는 구속이 140km/h 후반대로 줄어들었다. 어깨 부상으로 재활 프로그램을 거친 후 몸 상태를 다시 끌어올렸고, 구속도 다시 끌어올리는 데 중점을 두고 있다. 정해영, 전상현, 곽도규 등 KIA의 필승조 투수들과 주로 이기는 상황에 많이 등판해 승리를 지켜 줄 것으로 기대받고 있다.
강점	이제는 경험까지 쌓았다. 필승조 요원 최적화.
약점	반복되는 부상 여파. 강속구 위력 되찾을까?

🎤 TMI 인터뷰

1. 내가 가장 처음 좋아했던 야구선수는?
- 페드로 마르티네즈

2. 나만의 유니폼 패션 포인트는?
- 상의를 많이 빼 입는다.

3. 다른 팀에서 데리고 오고 싶은 선수와 그 이유는?
- 강팀이라 굳이 외부에서 데려올 필요가 있을까?

4. 내가 추천하는 최고의 보양 비법은?
- 고기 많이 먹는다.

5. 본인 또는 동료 이름으로 삼행시
- [정] 정해영이 잘
  [해] 해서
  [영] 영점대 방어율 가자!

5
내야수(우투우타)
김도영

생년월일	2003년 10월 2일
신장/체중	183cm / 85kg
출신학교	광주대성초-광주동성중-광주동성고
연봉(2025)	5억 원

#1등_김도영

지난해 KIA 굿즈 판매 압도적 1위. 바로 김도영이다. 남녀노소를 가리지 않고 KIA팬들의 사랑을 듬뿍 받은 김도영은 단숨에 팬스토어 효자 선수로 떠올랐다. 김도영의 마킹이 새겨진 유니폼은 입고되는 족족 팔렸고, 온라인 스토어에서는 주문 후 수주를 기다려야 받을 수 있었다. 특히 김도영의 대기록과 관련해서 별도로 특별 제작한 한정판 유니폼은 미리 많은 수요를 직감해 예약 판매 시스템을 적용했는데, 매출액이 역대급이었다는 후문이다.

#자꾸_모르는_돈이

시즌이 끝난 후 김도영은 리그에서 가장 바쁜 선수였다. 각종 시상식 참석은 물론이고, TV 예능 프로그램 출연, 미디어 인터뷰 요청 등 운동하고 쉴 시간도 부족할 정도로 바빴다. 그럼에도 불구하고 그는 "이런 관심이 전혀 부담스럽지 않다. 즐기려고 한다"며 싫은 내색 한 번 하지 않고 응했다. 당연히 이곳저곳에서 받은 출연료나 인센티브 등이 늘어났는데 김도영은 "은행 계좌를 보면 어디서 들어왔는지 모를 돈들이 계속 입금되고 있다. 일단은 당장 쓸 곳이 없어서 저축을 잘 해 놓으려고 한다"고 말해 주위의 부러움(?)을 샀다.

#진짜_메이저리그_가요?

미국의 대형 에이전시 CAA의 네즈 발레로가 이번 미국 얼바인 스프링캠프에 김도영을 보기 위해 찾아왔다. 발레로는 오타니의 대리인으로, 7억 달러 계약을 이끌어 내며 '슈퍼 에이전트' 대열에 올라선 인물. 김도영에 대한 메이저리그의 관심을 단편적으로 짐작할 수 있는 방문이다. 이제 4년 차인 김도영은 빨라야 2028년 해외 진출이 가능한데, 그때까지 페이스를 유지하면 이정후 이상의 대우를 받을 수 있지 않을까?

🎤 TMI 인터뷰

1. 내가 가장 처음 좋아했던 야구선수는?
- 김강민

2. 나만의 유니폼 패션 포인트는?
- MLB스럽게 핏을 입는다.

3. 다른 팀에서 데리고 오고 싶은 선수와 그 이유는?
- 오타니, 같이 야구해 보고 싶다.

4. 내가 추천하는 최고의 보양 비법은?
- 영양제 챙겨 먹고, 피부 미용 신경쓰기.

5. 본인 또는 동료 이름으로 삼행시
- [기] 기가 막힌
  [야] 아저씨

2024시즌 기록

타율	경기	타석	타수	득점	안타
0.347	141	625	544	143	189
2루타	3루타	홈런	루타	타점	도루
29	10	38	352	109	40
볼넷	삼진	병살타	장타율	출루율	RISP
66	110	10	0.647	0.420	0.317

전력분석	5툴을 넘어 6툴 가이. 2024시즌 KBO리그 MVP. 아주 크지는 않은 체구지만, 완벽에 가까운 스윙 메커니즘으로 어느 쪽으로든 담장을 넘길 수 있는 파워가 대단하다. 콘택트 능력은 기본이고, 타구 속도도 리그 최고 수준. 부상이 잦아 1, 2년 차는 아쉬움 속에 마쳤고 지난해 마침내 건강한 몸으로 풀타임을 뛰며 알을 깼다. 189안타-38홈런-109타점-40도루를 기록하며 역대 최연소 30홈런-30도루를 성공시킨 천재 타자.
강점	던질 곳이 없다. 물오른 천재 타자.
약점	이제 괜찮은데, 부상 이력이 딱 하나 걱정되네.
수비력	작년 최다 실책 1위. 3루수 김도영은 성장 중.

3
김선빈

생년월일	1989년 12월 18일
신장/체중	165cm / 77kg
출신학교	화순초-화순중-화순고
연봉(2025)	1억 5천만 원

#1표_차이

지난해 한국시리즈 우승의 일등공신. 시리즈 5경기에서 안타 10개를 쳐 낸 김선빈은 타율 0.588로 한국시리즈 MVP를 타 냈다. 취재진 투표로 김태군을 1표 차로 제치고 생애 첫 MVP를 수상하며 활짝 웃었다. 김선빈은 MVP 부상으로 기아자동차의 전기자동차 EV6를 받았는데, 차량 노후화로 어려움을 겪고 있던 아동양육시설인 광주영신원에 흔쾌히 기부하며 훈훈함을 더했다.

#작은거인_롤모델

김선빈의 프로필상 신장은 165cm. 사실 그가 프로에 처음 데뷔한 2008년에는 정말 센세이션할 정도였다. 그만큼 키가 작고 신체 조건이 불리한 선수가 프로에서 성공한 사례가 많지 않았기 때문. 김선빈이 성공시대를 열었고, 지금은 삼성 김지찬과 김성윤, SSG 정준재 등 '작은거인' 후배들이 부쩍 늘어났다. 김선빈은 "입단 때부터 '키가 작아서 안 된다'는 이야기를 많이 들었는데, 이번 MVP로 편견을 완벽하게 깬 것 같아 행복하다. 불리한 신체 조건으로도 얼마든지 성공할 수 있다는 것을 보여 준 게 지금의 학생들에게 용기가 됐을 거라 생각한다"고 멋진 메시지를 남겼다.

#통산_3할타자

잔부상이 많았지만, 김선빈은 부동의 3할 타자다. 지난해 그의 타율은 0.329. 2년 연속 3할 2푼이 넘는 타율을 기록했고, 프로 통산 타율은 3할 5리를 유지했다. 오히려 20대 초반에는 3할 문턱을 넘지 못했었는데, 연차가 쌓일수록 평균 타율이 더 높아지는 김선빈의 노련함이다.

2024시즌 기록

타율	경기	타석	타수	득점	안타
0.329	116	466	423	48	139
2루타	3루타	홈런	루타	타점	도루
23	0	9	189	57	5
볼넷	삼진	병살타	장타율	출루율	RISP
30	39	13	0.447	0.380	0.350

전력분석	단신이지만 KBO리그의 대표적 교타자 중 한 명. 밀어치기의 달인. 콘택트 능력이 대단하고, 꾸준히 3할을 칠 수 있는 에버리지형 타자다. 기동력이 떨어졌지만, 과거에는 발도 빠른 편이었다. 선구안이 좋지만, 그만큼 타격도 적극적으로 하는 편이다. 작년에는 데뷔 후 개인 한 시즌 최다인 9개의 홈런을 터뜨렸다. 이제는 팀의 구심점 역할을 맡아 줘야 하는 베테랑 중 한 명.
강점	기다리는 볼이 올 때까지 커트 신공.
약점	예전보다 잦아진 부상.
수비력	수비 범위가 좁아졌지만, 기본적으로 어깨가 강하고 야구 센스가 높음.

TMI 인터뷰

1. 내가 가장 처음 좋아했던 야구선수는?

- 손시헌

2. 나만의 유니폼 패션 포인트는?

- 상의 크게 입기.

3. 다른 팀에서 데리고 오고 싶은 선수와 그 이유는?

- 없다.

4. 내가 추천하는 최고의 보양 비법은?

- 잠을 특히 많이 잔다.

5. 본인 또는 동료 이름으로 삼행시

- [김] 김선빈은
 [선] 선빈이는
 [빈] 빈타는 없습니다. 안타만 있습니다!

투수(우투우타)

40 네일

생년월일/국적	1993년 2월 8일 / 미국			신장/체중	193cm / 83kg
출신학교	미국 Alabama at Birmingham(대)			연봉	180만 달러

2024시즌 기록

평균자책점	경기	승	패	홀드	세이브
2.53	26	12	5	0	0
승률	이닝	투구수	피안타	피홈런	볼넷
0.706	149 1/3	2,398	154	11	35
삼진	실점	자책점	피안타율	WHIP	퀄리티스타트
138	69	42	0.259	1.27	13

주무기	투심으로 범타 및 땅볼 유도를 잘해 내는 게 최대 장점. 커브와 좌타자 상대 커터, 체인지업이 특장점. 볼넷이 적다.

최대 180만 달러라는 특급 대우를 받고 재계약에 성공했다. 지난해 후반기 NC전 등판 도중 맷 데이비슨이 친 강타구에 턱뼈가 골절되는 불의의 부상을 입었지만, 기적적으로 회복해 한국시리즈에 등판한 의지의 투수. 불펜 경력이 더 많아 지난해 후반기에는 체력적으로 힘들어하는 모습을 보였었는데, 올해는 풀타임 선발에 맞춰 몸을 만들고 있어서 훨씬 나아질 것으로 기대한다.

투수(우투우타)

33 올러

생년월일/국적	1994년 10월 17일 / 미국			신장/체중	193cm / 102kg
출신학교	미국 Alabama at Birmingham(대)			연봉	100만 달러

2024시즌 기록

평균자책점	경기	승	패	홀드	세이브
-	-	-	-	-	-
승률	이닝	투구수	피안타	피홈런	볼넷
-	-	-	-	-	-
삼진	실점	자책점	피안타율	WHIP	퀄리티스타트
-	-	-	-	-	-

주무기	직구 구위와 위력이 엄청난 투수. 하이존 직구 승부로 효과를 볼 수 있는 구위형 투수.

지난 시즌 내내 외국인 투수 교체로 고민이 많았던 KIA가 선택한 투수. 네일과 원투펀치를 맡을 예정이다. 직구 구위가 좋고, 변화구도 다양하다. 커맨드가 좋다기보다는 공의 위력이나 탈삼진 능력으로 경기를 풀어 나가는 유형. 우타자를 상대로 효과를 보는 슬러브성 구질과 종으로 떨어지는 커브가 장점. 경기 후반에도 떨어지지 않는 구위를 자랑한다.

내야수(우투우타)

45 위즈덤

생년월일/국적	1991년 8월 27일 / 미국			신장/체중	188cm / 99kg
출신학교	미국 Saint Mary's(대)			연봉	100만 달러

2024시즌 기록

타율	경기	타석	타수	득점	안타
-	-	-	-	-	-
2루타	3루타	홈런	루타	타점	도루
-	-	-	-	-	-
볼넷	삼진	병살타	장타율	출루율	득점권타율
-	-	-	-	-	-

타격스타일	메이저리그에서도 최상급의 배트 스피드를 갖춘 거포형 타자. 압도적인 장타 생산력을 갖췄다.

메이저리그 통산 88홈런의 커리어. 낮은 볼에 매우 강하고, 압도적인 장타 생산력을 갖춘 파워 히터. NC의 '홈런왕' 맷 데이비슨과 비슷한 유형이다. 다만 파워 히터인만큼 스윙 궤적상 헛스윙율이 높고, 삼진이 많은 유형인 게 우려. 하지만 강한 타구를 많이 생성할 수 있고, 질 좋은 타구의 비율도 높은 편이다. 배트에 맞히기만 하면 좋은 타구가 만들어진다. 송구 능력도 좋고, 신체 능력도 빼어난 편. 발도 느리지 않다.

투수(좌투좌타)

48 이의리

생년월일	2002년 6월 16일		신장/체중	185cm / 90kg
출신학교	광주수창초-충장중-광주제일고		연봉	1억 7천만 원

2024시즌 기록

평균자책점	경기	승	패	홀드	세이브
5.40	4	1	0	0	0
승률	이닝	투구수	피안타	피홈런	볼넷
1.000	13 1/3	288	17	3	14
삼진	실점	자책점	피안타율	WHIP	퀄리티스타트
14	10	8	0.309	2.33	0

전력분석	시즌 중 자기 관리가 철저한 선수. 작년 부상으로 많은 경기에 출전하지 못했지만 팀 내 3~4 선발급 선수로 매 시즌 10승 이상 기대를 받고 있다. 제구력이 다소 불안하지만, 직구 구위 및 구속이 리그 수준급이며 슬라이더 커브 무브먼트 또한 좋아 강력한 탈삼진 능력을 가졌다. 팔꿈치 수술 후 올 시즌 중반 복귀 준비 중.
강점	힘으로 이긴다. 좌완 파이어볼러.
약점	KKK-BBB? 제구 불안.

투수(좌투좌타)

13 윤영철

생년월일	2004년 4월 20일		신장/체중	187cm / 87kg
출신학교	창서초(서대문구리틀)-충암중-충암고		연봉	1억 2천만 원

2024시즌 기록

평균자책점	경기	승	패	홀드	세이브
4.19	18	7	4	0	0
승률	이닝	투구수	피안타	피홈런	볼넷
0.636	81 2/3	1,444	82	8	43
삼진	실점	자책점	피안타율	WHIP	퀄리티스타트
58	44	38	0.263	1.53	3

전력분석	KIA의 4선발. 항상 차분한 게 강점인 투수. 직구 평균 구속 138km/h로 강속구는 아니지만, 경기 운영 능력이 좋고 제구력이 안정적이라 이닝 소화력이 좋다. 지난해 후반기 체력 저하와 허리 부상이 있어 부진했지만, 올 시즌 풀타임을 기대하고 있다.
강점	진짜 21세 맞아? 돈 주고도 못 사는 강심장.
약점	아직은 부족한 경험치.

투수(우투우타)

51 전상현

생년월일	1996년 4월 18일		신장/체중	182cm / 88kg
출신학교	남도초-경복중-대구상원고		연봉	3억 원

2024시즌 기록

평균자책점	경기	승	패	홀드	세이브
4.09	66	10	5	19	7
승률	이닝	투구수	피안타	피홈런	볼넷
0.667	66	1,088	55	5	20
삼진	실점	자책점	피안타율	WHIP	퀄리티스타트
54	32	30	0.224	1.14	0

전력분석	KIA의 필승조 우완 불펜 투수. 과거 선발 경험도 많지만, 구속과 구위가 상승하면서 강력한 불펜 요원으로 성장한 케이스. 제구력이 좋아 위기 상황에서도 삼진을 잡을 수 있는 능력이 빼어나다.
강점	강하고 차분한 멘털, 경기 운영 능력.
약점	은근히 잔부상이 많다.

투수(좌투좌타)

0 곽도규

생년월일	2004년 4월 12일		신장/체중	185cm / 90kg
출신학교	도척초-공주중-공주고		연봉	1억 2천만 원

2024시즌 기록

평균자책점	경기	승	패	홀드	세이브
3.56	71	4	2	16	2
승률	이닝	투구수	피안타	피홈런	볼넷
0.667	55 2/3	1,068	43	4	34
삼진	실점	자책점	피안타율	WHIP	퀄리티스타트
64	24	22	0.207	1.38	0

전력분석	생애 첫 억대 연봉 진입. 프로 데뷔 후 사실상 풀타임 1군을 처음 보내면서 좌완 스페셜리스트로 떠오른 투수. 150km/h에 육박하는 빠른 공을 던지는데, 왼손이면서도 스리쿼터라는 희귀성과 디셉션이 장점이다.
강점	좌타자 킬러.
약점	우타자에게는 글쎄.

투수(우언우타)

17 임기영

생년월일	1993년 4월 16일		신장/체중	184cm / 86kg
출신학교	대구수창초-경운중-경북고		연봉	3억 원

2024시즌 기록

평균자책점	경기	승	패	홀드	세이브
6.31	37	6	2	2	0
승률	이닝	투구수	피안타	피홈런	볼넷
0.750	45 2/3	866	61	8	17
삼진	실점	자책점	피안타율	WHIP	퀄리티스타트
36	35	32	0.313	1.71	0

전력분석	FA 계약을 체결하며 KIA에 잔류했다. 안정적인 제구력과 체인지업이 주무기인 사이드암 선발 요원. 선발과 롱릴리프를 오가며 다양하게 활용할 수 있고, 동시에 이닝 소화력이 좋은 편이다. 지난해 ABS 적응에 난항을 겪고, 부상까지 겹치면서 부진했지만 올 시즌 ABS존 하단 조정으로 긍정적 효과를 볼 수 있을 것으로 기대를 걸고 있다.
강점	리그 최상급 체인지업.
약점	피안타율이 너무 높다.

투수(우투우타)

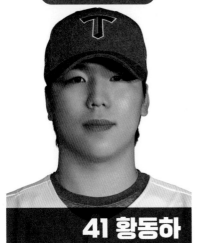

41 황동하

생년월일	2002년 7월 30일		신장/체중	183cm / 96kg
출신학교	진북초-전라중-인상고		연봉	1억 원

2024시즌 기록

평균자책점	경기	승	패	홀드	세이브
4.44	25	5	7	0	0
승률	이닝	투구수	피안타	피홈런	볼넷
0.417	103 1/3	1,814	109	13	44
삼진	실점	자책점	피안타율	WHIP	퀄리티스타트
81	64	51	0.268	1.48	2

전력분석	지난 시즌 우승의 숨은 공신. 선발 투수들의 줄부상으로 난 구멍을 채워 줬다. 대체 선발로 5선발 한 자리를 꿰찼다. 투구 템포가 빨라 타자를 압박할 수 있으며, 직구 볼끝이 좋고 슬라이더와 포크볼 등 볼 패턴이 다양하다. 올 시즌도 5선발 후보로 시작하는데, 시즌 중 기회는 얼마든지 더 올 수 있을 것으로 예상된다.
강점	타자와 싸울 줄 아는 패기 넘치는 영건.
약점	좋은 날과 안 좋은 날의 기복 줄이기.

PLAYERS

투수(좌투좌타)

20 이준영

생년월일	1992년 8월 10일			신장/체중	177cm / 85kg
출신학교	군산남초-군산중-군산상고-중앙대			연봉	1억 7천만 원

2024시즌 기록

평균자책점	경기	승	패	홀드	세이브
3.86	56	4	0	9	0
승률	이닝	투구수	피안타	피홈런	볼넷
1.000	35	622	37	5	17
삼진	실점	자책점	피안타율	WHIP	퀄리티스타트
33	21	15	0.268	1.54	0

전력분석	슬라이더가 주무기인 좌완 투수. 상대팀 핵심 좌타자를 상대할 때 주로 등판한다. 한 타자만 상대하고 마운드를 내려가는 경우도 잦은 편. 크게 눈에 띄는 선수는 아니어도 마당쇠 역할을 해 준다. 좌타 원포인트뿐만 아니라 추격조, 패전조로도 활용이 가능할 만큼 여러 역할을 해낼 수 있는 투수.
강점	위력적인 슬라이더.
약점	우타자 상대로는 떨어지는 위력.

투수(좌투좌타)

39 최지민

생년월일	2003년 9월 10일			신장/체중	185cm / 100kg
출신학교	강릉율곡초(강릉리틀)-경포중-강릉고			연봉	1억 2천만 원

2024시즌 기록

평균자책점	경기	승	패	홀드	세이브
5.09	56	3	3	12	3
승률	이닝	투구수	피안타	피홈런	볼넷
0.500	46	915	44	2	40
삼진	실점	자책점	피안타율	WHIP	퀄리티스타트
37	28	26	0.250	1.83	0

전력분석	좋은 구위를 바탕으로 공격적인 투구를 하는 좌완 필승조 투수. 지난해 체력 저하와 ABS존 적응 실패로 성적이 좋지는 않았지만 '프리미어12' 대표팀에 승선하면서 다시 자신감을 회복했다. 제구력 보완과 슬라이더, 체인지업 등 변화구 완성도가 높아지면 지금보다 더 큰 기대를 걸 수 있는 선수다.
강점	강력한 구위. 괜히 국대가 아니다.
약점	제구력과 변화구 보완 필요해.

투수(우투우타)

60 김도현

생년월일	2000년 9월 15일			신장/체중	183cm / 87kg
출신학교	길원초(동대문구리틀)-잠신중-신일고			연봉	9천만 원

2024시즌 기록

평균자책점	경기	승	패	홀드	세이브
4.92	35	4	6	3	0
승률	이닝	투구수	피안타	피홈런	볼넷
0.400	75	1,330	87	9	31
삼진	실점	자책점	피안타율	WHIP	퀄리티스타트
59	45	41	0.291	1.57	1

전력분석	개명 전 이름 김이환. 올 시즌 KIA의 5선발 후보로 황동하와 경쟁 구도를 형성하고 있다. 최고 150km/h가 넘는 직구와 슬라이더, 커브, 체인지업을 구사하면서 경기 운영 능력이 좋아 선발 투수로서의 경쟁력을 갖추고 있다. 지난해 군 제대 후 첫 시즌 1군 무대에서 가능성을 남겼고, 올 시즌 선발로 중용될 기회를 노리고 있다.
강점	빠른 공으로 타자를 압박한다.
약점	들쑥날쑥한 제구력.

포수(우투우타)

42 김태군

생년월일 1989년 12월 30일		**신장/체중** 182cm / 92kg
출신학교 양정초-대동중-부산고		**연봉** 7억 원

2024시즌 기록

타율	경기	타석	타수	득점	안타
0.264	105	270	235	24	62
2루타	3루타	홈런	루타	타점	도루
7	0	7	90	34	0
볼넷	삼진	병살타	장타율	출루율	득점권타율
12	24	14	0.383	0.328	0.221

전력분석	KIA의 주전 포수. 안정적인 투수 리드 능력과 풍부한 경험을 갖추고 있다. 어깨나 도루 저지 등이 준수한 편이고, 특유의 친화력으로 안방마님에 최적화된 스타일의 포수다. 지난해 KIA에서 우승 주전 포수 타이틀을 얻었고, 특히 한국시리즈에서 데뷔 첫 만루홈런까지 터뜨리며 야구 인생 상종가를 쳤다.
강점	보기에 편안하다. 안정적인 수비력.
약점	상대적으로 아쉬운 공격력과 주력.

포수(우투좌타)

55 한준수

생년월일 1999년 2월 13일		**신장/체중** 184cm / 95kg
출신학교 광주서석초-광주동성중-광주동성고		**연봉** 1억 4천만 원

2024시즌 기록

타율	경기	타석	타수	득점	안타
0.307	115	316	287	39	88
2루타	3루타	홈런	루타	타점	도루
22	0	7	131	41	0
볼넷	삼진	병살타	장타율	출루율	득점권타율
21	48	7	0.456	0.351	0.267

전력분석	지난해 백업 포수로 풀타임 시즌을 치르면서, 공수 모두 눈에 띄게 성장했다. 체격에 비해 콘택트 능력이 좋고, 10개 구단 포수들 중 BABIP(인플레이 타구의 안타 비율)이 가장 높았다. 투수 리드 및 볼 배합 등 본인만의 스타일 확실하게 정립됐으며, 송구 능력 향상과 도루 저지가 남아 있는 숙제.
강점	포수이지만 펀치력 있는 타자.
약점	자동문은 안 돼. 도루 저지 숙제.

내야수(우투우타)

1 박찬호

생년월일 1995년 6월 5일		**신장/체중** 178cm / 72kg
출신학교 신답초-건대부중-장충고		**연봉** 4억 5천만 원

2024시즌 기록

타율	경기	타석	타수	득점	안타
0.307	134	577	515	86	158
2루타	3루타	홈런	루타	타점	도루
24	1	5	199	61	20
볼넷	삼진	병살타	장타율	출루율	득점권타율
48	44	9	0.386	0.363	0.359

전력분석	지난해 생애 첫 골든글러브를 수상한 주전 유격수. 한국시리즈에서도 초반 아쉬움을 만회하며 우승 반지까지 손에 넣었다. 최고의 1년을 보낸 만큼 리그 수준급 유격수로 발돋움했다. 수비 범위가 넓고 강한 어깨를 바탕으로 한 송구 능력이 일품인 정상급 내야수. 타격에 있어 다소 기복은 있으나 2년 연속 3할로 가치를 증명했다.
강점	넓은 수비 범위와 슈퍼 캐치.
약점	가끔씩 의욕이 너무 앞선다.

내야수(우투좌타)

58 서건창

생년월일	1989년 8월 22일			신장/체중	176cm / 84kg
출신학교	송정동초-충장중-광주제일고			연봉	1억 2천만 원

2024시즌 기록

타율	경기	타석	타수	득점	안타
0.310	94	248	203	40	63
2루타	3루타	홈런	루타	타점	도루
14	1	1	82	26	3
볼넷	삼진	병살타	장타율	출루율	득점권타율
36	31	2	0.404	0.416	0.344

전력분석	3수 끝에 FA 계약을 체결하며 우승을 함께한 KIA에서 계속 뛰게 됐다. 리그 최초 200안타 대기록을 가지고 있는 대표적 교타자. 대단한 노력파로 긴 부진이 시작된 이후 여러 차례 타격폼을 바꾸고 수정하며 변화를 주저하지 않았다. 지난해 KIA 이적 후 백업이지만 3할 타율(0.310) 복귀에 성공했다.
강점	콘택트 능력과 선구안.
약점	줄어든 정확도.

내야수(우투우타)

29 변우혁

생년월일	2000년 3월 18일			신장/체중	185cm / 100kg
출신학교	일산초-현도중-북일고			연봉	8천5백만 원

2024시즌 기록

타율	경기	타석	타수	득점	안타
0.304	69	187	168	22	51
2루타	3루타	홈런	루타	타점	도루
9	2	5	79	21	1
볼넷	삼진	병살타	장타율	출루율	득점권타율
16	48	8	0.470	0.369	0.298

전력분석	장타를 칠 수 있는 거포형 내야수. 1군에서 경험을 쌓으며 본인만의 타격 존을 설정했다. 바깥쪽 코스와 변화구 약점을 보완해 나가는 중. 수 싸움에 더 익숙해지면 매년 15홈런 이상을 기대해 볼 수 있다.
강점	언제 홈런이 터질지 모른다. 타고난 힘.
약점	아직은 부족한 타이밍.

외야수(우투좌타)

34 최형우

생년월일	1983년 12월 16일			신장/체중	180cm / 106kg
출신학교	진북초-전주동중-전주고			연봉	10억 원

2024시즌 기록

타율	경기	타석	타수	득점	안타
0.280	116	487	425	67	119
2루타	3루타	홈런	루타	타점	도루
23	2	22	212	109	1
볼넷	삼진	병살타	장타율	출루율	득점권타율
52	86	5	0.499	0.361	0.331

전력분석	KIA의 큰 형님이자 좌타자의 교과서. 여러 대선배들이 달성한 각종 타격 기록들을 도장 깨기 하듯 하나씩 갈아치우고 있다. 선구안을 바탕으로 한 출루율이 높고, 중장거리포도 언제든 쳐 낼 수 있다. 체력 안배 차원에서 출전 비중을 줄이고 있지만 찬스 해결 능력은 여전히 1등.
강점	찬스에는 최형우.
약점	세월은 속일 수가 없네. 잦아진 부상과 떨어진 체력.

외야수(우투좌타)

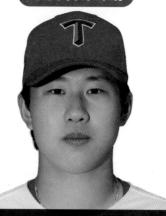

16 최원준

생년월일	1997년 3월 23일			신장/체중	178cm / 85kg
출신학교	연현초-서울경원중-서울고			연봉	4억 원

2024시즌 기록

타율	경기	타석	타수	득점	안타
0.292	136	508	438	75	128
2루타	3루타	홈런	루타	타점	도루
23	3	9	184	56	21
볼넷	삼진	병살타	장타율	출루율	득점권타율
50	66	6	0.420	0.371	0.301

전력분석	콘택트 능력이 빼어나고, 여러 차례 수정을 거친 타격폼을 자신의 것으로 만들면서 상무 입대 전 3할 타자의 위엄을 어느 정도 회복한 시즌. 생애 첫 FA를 앞두고 있어서 기대감도, 의욕도 크다. 장타를 많이 치는 유형은 아니지만, 데뷔 이후 최다 2루타(23개)를 기록했다. 소크라테스가 떠난 후 주전 중견수로 활약해 줄 것을 기대한다.
강점	풀타임 3할을 칠 수 있는 능력.
약점	슬럼프에 한번 빠지면… 기복이 크다.

외야수(우투우타)

8 이창진

생년월일	1991년 3월 4일			신장/체중	173cm / 85kg
출신학교	신도초-동인천중-인천고-건국대			연봉	1억 4천만 원

2024시즌 기록

타율	경기	타석	타수	득점	안타
0.262	103	247	191	36	50
2루타	3루타	홈런	루타	타점	도루
10	0	1	63	18	4
볼넷	삼진	병살타	장타율	출루율	득점권타율
45	36	6	0.330	0.401	0.204

전력분석	코너 외야 경쟁을 펼칠 수 있는 주전급 선수. 타율은 0.262지만, 출루율이 0.401에 달할 정도로 선구안이 좋고, 출루를 이끌어 내는 센스가 높다. 체구가 큰 편은 아니라 홈런을 많이 치는 유형은 아니지만, 2루타 비율이 높고 배트 스피드가 빨라 삼진이 적다. 상하위 타순으로 활용할 수 있는 타자.
강점	안타와 볼넷 비율이 거의 일대일. 눈야구의 귀재.
약점	3할의 영광 어떻게 다시 찾을까?

외야수(우투우타)

25 이우성

생년월일	1994년 7월 17일			신장/체중	182cm / 95kg
출신학교	대전유천초-한밭중-대전고			연봉	1억 7천만 원

2024시즌 기록

타율	경기	타석	타수	득점	안타
0.288	112	449	399	56	115
2루타	3루타	홈런	루타	타점	도루
16	1	9	160	54	7
볼넷	삼진	병살타	장타율	출루율	득점권타율
44	89	17	0.401	0.361	0.266

전력분석	'오른손 최형우'라는 별명을 스스로도 가장 좋아할 정도로 최형우와 비슷한 유형의 타격 툴을 가지고 있고, 또 실제로 굉장히 가까운 사이다. 콘택트와 장타를 골고루 쳐 낼 수 있는 타자. KIA 이적 후 주전급 선수로 조금씩 성장했고, 2023년에는 데뷔 후 첫 3할을 치면서 만개했다. 지난해 한창 페이스가 좋을 때 부상을 당하면서 아쉬움이 남았지만, 수비 포지션을 1루에서 다시 주 포지션인 외야로 변경하며 부담을 털어 냈다.
강점	장타력과 출루율이 준수한 OPS형 타자.
약점	생각보다 많은 삼진.

50 유승철
투수(우투양타)

생년월일 1998년 3월 2일
출신학교 순천북초-순천이수중-효천고

2024시즌 기록

직구 수직 무브먼트가 좋다. 투구폼 수정으로 투구 밸런스 되찾기.

평균자책점	경기	승	패	홀드	세이브	승률	이닝	투구수
5.40	5	0	0	0	0	-	5	102
피안타	피홈런	볼넷	삼진	실점	자책점	피안타율	WHIP	QS
3	0	7	4	3	3	0.188	2.00	0

53 김기훈
투수(좌투좌타)

생년월일 2000년 1월 3일
출신학교 광주수창초-무등중-광주동성고

2024시즌 기록

제구력에 기복은 있지만, 직구 움직임이 좋아 대형 유망주로 꼽힌다.

평균자책점	경기	승	패	홀드	세이브	승률	이닝	투구수
5.03	17	1	0	0	0	1.000	19 2/3	386
피안타	피홈런	볼넷	삼진	실점	자책점	피안타율	WHIP	QS
16	1	15	17	13	11	0.208	1.58	0

69 김대유
투수(좌투좌타)

생년월일 1991년 5월 8일
출신학교 부산중앙초-부산중-부산고

2024시즌 기록

위협적인 좌완 사이드암. 원포인트 기용에 탁월하다.

평균자책점	경기	승	패	홀드	세이브	승률	이닝	투구수
8.28	37	0	0	8	0	-	25	465
피안타	피홈런	볼넷	삼진	실점	자책점	피안타율	WHIP	QS
35	4	12	26	23	23	0.340	1.88	0

19 윤중현
투수(우언우타)

생년월일 1995년 4월 25일
출신학교 광주서석초-무등중-광주제일고
-성균관대

2024시즌 기록

기복 있는 피칭의 사이드암 투수. ABS 존 하향 조정 효과 볼까?

평균자책점	경기	승	패	홀드	세이브	승률	이닝	투구수
13.94	11	0	0	0	0	-	10 1/3	239
피안타	피홈런	볼넷	삼진	실점	자책점	피안타율	WHIP	QS
22	4	9	4	17	16	0.458	3.00	0

31 박준표
투수(우언우타)

생년월일 1992년 6월 26일
출신학교 송정동초-진흥중-중앙고-동강대

2024시즌 기록

이제는 베테랑이 된 사이드암. 낙차 큰 변화구로 땅볼 유도에 적합.

평균자책점	경기	승	패	홀드	세이브	승률	이닝	투구수
6.00	8	0	0	1	0	-	6	88
피안타	피홈런	볼넷	삼진	실점	자책점	피안타율	WHIP	QS
10	0	3	4	4	4	0.400	2.17	0

24 김승현
투수(우투우타)

생년월일 1992년 7월 9일
출신학교 노암초-경포중-강릉고-건국대

2024시즌 기록

150km/h가 넘는 초강력 속구. 그런데 제구가 고민.

평균자책점	경기	승	패	홀드	세이브	승률	이닝	투구수
4.00	15	1	0	0	0	1.000	18	289
피안타	피홈런	볼넷	삼진	실점	자책점	피안타율	WHIP	QS
23	3	7	11	12	8	0.295	1.67	0

61 김민재
투수(우투우타)

생년월일 2003년 7월 8일
출신학교 효제초-청량중-신일고
-동원과학기술대

2024시즌 기록

키가 크고 신체 조건이 좋다. 공에 힘을 싣는 데 초점을 두고 있다.

평균자책점	경기	승	패	홀드	세이브	승률	이닝	투구수
15.75	4	0	0	0	0	-	4	85
피안타	피홈런	볼넷	삼진	실점	자책점	피안타율	WHIP	QS
9	3	1	3	7	7	0.450	2.50	0

32 김현수
투수(우투우타)

생년월일 2000년 7월 10일
출신학교 효제초-홍은중-장충고

2024시즌 기록

탈삼진 능력을 가지고 있는 우완 투수. 기회만 기다린다.

평균자책점	경기	승	패	홀드	세이브	승률	이닝	투구수
18.00	5	0	0	0	0	-	5	105
피안타	피홈런	볼넷	삼진	실점	자책점	피안타율	WHIP	QS
7	0	5	4	10	10	0.333	2.40	0

28 이형범
투수(우투우타)

생년월일 1994년 2월 27일
출신학교 화순초-화순중-화순고

2024시즌 기록
옛 영광을 다시 한번. 떨어진 구위를 다시 살리기.

평균자책점	경기	승	패	홀드	세이브	승률	이닝	투구수
7.80	16	0	1	2	0	0.000	15	296

피안타	피홈런	볼넷	삼진	실점	자책점	피안타율	WHIP	QS
26	2	7	9	17	13	0.371	2.20	0

43 김건국
투수(우투우타)

생년월일 1988년 2월 2일
출신학교 한서초(서부리틀)-청량중-덕수고

2024시즌 기록
산전수전 다 겪은 베테랑 우완 투수. 쉽게 맞춰 잡는 유형이라 쏠쏠한 기용.

평균자책점	경기	승	패	홀드	세이브	승률	이닝	투구수
7.86	20	0	1	0	0	0.000	34 1/3	594

피안타	피홈런	볼넷	삼진	실점	자책점	피안타율	WHIP	QS
48	5	14	20	33	30	0.327	1.81	0

49 김민주
투수(우투우타)

생년월일 2002년 9월 8일
출신학교 서울청담초(성동구리틀)
-건대부중-배명고-강릉영동대

2024시즌 기록
변화구 각도가 예리한 사이드암 투수. 안정감만 더 생긴다면 출전 기회 노려 볼 수 있다.

평균자책점	경기	승	패	홀드	세이브	승률	이닝	투구수
9.00	2	0	0	0	0	-	1	30

피안타	피홈런	볼넷	삼진	실점	자책점	피안타율	WHIP	QS
3	0	1	2	2	1	0.429	4.00	0

38 장재혁
투수(우투우타)

생년월일 2001년 8월 2일
출신학교 부산금강초-대신중-경남고

2024시즌 기록
직구와 슬라이더가 주무기. 공이 빠르지는 않아도 힘이 있다는 평가.

평균자책점	경기	승	패	홀드	세이브	승률	이닝	투구수
0.00	1	0	0	0	0	-	1 1/3	27

피안타	피홈런	볼넷	삼진	실점	자책점	피안타율	WHIP	QS
2	0	1	0	0	0	0.333	2.25	0

4 유지성
투수(좌투좌타)

생년월일 2000년 11월 15일
출신학교 수유초-자양중-북일고

2024시즌 기록
키가 크고 디셉션 동작도 있어서 치기 까다로운 좌완 투수. 1군에서도 경쟁력을 보임.

평균자책점	경기	승	패	홀드	세이브	승률	이닝	투구수
7.71	3	0	0	0	0	-	2 1/3	51

피안타	피홈런	볼넷	삼진	실점	자책점	피안타율	WHIP	QS
5	1	0	3	4	2	0.385	2.14	0

26 한승택
포수(우투우타)

생년월일 1994년 6월 21일
출신학교 잠전초(남양주리틀)-잠신중
-덕수고

2024시즌 기록
이제는 베테랑 포수. 수비만큼은 인정받는 안정감.

타율	경기	타석	타수	득점	안타	2루타	3루타	홈런
0.273	20	15	11	2	3	0	0	0

루타	타점	도루	볼넷	삼진	병살타	장타율	출루율	RISP
3	2	0	4	1	0	0.273	0.467	0.250

22 주효상
포수(우투좌타)

생년월일 1997년 11월 11일
출신학교 역북초-강남중-서울고

2024시즌 기록
이제 10년 차에 접어드는 대형 포수 유망주. 올해는 과연?

타율	경기	타석	타수	득점	안타	2루타	3루타	홈런
-	-	-	-	-	-	-	-	-

루타	타점	도루	볼넷	삼진	병살타	장타율	출루율	RISP
-	-	-	-	-	-	-	-	-

44 이상준
포수(우투우타)

생년월일 2005년 12월 13일
출신학교 서울도곡초-대치중-경기고

2024시즌 기록
프로 2년 차에 접어드는 공격형 포수 유망주. 장타력에 대한 기대.

타율	경기	타석	타수	득점	안타	2루타	3루타	홈런
-	-	-	-	-	-	-	-	-

루타	타점	도루	볼넷	삼진	병살타	장타율	출루율	RISP
-	-	-	-	-	-	-	-	-

9 윤도현
내야수(우투우타)

생년월일 2003년 5월 7일
출신학교 광주화정초-무등중-광주제일고

2024시즌 기록
김도영 못지않다. 좋은 운동 능력과 스윙 메커니즘을 타고났다.

타율	경기	타석	타수	득점	안타	2루타	3루타	홈런
0.407	6	27	27	5	11	2	0	1
루타	타점	도루	볼넷	삼진	병살타	장타율	출루율	RISP
16	8	1	0	9	0	0.593	0.407	0.500

14 김규성
내야수(우투좌타)

생년월일 1997년 3월 8일
출신학교 갈산초-선린중-선린인터넷고

2024시즌 기록
2루와 유격수, 3루까지도 소화가 가능한 내야 멀티 자원. 발도 빠르다.

타율	경기	타석	타수	득점	안타	2루타	3루타	홈런
0.250	27	15	12	5	3	1	0	0
루타	타점	도루	볼넷	삼진	병살타	장타율	출루율	RISP
4	2	1	2	4	0	0.333	0.357	0.500

23 최정용
내야수(우투좌타)

생년월일 1996년 10월 24일
출신학교 서원초-세광중-세광고

2024시즌 기록
어느덧 프로 10년이 넘은 유망주. 타격 재능은 여전한데 기회가 쉽지 않네.

타율	경기	타석	타수	득점	안타	2루타	3루타	홈런
0.182	6	12	11	0	2	0	0	0
루타	타점	도루	볼넷	삼진	병살타	장타율	출루율	RISP
2	1	0	1	4	1	0.182	0.250	0.000

2 박민
내야수(우투우타)

생년월일 2001년 6월 5일
출신학교 갈산초-성남중-야탑고

2024시즌 기록
타격 재능과 안정적인 수비력을 갖춘 유격수 자원.

타율	경기	타석	타수	득점	안타	2루타	3루타	홈런
0.276	16	30	29	5	8	4	0	0
루타	타점	도루	볼넷	삼진	병살타	장타율	출루율	RISP
12	2	0	1	7	0	0.414	0.300	0.300

52 황대인
내야수(우투우타)

생년월일 1996년 2월 10일
출신학교 군산신풍초-자양중-경기고

2024시즌 기록
힘 하나는 최고인데 너무 자주 아프다.

타율	경기	타석	타수	득점	안타	2루타	3루타	홈런
0.286	3	7	7	1	2	1	0	0
루타	타점	도루	볼넷	삼진	병살타	장타율	출루율	RISP
3	3	0	0	1	0	0.429	0.286	0.333

56 오선우
내야수(좌투좌타)

생년월일 1996년 12월 13일
출신학교 성동초-자양중-배명고-인하대

2024시즌 기록
홈런 비율이 꽤 높은 장타형 타자. 다만 애매한 입지.

타율	경기	타석	타수	득점	안타	2루타	3루타	홈런
0.286	3	7	7	0	2	0	0	0
루타	타점	도루	볼넷	삼진	병살타	장타율	출루율	RISP
2	1	0	0	3	0	0.286	0.286	0.500

6 홍종표
내야수(우투좌타)

생년월일 2000년 5월 2일
출신학교 동막초-영남중-강릉고

2024시즌 기록
대주자, 대수비 활용이 가능한 내야 자원.

타율	경기	타석	타수	득점	안타	2루타	3루타	홈런
0.295	100	115	105	27	31	4	3	0
루타	타점	도루	볼넷	삼진	병살타	장타율	출루율	RISP
41	11	5	6	31	0	0.390	0.339	0.303

12 김두현
내야수(우투우타)

생년월일 2003년 4월 25일
출신학교 수원신곡초-공주중-공주고
-동원대

2024시즌 기록
야구 대표팀으로 선발될 정도의 안정적인 내야 수비력을 갖춘 기대주.

타율	경기	타석	타수	득점	안타	2루타	3루타	홈런
0.400	3	6	5	2	2	0	0	0
루타	타점	도루	볼넷	삼진	병살타	장타율	출루율	RISP
2	0	0	0	0	0	0.400	0.500	0.000

57 고종욱
외야수(우투좌타)

생년월일 1989년 1월 11일
출신학교 역삼초-대치중-경기고-한양대

2024시즌 기록

경험은 무시 못 한다. 여전히 대타 자원 우선 순위.

타율	경기	타석	타수	득점	안타	2루타	3루타	홈런
0.250	28	36	32	3	8	2	0	1
루타	타점	도루	볼넷	삼진	병살타	장타율	출루율	RISP
13	4	0	4	6	2	0.406	0.333	0.167

14 박정우
외야수(좌투좌타)

생년월일 1998년 2월 1일
출신학교 역삼초-언북중-덕수고

2024시즌 기록

KIA 외야의 조커. 부상 선수가 많은 자리를 티 안 나게 채워 주면서 방망이도 좋다.

타율	경기	타석	타수	득점	안타	2루타	3루타	홈런
0.308	66	69	65	17	20	3	1	0
루타	타점	도루	볼넷	삼진	병살타	장타율	출루율	RISP
25	11	0	4	14	3	0.385	0.348	0.421

35 김석환
외야수(좌투좌타)

생년월일 1999년 2월 28일
출신학교 광주서석초-광주동성중
-광주동성고

2024시즌 기록

빼어난 체격 조건과 기량. 기회만 찾아온다면.

타율	경기	타석	타수	득점	안타	2루타	3루타	홈런
-	-	-	-	-	-	-	-	-
루타	타점	도루	볼넷	삼진	병살타	장타율	출루율	RISP
-	-	-	-	-	-	-	-	-

27 김호령
외야수(우투우타)

생년월일 1992년 4월 30일
출신학교 관산초-안산중앙중-군산상고
-동국대

2024시즌 기록

수비는 최고. 타격은 아직 다 풀지 못한 숙제.

타율	경기	타석	타수	득점	안타	2루타	3루타	홈런
0.136	64	67	59	12	8	2	0	1
루타	타점	도루	볼넷	삼진	병살타	장타율	출루율	RISP
13	4	3	8	25	1	0.220	0.239	0.167

1라운드 전체 5순위
10 김태형

투수(우투우타)

생년월일	2006년 12월 15일
신장/체중	184cm / 95kg
출신학교	화순초-거원중-덕수고

KIA가 1라운드에서 지명한 선발 유형의 선수. 팀이 가장 원했던 고교 유망주. 내구성이 좋고, 어린 나이에도 경기 운영 능력이 좋다. 커브의 무브먼트가 예리하고 슬라이더의 완성도도 높다. 미래를 이끌어 줄 기둥 투수.

2라운드 전체 15순위
63 이호민

투수(우투우타)

생년월일	2006년 8월 26일
신장/체중	182cm / 85kg
출신학교	해남북일초(해남군리틀)-이평중-전주고

기본기가 탄탄하고 꾸준한 선발 자원. 고교 저학년때부터 꾸준하게 제구력이 향상되고, 경기 운영 능력도 뛰어나다. 제구가 좋아 안정감이 인상 깊은 투수.

3라운드 전체 25순위
36 박재현

외야수(우투좌타)

생년월일	2006년 12월 8일
신장/체중	180cm / 73kg
출신학교	동막초-재능중-인천고

빠른 발을 가진 외야수를 원했던 KIA가 선택한 픽. 공수에서 안정적인 플레이가 좋아졌고, 성장하는 모습이 두드러졌다. 내야 경험도 있지만, 외야에서 발전 가능성이 높다. 차세대 리드오프.

4라운드 전체 35순위
59 양수호

투수(우투우타)

생년월일	2006년 9월 9일
신장/체중	187cm / 82kg
출신학교	보성초(대전중구리틀)-공주중-공주고

일발장타 갖춘 거포 유망주. 강백호와 비슷한 타격폼, 강백호 같은 타격 능력도 기대.

5라운드 전체 45순위
46 김정엽

투수(우투우타)

생년월일	2006년 4월 18일
신장/체중	185cm / 96kg
출신학교	부산수영초-개성중-부산고

빠른 공을 던지고, 슬라이더 완성도가 높고 타점이 높다. 직구가 묵직하게 들어오면서 타자의 헛스윙을 유도해 낼 수 있다.

6라운드 전체 55순위
028 최건희

투수(우투우타)

생년월일	2002년 7월 9일
신장/체중	183cm / 70kg
출신학교	가동초-덕수중-장충고-강릉영동대

군필에 2년제 대학 졸업생. 제대 이후 더 안정적인 피칭을 하게 됐다. 체인지업이 예술.

7라운드 전체 65순위
029 나연우

투수(우투우타)

생년월일	2006년 7월 24일
신장/체중	184cm / 90kg
출신학교	서울상일초-배재중-휘문고

빠른 볼을 던지는 투수. 아직 정교함은 떨어지지만 슬라이더, 커브가 좋다. 프로에서 성장 기대.

8라운드 전체 75순위
030 임다온

투수(우투우타)

생년월일	2005년 6월 10일
신장/체중	187cm / 91kg
출신학교	수택초(남양주리틀)-청량중-경기상고

원래 상위 픽이 유력했던 선수인데, 부상 이력으로 하위까지 밀렸다. 입단 후 관리하면서 다시 복귀를 준비 중이다.

9라운드 전체 85순위
031 엄준현

내야수(우투우타)

생년월일	2006년 4월 20일
신장/체중	174cm / 75kg
출신학교	서울이수초-언북중-전주고

내야 수비 기본기가 탄탄하고, 야구 감각이 뛰어난 선수. 수비 범위도 넓고, 손목힘이 좋다.

10라운드 전체 95순위
032 이성원

투수(우투우타)

생년월일	2006년 5월 18일
신장/체중	184cm / 90kg
출신학교	호동초(화성B리틀)-안산중앙중-유신고

150km/h를 던지는 투수. 디테일과 밸런스, 제구력은 많은 연습을 통해서 보완해야 한다.

11라운드 전체 105순위
036 박헌

외야수(좌투좌타)

생년월일	2006년 1월 5일
신장/체중	185cm / 90kg
출신학교	광주수창초-충장중-광주제일고

강한 어깨를 가졌고 타고난 힘이 워낙 좋아 장타를 칠 수 있다. 습득력이 빠른 편. 기량이 좋아 입단 이후 기대.

TEAM PROFILE

구단명 : **삼성 라이온즈**

연고지 : **대구광역시**

창립연도 : **1982년**

구단주 : **유정근**

대표이사 : **유정근**

단장 : **이종열**

감독 : **박진만**

홈구장 : **대구 삼성 라이온즈파크**

영구결번 : **10 양준혁 22 이만수 36 이승엽**

한국시리즈 우승 : **1985 2002 2005 2006**
2011 2012 2013 2014

UNIFORM

HOME

AWAY

2025 SAMSUNG LIONS DEPTH CHART

• 지명타자

박병호

디아즈

좌익수
구자욱
김재혁
김태훈

중견수
김지찬
김성윤
홍현빈

우익수
김헌곤
이성규
윤정빈

유격수
이재현
양도근
김영웅

2루수
류지혁
안주형
심재훈

3루수
김영웅
전병우
공민규

1루수
디아즈
박병호
이성규

• 감독

박진만

포수
강민호
이병헌
김도환

• 2025 예상 베스트 라인업

1번 타자	김지찬	중견수
2번 타자	김헌곤	우익수
3번 타자	구자욱	좌익수
4번 타자	디아즈	1루수
5번 타자	박병호	지명타자
6번 타자	김영웅	3루수
7번 타자	강민호	포수
8번 타자	류지혁	2루수
9번 타자	이재현	유격수

• 예상 선발 로테이션

후라도

레이예스

원태인

최원태

이승현57

• 필승조

황동재

이승현20

김태훈

임창민

• 마무리

오승환

김재윤

TEAM INFO

팀 분석

2024 팀 순위 (포스트시즌 최종 순위 기준)

2위

최근 5년간 팀 순위

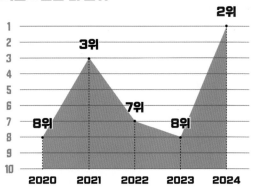

				2위

8위 — 2020
3위 — 2021
7위 — 2022
8위 — 2023
2위 — 2024

2024시즌 팀 공격력

↑: High / ↓: Low

타율↑	홈런↑	병살타↓	득점권 타율↑	삼진↓	OPS↑
0.269	183개	94개	0.271	1,150개	0.774
9위	1위	2위	7위	9위	공동 5위

2024시즌 팀 마운드

↑: High / ↓: Low

평균자책점↓	탈삼진↑	QS↑	볼넷↓	피안타율↓	피홈런↓	WHIP↓
4.68	980개	47	477개	0.276	164개	1.45
3위	9위	6위	2위	공동 4위	10위	1위

2024시즌 팀 수비력

↑: High / ↓: Low

실책↓	견제사↑	병살 성공↑	도루저지율↑
81개	3개	105번	30.5%
1위	9위	10위	2위

2024시즌 최다 마킹 유니폼

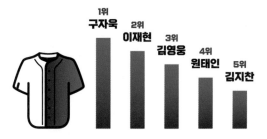

1위 구자욱
2위 이재현
3위 김영웅
4위 원태인
5위 김지찬

PARK FACTOR

홈구장_대구 삼성 라이온즈파크

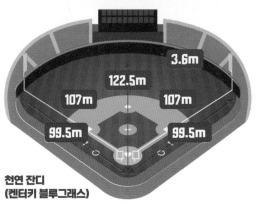

3.6m
122.5m
107m   107m
99.5m   99.5m

천연 잔디
(켄터키 블루그래스)

수용인원

24,000석

구장 특성

독특한 구조의 팔각형 야구장. 구장 안에 들어서면 라이온즈를 상징하는 진한 파란색이 구장 전체를 휘감은 듯한 느낌을 준다. 대표적인 타자친화형 구장으로 꼽히며, 독특한 팔각형 모양 외야 라인으로 인해 홈런이 쉽게 나오는 듯한 기분이 드는데, 실제로 피홈런이 많은 구장 중 하나다. 좌우중간 펜스 거리가 비교적 짧기 때문. 우측 외야에는 '영원한 라이온킹' 이승엽의 대형 벽화가 눈에 띈다.

HOME STADIUM GUIDE

원정팬을 위한
교통편 추천, 주차, 숙소 팁

KTX나 SRT를 이용할 경우 동대구역에서 내려서 택시 혹은 지하철, 버스 등 대중교통으로 비교적 연결이 잘되어 있다. 하지만 가깝지는 않기 때문에 시간 계산을 잘 해서 이용해야 한다. 고속버스, 시외버스 터미널도 거리는 있지만 연결은 잘되어 있는 편이다. 자가용을 이용해 야구장에 방문하는 관람객들이 많기 때문에 차를 가져올 경우, 주차 지옥에 빠질 수도 있다. 주차장은 구비되어 있지만, 갓길 주차도 워낙 많고 한꺼번에 몰려 입출차 시간 소요가 많다. 이를 감안해서 대중교통 이용을 권장한다. 또 경기가 끝난 후에는 택시를 호출하려는 관람객들이 쏟아져나오기 때문에, 아무리 여러 어플을 이용해도 잘 안 잡힐 수 있다. 일찍 이동해야 한다면, 조금 서둘러서 퇴장하는 것을 추천한다. 숙소는 야구장 인근 혹은 시지 부근으로 조금만 이동하면, 신식 호텔들이 여러 곳 생겨서 많은 원정팬들이 애용하고 있다. 대구 시내 구경까지 하고 싶다면 조금 멀더라도 동성로 인근으로 숙소를 잡는 것을 추천한다.

응원단

응원 1단장
김상헌

응원 2단장
이범형

치어리더
문가은

치어리더
박소영

치어리더
박지영

치어리더
박혜인

치어리더
안해규

치어리더
오서율

치어리더
이규리

치어리더
이윤슬

치어리더
이혜지

치어리더
장유빈

치어리더
정서연

라팍 넘어 푸른 물결을, 왕조의 시계가 다시 돌아간다

작년에 이것만 잘됐으면 좋았을 텐데

지난겨울, 불펜 수집에 열을 올린 소기의 성과는 봤다. 하지만 임창민-김재윤-오승환으로 이어지는 '평균 37세' 필승조는 144경기 체력전을 버티지 못했다. 김태훈, 최지광, 이상민 등의 재발견도 있었지만 풀시즌을 맡기기엔 무리가 있었다. 양현, 최성훈 등 2차 드래프트에서 베테랑 투수를 수집하고 시즌 중에 반년 이상 쉰 송은범까지 영입한 승부수도 훈련하게 문제를 해결하지 못했다. 뒷문 문제는 2025시즌을 앞둔 스토브리그에서도 삼성의 선결과제로 남아 고민을 안겼다.

외국인 타자를 두 번이나 교체한 선택도 아쉬웠다. 시즌 시작과 함께 영입한 데이비드 맥키넌은 초반 4할 타율로 리그에 안착하는 듯했으나, 장타에서 아쉬운 모습을 보이면서 올스타 브레이크를 기점으로 교체됐다. 이후 영입한 루벤 카데나스도 초반 대형 홈런 2개로 강렬한 인상을 남겼지만, 부상 이력의 우려를 씻어 내지 못하고 결국 7경기 만에 낙마했다. 우여곡절 끝에 영입한 르윈 디아즈가 화끈한 장타력과 함께 포스트시즌에서 해결사 역할을 해 준 것은 그나마 다행. 처음부터 장타에 중점을 두고 건강한 외국인 타자를 영입했으면 어땠을까 하는 아쉬움이 남은 시즌이었다.

선수단 부상 관리에서도 아쉬운 모습을 보였다. 삼성은 시즌 전 트레이닝 파트를 야심 차게 강화했지만 효과를 보지 못했다. 선수단이 시즌 내내 크고 작은 부상에 시달렸다. 구자욱, 원태인, 김지찬 등 핵심 선수들을 부상에서 지켜 내는 건 성공했지만, 이마저도 가을야구에서 탈이 났다. 9년 만에 진출한 한국시리즈를 정상적인 전력으로 치르지 못하면서 준우승에 그쳤다.

한국시리즈에서의 불운도 삼성으로선 안타까웠다. KIA 타이거즈와의 한국시리즈 1차전에서 선발 원태인의 5이닝 무실점 완투 페이스와 김헌곤의 홈런으로 기선을 제압했으나, 경기 도중 결정된 아쉬운 우천 순연(서스펜디드)으로 흐름이 끊기면서 상승세를 이어 가지 못했다. 객관적인 전력에서 KIA에 밀린 것은 사실이고 야구에 만약은 없다지만, 1차전을 온전히 치렀다면 어땠을까 하는 아쉬움이 남은 한국시리즈였다.

스토브리그 성적표

내외야 중심을 잡아 줄 집토끼(김헌곤, 류지혁)도 모두 잡았고 확실한 선발투수(최원태)를 영입하면서 마운드를 살찌웠다. 가장 시급한 불펜진 영입이 없다는 건 옥의 티.

지극히 주관적인 올 시즌 예상 순위와 이유

"착각하지 말자." 주장 구자욱이 말했다. 지난해 정규시즌 2위는 '상수'가 아니었던 선수들의 활약이 있었기에 가능했다. 지난해 팀 홈런 1위(185개)를 견인한 김영웅과 이성규 등의 활약이 작년 '반짝'으로 끝나선 안

된다. 영입 없이 육성에만 의존해야 하는 불펜진과 안방(포수) 문제도 걱정. 하지만 삼성은 작년에도 하위권 예상을 보기 좋게 뒤집고 한국시리즈까지 올랐다. 젊은 선수들이 첫 가을야구의 값진 경험을 쌓은 건 큰 수확. 지난해처럼 홈런 군단의 위용을 그대로 이어 간다면 2년 연속 대권을 노려 볼 만하다.

MANAGER

생년월일	1976년 11월 30일
출신학교	서화초-상인천중-인천고-경기대

주요 경력
현대 유니콘스 선수(1996~2004)
-삼성 라이온즈 선수(05~10)-SK 와이번스 선수(11~15)
-SK 와이번스 수비코치(16)
-삼성 라이온즈 2군 수비코치(17)
-삼성 라이온즈 1군 수비코치(17~21)
-삼성 라이온즈 2군 감독(22)
-삼성 라이온즈 감독대행(22)
-삼성 라이온즈 감독(23~)

"준우승의 아쉬움, 왕조의 기운으로 씻어낸다"

2024년은 삼성 선수단도 박진만 감독도 성장한 한 해였다. 선수들의 체력 및 부상 관리에 큰 신경을 썼고, 폭풍 영입으로 두터워진 투수도 비교적 잘 활용하며 순위 상승을 이끌었다. 지옥 훈련으로 최소 실책 1위의 성과를 거둔 데 이어, 젊은 야수진을 적절히 기용하면서 감독대행 시절부터 강조했던 내부 경쟁도 소기의 성과를 거뒀다. 지난해 한국시리즈 준우승은 결코 운이 아니었다. 다만 여전히 우승 전력이라 보기는 어렵다. 얇은 선수층 한계에 지난해 2위로 높아진 기대까지 충족시켜야 한다는 부담감을 안고 시즌을 시작한다.

70 박진만

1군

수석코치 정대현	타격코치 이진영	타격코치 배영섭	투수코치 강영식	불펜코치 박희수	배터리코치 채상병	1루·주루코치 강명구	작전·외야코치 이종욱

퓨쳐스

수비코치 손주인	퓨처스 감독 최일언	타격코치 박한이	투수코치 박석진	배터리코치 이흥련	주루·내야코치 정병곤	작전·외야코치 박찬도	육성군코치 조동찬

육성군코치 김동호	육성군코치 김정혁	육성군코치 김응민	육성군코치 정민태

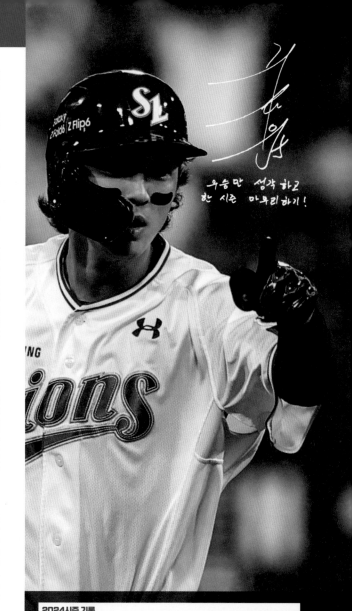

5 ⓒ 외야수(우투좌타)

구자욱

생년월일	1993년 2월 12일
신장/체중	189cm / 75kg
출신학교	본리초-경복중-대구고
연봉(2025)	20억 원

#왕조의_유산_왕조_부활의_중심으로

새 시즌에도 삼성 라이온즈의 주장은 구자욱이다. 지난해 처음으로 '풀타임' 주장을 맡은 구자욱은 감독, 코치와 고참 선수들, 젊은 선수들의 가교 역할을 해내면서 자신도 솔선수범하며 선수단을 이끌었다. MBTI가 내향형임에도, 외향형 연기를 하며 선수들을 리드했다고.. 구자욱을 중심으로 똘똘 뭉친 삼성은 2015년 왕조 이후 9년 만에 KS 무대에 올랐다. 구자욱은 지난해 커리어하이급 시즌을 보냈지만 "내 기록보다 팀 성적이 더 중요하다"며 주장으로서의 면모를 뽐내기도 했다.

#투혼의_주루_주장의_품격

구자욱의 불방망이는 가을야구에서도 이어졌다. 하지만 오래 가지 못했다. 승리욕을 앞세워 시도한 도루 과정에서 무릎을 다쳤다. 심각한 부상이었다. 구자욱은 팀의 승리를 위해 절뚝이며 내달렸다. 구자욱의 선제 득점으로 삼성은 PO 2차전에서 승리했지만, 구자욱은 그 뒤로 나올 수 없었다. 이후 구자욱은 팀의 분위기를 위해 더그아웃을 지켰다. 경기장 밖에선 선수들을 북돋는 메시지로, 더그아웃에선 격한 세리머니로 팀 분위기를 끌어 올리며 준우승을 이끌었다.

#우리_아직_강하지_않습니다

하위권 예상을 딛고 9년 만의 KS 진출, 준우승이라는 값진 성과를 얻었지만 구자욱은 냉정했다. "그동안 부진하다가 지난해 1년 잘한 선수들도 있다. 선수들이 지난해 호성적을 우리 실력이라고 생각하지 않았으면 한다. 안주하면 안 된다"며 선수들을 독려했다. 지난해 우승팀 KIA 타이거즈를 두고 많이 느꼈다는 그는, "KIA 선수들을 보면 강하다는 느낌이 확 든다. 이제는 우리가 그런 모습을 보여야 한다"며 새 시즌 활약을 다짐했다.

🎤 TMI 인터뷰

1. 내가 가장 처음 좋아했던 야구선수는?

- 배리 본즈

2. 나만의 유니폼 패션 포인트는?

- 하이탑 스파이크

3. 다른 팀에서 데리고 오고 싶은 선수와 그 이유는?

- 김도영. 이유가 필요 없어서.

4. 내가 추천하는 최고의 보양 비법은?

- 건강한 음식(자극적인 음식 피하기).

5. 본인 이름으로 삼행시

- [구] 구자욱이
  [자] 자알하면
  [욱] 욱승할 수 있다.

2024시즌 기록

타율	경기	타석	타수	득점	안타
0.343	129	568	493	92	169
2루타	3루타	홈런	루타	타점	도루
39	1	33	309	115	13
볼넷	삼진	병살타	장타율	출루율	RISP
55	73	6	0.627	0.417	0.341

전력분석	호타준족. 하체를 이용한 정확한 스윙으로 콘택트와 파워 두 마리 토끼를 모두 잡는 중장거리형 타자. 지난해엔 OPS 1.044를 기록하며 만능 타자의 모습을 보여 줬다. 건강한 구자욱이 얼마나 무서운지 스스로 증명한 시즌.
강점	경기의 흐름을 바꿀 수 있는 클러치 능력.
약점	자나 깨나 부상 조심.
수비력	홈 보살 가능한 강견과 정확한 송구, 코너 수비 문제 없다.

18
투수(우투우타)

원태인

생년월일	2000년 4월 6일
신장/체중	183cm / 92kg
출신학교	율하초(중구리틀)-경복중-경북고
연봉(2025)	6억 3천만 원

#푸른_피_에이스

삼성의 원태인을 수식하는 단어는 수도 없이 많지만, 이 말 하나로 모두 정리가 된다. "우리의 1차 지명은 10년 전에 결정됐습니다." 2018년 입단 때부터 원태인은 '푸른 피 에이스'였다. 신인 시절부터 "왕조 재건의 주역이 되겠다"고 당찬 포부를 밝혔던 원태인은 데뷔 6년 차에 다승왕과 토종 에이스 자리를 꿰차며 리그를 대표하는 투수로 성장했다. 고대했던 '삼린이 성공 스토리'는 KS 준우승으로 이루지 못했으나, 새 시즌 왕조 부활의 발판을 다지며 또 한 번의 도약을 준비하고 있다.

#홈런_공장에서_다승왕이라구요?

삼성의 홈구장 대구 삼성라이온즈파크는 리그에서 악명 높은 (투수 한정) 홈런 공장이다. 외야 펜스까지의 거리가 짧고, 육각형 모양이라 좌중간·우중간 펜스까지의 거리는 더 짧다. 홈런이 많이 나올 수밖에 없는 구조. 하지만 이곳을 홈으로 쓰면서 다승왕(15승)과 토종 평균자책점 1위를 기록한 투수가 있다. 삼성의 에이스 원태인은 "다승왕도 기쁘지만, 라팍을 홈구장으로 쓰면서 거둔 기록이라 더 기쁘다. 내 기량을 증명한 한 해가 된 것 같다"며 자부심을 드러냈다.

#6억_원의_사나이_배움엔_끝이_없다

토종 에이스 역할을 한 원태인은 연봉도 두둑히 받았다. 비FA 다년 계약을 제외한 선수들 중 최고 연봉인 6억3천만 원에 도장을 찍었다. 하지만 배움에 끝은 없다. 초창기 외국인 선수 데이비드 뷰캐넌에게 많은 것을 배우며 성장한 원태인은 2023년 미국에서 체인지업의 대가를 만나 체인지업을 배웠고, 지난해엔 한국을 찾은 LA 다저스의 토미 글라스노우를 만나 고속 커브 노하우를 물었다. 올해는 새로 합류한 아리엘 후라도에게 QS 능력과 커브 지도를 부탁해 더욱 성장할 예정이다.

2024시즌 기록

평균자책점	경기	승	패	홀드	세이브
3.66	28	15	6	0	0
승률	이닝	투구수	피안타	피홈런	볼넷
0.714	159 2/3	2,693	150	17	42
삼진	실점	자책점	피안타율	WHIP	QS
119	68	65	0.245	1.20	13

전력분석	평균 140km/h 중반대의 직구, 주무기 체인지업은 매 시즌 구종 가치 상위권에 이름을 올릴 정도로 무브먼트가 좋다. 슬라이더에 커브 완성도까지 높이면서 완성형 투수로 거듭난 '푸른 피 에이스'. 후반기 체력 저하, 태극마크 과부 우려에도 끄떡없던 지난해. 부상 여파에도 걱정 없는 에이스 투수.
강점	빠른 직구에 춤추는 체인지업, 슬라이더, 커브까지 다양한 무기.
약점	지난해 막판 입은 어깨 부상 후유증.

🎤 TMI 인터뷰

1. 내가 가장 처음 좋아했던 야구선수는?
- 박찬호

2. 나만의 유니폼 패션 포인트는?
- 맨 위 단추 풀기(2개 풀고 싶은데 겨우 참음).

3. 다른 팀에서 데리고 오고 싶은 선수와 그 이유는?
- 김선빈. 한국시리즈의 악몽.

4. 내가 추천하는 최고의 보양 비법은?
- 연습 전/후, 경기 후 사우나

5. 본인 또는 동료 이름으로 삼행시
- [원] 원하는 곳으로
  [태] 태연하게 던질 수 있는
  [인] 인간 원태인

47

3
최원태

투수(우투우타)

생년월일	1997년 1월 7일
신장/체중	184cm / 104kg
출신학교	인헌초(용산구리틀)-서울경원중-서울고
연봉(2025)	2억 원

#급한_불펜_대신_선발에_70억_이유가 있다

삼성은 이번 비시즌에도 불펜 강화에 주력했으나, 대어들이 타 팀과 계약하면서 불펜 투수를 영입하는 데 실패했다. 대신 최원태의 영입에 올인하면서 선발진을 강화했다. 4년 총액 70억 원의 금액이 많다는 지적도 있었으나, 삼성의 마운드 현실을 보면 결코 비싸지 않다. 지난 시즌 완전체 선발진을 꾸리지 못했던 삼성은 수년간 선발에서 꾸준한 활약을 펼쳤던 최원태를 품으며 약점을 지웠다.

#두꺼운_허벅지_미국행_자처_워크에식_논란은_안녕

이종열 단장은 최원태를 보고 깜짝 놀랐다. 투수치고도 두꺼운 허벅지, 하드웨어도 탄탄하고 비시즌 동안 몸을 잘 만들어 온 것 같아 흐뭇해했다는 후문. 구단이 마련한 미국 야구 훈련 프로그램 CSP에 젊은 선수들이 유학을 가는 것을 본 최원태가 구단에 자원해 미국행 비행기에 몸을 실었다. 새 시즌 필요한 구종과 루틴 만들기에 주력하며 비시즌을 바쁘게 보냈다. 이적 당시 워크에식 논란으로 우려의 목소리가 많았으나, 부활을 위한 자발적인 노력에 삼성 구단은 걱정을 지웠다.

#재현아_잘_부탁해

삼성 구단이 최원태를 영입하면서 강조한 것은 '투심 패스트볼'이다. 최원태가 전성기 시절 투심을 회복해 땅볼을 잘 유도해 낸다면 타자친화구장인 대구 삼성라이온즈파크에서 충분한 위력을 발휘할 거란 믿음이다. 삼성이 리그 최고의 야수진을 보유하고 있다는 것도 호재다. 지난해 최소 실책을 기록한 바 있다. 특히 유격수 이재현이 버티고 있는 내야진은 리그 최고 수비를 자랑한다. 이재현은 최원태의 서울고 후배, 최원태는 후배에게 "땅볼 수비 잘 부탁한다"고 당부했다.

🎤 TMI 인터뷰

1. 내가 가장 처음 좋아했던 야구선수는?
- 그렉 매덕스

2. 나만의 유니폼 패션 포인트는?
- Simple is the best.

3. 다른 팀에서 데리고 오고 싶은 선수와 그 이유는?
- 박주성. 제일 친한 선수라서.

4. 내가 추천하는 최고의 보양 비법은?
- 잠

5. 본인 또는 동료 이름으로 삼행시
- [최] 최원태는
  [원] 원래
  [태] 태인이를 좋아한다.

2024시즌 기록

평균자책점	경기	승	패	홀드	세이브
4.26	24	9	7	0	0
승률	이닝	투구수	피안타	피홈런	볼넷
0.563	126 2/3	2,117	126	10	57
삼진	실점	자책점	피안타율	WHIP	QS
103	66	60	0.263	1.44	10

전력분석	70억 FA 오버페이 논란은 그만. 비시즌 정말 잘 준비했다. 히어로즈 시절 던졌던 투심 패스트볼까지 잘 가다듬으며 타자친화구장 라팍에서 살아남을 준비를 마쳤다. 이닝 이터, 꾸준한 선발 로테이션 장점까지 잘 살린다면 삼성에서의 FA 성공은 떼어 놓은 당상.
강점	이미 증명한 땅볼 유도 능력, 투심에 컷 패스트볼까지 팔색조 투구.
약점	큰 경기 울렁증.

47 강민호

포수(우투우타)

생년월일	1985년 8월 18일
신장/체중	185cm / 100kg
출신학교	제주신광초-포철중-포철공고-국제디지털대
연봉(2025)	4억 원

#21년_만에_맡아_본_KS_향기

강민호에게 한국시리즈(KS)는 한(恨) 그 자체였다. 2005년 데뷔 이후 단 한 차례도 밟아 보지 못했던 무대다. 지난해 데뷔 21년 만에야 감격의 무대에 올랐다. 어린 투수진을 이끌고 39세의 나이에 투혼을 불사른 끝에 얻어낸 값진 성과였다. 플레이오프(PO)에선 KS행을 확정짓는 홈런을 직접 때려 내기도. 시즌 내내 토로해 왔던 "KS 향기라도 맡고 싶다", LG 트윈스 포수 박동원에게 한 "골든글러브 너 가져, KS는 내가 갈게" 등의 발언에서 강민호가 얼마나 KS에 목말랐는지 알 수 있다.

#베테랑의_통곡_이젠_우승이다

우여곡절 끝에 오른 KS에서 강민호는 웃지 못했다. 시즌 내내 달고 뛴 부상으로 KS를 완주하지 못했고, 팀도 준우승에 그쳤기 때문. 준우승 확정 후 강민호는 아쉬움의 눈물을 흘리는 후배들을 다독였지만, 오롯이 혼자만의 감정을 쏟아 낼 수 있는 시간이 되자 자신도 눈물을 쏟아냈다. 소감을 묻는 기자의 말에 눈물을 흘린 그는 "아쉽고 분하다. 이젠 KS 진출만이 아닌 우승에 욕심이 난다"며 새 시즌 각오를 다졌다.

#KBO_최초에_도전합니다

지난해 강민호는 KBO 최다 출전, 포수 최다 홈런 등 기록을 여럿 써냈다. 체력 소모가 큰 포지션 특성상 결코 쉽지 않은 기록이었지만, 강민호는 꾸준함을 앞세워 신기록을 달성했다. 올해도 최초의 기록에 도전한다. 올 시즌을 마치고 자유계약선수(FA) 신분이 되는 강민호는 '4번째 FA' 계약을 노린다. 이제까지 FA 계약을 세 번 작성한 선수는 강민호 등 6명이나 있지만, 네 번은 아직 없다. 강민호는 "이제는 후배들과 경쟁해야 하는 상황이라 쉽지 않다"면서도 "경쟁에서 이기면 좋은 기회가 찾아오지 않을까"라며 대기록 달성의 의지를 다졌다.

2024시즌 기록

타율	경기	타석	타수	득점	안타
0.303	136	452	403	48	122
2루타	3루타	홈런	루타	타점	도루
19	1	19	200	77	3
볼넷	삼진	병살타	장타율	출루율	RISP
35	52	17	0.496	0.365	0.274

전력분석	체력 소모 큰 포수 포지션에서 KBO 최다 출전(2,369경기), 포수 최다 홈런(338개), 포수 최다 타점(1,242점) 등. 무슨 수식어가 더 필요할까. 불혹의 나이에도 여전한 공격력과 탄탄한 수비로 KBO리그 안방 평정 중. 아직 삼성엔 강민호가 더 필요하다.
강점	중심타선 투입돼도 손색없는 장타력과 클러치 능력.
약점	적지 않은 나이, 부상 위험.
수비력	투수 리드는 명불허전. 여전히 탄탄한 블로킹 능력과 도루 저지.

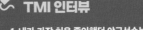

TMI 인터뷰

1. 내가 가장 처음 좋아했던 야구선수는?

- 박찬호

2. 나만의 유니폼 패션 포인트는?

- 농구 바지

3. 다른 팀에서 데리고 오고 싶은 선수와 그 이유는?

- 안우진, 강력한 1선발.

4. 내가 추천하는 최고의 보양 비법은?

- 잠

5. 본인 또는 동료 이름으로 삼행시

- [강] 강민호
　[민] 민호
　[호] 호락호락해보여?

7
이재현

내야수(우투우타)

생년월일	2003년 2월 4일
신장/체중	180cm / 82kg
출신학교	서울이수초-선린중-서울고
연봉(2025)	2억 1천만 원

#공터에서_테니스공_받던_소년이_KS에
이재현의 꼬마 시절 야구 열정은 남달랐다. 공터만 보이면 테니스공 바구니와 글러브를 갖고 나가 수비 훈련을 했고, 리틀야구 시절 밤 11시까지 이어지는 고된 훈련에도 힘든 기색 없이 버터 내는 모습에서 미래의 '국민유격수' 자질을 보였다. 세월이 흘러 그 꼬마가 한국시리즈 무대까지 서서 호수비까지 펼쳤다. 큰 무대의 희열을 느낀 이재현은 이제 더 높은 곳을 바라본다.

#국민유격수가_콕!
선수 시절 '국민유격수'라 불리며 최고의 유격수로 이름을 날렸던 박진만 감독은 이재현을 두고 "2년 차 때 나보다 더 잘하는 것 같다"고 말했다. 고교 시절부터 수비력은 이미 인정을 받았고, 시간이 갈수록 더 노련해지고 있다는 평가. 국민유격수, 삼성 왕조의 천재유격수 김상수의 등번호인 '7번'을 물려받을 정도로 그에게 거는 기대는 크다.

#홈런은_김영웅_정확도는_이재현
이재현은 지난겨울 미국의 야구 훈련 프로그램 CSP에 다녀왔다. 한 시즌을 온전히 치르는 루틴을 만들어 오는 동시에, 정확한 콘택트를 위한 타격 메커니즘을 배우기 위해서다. 이종열 삼성 단장은 미국행 비행기에 오르는 이재현에게 "홈런은 김영웅에게 맡기고 정확도를 더 높이자"라고 당부. 이재현은 소기의 성과를 얻고 돌아와 더 많은 안타를 때려 낼 준비를 마쳤다.

TMI 인터뷰

1. 내가 가장 처음 좋아했던 야구선수는?
- 박진만 감독님

2. 나만의 유니폼 패션 포인트는?
- 단정하게 입는 것.

3. 다른 팀에서 데리고 오고 싶은 선수와 그 이유는?
- 조세진. 야구를 잘하고 같이하면 서로 더 잘할 것 같고 재밌다.

4. 내가 추천하는 최고의 보양 비법은?
- 여름에는 시원한 거, 겨울에는 따뜻한 거 먹기.

5. 본인 또는 동료 이름으로 삼행시
- [김] 김영웅 [영] 영원히 재밌게 야구하자고?
  [웅] 웅, 그래.

2024시즌 기록					
타율	경기	타석	타수	득점	안타
0.260	109	458	389	71	101
2루타	3루타	홈런	루타	타점	도루
18	1	14	163	66	2
볼넷	삼진	병살타	장타율	출루율	RISP
58	83	8	0.419	0.365	0.330

전력분석	정확한 콘택트와 빠른 배트 스피드, 일발 장타 능력도 갖춘 선수. 2년 연속 두 자릿수 홈런을 때려 낼 수 있는 파워를 증명했다. 적극적이고 공격적이었던 1년 차보다 조금씩 좋은 공을 골라 내는 능력까지 갖춘 성장형 내야수.
강점	뛰어난 손목 힘과 빠른 배트 스피드, 빠른 볼 대처 능력.
약점	아쉬운 기복, 조금씩 끌어올리고 있는 체력 문제.
수비력	KBO 톱급 유격수 수비. 좋은 수비 센스와 반응 속도, 송구 능력도 좋다는 평가.

30   내야수(우투좌타)

김영웅

생년월일	2003년 8월 24일
신장/체중	180cm / 82kg
출신학교	공주중동초-야로중-물금고
연봉(2025)	1억 5천만 원

#짧게_잡..._길게_잡겠습니다

지난해 스프링캠프에서 김영웅은 코치진으로부터 '배트를 짧게 쥐라'는 권유를 받았다. 타격의 정확성을 높이기 위해서였다. 하지만 김영웅은 단칼에 거절했다. "겨울 동안 준비한 게 있으니 (길게 잡고) 해 보겠습니다"라고 말했다. 당시를 돌아본 김영웅은 "(감독님의) 말을 끊으며 싸가지 없게 보였을까봐 걱정됐다"라고 할 정도로 단호했다. '거포 유망주'로 이름을 알리던 고등학교 시절 타격품을 되살린 김영웅은 2시즌 3홈런 타자에서 한 시즌 28홈런 타자로 변신해 포효했다.

#하루_펑고만_3시간

입단 당시 김영웅은 수비력보단 공격력이 더 주목을 받았던 선수였다. 프로에선 공격력만으로는 살아날 수 없는 법. 프로 데뷔 후 2군에서 몸을 만들던 김영웅은 당시 손주인 수비코치의 펑고를 하루에 3시간 이상씩 받아 내는 지옥 훈련을 통해 성장했다. 그 결과 김영웅은 팀의 주전 3루수로 성장, 화끈한 공격력과 안정적인 수비를 바탕으로 팀 내 핵심 선수로 거듭났다.

#조심스레_도전하는_벌크업

김영웅은 지난겨울 체중을 조금 불렸다. 힘을 더 키우기 위해서였다. 김영웅은 "지난해 배트를 길게 잡은 것과 마찬가지로 벌크업도 하나의 도전이다. 실패해도 일단 후회 없이 해 보고 싶다"라고 말했다. 새 시즌엔 타격 타이밍에도 더 신경 쓰면서 정확도를 높일 방법도 공부 중이라고. 비시즌 이대호의 유튜브 채널에 출연해 일대일 과외를 받기도 했다.

2024시즌 기록

타율	경기	타석	타수	득점	안타
0.252	126	509	456	65	115
2루타	3루타	홈런	루타	타점	도루
16	3	28	221	79	9
볼넷	삼진	병살타	장타율	출루율	RISP
45	155	2	0.485	0.321	0.310

전력분석	3년 차에 만개한 거포 잠재력. 자신의 스트라이크존을 잘 설정하고 스윙하는 덕분에 장타를 생산해 낼 수 있었다. 힘을 온전히 실을 수 있는 스윙 능력까지 갖춰 정교함과 선구안이 더 성장한다면 거포 능력은 더 빛을 발할 예정.
강점	일발장타, 손댈 것 없는 깔끔한 스윙.
약점	거포의 숙명 삼진.
수비력	3루는 물론 유격수 수비도 깔끔. 삼성 코너 내야의 미래.

🎤 TMI 인터뷰

1. 내가 가장 처음 좋아했던 야구선수는?
- 김광현

2. 나만의 유니폼 패션 포인트는?
- 상의 7부 넣어입기.

3. 다른 팀에서 데리고 오고 싶은 선수와 그 이유는?
- 로하스. 시합 때 가끔 타격 코칭을 해 주는데 항상 결과가 좋았다.

4. 내가 추천하는 최고의 보양 비법은?
- 많이 먹고, 많이 쉬기.

5. 본인 또는 동료 이름으로 삼행시
- [이] 이재현과 [재] 재밌게 야구하기 [현] 현재진행형

투수(우투우타)

75 후라도

생년월일/국적	1996년 1월 30일 / 파나마			신장/체중	188cm / 109kg
출신학교	파나마 San Judas Tadeo(고)			연봉	70만 달러

2024시즌 기록

평균자책점	경기	승	패	홀드	세이브
3.36	30	10	8	0	0
승률	이닝	투구수	피안타	피홈런	볼넷
0.556	190 1/3	2,894	185	19	32
삼진	실점	자책점	피안타율	WHIP	퀄리티스타트
169	78	71	0.254	1.14	23

주무기	구종만 6개. 지난 시즌 체인지업 구종가치 1위.

코너 시볼드라는 에이스 투수를 떠나보낸 건 아쉽지만, 삼성은 검증된 투수로 '1선발' 자리를 메웠다. 지난 2년간 키움 히어로즈에서 뛰며 뛰어난 내구성과 제구력을 선보인 후라도를 영입, 변수를 지웠다. 후라도는 지난 2년 통산 투구이닝(374이닝)과 QS(43회) 부문에서 KBO리그 1위를 기록할 정도로 꾸준했던 투수. 땅볼 비율(지난해 53.3%)이 높다는 점도 타자친화구장인 '라팍'에서 힘을 발휘할 예정. 무엇보다 어린 선수들을 가르치는 것도 익숙해 삼성 투수진에도 큰 시너지 효과가 나올 것으로 보인다. 후라도가 사랑하는 '중식 과외'가 얼마나 빛을 발할지 주목되는 시즌.

투수(우투우타)

43 레예스

생년월일/국적	1996년 11월 2일 / 도미니카공화국			신장/체중	198cm / 113kg
출신학교	도미니카 Melida Altagracia Baez(고)			연봉	70만 달러

2024시즌 기록

평균자책점	경기	승	패	홀드	세이브
3.81	26	11	4	0	0
승률	이닝	투구수	피안타	피홈런	볼넷
0.733	144	2,429	159	15	30
삼진	실점	자책점	피안타율	WHIP	퀄리티스타트
114	65	61	0.278	1.31	12

주무기	다양한 구종의 피네스 피처, 다양한 레퍼토리가 장점.

성장형 투수. 초반 난조에 퇴출 위기 극복하고 삼성 가을야구의 에이스 투수로 성장, 올해 재계약까지 성공했다. 구속은 빠르지 않지만 포심 패스트볼과 투심 패스트볼, 컷 패스트볼과 체인지업, 슬라이더까지 다양한 구종으로 땅볼을 유도하는 것이 레예스의 장점. 볼배합에 영향을 많이 받긴 하지만, 그만큼 선택지도 많아 타자들에겐 까다로운 투수다. 지난해 가을야구에서 보여 준 퍼포먼스(3경기 3승 무패 20⅔이닝 1자책점)만 그대로 해 준다면 삼성 마운드에 큰 힘이 될 선수. 체격에 비해 아쉬운 구위와 도루 허용 문제는 해결해야 할 문제.

내야수(좌투좌타)

0 디아즈

생년월일/국적	1996년 11월 19일 / 도미니카공화국			신장/체중	188cm / 105kg
출신학교	도미니카 Daniel Smith(고)			연봉	50만 달러

2024시즌 기록

타율	경기	타석	타수	득점	안타
0.282	29	118	110	14	31
2루타	3루타	홈런	루타	타점	도루
5	0	7	57	19	0
볼넷	삼진	병살타	장타율	출루율	득점권타율
6	25	2	0.518	0.331	0.188

타격스타일	상당히 우수한 파워에 스프레이 히터. 어느 순간 어디로든 장타를 뽑아 낼 수 있는 호쾌한 장타력.

지난해 심각한 외국인 타자 잔혹사를 겪은 삼성에 찾아온 복덩이 외국인 타자. 화끈한 장타력에 평균 이상의 정확한 콘택트 능력까지 보유. 아쉬운 주루를 잊게 하는 파워가 인상적. 스프레이 히터로 어느 곳에든 장타를 뽑아 낼 수 있다. 타자친화구장인 '라팍'에 최적인 타자라는 건 지난 포스트시즌에서도 증명, 올 시즌 재계약에 성공했다. '라팍 풀타임'을 치르는 올해 성적이 더 기대되는 선수. 큰 키에도 1루 수비가 수준급. 가끔 나오는 클러치 실책이 아쉽지만, 대체적으로 수비는 뛰어나다는 평가.

투수(우투우타)

62 김재윤

생년월일	1990년 9월 16일		신장/체중	185cm / 91kg	
출산학교	서울도곡초-휘문중-휘문고		연봉	8억 원	

2024시즌 기록

평균자책점	경기	승	패	홀드	세이브
4.09	65	4	8	25	11
승률	이닝	투구수	피안타	피홈런	볼넷
0.333	66	1,092	58	13	25
삼진	실점	자책점	피안타율	WHIP	퀄리티스타트
51	37	30	0.232	1.26	0

전력분석	140km/h의 묵직한 직구가 일품. 지난 시즌을 셋업맨으로 시작했으나, 중반 익숙했던 마무리 보직을 맡으면서 부활. 타자친화구장인 라팍을 홈구장으로 쓰면서 피홈런이 증가했지만, 한 시즌 적응하고 다시 오르는 2025년 마운드는 어떨지 주목. 땅볼 유도할 '신 구종'이 관건.
강점	묵직한 구위에 칼제구. 10년 차 클로저 경험에서 나오는 탄탄한 마무리.
약점	라팍에는 아쉬운 뜬공형 투수. 구속 저하 문제 해결 관건.

투수(우투우타)

21 오승환

생년월일	1982년 7월 15일		신장/체중	178cm / 93kg	
출산학교	도신초-우신중-경기고-단국대		연봉	8억 원	

2024시즌 기록

평균자책점	경기	승	패	홀드	세이브
4.91	58	3	9	2	27
승률	이닝	투구수	피안타	피홈런	볼넷
0.250	55	1,002	75	9	18
삼진	실점	자책점	피안타율	WHIP	퀄리티스타트
42	36	30	0.321	1.69	0

전력분석	클래스는 어디 가지 않는다. 최근 저조한 구속과 구위에도 여전히 오승환에게 뒷문을 맡기는 덴 이유가 있다. 적지 않은 나이에도 몸 관리는 여전히 탁월. 적절한 휴식과 안정적인 1이닝 마무리 등판이 이어졌던 전반기 땐 홀로 24세이브를 올리며 호투했다. 불펜 자원 늘어난 올 시즌, 그의 활용 가치도 다시 늘어날 듯.
강점	아쉬운 구위 상쇄할 노련한 변화구 구사 및 경기 운영.
약점	떨어진 구속, 전성기가 그리운 구위.

투수(좌투좌타)

57 이승현

생년월일	2002년 5월 19일		신장/체중	183cm / 102kg	
출산학교	남도초-경복중-대구상원고		연봉	1억 2천만 원	

2024시즌 기록

평균자책점	경기	승	패	홀드	세이브
4.23	17	6	4	0	0
승률	이닝	투구수	피안타	피홈런	볼넷
0.600	87 1/3	1,528	88	9	37
삼진	실점	자책점	피안타율	WHIP	퀄리티스타트
68	44	41	0.264	1.43	5

전력분석	제2의 오승환이 제2의 류현진으로 돌아왔다. 프로 데뷔 후 불펜 투수로만 활약했던 '좌'승현이 지난해 선발로 전환, 성공적인 시즌을 보냈다. 데뷔 때보다 하락한 구속은 아쉽지만, 실점 부담 덜어 낸 선발에서 경기 운영 경험 쌓아 가면서 성공적으로 선발진에 안착. 새 시즌 5선발도 좌승현의 몫.
강점	묵직한 직구 바탕으로 한 변화무쌍 팔색조 투구, 불펜 경험에서 나오는 담대함까지.
약점	아직 7이닝 이상은 무리, 체력 문제 극복이 관건.

투수 (우투우타)

45 임창민

생년월일	1985년 8월 25일			신장/체중	183cm / 94kg
출신학교	광주대성초-광주동성중-광주동성고-연세대			연봉	2억 원

2024시즌 기록

평균자책점	경기	승	패	홀드	세이브
3.98	60	2	1	28	1
승률	이닝	투구수	피안타	피홈런	볼넷
0.667	54 1/3	1,031	60	4	30
삼진	실점	자책점	피안타율	WHIP	퀄리티스타트
50	26	24	0.279	1.66	0

전력분석	부활에 성공해 마흔살 FA(자유계약선수) 계약으로 삼성에 입단한 '믿을맨'. 최고 구속은 140km/h 중반대로 떨어졌지만, 직구 평균 상하 무브먼트는 리그 상위권. 지난해 28홀드가 증명하는 묵직한 구위도 여전.
강점	40대에도 묵직한 구위와 노련미. 실력 외적으로 팬들 사로잡을 예능감도 주목.
약점	2아웃까지는 잘 잡는데... 후반기 체력 및 부상 이슈.

투수 (우투우타)

61 황동재

생년월일	2001년 11월 3일			신장/체중	191cm / 97kg
출신학교	율하초-경운중-경북고			연봉	6천2백만 원

2024시즌 기록

평균자책점	경기	승	패	홀드	세이브
4.07	15	1	2	0	0
승률	이닝	투구수	피안타	피홈런	볼넷
0.333	42	707	38	2	18
삼진	실점	자책점	피안타율	WHIP	퀄리티스타트
30	20	19	0.248	1.33	0

전력분석	데뷔 4년 차인 지난해 가능성을 봤다. 묵직한 직구가 제구까지 잡히니 위력은 상상 이상. 경험이 많지 않기에 체력 문제는 여전히 아쉽지만, 중간 계투로 나설 올해는 자신의 능력을 더 마음껏 발휘할 수 있을 것으로 보인다.
강점	선발, 불펜 어디든 문제없다. 미국(CSP) 유학까지 다녀와 더 좋아진 공 기대.
약점	원아웃만 잘 잡아 내자, 이닝이든 볼 카운트든 피해 갈 수 없는 초반 울렁증.

투수 (우투우타)

1 이호성

생년월일	2004년 8월 14일			신장/체중	184cm / 87kg
출신학교	도원초(부천소사리틀)-동인천중-인천고			연봉	4천만 원

2024시즌 기록

평균자책점	경기	승	패	홀드	세이브
7.40	16	2	4	0	0
승률	이닝	투구수	피안타	피홈런	볼넷
0.333	45	952	66	9	26
삼진	실점	자책점	피안타율	WHIP	퀄리티스타트
28	39	37	0.351	2.04	0

전력분석	150km/h, 잃어버린 구속을 찾았다. 수많은 시행착오 끝에 공부해서 얻은 결과물. 이호성은 해외 야구 아카데미의 글들을 번역기를 돌려 닥치는 대로 찾아보고 공부하며 자신의 문제점을 되짚고 해결했다. 빠른 공과 날카로운 변화구를 선보인 데뷔해 모습 되찾을지 주목.
강점	최고 150km/h의 빠른 공, 날카로운 체인지업-커브.
약점	아쉬운 체력 문제, 되찾아야 할 자신감.

투수(좌투좌타)

29 백정현

생년월일	1987년 7월 13일		신장/체중	184cm / 80kg
출신학교	대구옥산초-대구중-대구상원고		연봉	4억 원

2024시즌 기록

평균자책점	경기	승	패	홀드	세이브
5.95	17	6	5	0	0
승률	이닝	투구수	피안타	피홈런	볼넷
0.545	78 2/3	1,288	104	13	27
삼진	실점	자책점	피안타율	WHIP	퀄리티스타트
56	56	52	0.319	1.67	4

전력분석	구속은 느리지만 칼제구로 타자를 압도하는 기교파 투수. 부동의 4선발 후보였지만, 지난해엔 초반 부상과 막판 부진으로 고전. 30대 후반의 적지 않은 나이에 비시즌 미국 연수까지 가며 새 시즌 부활을 노리는 중.
강점	타자 타이밍 뺏는 노련한 피칭. 다양한 구종을 다양한 코스로 정교하게 찔러 넣는 제구력.
약점	체력 및 구위 저하. 부상 여파.

투수(우투우타)

20 이승현

생년월일	1991년 11월 20일		신장/체중	181cm / 92kg
출신학교	화순초-진흥중-화순고		연봉	2억 4천만 원

2024시즌 기록

평균자책점	경기	승	패	홀드	세이브
4.48	60	6	2	9	1
승률	이닝	투구수	피안타	피홈런	볼넷
0.750	60 1/3	1,107	68	6	23
삼진	실점	자책점	피안타율	WHIP	퀄리티스타트
51	31	30	0.292	1.51	

전력분석	여전한 필승조 후보. 평균 구속은 140km/h 초중반대로 빠르지 않지만, 슬라이더와 스플리터, 체인지업 커브 등 다양한 변화구 래퍼토리로 타자들을 현혹한다.
강점	베테랑다운 경기 운영 능력.
약점	아쉬운 제구, 체력 저하.

투수(우투우타)

11 최지광

생년월일	1998년 3월 13일		신장/체중	173cm / 85kg
출신학교	감천초-대신중-부산고		연봉	1억 7천만 원

2024시즌 기록

평균자책점	경기	승	패	홀드	세이브
2.23	35	3	2	7	0
승률	이닝	투구수	피안타	피홈런	볼넷
0.600	36 1/3	674	22	1	21
삼진	실점	자책점	피안타율	WHIP	퀄리티스타트
38	9	9	0.176	1.18	0

전력분석	지난해 삼성 불펜에 '가뭄의 단비' 같았던 존재. 6월부터 부상당하기 전인 가을까지 필승조 역할을 톡톡히 해냈다. 강력한 구위가 일품인 삼성의 '믿을맨'. 지난해 막판 오른쪽 팔꿈치 부상으로 수술대에 올라 올해 전반기엔 그의 모습을 볼 수 없다. 인상적인 필승조 활약을 보인 만큼, 빠른 회복 및 복귀가 관건.
강점	묵직한 구위. 커브 추가로 다양해진 래퍼토리. 공 좋을 때 나오는 '독도킥'.
약점	부상 징크스.

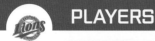
투수(우투우타)

27 김태훈

생년월일	1992년 3월 2일			신장/체중	187cm / 101kg
출신학교	남부민초-대신중-부경고			연봉	2억 4천만 원

2024시즌 기록

평균자책점	경기	승	패	홀드	세이브
3.96	56	3	2	23	0
승률	이닝	투구수	피안타	피홈런	볼넷
0.600	52 1/3	870	49	6	19
삼진	실점	자책점	피안타율	WHIP	퀄리티스타트
37	24	23	0.243	1.30	0

전력분석	지난해 팔 각도 내린 뒤 살아난 삼성의 '믿을맨'. 롱릴리프부터 셋업맨, 마무리까지 불펜 경험 많은 베테랑 투수. 부상 전 전반기 때의 모습을 되찾는다면 여전히 필승조 1순위인 선수.
강점	베테랑다운 노련한 경기 운영, 담대한 피칭.
약점	부상 후유증 및 후반 체력 저하.

포수(우투우타)

23 이병헌

생년월일	1999년 10월 26일			신장/체중	180cm / 87kg
출신학교	인천숭의초-인천신흥중-제물포고			연봉	6천5백만 원

2024시즌 기록

타율	경기	타석	타수	득점	안타
0.248	95	166	145	9	36
2루타	3루타	홈런	루타	타점	도루
4	0	1	43	9	0
볼넷	삼진	병살타	장타율	출루율	득점권타율
17	48	0	0.297	0.335	0.176

전력분석	제2의 강민호를 위해 공부하는 학구파 노력형 포수. 수준급 수비에 우수한 포수 리드, 평균 이상의 도루 저지까지 탁월한 능력 보유. 타격과 수비에서의 상황 판단력은 경험이 쌓이면 해결될 문제. 현재 삼성 백업 포수 주에선 가장 많이 앞서 있다.
강점	우수한 포수 리드.
약점	아쉬운 콘택트 능력, 파워만 더 갖춰진다면.

내야수(우투우타)

52 박병호

생년월일	1986년 7월 10일			신장/체중	185cm / 107kg
출신학교	영일초(광명리틀)-영남중-성남고			연봉	3억 8천만 원

2024시즌 기록

타율	경기	타석	타수	득점	안타
0.231	120	406	350	52	81
2루타	3루타	홈런	루타	타점	도루
7	0	23	157	70	4
볼넷	삼진	병살타	장타율	출루율	득점권타율
47	121	13	0.449	0.333	0.255

전력분석	박병호에게 '라팍'은 그야말로 딱 맞는 옷이었다. 지난해 중반 트레이드 이적 후 라팍 37경기에서 14개의 홈런을 때려 냈다. '라팍 풀타임'을 치르는 올해는 어떨까. 상상만 해도 기대가 된다.
강점	여전한 파워, 준수한 선구안.
약점	아쉬운 콘택트 능력 하지만 장점이 너무 크다.

내야수(우투좌타)

16 류지혁

생년월일	1994년 1월 13일		신장/체중	181cm / 75kg
출신학교	청원초-선린중-충암고		연봉	6억 원

2024시즌 기록

타율	경기	타석	타수	득점	안타
0.258	100	348	302	43	78
2루타	3루타	홈런	루타	타점	도루
9	1	3	98	36	11
볼넷	삼진	병살타	장타율	출루율	득점권타율
33	70	7	0.325	0.341	0.279

전력분석	삼성의 내야 사령관. 유틸리티 플레이어에 헌신의 아이콘, 남다른 리더십까지. 젊은 내야진을 이끌고 부주장 역할을 톡톡히 해내면서 삼성의 한국시리즈까지 이끌었다. 부동의 주전 2루수로 올해도 어린 내야진 및 세대교체 발판을 마련해야 하는 중책을 맡았다.
강점	좋은 선구안, 탁월한 주루 센스.
약점	폼 좋아질 때쯤 찾아오는 잦은 부상.

외야수(우투좌타)

58 김지찬

생년월일	2001년 3월 8일		신장/체중	163cm / 64kg
출신학교	백사초(이천시리틀)-모가중-라온고		연봉	2억 8천만 원

2024시즌 기록

타율	경기	타석	타수	득점	안타
0.316	135	535	453	102	143
2루타	3루타	홈런	루타	타점	도루
16	3	3	174	36	42
볼넷	삼진	병살타	장타율	출루율	득점권타율
60	40	5	0.384	0.405	0.240

전력분석	작은 거인. 3할 타율, 40도루, 4할 출루율에서 볼 수 있듯이 결코 얕볼 상대가 아니다. 탁월한 콘택트 능력에 도루 성공률 91.3%가 증명하는 주루 센스까지. 지난해 내야수에서 외야수로 전향했음에도 수비에서 어색함이 전혀 없다. 빠른 발을 바탕으로 한 준수한 수비도 돋보였다.
강점	정교한 콘택트, 빠른 발, 수비 센스까지. 삼성 넘어 국대 중견수·리드오프로 딱.
약점	득점권 타격.

외야수(우투우타)

32 김헌곤

생년월일	1988년 11월 9일		신장/체중	174cm / 81kg
출신학교	회원초-경복중-제주관광고-영남대		연봉	1억 원

2024시즌 기록

타율	경기	타석	타수	득점	안타
0.302	117	311	281	43	85
2루타	3루타	홈런	루타	타점	도루
8	1	9	122	34	4
볼넷	삼진	병살타	장타율	출루율	득점권타율
22	50	5	0.434	0.358	0.299

전력분석	커리어하이, 지난해 완벽 부활에 성공했다. 시즌 초반 팀의 8연패를 끊어 내는 결정적인 클러치 능력을 선보이더니 가을야구에서도 홈런을 연달아 쏘아 올리며 팀의 한국시리즈행을 이끌었다. 엄청난 노력으로 부상 및 부진 후유증을 완벽하게 벗어 냈다. 새 시즌 활약도 기대되는 베테랑 외야수.
강점	날카로운 콘택트에 한 방도 기대되는 중장거리 타격 능력.
약점	체력 저하 및 부상 조심.

외야수(우투우타)

13 이성규

생년월일	1993년 8월 3일			신장/체중	178cm / 82kg
출신학교	광주대성초-광주동성중-광주동성고-인하대			연봉	1억 3천만 원

2024시즌 기록

타율	경기	타석	타수	득점	안타
0.242	122	355	302	56	73
2루타	3루타	홈런	루타	타점	도루
10	1	22	151	57	9
볼넷	삼진	병살타	장타율	출루율	득점권타율
31	109	5	0.500	0.339	0.284

전력분석	삼성의 '완근이'. 탄탄한 전완근에서 뿜어져 나오는 일발장타가 매력적인 외야수. 입단 이후 거포 잠재력을 깨우지 못해 아픈 손가락으로 자리잡았으나, 타석에서의 조급함을 덜어 낸 지난해 22홈런으로 만개했다. 타자친화구장인 '라팍'에 딱 맞는 선수.
강점	일발장타, 걸리면 넘어간다.
약점	선구안과 기복.

외야수(우투좌타)

31 윤정빈

생년월일	1999년 6월 24일			신장/체중	182cm / 93kg
출신학교	신도초-부천중-부천고			연봉	7천4백만 원

2024시즌 기록

타율	경기	타석	타수	득점	안타
0.286	69	188	161	26	46
2루타	3루타	홈런	루타	타점	도루
4	1	7	73	20	1
볼넷	삼진	병살타	장타율	출루율	득점권타율
22	47	1	0.453	0.378	0.189

전력분석	지난해 거포 유망주 알을 깨고 나온 외야수. 삼성의 통산 5만 안타, LG전 퍼펙트 위기 깬 9회 안타 등 팀의 굵직한 기록을 쓰며 두각을 드러냈다. 눈부심으로 맞춘 30만 원짜리 안경을 쓰고 난 뒤 만개, 가을야구에서도 거포 능력 뽐내며 자신의 가치를 증명했다.
강점	묵직한 장타에 클러치 능력 보유.
약점	좌투수 상대 약점(타율 0.208).

외야수(좌투좌타)

39 김성윤

생년월일	1999년 2월 2일			신장/체중	163cm / 62kg
출신학교	창신초(부산진구리틀)-원동중-포항제철고			연봉	7천만 원

2024시즌 기록

타율	경기	타석	타수	득점	안타
0.243	32	89	74	15	18
2루타	3루타	홈런	루타	타점	도루
4	0	0	22	6	3
볼넷	삼진	병살타	장타율	출루율	득점권타율
9	16	1	0.297	0.326	0.286

전력분석	정교한 콘택트 능력에 파워도 갖췄다. 작은 키에 반해 폭발적인 근육량에서 나오는 중장거리 능력이 일품. 젓가락도 못 들 정도로 번트 훈련을 하고 고중량의 바벨을 들 정도의 엄청난 노력이 돋보이는 선수. 지난해엔 불의의 부상으로 경기에 많이 나오지 못했으나, 작전 수행 능력이 뛰어나 올 시즌 활약이 기대되는 선수.
강점	콘택트, 파워, 주루 만능 플레이어.
약점	아쉬운 선구안, 장타 의식해 퍼올리는 스윙.

48 김무신
투수(우투우타)
생년월일 1999년 12월 8일
출신학교 온양온천초-온양중-북일고
-대구대

2024시즌 기록

150km/h 파이어볼러, 가을야구 오스틴 저격수. 개명 효과 보는 듯했는데 부상이….

평균자책점	경기	승	패	홀드	세이브	승률	이닝	투구수
10.13	4	0	0	0	0	-	5 1/3	105
피안타	피홈런	볼넷	삼진	실점	자책점	피안타율	WHIP	QS
6	0	7	2	6	6	0.375	2.44	0

46 송은범
투수(우투우타)
생년월일 1984년 3월 17일
출신학교 서흥초-동산중-동산고

2024시즌 기록

불혹에 찾아온 삼성에서 쏠쏠한 활약까지, 지친 불펜에 숨 불어넣어 줄 베테랑 투수.

평균자책점	경기	승	패	홀드	세이브	승률	이닝	투구수
1.08	9	0	0	2	0	-	8 1/3	114
피안타	피홈런	볼넷	삼진	실점	자책점	피안타율	WHIP	QS
8	0	1	2	1	1	0.258	1.08	0

4 육선엽
투수(우투우타)
생년월일 2005년 7월 13일
출신학교 백마초-서울신월중-장충고

2024시즌 기록

호주에서 증명한 잠재력, 수준급 커브에 묵직한 구위까지. 선발로도 손색 없다.

평균자책점	경기	승	패	홀드	세이브	승률	이닝	투구수
5.29	11	0	0	0	0	-	17	355
피안타	피홈런	볼넷	삼진	실점	자책점	피안타율	WHIP	QS
19	3	17	11	11	10	0.284	2.12	0

15 이상민
투수(좌투좌타)
생년월일 1990년 11월 4일
출신학교 남도초(수성리틀)-대구중
-경북고-동의대

2024시즌 기록

베테랑 불펜. 왼손 부족 삼성 마운드에 꼭 필요한 좌완 필승조 자원.

평균자책점	경기	승	패	홀드	세이브	승률	이닝	투구수
3.90	37	2	1	8	1	0.667	30	416
피안타	피홈런	볼넷	삼진	실점	자책점	피안타율	WHIP	QS
31	2	6	12	13	13	0.282	1.23	0

28 이승민
투수(좌투좌타)
생년월일 2000년 8월 26일
출신학교 본리초-경상중-대구고

2024시즌 기록

백정현의 뒤를 잇는 좌완 스윙맨. 느리지만 정교하다.

평균자책점	경기	승	패	홀드	세이브	승률	이닝	투구수
8.56	25	1	4	0	0	0.200	47 1/3	920
피안타	피홈런	볼넷	삼진	실점	자책점	피안타율	WHIP	QS
71	14	26	23	48	45	0.343	2.05	0

59 이재희
투수(우투우타)
생년월일 2001년 10월 11일
출신학교 대전신흥초-한밭중-대전고

2024시즌 기록

최고 153km/h의 공을 던지는 파이어볼러. 담대한 투구까지 필승조 자질 다 갖췄다.

평균자책점	경기	승	패	홀드	세이브	승률	이닝	투구수
-	-	-	-	-	-	-	-	-
피안타	피홈런	볼넷	삼진	실점	자책점	피안타율	WHIP	QS
-	-	-	-	-	-	-	-	-

17 김대우
투수(우언우타)
생년월일 1988년 11월 21일
출신학교 역삼초-대치중-서울고-홍익대

2024시즌 기록

선발도 롱릴리프도 문제없다. 팀이 필요할 때 마운드 오르는 '애니콜'.

평균자책점	경기	승	패	홀드	세이브	승률	이닝	투구수
5.50	32	0	0	5	0	-	34 1/3	529
피안타	피홈런	볼넷	삼진	실점	자책점	피안타율	WHIP	QS
42	4	9	23	24	21	0.296	1.49	0

44 김대호
투수(우투우타)
생년월일 2001년 10월 15일
출신학교 제주신광초-이팽중-군산상고
-고려대

2024시즌 기록

이름만큼이나 풍채에서도 우러나오는 아우라. 묵직한 구위로 육성선수 신화 예약.

평균자책점	경기	승	패	홀드	세이브	승률	이닝	투구수
11.25	1	0	1	0	0	0.000	4	87
피안타	피홈런	볼넷	삼진	실점	자책점	피안타율	WHIP	QS
7	1	2	1	6	5	0.350	2.25	0

101 박주혁
투수(우투우타)

생년월일 2001년 5월 18일
출신학교 남정초-덕수중-휘문고

2024시즌 기록
군 제대 후 호주 경험까지, 145km/h 중반대 빠른 볼에 날카로운 슬라이더가 일품.

평균자책점	경기	승	패	홀드	세이브	승률	이닝	투구수
-	-	-	-	-	-	-	-	-
피안타	피홈런	볼넷	삼진	실점	자책점	피안타율	WHIP	QS
-	-	-	-	-	-	-	-	-

19 양현
투수(우언우타)

생년월일 1992년 8월 23일
출신학교 영랑초-한밭중-대전고

2024시즌 기록
팀에 얼마 없는 옆구리 투수, 지난해 커리어로우는 잊자.

평균자책점	경기	승	패	홀드	세이브	승률	이닝	투구수
7.62	18	0	1	2	0	0.000	13	242
피안타	피홈런	볼넷	삼진	실점	자책점	피안타율	WHIP	QS
21	4	5	10	11	11	0.375	2.00	0

26 이재익
투수(좌투좌타)

생년월일 1994년 3월 18일
출신학교 삼일초-중앙중-유신고

2024시즌 기록
팀에 꼭 필요한 왼손 불펜. 스위퍼 연마 빛 볼까.

평균자책점	경기	승	패	홀드	세이브	승률	이닝	투구수
17.69	9	1	0	0	0	1.000	9 2/3	222
피안타	피홈런	볼넷	삼진	실점	자책점	피안타율	WHIP	QS
29	2	4	6	19	19	0.537	3.41	0

54 최성훈
투수(좌투좌타)

생년월일 1989년 10월 11일
출신학교 가동초-잠신중-경기고-경희대

2024시즌 기록
다시 도전하는 좌완 필승조. 2차 드래프트 신화 올해는 쓸 수 있을까.

평균자책점	경기	승	패	홀드	세이브	승률	이닝	투구수
6.92	28	0	1	3	0	0.000	13	270
피안타	피홈런	볼넷	삼진	실점	자책점	피안타율	WHIP	QS
14	1	9	10	10	10	0.292	1.77	0

51 최충연
투수(우투우타)

생년월일 1997년 3월 5일
출신학교 대구수창초-대구중-경북고

2024시즌 기록
큰 키에서 찍어 누르는 150km/h대 광속구, 아프지만 않으면….

평균자책점	경기	승	패	홀드	세이브	승률	이닝	투구수
-	-	-	-	-	-	-	-	-
피안타	피홈런	볼넷	삼진	실점	자책점	피안타율	WHIP	QS
-	-	-	-	-	-	-	-	-

37 최하늘
투수(우언우타)

생년월일 1999년 3월 26일
출신학교 서울학동초-자양중-경기고

2024시즌 기록
춤추는 변화구가 강점. 좋았던 3~4월을 기억해라.

평균자책점	경기	승	패	홀드	세이브	승률	이닝	투구수
5.34	27	1	1	1	0	0.500	32	579
피안타	피홈런	볼넷	삼진	실점	자책점	피안타율	WHIP	QS
26	2	16	18	20	19	0.234	1.31	0

65 홍원표
투수(우투우타)

생년월일 2001년 3월 27일
출신학교 신도초-부천중-부천고

2024시즌 기록
슬라이더와 좌타자 상대 스플리터가 장점, 잠재력 있는 불펜 유망주.

평균자책점	경기	승	패	홀드	세이브	승률	이닝	투구수
4.26	4	0	0	0	0	-	6 1/3	112
피안타	피홈런	볼넷	삼진	실점	자책점	피안타율	WHIP	QS
4	1	6	5	3	3	0.200	1.58	0

42 양창섭
투수(우투우타)

생년월일 1999년 9월 22일
출신학교 녹천초(노원구리틀)-청량중
-덕수고

2024시즌 기록
다양한 변화구, 다양한 레퍼토리. 분유·제대 버프 받고 이젠 날아오를 때.

평균자책점	경기	승	패	홀드	세이브	승률	이닝	투구수
-	-	-	-	-	-	-	-	-
피안타	피홈런	볼넷	삼진	실점	자책점	피안타율	WHIP	QS
-	-	-	-	-	-	-	-	-

24 김도환
포수(우투우타)

생년월일 2000년 4월 14일

출신학교 언북초(의정부리틀)-영동중
-신일고

2024시즌 기록

이만수 포수상의 위엄. 캠프 타격감 이어 가야. 제2의 강민호 자리도 아직 열려 있다.

타율	경기	타석	타수	득점	안타	2루타	3루타	홈런
0.000	1	3	3	0	0	0	0	0
루타	타점	도루	볼넷	삼진	병살타	장타율	출루율	RISP
0	0	0	0	1	0	0.000	0.000	0.000

12 김민수
포수(우투우타)

생년월일 1991년 3월 2일

출신학교 대구옥산초-경복중-대구상원고
-영남대

2024시즌 기록

포수왕국을 탄탄히 받치고 있는 삼성의 '구원포수'. 성실함에 리더십까지.

타율	경기	타석	타수	득점	안타	2루타	3루타	홈런
0.250	9	8	8	1	2	0	0	0
루타	타점	도루	볼넷	삼진	병살타	장타율	출루율	RISP
5	3	0	0	1	0	0.625	0.250	1.000

2 김재성
포수(우투좌타)

생년월일 1996년 10월 30일

출신학교 신광초-성남중-덕수고

2024시즌 기록

1루수까지 투입할 정도로 그냥 두긴 아쉬운 타격 능력, 삼성 안방 세대교체 키.

타율	경기	타석	타수	득점	안타	2루타	3루타	홈런
0.200	10	23	20	3	4	1	0	0
루타	타점	도루	볼넷	삼진	병살타	장타율	출루율	RISP
5	1	0	3	5	1	0.250	0.304	0.333

14 안주형
내야수(우투좌타)

생년월일 1993년 8월 14일

출신학교 부산중앙초-부산중-부경고
-영남대

2024시즌 기록

안정적인 수비와 작전 수행 능력. 내야진 탄탄히 받치는 '믿을맨'.

타율	경기	타석	타수	득점	안타	2루타	3루타	홈런
0.218	82	166	142	24	31	2	0	0
루타	타점	도루	볼넷	삼진	병살타	장타율	출루율	RISP
33	8	4	11	39	3	0.232	0.279	0.231

34 전병우
내야수(우투우타)

생년월일 1992년 10월 24일

출신학교 동삼초-경남중-개성고-동아대

2024시즌 기록

'가을 전(병)우' 뽐낸 지난해, 부상만 조심한다면….

타율	경기	타석	타수	득점	안타	2루타	3루타	홈런
0.225	58	128	111	17	25	5	0	5
루타	타점	도루	볼넷	삼진	병살타	장타율	출루율	RISP
45	14	0	14	42	3	0.405	0.313	0.222

68 양도근
내야수(우투우타)

생년월일 2003년 2월 6일

출신학교 인천동막초-상인천중-장안고
-강릉영동대

2024시즌 기록

'양도르기니'. 빠른 발에 탁월한 콘택트, 허슬플레이까지. 성장 기대되는 내야 유망주.

타율	경기	타석	타수	득점	안타	2루타	3루타	홈런
0.174	16	29	23	5	4	0	1	0
루타	타점	도루	볼넷	삼진	병살타	장타율	출루율	RISP
6	2	0	5	8	0	0.261	0.321	0.000

9 공민규
내야수(우투좌타)

생년월일 1999년 9월 27일

출신학교 서화초-동산중-인천고

2024시즌 기록

지푸라기 잡는 심정으로 다녀온 미국 유학. 이제는 잠재력 터트릴까.

타율	경기	타석	타수	득점	안타	2루타	3루타	홈런
0.071	12	17	14	1	1	0	0	1
루타	타점	도루	볼넷	삼진	병살타	장타율	출루율	RISP
4	2	0	1	9	1	0.286	0.235	0.000

60 김호진
내야수(우투우타)

생년월일 2005년 7월 16일

출신학교 송정동초-충장중-진흥고

2024시즌 기록

안정적인 수비, 범위도 넓은 편. 내야진 '슈퍼 백업'.

타율	경기	타석	타수	득점	안타	2루타	3루타	홈런
0.069	26	32	29	4	2	0	0	0
루타	타점	도루	볼넷	삼진	병살타	장타율	출루율	RISP
2	3	0	1	11	0	0.069	0.125	0.125

50 이창용
내야수(우투우타)

생년월일 1999년 6월 3일
출신학교 을지초(노원구리틀)-청량중
　　　　　-신흥고-강릉영동대

2024시즌 기록

거포형 내야수. MLB 드래프트 리그서 경험도 쌓은 기대주.

타율	경기	타석	타수	득점	안타	2루타	3루타	홈런
0.190	9	21	21	1	4	1	0	0
루타	타점	도루	볼넷	삼진	병살타	장타율	출루율	RISP
5	2	0	0	4	0	0.238	0.190	0.125

56 이해승
내야수(우투우타)

생년월일 2000년 8월 1일
출신학교 인천서림초-인천신흥중-인천고

2024시즌 기록

전역 버프 노리는 백업 내야수. 콘택트, 작전 수행 능력이 좋다.

타율	경기	타석	타수	득점	안타	2루타	3루타	홈런
-	-	-	-	-	-	-	-	-
루타	타점	도루	볼넷	삼진	병살타	장타율	출루율	RISP
-	-	-	-	-	-	-	-	-

6 강한울
내야수(우투좌타)

생년월일 1991년 9월 12일
출신학교 사당초-중앙중-안산공고-원광대

2024시즌 기록

한때 '박진만의 남자'라 불렸던 내야 유틸리티 플레이어. 2022년을 기억하라.

타율	경기	타석	타수	득점	안타	2루타	3루타	홈런
0.095	18	25	21	1	2	0	0	0
루타	타점	도루	볼넷	삼진	병살타	장타율	출루율	RISP
2	1	0	0	6	1	0.095	0.091	0.167

53 양우현
내야수(우투좌타)

생년월일 2000년 4월 13일
출신학교 남정초-충암중-충암고

2024시즌 기록

성장형 내야수. 도약이 필요할 때.

타율	경기	타석	타수	득점	안타	2루타	3루타	홈런
0.000	7	15	13	0	0	0	0	0
루타	타점	도루	볼넷	삼진	병살타	장타율	출루율	RISP
0	1	0	1	6	1	0.000	0.071	0.000

8 김재혁
외야수(우투우타)

생년월일 1999년 12월 26일
출신학교 제주남초-제주제일중-제주고
　　　　　-동아대

2024시즌 기록

벌크업 돼서 돌아온 호타준족 외야 유망주, 제4의 외야수로 기대 UP.

타율	경기	타석	타수	득점	안타	2루타	3루타	홈런
0.184	35	54	49	6	9	2	1	0
루타	타점	도루	볼넷	삼진	병살타	장타율	출루율	RISP
13	6	2	3	19	2	0.265	0.222	0.095

25 김태훈
외야수(우투좌타)

생년월일 1996년 3월 31일
출신학교 진흥초(안산리틀)-평촌중-유신고

2024시즌 기록

불의의 부상으로 끊긴 상승세. 2군 타율 3할, 이제는 1군에서 증명할 때.

타율	경기	타석	타수	득점	안타	2루타	3루타	홈런
0.200	12	21	20	2	4	1	0	0
루타	타점	도루	볼넷	삼진	병살타	장타율	출루율	RISP
5	1	0	0	3	1	0.250	0.238	0.200

1라운드 전체 3순위
55 배찬승

생년월일	2006년 1월 1일
신장/체중	180cm / 85kg
출신학교	옥산초-협성경복중-대구고

투수(좌투좌타)

완성형 투수, 150km/h는 기본. 삼성에도 드디어 좌완 파이어볼러 나왔다. 단숨에 좌완 필승조로 등극. 2005년 배영수, 2015년 구자욱, 2025년 배찬승? 삼성 10년 주기 신인왕 계보 이어갈 재목.

2라운드 전체 13순위
38 심재훈

생년월일	2006년 3월 3일
신장/체중	180cm / 80kg
출신학교	삼일초-평촌중-유신고

내야수(우투우타)

삼성의 '미래 2루수' 예약. 파워툴에 호타준족 능력까지 갖췄다. 박진만-손주인 지옥훈련까지 모두 이겨낸 아기사자. '롤모델' 이재현 캠프 룸메 시너지 효과도 톡톡. '제2의 이재현' 신드롬 이끌 준비된 내야수.

3라운드 전체 23순위
35 차승준

생년월일	2006년 11월 20일
신장/체중	181cm / 88kg
출신학교	무학초-창원신월중-용마고

내야수(우투좌타)

최형우의 재림인가. 부드러운 타격폼에 정교한 타격, 장타툴까지. 최형우를 똑 닮은 타격폼 계보 박진만 감독 눈도장 찍었다. 김영웅과 함께 성장하는 모습 보는 재미도 쏠쏠할 듯.

4라운드 전체 33순위
40 함수호

생년월일	2006년 3월 10일
신장/체중	181cm / 88kg
출신학교	구미인동초(구미시리틀)-협성경복중-대구상원고

외야수(좌투좌타)

홈런 친화구장 라팍에 딱! 일발장타 갖춘 거포 유망주. 강백호와 비슷한 타격폼으로 강백호 같은 타격 능력도 기대 되는 외야 유망주. 담장 어디든 넘길 수 있는 스프레이 히터. '제2의 구자욱' 될 수 있을지도 주목된다.

5라운드 전체 43순위
41 권현우

생년월일	2006년 3월 28일
신장/체중	190cm / 93kg
출신학교	서림초-충장중-광주제일고

투수(우투우타)

장신의 높은 타점에서 뿜어져 나오는 150km/h 강속구가 매력적인 신인 투수. 묵직한 직구 구위, 땅볼 유도에 탁월한 스플리터까지 장착한 유망주 투수. 라팍 홈런까지 꽁꽁 묶을 투수로 눈도장 '꾹'.

6라운드 전체 53순위
117 이진용

생년월일	2006년 6월 30일
신장/체중	183cm / 80kg
출신학교	평택부용초(모현메이필드)-평택청담중-북일고

투수(우투우타)

100m 11초대 육상부급 주력을 가진 타자가 삼성에 왔다. 고교 최상위권 주력, 도루 능력 보유. 김지찬 뒤를 이을 발야구 선봉장 될까. 넓은 수비 범위로 외야 수비도 탁월하다는 평가.

7라운드 전체 63순위
112 홍준영

생년월일	2004년 8월 18일
신장/체중	180cm / 76kg
출신학교	중앙초(안산리틀)-일직중-경주고-동원과학기술대

투수(우투우타)

최고 150km/h의 빠른 공 보유한 대졸 투수. 슬라이더의 완성도가 높다는 평가. 박승규, 김현준 등 드래프트 지명 당시 울었던 선수들이 성공한다는 '삼성 신인 징크스'를 기분 좋게 이어갈 수 있을지 주목.

8라운드 전체 73순위
114 천겸

생년월일	2006년 1월 25일
신장/체중	179cm / 88kg
출신학교	수영초-개성중-부산고

투수(우투우타)

좋은 직구 구위에 유연한 투구 매커니즘 보유. 경기 운영 능력도 안정적이라는 평가. 좋은 제구력까지 보유해 미래의 선발감으로 낙점.

9라운드 전체 83순위
128 우승완

생년월일	2005년 9월 6일
신장/체중	186cm / 90kg
출신학교	대전구봉초(계룡시리틀)-충남중-세광고

투수(우투우타)

미래의 오승환을 꿈꾼다. 140km/h대 후반의 빠른 직구와 묵직한 구위, 무브먼트 뛰어난 슬라이더가 장점. 커브와 포크볼 변화구 능력도 주목. 고교 시절 삼진 능력도 프로에서 이어질지 관심.

10라운드 전체 93순위
127 강민성

생년월일	2006년 2월 22일
신장/체중	183cm / 85kg
출신학교	연현초-장신중-안산공고

내야수(우투우타)

탄탄한 체격에서 뿜어져 나오는 묵직한 파워. 중장거리형 타자로 성장 기대. 내외야 유틸리티 플레이어라는 점도 큰 장점. 빠른 발과 강견에서 나오는 송구 능력도 탁월하다는 평가.

11라운드 전체 103순위
115 진희성

생년월일	2006년 5월 18일
신장/체중	179cm / 90kg
출신학교	인천서림초-우신중-동산고

투수(우투우타)

묵직한 직구와 낙폭 큰 커브, 구위형 불펜투수로 좋은 평가. 낙폭 큰 커브로 ABS와 홈런 억제 능력 주목. 정민태-송은범 고교 선배 조언과 함께 하위 라운더 반란 노린다.

TEAM PROFILE

구단명 : **LG 트윈스**

연고지 : **서울특별시**

창립연도 : **1982년**(MBC 청룡), **1990년**(LG 트윈스)

구단주 : **구광모**

대표이사 : **김인석**

단장 : **차명석**

감독 : **염경엽**

홈구장 : **서울종합운동장 야구장**

영구결번 : **9 이병규 33 박용택 41 김용수**

한국시리즈 우승 : **1990 1994 2023**

UNIFORM

HOME

AWAY

2025 LG TWINS DEPTH CHART

• 지명타자
 김현수
 김범석

좌익수
문성주
김현수
송찬의

중견수
박해민
최원영
홍창기

우익수
홍창기
최원영
최승민

유격수
오지환
구본혁
이영빈

2루수
신민재
이영빈
구본혁

3루수
문보경
구본혁
문정빈

1루수
오스틴
문정빈
김성진

• 감독
 염경엽

포수
박동원
이주현
김범석

• 2025 예상 베스트 라인업

1번 타자	홍창기	우익수
2번 타자	문성주	좌익수
3번 타자	오스틴	1루수
4번 타자	문보경	3루수
5번 타자	김현수	지명타자
6번 타자	박동원	포수
7번 타자	오지환	유격수
8번 타자	박해민	중견수
9번 타자	신민재	2루수

• 예상 선발 로테이션

 치리노스
 에르난데스
 임찬규
 손주영
송승기

• 필승조
 김진성
 김강률
 박명근
 백승현

• 마무리
 장현식

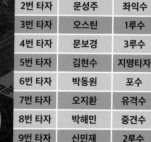

TEAM INFO

팀 분석

2024 팀 순위 (포스트시즌 최종 순위 기준)

3위

최근 5년간 팀 순위

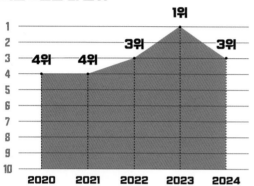

1위 (2023)
3위 (2022)
3위 (2024)
4위 (2020)
4위 (2021)

2024시즌 팀 공격력

↑: High / ↓: Low

타율↑	홈런↑	병살타↓	득점권 타율↑	삼진↓	OPS↑
0.283	115개	98개	0.284	969개	0.780
3위	9위	4위	5위	2위	4위

2024시즌 팀 마운드

↑: High / ↓: Low

평균자책점↓	탈삼진↑	QS↑	볼넷↓	피안타율↓	피홈런↓	WHIP↓
4.63	1,082개	58	529	0.276	126개	1.49
2위	7위	1위	6위	공동 4위	1위	공동 4위

2024시즌 팀 수비력

↑: High / ↓: Low

실책↓	견제사↑	병살 성공↑	도루저지율↑
102개	5개	135번	24.1%
3위	공동 6위	2위	7위

2024시즌 최다 마킹 유니폼

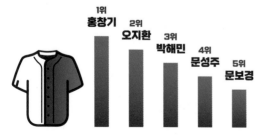

1위 홍창기
2위 오지환
3위 박해민
4위 문성주
5위 문보경

PARK FACTOR

홈구장_서울종합운동장 야구장 (잠실야구장)

2.6m
125m
120m 120m
100m 100m

천연 잔디
(켄터키 블루그래스)

수용인원

23,750석

구장 특성

잠실과 강남의 사이. 서울 중심부에 위치한 오래된 야구장. 1982년 개장한 만큼 시설이 노후화됐고, 내부 공간도 좁다. 여러 차례 리모델링을 거쳤다. 하지만 그럼에도 불구하고 한국프로야구의 상징적인 야구장으로 꼽힌다. 서울 시내에 있어 1년 내내 가장 많은 관중들을 불러모으는 장소이고, 유일하게 2개팀(LG, 두산)의 홈구장이라 상징성이 더욱 크다. 대표적인 투수친화형 구장으로 꼽히고, 내야부터 외야까지 둥그렇게 이어진 새둥지형 모양이다.

HOME STADIUM GUIDE

원정팬을 위한 교통편 추천, 주차, 숙소 팁

잠실구장은 홈, 원정팬 할 것 없이 가장 많은 관중들이 몰리는 야구장이다. 서울의 중심부라 대중교통 연결도 매우 잘돼 있다. 지하철 2호선과 9호선 종합운동장역과 연결돼 있고, 정문 바로 앞 대로변에 시내버스 노선도 촘촘하게 배차된다. 자차를 이용할 경우, 관람 최소 2시간 전 입차를 추천한다. 종합운동장 내 유료 주차를 이용할 수 있는데, 주경기장부터 내부 공사하는 곳들이 많아 주차 공간이 이전보다 많이 줄어들었다. 숙소는 잠실역, 삼성역, 역삼역 등 인근 어느 곳이든 편리하게 이용할 수 있다.

잠실야구장은 안팎으로 맛집이 많다. 특히 강남과 잠실 사이란 환상적인 입지는 직관 팬들에게도 선택지를 수천 가지로 늘려 준다. 구장 내에서 꼭 사지 않아도, 인근 맛집과 유명한 가게의 음식을 배달받을 수 있다. 야구장에 오기 전, 시간 맞춰 배달 주문을 하고 구장 입구에서 전달받는 방식을 이용하는 팬들이 점점 더 늘어나고 있다.

응원단

| 응원단장 이윤승 | 치어리더 차영현 | 치어리더 원민주 | 치어리더 이진 | 치어리더 임혜진 | 치어리더 진수화 | 치어리더 박예은 | 치어리더 우혜준 |

치어리더 계유진 　 장내아나운서 황건하

불펜 재건에 모든 걸 걸었다
정상 탈환은 '허리 힘'에서 나온다

작년에 이것만 잘됐으면 좋았을 텐데

6년 연속 가을야구 진출 쾌거. LG 트윈스는 분명한 '강팀'이다. 정규시즌 3위는 분명 나쁘지 않은 성적표다. 그러나 LG라서 2024년은 만족보다는 아쉬움으로 남았다. 2023년 LG는 탄탄한 불펜과 폭발적인 타격의 힘으로 정상에 섰다. 29년 만에 '우승 한풀이'에 성공했고, 통합 2연패로 '왕조를 열겠다'고 선언했다. 그러나 LG를 우승으로 이끌었던 장점은 1년 만에 사라졌다. 마무리투수 고우석은 메이저리그 무대에 도전장을 냈다. 2년 연속 60경기 이상을 소화하며 두 자릿수 홀드를 기록했던 필승조 이정용은 상무로 향했다.

빈 자리를 채워 줄 거라 믿었던 선수마저 동반 부진에 빠졌다. 입단 이후 5년 연속 두 자릿수 홀드를 기록했던 정우영은 약점이었던 슬라이드 스텝 개선에 어려움을 겪으며 27경기 3홀드에 머물렀다. 1점대 평균자책점을 기록하며 11홀드를 기록한 백승현은 36경기 평균자책점 9.11로 부진했고, '2년 차' 박명근도 부상과 부진이 겹치며 첫해의 절반 수준밖에 마운드를 밟지 못했다. 2023년 평균자책점 3.43으로 1위를 달렸던 LG 불펜은 평균자책점이 5.21로 크게 상승하며 6위에 머물렀다.

타격에서도 계산 밖 모습은 이어졌다. 무엇보다 김현수, 오지환, 박해민 등 고참급 선수의 활약이 아쉬웠다. 데뷔 이후 가장 좋지 않은 모습을 보여 주면서 타선이 좀처럼 힘을 받지 못했다.

'우승팀' 저력은 남아 있었다. 6월 11일까지 1위를 달렸다. 그러나 삼성과의 3연전에서 싹쓸이 패배를 당해 2위로 내려왔고, 일주일 뒤 KIA와의 3연전을 '루징시리즈'로 마치면서 4위까지 처지기도 했다. 순위 상승 승부처마다 KIA를 상대로 쓴맛을 본 LG는 간신히 3위로 시즌을 마칠 수 있었다.

준플레이오프에서 KT를 맞아 5차전까지 가는 혈전을 펼쳤다. '빅게임 피처'로 거듭난 임찬규의 활약을 앞세워 플레이오프 티켓을 따냈지만, 삼성의 벽을 넘지 못하며 2년 연속 한국시리즈 진출의 꿈은 물거품이 됐다.

2025년 LG는 다시 한번 도약을 꿈꿨다. 염경엽 감독은 LG와 계약 마지막 해를 맞았다. 우승 성과가 있지만, 2025년 성적에 추가 동행이 결정될 예정이다. 전력은 좋다. 손주영이 지난해 9승을 거두며 확실한 선발 요원이 됐고, 장현식과 김강률을 영입하면서 불펜을 강화했다. 이영빈, 이주헌, 최원영, 구본혁 등 백업 요원도 한층 성장한 모습을 보여 줘 '신구 조화' 속에 대권을 향한 여정에 돌입한다.

스토브리그 성적표

'최대어'와 '최고 가성비' 모두 품었다. 이보다 확실했던 약점 보강이 있을까?

지극히 주관적인 올 시즌 예상 순위와 이유

LG의 스토브리그 보강은 '불펜 보강'으로 확실한 방향성을 보여 줬다. 그러나 함덕주, 유영찬, 장현식 등 부상자 발생은 악재다. 손주영의 발견이 있었지만, 9승을 거뒀던 선발 투수 최원태가 삼성으로 이적했다. 타선에서는 지난해 부진했던 고참 선수들이 얼마나 살아날지가 미지수다. '승리 DNA'가 심어져 있어 가을야구를 걱정할 팀은 아니다. 선발진과 타선에서 물음표가 모두 터진다면 강력한 우승 후보로 발돋움할 수 있지만, 아직까지는 한두 개의 퍼즐이 맞춰지지 않았다.

68

생년월일	1968년 3월 1일
출신학교	광주서석초-충장중-광주제일고-고려대
주요 경력	태평양 돌핀스·현대 유니콘스 선수(1991~2000)
	-현대 유니콘스 1군 내야수비코치(07)
	-LG 트윈스 1군 내야수비코치(10~11)
	-넥센 히어로즈 1군 작전·주루코치(12)
	-넥센 히어로즈 감독(13~16)-SK 와이번스 단장(17~18)
	-SK 와이번스 감독(19~20)
	-샌디에이고 파드리스 연수코치(21)
	-대한민국 야구 국가대표팀 기술위원장(22)
	-LG 트윈스 감독(23~)

"성적과 육성, 모두 잡겠습니다"

2023년 LG도, 염경엽 감독도 울었다. LG는 29년 만에 우승의 한을 풀었다. '우승 청부사'는 염경엽 감독이었다. 그동안 염경엽 감독에게는 '만년 2위'라는 꼬리표가 따라다녔다. LG는 우승을 향한 염경엽 감독의 갈망을 봤고, 결국 함께 정상에서 웃을 수 있었다. '염갈량'이라는 별명답게 정교한 작전과 치밀하게 경기 계획을 짰다. 2024년 3위는 염경엽 감독 자존심에 만족하지 못할 성적이다. 3년 계약의 마지막 해다. 확실한 FA 영입 지원도 있었다. 2025년 시즌 성적으로 'LG 감독 염경엽'의 지속 여부가 결정된다.

85
염경엽

1군

수석코치	수석 트레이닝코치	타격코치	타격코치	투수코치	투수코치	수비코치	작전코치	주루 ·외야수비코치
김정준	김용일	모창민	김재율	김광삼	장진용	김일경	정수성	송지만

퓨처스

배터리코치	컨디셔닝코치	컨디셔닝코치	컨디셔닝코치	컨디셔닝코치	컨디셔닝코치	퓨처스 감독	타격코치	투수코치
박경완	박종곤	안영태	이권엽	고정환	유현원	이병규	황병일	김경태

투수코치	수비코치	작전코치	주루 ·외야수비코치	배터리코치	컨디셔닝코치	컨디셔닝코치	잔류군·재활 책임코치	잔류군·재활 투수코치
신재웅	손지환	정주현	양영동	최경철	배요한	양희준	이종운	최상덕

잔류군·재활 수비코치	잔류군·재활 작전코치	잔류군·재활 컨디셔닝코치	잔류군·재활 컨디셔닝코치	재활코치
윤진호	김용의	김종욱	최재훈	여건욱

PLAYERS

60 외야수(우투우타)
홍창기

생년월일	1993년 11월 21일
신장/체중	189cm / 94kg
출신학교	대일초-매송중-안산공고-건국대
연봉(2025)	6억 5천만 원

#타고난_눈
KBO리그 역사상 선구안은 홍창기를 따라올 사람이 없다. 2024년까지 통산 출루율이 0.430으로 장효조(0.427)를 넘어 1위를 달리고 있다. ABS 시대에서 홍창기의 선구안을 더욱 빛나고 있다. 올 시즌에서 ABS 스트라이크존이 1cm 낮아서 다리를 넓게 벌려 타격 자세가 낮은 홍창기로서는 호재다. 홍창기의 '눈'은 단순히 야구에만 한정된 게 아니다. 약 4년 전 구단 유튜브에서 이목구비만 보고 사람을 맞추는 퀴즈에서 10명 모두를 맞춰 놀라움을 주기도 했다. 그야말로 '눈'은 타고났다.

#홍창기_안타_날려
"홍창기 안타 날려 홍창기~ 홍창기 안타 날려 버려라~" 최근 몇 년간 이보다 중독성 있는 응원가가 있을까. LG '찐팬'으로 유명한 가수 홍경민이 만들어 홍창기에게 헌정한 응원가. 일종의 '수능 금지곡'이라 불릴 정도로 많은 사랑을 받고 있다. 엔믹스 해원이 따라하기도 했고, 프리미어12에서는 일본 선수가 흥얼거리는 장면이 잡히기도 했다. 홍경민은 '흔들린 우정' 이후 최고의 아웃풋이라고 자평했다.

#구단_역대_최고
2년 연속 출루왕에 오르는 등 뛰어난 선구안을 바탕으로 한 정교한 타격. 최근 4년간 타율(0.322), 출루율(0.436) 리그 1위를 달리며 LG 최고 간판 타자로 우뚝 섰다. 연봉 인상 요인은 충분했다. 2024년 5억 1천만 원에서 27.5% 인상된 6억 5천만 원에 계약했다. LG 역대 비FA 최고 금액. 지난해에 이어 올해에도 FA 선수를 제외, 팀 내 최고 연봉 선수로 이름을 올리게 됐다.

TMI 인터뷰

1. 내가 가장 처음 좋아했던 야구선수는?
- 이종범

2. 나만의 유니폼 패션 포인트는?
- 깔맞춤 팔토시

3. 다른 팀에서 데리고 오고 싶은 선수와 그 이유는?
- 김도영. 이유가 필요할까요?

4. 내가 추천하는 최고의 보양 비법은?
- 장어, 삼계탕 같은 보양식 잘 먹고 잠 잘 자기.

5. 본인 또는 동료 이름으로 삼행시
- [홍] 홍창기입니다.
[창] 창기스럽게 올해도 개인 목표는 출루왕입니다.
[기] 기대해주십시오.

2024시즌 기록

타율	경기	타석	타수	득점	안타
0.336	139	637	524	96	176
2루타	3루타	홈런	루타	타점	도루
18	3	5	215	73	10
볼넷	삼진	병살타	장타율	출루율	RISP
96	93	8	0.410	0.447	0.389

전력분석	KBO리그 최고의 리드오프. 뛰어난 선구안을 가지고 있다. 확실한 자신의 스트라이크존이 형성됐고, 맞추는 능력 또한 리그에서 상위급. 홈런 타자가 아닌 중장거리, 혹은 교타자에게는 교과서와 같은 존재가 됐다.
강점	뛰어난 적응력. ABS 도입 이후에도 빠르게 존을 설정하고 대응한다.
약점	장타까지 쳤다면 그야말로 '사기 캐릭터'.
수비력	안정된 송구와 포구 능력. 코너 외야수로는 부족함이 없다.

나의 이름 세자보다
가슴에 있는 TWINS를 품고
마운드에 오를 것이다.

1

투수(우투우타)

임찬규

생년월일	1992년 11월 20일
신장/체중	185cm / 80kg
출신학교	가동초-청원중-휘문고
연봉(2025)	2억 원

#빅게임_피처

2023년 한국시리즈 우승을 했지만, 임찬규는 '5이닝도 못 던졌다'는 조롱(?)을 받기도 했다. 가을야구에서 유독 약했던 모습이 이어졌던 그에게 2024년 가을은 명예회복의 무대였다. 준플레이오프 2경기에서 11⅓이닝 평균자책점 1.59를 기록하며 2승을 수확했고, 플레이오프에서도 5⅓이닝 무실점으로 호투를 펼치며 승리투수가 됐다. 단장에게도 '직설'을 아끼지 않았던 그 배짱. 이제는 마운드에서도 당차게 보여 주기 시작했다.

#10승_엘린이_성덕

LG에 대표적인 '엘린이' 출신을 나오라 하면 앞에 임찬규가 서 있지 않을까? 2002년 한국시리즈에서 눈물 짓던 LG 어린이 팬은 2023년 29년 만에 한풀이를 이끈 선수가 됐다. 이제는 LG를 이기는 에이스로 한 단계 성장했다. 지난해 14승에 이어 올 시즌 10승을 거두면서 '토종 에이스'로 우뚝 섰다. 앞으로의 목표는 LG의 최다 기록을 새롭게 작성하는 것. LG에 울고 웃고. 이제는 팀의 기둥이 됐다.

#29번

임찬규와 '29'는 남다른 인연이 있다. 2012년부터 2년간 29번을 달았고, 2023년 LG는 29년 만에 정상에 섰다. 지난해 11월 열린 프리미어12. 임찬규는 다시 한번 29번을 받았다. '젊은 피' 위주로 구성한 터라 예비 엔트리에도 없었지만, 부상자 발생으로 2018년 자카르타-팔렘방 아시안게임 이후 약 6년 만에 대표팀에 뽑혔다. 같은 팀 손주영이 빠지면서 임찬규는 손주영의 등번호인 29번을 달았다. "손주영의 역할까지 최선을 다할 생각"이라고 남다른 각오를 보였다. 다만, 결과는 도미니카전 3이닝 3실점으로 아쉬움 속에 마쳐야 했다.

2024시즌 기록

평균자책점	경기	승	패	홀드	세이브
3.83	25	10	6	1	0
승률	이닝	투구수	피안타	피홈런	볼넷
0.625	134	2,225	144	12	42
삼진	실점	자책점	피안타율	WHIP	QS
136	58	57	0.276	1.39	11

전력분석	직구 구속이 확 살아나면서 에이스 투수로 거듭났다. 직구 구속이 안 나왔을 때에도 변화구를 활용해 삼진 잡는 능력이 뛰어났었는데, 직구까지 힘이 붙으면서 2년 연속 10승 투수로 완벽하게 자리를 잡았다. 마운드에서 항상 긍정적으로 공을 던지려고 하고, 좋지 않은 건 빨리 잊으려는 회복력도 뛰어나다.
강점	'멘털센세'라는 별명이 괜히 나왔겠나. 흔들림 없는 최고의 멘털.
약점	가끔 혼자 파고들다가 무너질 때가 있다.

🎤 TMI 인터뷰

1. 내가 가장 처음 좋아했던 야구선수는?
- 이병규

2. 나만의 유니폼 패션 포인트는?
- 바지를 크게 입는다.

3. 다른 팀에서 데리고 오고 싶은 선수와 그 이유는?
- 고영표. 언제든 준비돼 있고, 이닝이터다.

4. 내가 추천하는 최고의 보양 비법은?
- 능이백숙이나 옻닭 먹고 사우나 가서 냉탕 온탕 반복.

5. 본인 또는 동료 이름으로 삼행시
- [임] 임시선발로 늘 힘들었을 때 [찬] 찬란하게 빛날 미래를 생각하며 버텼다. [규] 규렇기에 엘지에서 우승도 하고, 또 한 번의 우승을 위해 달려 나갈 것이다.

10

오지환

내야수(우투좌타)

생년월일	1990년 3월 12일
신장/체중	185cm / 80kg
출신학교	군산초-자양중-경기고
연봉(2025)	3억 원

#LG의_심장
명실상부 LG 트윈스의 정신적 지주이자 프랜차이즈 스타다. LG 관계자들은 일상 생활부터 모범이 되고 있다고 입을 모으고 있다. 2023년 주장으로 LG의 29년 만에 통합우승을 이끌었고, 오지환은 한국시리즈 MVP에 올랐다. 2023년 시즌을 마치고는 LG와 6년 총액 124억 원 계약을 하면서 '종신 LG'임을 다시 한번 선언했다.

#출국길_롤렉스
미국 애리조나 스프링캠프 출국길. 오지환의 손목은 유독 반짝였다. 트레이닝복 차림에 빛난 롤렉스. 한국시리즈 MVP 부상으로 받은 시계였다. '억' 소리가 나오는 고가에 의미도 깊었지만, 오지환은 "늘 차고 다닌다"고 했다. 시계를 보며 다시 한번 우승을 차지하겠다는 동기부여를 얻고 있다. 플레이오프에서 가을야구를 마친 오지환은 "비시즌이 길게 느껴졌다"며 다시 한번 정상 탈환 의지를 내비쳤다.

#형도_있어
2024 골든글러브 시상식장. 사실상 KIA 박찬호와 SSG 박성한의 '2파전'으로 좁혀진 가운데 오지환이 모습을 드러냈다(손목에는 역시 롤렉스가). 오지환 역시 자신의 수상이 어렵다는 걸 누구보다 잘 알고 있었다. 오지환은 "축하하러 왔다"며 직접 꽃다발을 준비했다. 오지환은 2표를 받았다. 수상자였던 박찬호는 "깜짝 놀랐다. 오지환 선배를 보며 나도 더 좋은 선배가 되는 법을 배운다"라고 고마움을 전했다. 오지환은 "축하하기 위해 왔지만, 동기부여가 됐다"며 "내년에는 내가 받을 수 있도록 하겠다"고 각오를 전했다.

🎤 TMI 인터뷰

1. 내가 가장 처음 좋아했던 야구선수는?
- 이병규

2. 나만의 유니폼 패션 포인트는?
- 딱 달라붙는 스타일

3. 다른 팀에서 데리고 오고 싶은 선수와 그 이유는?
- 안우진. 국내 최고 선발 투수라 생각된다.

4. 내가 추천하는 최고의 보양 비법은?
- 좋은 루틴 가지기.

5. 본인 또는 동료 이름으로 삼행시
- [오] 오지환은 엘지가 좋습니다. [지] 지금 선수들과 팬분들이 너무 좋습니다. [환] 환호성이 터지는 잠실 야구장이 집인 거 같습니다.

2024시즌 기록					
타율	경기	타석	타수	득점	안타
0.254	108	428	370	67	94
2루타	3루타	홈런	루타	타점	도루
24	2	10	152	59	17
볼넷	삼진	병살타	장타율	출루율	RISP
51	106	8	0.411	0.350	0.243

전력분석	어느덧 LG의 정신적 지주로 성장한 프랜차이즈 스타. 20개의 홈런은 충분히 기대할 수 있는 거포 유격수. 연차가 쌓이고 노련미가 생기면서 기복도 줄고, 노림수나 집중력 또한 뛰어나다. 득점권 타율은 높지 않은 편이지만, 승부처나 중요할 때는 한 방씩 때려 내는 스타성까지 갖추고 있다.
강점	공수주 모두 뛰어나고, 그라운드 밖에서는 후배의 귀감까지 되고 있다.
약점	3할을 칠 수 있는 정교함까지 갖췄다면….
수비력	내야 사령관. 넓은 범위에 기본기와 임기응변도 좋다.

TEAM FIRST!
50 Jang H.S.

50
장현식
투수(우투우타)

생년월일	1995년 2월 24일
신장/체중	181cm / 91kg
출신학교	신도초-서울이수중-서울고
연봉(2025)	2억 원

#전액_보장
2024년 시즌을 마치고 첫 FA 자격을 얻은 장현식은 LG와 4년 총액 52억 원(계약금 16억 원, 연봉 36억 원)에 계약했다. 역대 FA 불펜 투수 중 여섯 번째 규모다. 구단 입장에서는 인센티브 사항을 걸어 부진과 부상에 따른 안전 장치를 만들어 놓곤 한다. 그러나 LG는 장현식의 성실함을 높게 평가했고, 파격적인 52억 원 전액 보장으로 믿음을 보였다.

#엘린이_돌아왔다
신도초-서울이수중-서울고를 졸업한 장현식은 '서울 토박이'다. 어린 시절 응원했던 팀도 서울권 팀. 그중 LG였다. 고교 시절 자신의 프로필에 응원하는 팀으로 LG를 적었던 게 최근 다시 한번 회자됐다. NC에 입단해 KIA를 거쳐 LG로. 먼 길을 돌아 입단 13년 만에 응원팀 유니폼을 입게 됐다.

#(정)해영아_신경_써
LG는 유영찬이 지난해 12월 팔꿈치 수술을 하면서 마무리투수 자리가 공석이 됐다. 장현식에게 곧바로 그 자리가 돌아갔다. 장현식 역시 "이닝을 직접 끝내는 게 좋다"라며 마무리투수를 향한 강한 자신감을 보여 줬다. 출국 전 공교롭게도 옛 동료이자 지난해 '세이브왕'에 오른 정해영과도 만났다. 이제 세이브 경쟁자가 된 정해영을 향해 "신경 쓸 수 있게 하겠다. 계속 위협하겠다"고 도전장을 내밀었다. 한편, KIA는 우승 보상으로 선수단 모두가 비지니스석을 타게 됐다. '우승 일원'이었던 장현식은 "나도 제공해 줘야 하는 것 아니냐"며 웃기도. 올 시즌 잘하고 싶다는 일념으로 자비로 업그레이드를 했다.

2024시즌 기록

평균자책점	경기	승	패	홀드	세이브
3.94	75	5	4	16	0
승률	이닝	투구수	피안타	피홈런	볼넷
0.556	75 1/3	1,289	75	8	34
삼진	실점	자책점	피안타율	WHIP	QS
75	41	33	0.260	1.45	0

전력분석	150km/h 중반의 빠른 공과 140km/h 후반까지 나오는 포크볼이 일품. 특히 포크볼을 장착하면서 확실한 필승조로 올라섰고, 제구까지 안정됐다. 4년 연속 50이닝을 소화하면서 꾸준함을 증명했고, 50억 원 전액보장 FA 계약으로 가치를 인정받았다.
강점	타자를 힘으로 누를 수 있는 강력한 직구 구위.
약점	많이 좋아졌다고 하지만, 갑작스럽게 흔들리는 제구.

TMI 인터뷰

1. 내가 가장 처음 좋아했던 야구선수는?
- 손시헌

2. 나만의 유니폼 패션 포인트는?
- 상의를 조금 크게 입는다. 오버핏 느낌으로 입는다.

3. 다른 팀에서 데리고 오고 싶은 선수와 그 이유는?
- 지금 만족한다. '지금 우리 팀으로 우승하면 더 보람차고 행복한 우승이 아닐까'라고 생각한다.

4. 내가 추천하는 최고의 보양 비법은?
- 잘 먹기 무조건 잘 먹기! 그리고 아내와 함께 있으면 자동으로 힘이 난다.

5. 본인 또는 동료 이름으로 삼행시
- [장] 장현식 [현] 야구 [식] 잘해라!

27
박동원

포수(우투우타)

생년월일	1990년 4월 7일
신장/체중	178cm / 92kg
출신학교	양정초-개성중-개성고
연봉(2025)	12억 원

#미완의_GG

그동안 KBO리그 최고의 포수는 양의지-강민호 '양강구도'로 이어졌다. 지난해 양의지가 포수 기준 수비 이닝을 채우지 못하면서 골든글러브 후보에 들어가지 못했고, 박동원과 강민호 2파전으로 형성됐다. 박동원의 성적은 골든글러브를 받기에 충분했다. 박동원은 강민호에게 "골든글러브를 받고 싶다"는 말을 했고, 강민호는 "그럼 내가 한국시리즈에 진출하겠다"고 응수했다. 결말은 '승자 독식'. 한국시리즈 무대를 밟은 강민호가 골든글러브까지 수상했다. 반면, 박동원은 골든글러브도, 한국시리즈도 이루지 못했다. 그러나 KBO리그 대표 포수로 박동원의 이름이 들어가도 어색하지 않게 됐다.

#철인_포수

지난 2년간 안방을 가장 많이 지킨 포수는? 2년 연속 900이닝 이상을 소화하면서 수비 이닝 1위를 지켰다. 체력 부담이 많은 포수 자리에서 박동원의 꾸준함은 LG의 버팀목이 됐다. 올 시즌 LG는 허도환이 은퇴한 가운데 이주헌, 김범석 등 젊은 포수의 성장을 기다리고 있다. LG로서는 '건강한' 박동원의 수비이닝이 이전보다는 줄어드는 게 이상적이다.

#채이아빠

'박동원의 딸' 박채이 양. 그러나 이제는 '박채이 아빠' 박동원으로 불리는 날이 많아지고 있다. 올스타전부터 골든글러브까지 아빠를 따라와 시선 강탈 중. 이제는 박동원보다 박채이 양을 찾는 경우도 쏠쏠하게 나오고 있다. 이런 인기에 힘입어 박채이 양은 LG 콜라보 상품에 모델이 되기도 했다.

🎤 TMI 인터뷰

1. 내가 가장 처음 좋아했던 야구선수는?
- 박경완

2. 나만의 유니폼 패션 포인트는?
- 딱히 없다.

3. 다른 팀에서 데리고 오고 싶은 선수와 그 이유는?
- 박영현. 리그 최고 마무리 투수라고 생각한다.

4. 내가 추천하는 최고의 보양 비법은?
- 소고기. 단백질이 많아서 좋아하고 많이 먹는다.

5. 본인 또는 동료 이름으로 삼행시
- [박] 박수 쳐 주시는 팬분들이 [동] 동네방네 자랑할 수 있도록 [원] 원하고 바라는 챔피언 자리 다시 찾아오겠습니다.

2024시즌 기록

타율	경기	타석	타수	득점	안타
0.272	130	498	434	58	118
2루타	**3루타**	**홈런**	**루타**	**타점**	**도루**
22	0	20	200	80	1
볼넷	**삼진**	**병살타**	**장타율**	**출루율**	**RISP**
55	112	14	0.461	0.349	0.270

전력분석	LG에서 일취월장하면서 KBO리그 대표 포수가 됐다. 기본적으로 장타 능력이 있고, 2년 연속 20홈런을 칠 정도로 홈런 생산 능력도 뛰어나다. 정확도가 이전보다 많이 향상되면서 타격에서는 더할 나위 없다. 무엇보다 승부처에서 한 방치는 뱃심이 남다르다.
강점	클러치히터가 허구라고? 박동원은 결과로 말했다.
약점	어느덧 30대 중반. 체력 관리가 필요요할 때.
수비력	안정적인 수비력에 경험까지 더해졌다. 상대 장단점 분석도 철저하게 하는 '학구파'.

2024시즌 기록

타율	경기	타석	타수	득점	안타
0.301	144	602	519	80	156
2루타	3루타	홈런	루타	타점	도루
35	3	22	263	101	7
볼넷	삼진	병살타	장타율	출루율	RISP
65	112	14	0.507	0.372	0.292

전력분석	이제는 LG를 대표하는 4번 타자. 팀에서는 중심타자로 성장을 바랐고, 문보경은 4번 타자 역할을 완벽하게 해냈다. 가지고 있는 신체 능력이나 기술도 뛰어난 편. 파워가 있지만 선구안과 정확성까지 갖췄다.
강점	뛰어난 힘을 바탕으로 한 장타력 생산이 일품.
약점	한번 슬럼프에 빠지면 너무나 깊다.
수비력	수비는 기대를 안 했는데 빠른 적응력을 보여 줬고, 이제 1군 선수로 정착했다.

2 문보경

내야수(우투좌타)

생년월일	2000년 7월 19일
신장/체중	182cm / 88kg
출신학교	송중초(동대문구리틀)-덕수중-신일고
연봉(2025)	4억 1천만 원

#끝없는_우상향

2019년 입단한 뒤 2021년 1군에 첫 선을 보인 문보경은 4년간 꾸준한 성장을 기록했다. 2021년에는 108경기에 나와 2할 3푼에 머물렀지만, 2022년부터 꾸준하게 3할 타자로 자리를 잡았다. 2023년 처음으로 10홈런을 기록했고, 올해는 144경기 전 경기 출전을 하면서 22개의 홈런을 날렸다. 연봉도 나날이 상승 그래프를 그렸다. 2021년 3천만 원이었던 연봉은 2023년에 억대로 올라섰고, 지난해에는 3억 원을 받았다. 올해는 4억 1천만 원에 도장을 찍으며 가파른 상승세를 기록했다. 2019년 입단 타자 중에서는 최고 금액이다.

#마지막_경기가_레전드

지난해 시즌 마지막 경기. 문보경은 두 개의 홈런을 치는 등 5타수 4안타(2홈런) 6타점으로 활약했다. 6타점을 쓸어 담으면서 문보경은 시즌 101타점으로 경기를 마쳤다. LG 국내 선수가 100타점을 넘긴 것은 조인성(2010년)과 채은성(2018년) 김현수(2018, 2020, 2022년)에 이어 문보경이 네 번째다. 프리미어12에서도 한일전에 4번 타자로 배치되는 등 KBO리그를 대표하는 중심타자로 거듭났다.

#비운의_3루수?

3할에 20홈런, 100타점까지. 그러나 문보경은 골든글러브 투표에서는 한 표도 받지 못했다. 3루수 자리에 역사적인 활약을 한 KIA 김도영이 있었고, SSG 최정, 한화 노시환 등 홈런왕까지 즐비했다. 문보경 또한 "욕심이 없는 건 아니다"라며 아쉬운 마음을 내비치기도. 그러나 김도영에 대해서는 "경쟁자가 아니다. 어나더 레벨"이라며 오히려 루틴 등을 보고 참고하겠다며 '대인배'의 모습을 보이기도 했다.

TMI 인터뷰

1. 내가 가장 처음 좋아했던 야구선수는?
- 김현수

2. 나만의 유니폼 패션 포인트는?
- 딱히 없는데, 가능하면 빨강색으로 맞추려고 한다.

3. 다른 팀에서 데리고 오고 싶은 선수와 그 이유는?
- 김도영. 대표팀에서 같이 시합했는데, 너무 든든하다.

4. 내가 추천하는 최고의 보양 비법은?
- 특별한 것보다는 뭐든지 다 잘 먹는 것이 나만의 최고 보양 비법이라 생각한다.

5. 본인 또는 동료 이름으로 삼행시
- **[문]** 문보경입니다. **[보]** 보란듯이 이 악물고 훈련해서 **[경]** 경기력으로 보여드리겠습니다.

투수(우투우타)

46 치리노스

생년월일/국적	1993년 12월 26일 / 베네수엘라			신장/체중	188cm / 102kg
출신학교	베네수엘라 U.E.N heroes nigales(고)			연봉	100만 달러

2024시즌 기록

평균자책점	경기	승	패	홀드	세이브
-	-	-	-	-	-
승률	이닝	투구수	피안타	피홈런	볼넷
-	-	-	-	-	-
삼진	실점	자책점	피안타율	WHIP	퀄리티스타트
-	-	-	-	-	-

주무기 메이저리그에서도 9이닝당 볼넷이 2.5개에 불과. 확실한 S존 공략.

현역 메이저리거가 왔다. 메이저리그 통산 75경기 20승 17패 평균자책점 4.22. 특히 2019년에는 풀타임 로테이션을 돌며 9승까지 기록했다. 2024년에는 6경기 30이닝을 던져 2패 평균자책점 6.30의 성적을 남겼고, 새로운 팀을 물색하다 LG와 손을 잡게 됐다. 150km/h가 넘는 직구를 가진 강속구 투수는 아니지만, 뛰어난 제구력을 바탕으로 공격적인 피칭을 하는 스타일이다. 움직임이 심한 싱커를 비롯해 슬라이더, 스플리터를 구사해 땅볼 유도에 능하다는 평가. 효율적인 피칭으로 '이닝이터'로 기대를 받고 있다.

투수(우투우타)

30 에르난데스

생년월일/국적	1995년 5월 3일 / 베네수엘라			신장/체중	183cm / 97kg
출신학교	베네수엘라 U.E.N Monsenor Perez Leon(고)			연봉	130만 달러

2024시즌 기록

평균자책점	경기	승	패	홀드	세이브
4.02	11	3	2	1	1
승률	이닝	투구수	피안타	피홈런	볼넷
0.600	47	792	41	5	16
삼진	실점	자책점	피안타율	WHIP	퀄리티스타트
55	21	21	0.233	1.21	2

주무기 안정적인 제구를 바탕으로 한 공격적인 피칭. 투구 템포까지 빨라 타자가 준비할 기회를 주지 않는다.

6년간 LG에서 뛰어던 켈리를 대신해서 '우승 청부사'로 왔다. 정규시즌에서는 11경기에 나와 3승 2패 1세이브 1홀드 평균자책점 4.02로 썩 좋지 않았던 모습. 그러나 에르난데스가 LG와 동행할 수 있었던 건 포스트시즌 활약이었다. 불펜으로 자리를 옮긴 그는 준플레이오프 5경기 모두 나와 7⅓이닝 10탈삼진 무실점으로 완벽한 투구를 했다. 준플레이오프 5경기에 모두 나온 건 역대 최초 기록. 플레이오프에도 헌신은 이어졌다. 3차전에 임찬규가 5⅓이닝을 던진 뒤 마운드에 올랐고, 3⅔이닝 무실점 호투로 팀의 1-0 승리를 지켜 냈다. 마인드는 합격. 이제 정규시즌 마운드에서 보여 줄 일만 남았다.

내야수(우투우타)

23 오스틴

생년월일/국적	1993년 10월 14일 / 미국			신장/체중	185cm / 97kg
출신학교	미국 Klein Collins(고)			연봉	170만 달러

2024시즌 기록

타율	경기	타석	타수	득점	안타
0.319	140	604	527	99	168
2루타	3루타	홈런	루타	타점	도루
32	3	32	302	132	12
볼넷	삼진	병살타	장타율	출루율	득점권타율
61	82	9	0.573	0.384	0.329

타격스타일 잠실에서 30홈런을 칠 수 있는 파워와 3할 타율을 기록할 수 있는 정확성을 고루 갖췄다.

2023년 타율 3할 1푼 3리에 23홈런으로 29년 만에 통합 우승 주역이 됐던 그는 2024년 타율 3할 1푼 9리에 32홈런으로 한층 더 업그레이드된 타격 능력을 보여 줬다. 그라운드에서는 남다른 투지와 근성을 보여 줬고, 특별한 부상 없이 풀타임을 소화할 수 있는 체력도 있다. 2년 연속 1루수 부문 골든글러브를 수상한 그는 지난해에 미국으로 떠났다가 다시 한국으로 돌아와 시상식장에 참석해 많은 팬들에게 박수를 받기도 했다. "다리가 부러질 때까지 LG에서 뛰고 선수 생활을 마치고 싶다"며 '종신 LG 선언'. 남다른 팬 서비스까지 보여 주면서 LG 역사상 최고의 효자 외인 타자로 거듭나고 있다.

투수(우투우타)

37 김강률

생년월일	1988년 8월 28일			신장/체중	187cm / 95kg
출신학교	문촌초(일산리틀)-장성중-경기고			연봉	1억 원

2024시즌 기록

평균자책점	경기	승	패	홀드	세이브
3.00	53	2	2	12	1
승률	이닝	투구수	피안타	피홈런	볼넷
0.500	42	769	41	1	21
삼진	실점	자책점	피안타율	WHIP	퀄리티스타트
33	16	14	0.255	1.48	0

전력분석	150km/h에 육박하는 빠른 공을 던지는 파이어볼러. 과거보다 구위가 떨어졌다고 하지만, 여전히 강한 공을 안정적으로 제구해 타자와 맞붙을 능력이 된다. 철저한 자기 관리로 그라운드 안팎에서 모범이 되는 선수라는 평가. LG가 3+1년 계약을 한 이유다.
강점	풍부한 경험에서 나오는 안정성.
약점	매년 찾아오는 크고 작은 부상. 올해는 없어야 한다.

투수(좌투좌타)

29 손주영

생년월일	1998년 12월 2일			신장/체중	191cm / 95kg
출신학교	울산대현초-개성중-경남고			연봉	1억 7천2백만 원

2024시즌 기록

평균자책점	경기	승	패	홀드	세이브
3.79	28	9	10	1	0
승률	이닝	투구수	피안타	피홈런	볼넷
0.474	144 2/3	2,532	157	11	54
삼진	실점	자책점	피안타율	WHIP	퀄리티스타트
112	71	61	0.279	1.46	11

전력분석	LG가 심혈을 기울여 성장시킨 선발투수. 높은 릴리스포인트에서 강한 직구가 나오고, 수직 무브먼트와 디셉션이 좋아 상대하는 타자로서는 구질 파악이 늦을 수밖에 없다. 포크 커브 등 변화구 또한 뛰어나 타자에게 강한 압박을 줄 수 있는 투수.
강점	우타자 잡는 좌투수. 좌우 편차가 거의 없다.
약점	엄청난 성장, 정점이 돼서는 안 된다.

투수(우투우타)

54 유영찬

생년월일	1997년 3월 7일			신장/체중	185cm / 90kg
출신학교	덕성초(안산리틀)-배명중-배명고-건국대			연봉	2억 1천만 원

2024시즌 기록

평균자책점	경기	승	패	홀드	세이브
2.97	62	7	5	1	26
승률	이닝	투구수	피안타	피홈런	볼넷
0.583	63 2/3	1,105	61	2	30
삼진	실점	자책점	피안타율	WHIP	퀄리티스타트
77	24	21	0.246	1.43	0

전력분석	1년 만에 마무리투수로 자리잡을 수 있을까? 의문을 확신으로 만들어 준 투수. 압도적인 구위로 상대를 누르는 투수. 우타자 상대 슬라이더, 좌타자 상대 포크볼을 활용하며 스윙을 이끌어 내는 능력도 뛰어나다.
강점	힘으로 붙어도 밀리지 않는다. 압도적인 구위.
약점	팔꿈치 수술로 6월 복귀 예상. 미지수인 풀타임 소화 능력.

투수(우투우타)

42 김진성

생년월일	1985년 3월 7일		신장/체중	186cm / 90kg
출신학교	인헌초-성남중-성남서고		연봉	3억 3천만 원

2024시즌 기록

평균자책점	경기	승	패	홀드	세이브
3.97	71	3	3	27	1
승률	이닝	투구수	피안타	피홈런	볼넷
0.500	70 1/3	1,144	62	11	23
삼진	실점	자책점	피안타율	WHIP	퀄리티스타트
61	34	31	0.239	1.21	0

전력분석	단순함의 미학. 직구의 수직 무브먼트가 좋고, 포크볼도 뛰어나 상대로 하여금 헛스윙을 유도하고 삼진을 잡을 수 있는 능력이 탁월하다. 어떤 위기 상황에서든 반드시 막고 간다는 자신감은 어린 선수들이 배워야 할 자세.
강점	롱런의 비결인 철저한 자기 관리.
약점	나이가 들면서 조금씩 떨어지는 구속과 수직 무브먼트.

투수(우언우타)

18 정우영

생년월일	1999년 8월 19일		신장/체중	193cm / 99kg
출신학교	가평초-강남중-서울고		연봉	1억 8천만 원

2024시즌 기록

평균자책점	경기	승	패	홀드	세이브
4.76	27	2	1	3	0
승률	이닝	투구수	피안타	피홈런	볼넷
0.667	22 2/3	389	31	0	11
삼진	실점	자책점	피안타율	WHIP	퀄리티스타트
17	15	12	0.344	1.85	0

전력분석	구위 자체는 리그 최고. 특히 좋았을 때는 투심 하나로만 승부가 될 정도로 위력이 뛰어났다. 2019년 신인왕을 시작으로 2022년 홀드왕에 올랐지만, 최근 2년간 주춤했다. 홀드왕 기억이 담긴 등번호 18번을 달고 부활을 노린다.
강점	압도적 구위의 투심.
약점	주자만 나가면 긴장 가득. 슬라이드스텝 얼마나 개선됐을까.

투수(좌투좌타)

13 송승기

생년월일	2002년 4월 10일		신장/체중	181cm / 90kg
출신학교	삼일초-매향중-야탑고		연봉	3천6백만 원

2024시즌 기록

평균자책점	경기	승	패	홀드	세이브
-	-	-	-	-	-
승률	이닝	투구수	피안타	피홈런	볼넷
-	-	-	-	-	-
삼진	실점	자책점	피안타율	WHIP	퀄리티스타트
-	-	-	-	-	-

전력분석	상무에서 눈부신 성장을 일궈 내며 퓨처스 남부리그 3관왕(다승 평균자책점 탈삼진)을 차지했다. 안정적인 제구를 가지고 있고, 구위가 올라오면서 단숨에 1군 경쟁력이 생겼다. 퓨처스리그에서 꾸준히 선발을 소화하며 11승을 올린 기량을 이제 1군 선발진에서 보여 줘야 한다.
강점	강한 직구. 간결한 팔스윙. 타이밍 싸움이 된다.
약점	2군에서 보여 준 선발 경쟁력. 1군에는 얼마나 나올 수 있을지.

투수(우언우타)

20 우강훈

| 생년월일 | 2002년 10월 3일 | | | 신장/체중 | 183cm / 88kg |
| 출신학교 | 희망대초-매송중-야탑고 | | | 연봉 | 3천6백만 원 |

2024시즌 기록

평균자책점	경기	승	패	홀드	세이브
3.09	14	1	0	0	0
승률	이닝	투구수	피안타	피홈런	볼넷
1.000	11 2/3	225	11	0	8
삼진	실점	자책점	피안타율	WHIP	퀄리티스타트
10	6	4	0.256	1.63	0

전력분석	데이터분석팀이 꼽은 올해 주목할 선수. 강한 구위를 앞세워 타자를 힘으로 누를 수 있지만, 제구에 대한 물음표는 아직 해결되지 않았다. 그러나 계속된 성장세에 5선발 후보로 꼽히기도 했다.
강점	강한 구위를 바탕으로 한 장타 억제력.
약점	제구 완성도가 높아져야 확실한 1군 선수 도약 가능.

투수(우투우타)

32 이지강

| 생년월일 | 1999년 7월 2일 | | | 신장/체중 | 183cm / 85kg |
| 출신학교 | 수원선일초-수원북중-소래고 | | | 연봉 | 8천3백만 원 |

2024시즌 기록

평균자책점	경기	승	패	홀드	세이브
4.53	46	2	3	1	1
승률	이닝	투구수	피안타	피홈런	볼넷
0.400	53 2/3	973	61	5	26
삼진	실점	자책점	피안타율	WHIP	퀄리티스타트
39	35	27	0.280	1.62	0

전력분석	마운드 위에서 싸움닭. 구속은 높지 않지만, 무브먼트가 뛰어나고, 슬라이더와 커브 체인지업 등 다양한 구종을 구사할 수 있다. 자신이 가진 장점을 확실하게 살리는 제구만 뒷받침된다면 팀에서 주력 선수로 활약할 요소가 많다.
강점	타자로서는 예측 불가. 뛰어난 무브먼트.
약점	긁히는 날과 그렇지 않은 날의 편차.

투수(우투우타)

61 백승현

| 생년월일 | 1995년 5월 26일 | | | 신장/체중 | 183cm / 90kg |
| 출신학교 | 소래초-상인천중-인천고 | | | 연봉 | 7천만 원 |

2024시즌 기록

평균자책점	경기	승	패	홀드	세이브
9.11	36	2	1	1	2
승률	이닝	투구수	피안타	피홈런	볼넷
0.667	26 2/3	536	33	3	22
삼진	실점	자책점	피안타율	WHIP	퀄리티스타트
14	28	27	0.314	2.06	0

전력분석	야수 출신으로 투수 전향 대성공. 150km/h의 강력한 구위를 바탕으로 타자와 힘으로 붙을 수 있는 능력이 탁월하다. 2023년 11홀드를 기록하면서 완벽하게 필승조로 올라섰지만, 지난해에는 제구가 흔들리면서 기복 있는 모습을 보여 줬다.
강점	투수 전향을 있게 한 강력한 구위.
약점	짧은 투수 경력. 상황 대처 능력 향상 필요.

투수(좌투좌타)

56 최채흥

생년월일	1995년 1월 22일		신장/체중	186cm / 97kg	
출신학교	동천초-포항중-대구상원고-한양대		연봉	1억 3천만 원	

2024시즌 기록

평균자책점	경기	승	패	홀드	세이브
6.30	14	0	0	1	0
승률	이닝	투구수	피안타	피홈런	볼넷
-	20	359	24	4	12
삼진	실점	자책점	피안타율	WHIP	퀄리티스타트
14	15	14	0.300	1.80	0

전력분석	2020년 11승을 했던 1차 지명 기대주. 최원태 보상선수로 LG 유니폼을 입게 됐다. 구위와 제구를 모두 갖춘 투수였지만, 부상 이후 구속이 떨어졌다. 상무 전역 이후에도 특별한 반등을 일궈 내지 못했다. LG는 최채흥이 충분히 전성기 모습을 찾을 거라고 판단해 지명했다.
강점	11승 아무나 하나. 풍부한 경험과 최고의 잠재력.
약점	새 출발 LG 트윈스. 얼마나 적응하고 반등할지.

투수(좌투좌타)

11 함덕주

생년월일	1995년 1월 13일		신장/체중	181cm / 78kg	
출신학교	일산초-원주중-원주고		연봉	2억 원	

2024시즌 기록

평균자책점	경기	승	패	홀드	세이브
5.40	15	0	1	3	0
승률	이닝	투구수	피안타	피홈런	볼넷
0.000	11 2/3	205	13	2	7
삼진	실점	자책점	피안타율	WHIP	퀄리티스타트
8	7	7	0.302	1.71	0

전력분석	부상만 없다면 좌완 최고 카드. 스피드건에 찍히는 숫자는 높지 않지만, 수직 무브먼트가 좋고, 체인지업 구종 가치는 리그 상위급이다. 왼손임에도 우타자 상대로도 꾸준하게 강점을 보여 주고 있다.
강점	남다른 투구폼에서 나오는 디셉션 능력.
약점	꾸준하게 붙은 '아프지만 않으면'이라는 단서.

투수(우투우타)

3 이정용

생년월일	1996년 3월 26일		신장/체중	185cm / 83kg	
출신학교	영일초-성남중-성남고-동아대		연봉	-	

2024시즌 기록

평균자책점	경기	승	패	홀드	세이브
-	-	-	-	-	-
승률	이닝	투구수	피안타	피홈런	볼넷
-	-	-	-	-	-
삼진	실점	자책점	피안타율	WHIP	퀄리티스타트
-	-	-	-	-	-

전력분석	투수로서 좋은 신체조건에 유연성도 좋다. 강한 구위를 갖춘 데다가 슬라이더, 커브 등 변화구도 충분히 승부가 된다. 선발과 불펜이 모두 가능한 만큼 합류 이후 시즌 중 LG의 변수를 최소한으로 해 줄 수 있다.
강점	타자와 힘으로 맞붙을 수 있는 구위.
약점	상무 제대 후 1군 적응이 미지수.

포수(우투우타)

26 이주헌

생년월일	2003년 3월 4일		신장/체중	185cm / 92kg
출신학교	서울이수초-성남중-성남고		연봉	3천3백만 원

2024시즌 기록

타율	경기	타석	타수	득점	안타
0.667	3	6	6	0	4
2루타	3루타	홈런	루타	타점	도루
2	0	0	6	3	0
볼넷	삼진	병살타	장타율	출루율	득점권타율
0	2	0	1.000	0.667	1.000

전력분석	박동원 뒤를 받칠 제1 백업 선수. 지난해 막바지 나오면서 경험을 쌓았고, 수비와 공격 모두 합격점을 받았다. 특히 뛰어난 송구 능력으로 도루 억제 또한 기대되고 있다. 차세대 LG 안방마님으로 기회를 받고 성장할 예정.
강점	데뷔전에서 4안타를 친 타격 능력.
약점	변수 많은 1군. 부족한 경험.

내야수(우투좌타)

4 신민재

생년월일	1996년 1월 21일		신장/체중	171cm / 67kg
출신학교	서흥초-동인천중-인천고		연봉	2억 원

2024시즌 기록

타율	경기	타석	타수	득점	안타
0.297	128	474	387	78	115
2루타	3루타	홈런	루타	타점	도루
11	6	0	138	40	32
볼넷	삼진	병살타	장타율	출루율	득점권타율
64	47	7	0.357	0.401	0.306

전력분석	신데렐라 스토리의 대명사. 염경엽 감독이 추구하는 뛰는 야구에 가장 부합하는 선수. 빠른 발이 장점이지만, 타격에도 눈을 뜨면서 확실한 2루수로 올라섰다. LG 관계자가 인정하는 성실의 아이콘. 주전으로 올라서기 전에도 어떤 상황에서든 개인 훈련을 게을리 않았다고.
강점	성실함과 강한 정신력을 바탕으로 한 꾸준함.
약점	한 번씩 찾아오는 잔부상.

내야수(우투우타)

6 구본혁

생년월일	1997년 1월 11일		신장/체중	177cm / 75kg
출신학교	중대초-잠신중-장충고-동국대		연봉	1억 3천5백만 원

2024시즌 기록

타율	경기	타석	타수	득점	안타
0.257	133	389	339	48	87
2루타	3루타	홈런	루타	타점	도루
14	2	2	111	43	8
볼넷	삼진	병살타	장타율	출루율	득점권타율
38	51	7	0.327	0.335	0.272

전력분석	백업 내야수로는 리그 최고. 내야 모든 포지션 소화가 가능하고, 주전이 빠졌을 때 그 공백을 완벽하게 채워 줄 수 있는 카드다. 다만, 타격에서의 능력은 조금 더 보여 줄 필요가 있다.
강점	내야 전 포지션 소화 가능. 1군에서 꾸준히 버틸 수 있는 힘.
약점	풀타임 경험이 없어 체력 유지는 미지수.

외야수(우투좌타)

22 김현수

생년월일	1988년 1월 12일			신장/체중	188cm / 105kg
출신학교	쌍문초-신일중-신일고			연봉	5억 원

2024시즌 기록

타율	경기	타석	타수	득점	안타
0.294	137	583	517	61	152
2루타	3루타	홈런	루타	타점	도루
36	2	8	216	69	6
볼넷	삼진	병살타	장타율	출루율	득점권타율
47	76	10	0.418	0.357	0.257

전력분석	방망이에 맞히는 능력은 리그 최고. 2018년 3할 6푼 2리를 기록하면서 타격왕에 오르는 등 3할 보장 카드. 최근에 부진했다고는 해도, 2년간 2할 9푼의 타율을 때려 내면서 급이 다른 모습을 보여 줬다. 직언으로 후배들에게는 강한 동기부여를 심어 주는 등 더그아웃 리더 역할까지 맡고 있다.
강점	왕년의 타격 기계. 아직 안 죽었다. 정확성 있는 타격.
약점	중장거리 타자였는데… 떨어지는 장타율.

외야수(좌투좌타)

8 문성주

생년월일	1997년 2월 20일			신장/체중	175cm / 78kg
출신학교	포항서초-포항제철중-경북고-강릉영동대			연봉	1억 8천만 원

2024시즌 기록

타율	경기	타석	타수	득점	안타
0.315	96	361	305	47	96
2루타	3루타	홈런	루타	타점	도루
16	2	2	116	48	13
볼넷	삼진	병살타	장타율	출루율	득점권타율
49	38	4	0.380	0.411	0.378

전력분석	안정적인 선구안을 바탕으로 꾸준하게 출루를 만들어 내는 타자. 10라운드로 지명됐지만, 남다른 노력으로 1군에 확실하게 자신의 자리를 만들어 내며 드라마를 써 내려가고 있다. 맞히는 능력이 뛰어난 만큼, A급 투수를 상대로도 결과를 낼 수 있어 꾸준한 활약을 기대할 수 있다.
강점	홍창기 다음이라고 불려도 될 출루 능력.
약점	햄스트링 부상 등 풀타임 경험이 쉽지 않다.

외야수(우투좌타)

17 박해민

생년월일	1990년 2월 24일			신장/체중	180cm / 75kg
출신학교	영중초-양천중-신일고-한양대			연봉	6억 원

2024시즌 기록

타율	경기	타석	타수	득점	안타
0.263	144	553	482	72	127
2루타	3루타	홈런	루타	타점	도루
16	6	6	173	56	43
볼넷	삼진	병살타	장타율	출루율	득점권타율
46	101	3	0.359	0.336	0.233

전력분석	뛰어난 주력과 센스를 갖춘 '도루왕' 출신. 지난해 43개의 도루를 성공하며 건재함을 알렸다. 수비력 역시 넓은 잠실구장을 빈틈없이 채울 정도로 리그 최고라는 평가. 출루가 이뤄지면 투수로서는 가장 괴로운 타자다.
강점	뛰어난 주력과 3년 연속 전 경기 출전을 일궈 낸 철저한 자기 관리.
약점	장점을 살리지 못하는 출루율.

39 박명근
투수(우언우타)

생년월일 2004년 3월 27일
출신학교 수택초(구리리틀)-구리인창중
-라온고

2024시즌 기록
신인 때 보여 줬던 최고의 재능. 부상만 없으면 필승조 문제없다.

평균자책점	경기	승	패	홀드	세이브	승률	이닝	투구수
6.39	33	2	2	8	1	0.500	25 1/3	446
피안타	피홈런	볼넷	삼진	실점	자책점	피안타율	WHIP	QS
29	6	12	13	20	18	0.287	1.62	0

0 김유영
투수(좌투좌타)

생년월일 1994년 5월 2일
출신학교 양정초-개성중-경남고

2024시즌 기록
명예회복 완료. 어느덧 LG 좌완의 버팀목이 됐다.

평균자책점	경기	승	패	홀드	세이브	승률	이닝	투구수
3.78	53	1	2	6	1	0.333	47 2/3	847
피안타	피홈런	볼넷	삼진	실점	자책점	피안타율	WHIP	QS
50	2	16	42	27	20	0.269	1.38	0

12 김대현
투수(우투우타)

생년월일 1997년 3월 8일
출신학교 홍익초(마포구리틀)-홍은중
-선린인터넷고

2024시즌 기록
타자를 압도하는 150km/h의 구위. 밸런스 안정만 찾으면 '미완의 대기' 꼬리표 끝난다.

평균자책점	경기	승	패	홀드	세이브	승률	이닝	투구수
5.40	37	2	0	1	1	1.000	35	560
피안타	피홈런	볼넷	삼진	실점	자책점	피안타율	WHIP	QS
33	6	18	30	21	21	0.248	1.46	0

28 심창민
투수(우언우타)

생년월일 1993년 2월 1일
출신학교 동삼초-경남중-경남고

2024시즌 기록
돌고 돌아 세 번째 유니폼. 더 이상 뒤는 없다.

평균자책점	경기	승	패	홀드	세이브	승률	이닝	투구수
피안타	피홈런	볼넷	삼진	실점	자책점	피안타율	WHIP	QS

21 이우찬
투수(좌투좌타)

생년월일 1992년 8월 4일
출신학교 온양온천초-온양중-북일고

2024시즌 기록
구위는 리그 최상급. 결국에는 제구와의 싸움.

평균자책점	경기	승	패	홀드	세이브	승률	이닝	투구수
8.82	42	3	2	6	0	0.600	33 2/3	678
피안타	피홈런	볼넷	삼진	실점	자책점	피안타율	WHIP	QS
42	2	30	31	35	33	0.300	2.14	0

48 진우영
투수(우투우타)

생년월일 2001년 2월 5일
출신학교 성동초-글로벌선진학교

2024시즌 기록
미국을 사로잡았던 잠재력. 꾸준한 상승 곡선 본격적으로 시작됐다.

평균자책점	경기	승	패	홀드	세이브	승률	이닝	투구수
4.70	6	0	0	0	0	-	7 2/3	142
피안타	피홈런	볼넷	삼진	실점	자책점	피안타율	WHIP	QS
8	1	4	6	4	4	0.267	1.57	0

58 허준혁
투수(우투우타)

생년월일 1999년 7월 2일
출신학교 가평초(가평군리틀)-영동중
-경기고-한일장신대

2024시즌 기록
병역 해결 완료. 이제는 보여 줄 시간이 온 파워피처.

평균자책점	경기	승	패	홀드	세이브	승률	이닝	투구수
-	-	-	-	-	-	-	-	-
피안타	피홈런	볼넷	삼진	실점	자책점	피안타율	WHIP	QS
-	-	-	-	-	-	-	-	-

35 김영준
투수(우투우타)

생년월일 1999년 1월 12일
출신학교 인천연학초-선린중
-선린인터넷고

2024시즌 기록
깜짝 1군 기용 합격점. 선발과 구원 모두 경기력 증명. 올해도 기회는 분명히 온다.

평균자책점	경기	승	패	홀드	세이브	승률	이닝	투구수
8.22	14	1	1	0	0	0.500	15 1/3	325
피안타	피홈런	볼넷	삼진	실점	자책점	피안타율	WHIP	QS
21	2	9	11	17	14	0.318	1.96	0

57 김주온
투수(우투우타)

생년월일 1996년 12월 8일
출신학교 울산대현초-구미중-울산공고

2024시즌 기록
조금씩 좋아지는 제구력. 선발 문제 생기면 콜업 대기 요원.

평균자책점	경기	승	패	홀드	세이브	승률	이닝	투구수
15.43	2	0	0	0	0	-	4 2/3	98
피안타	피홈런	볼넷	삼진	실점	자책점	피안타율	WHIP	QS
8	2	3	4	8	8	0.381	2.36	0

25 배재준
투수(우투우타)

생년월일 1994년 11월 24일
출신학교 본리초-경상중-대구상원고

2024시즌 기록
경험은 이제 쌓였다. 이제 알을 깨고 나와야 한다.

평균자책점	경기	승	패	홀드	세이브	승률	이닝	투구수
-	-	-	-	-	-	-	-	-
피안타	피홈런	볼넷	삼진	실점	자책점	피안타율	WHIP	QS
-	-	-	-	-	-	-	-	-

40 이종준
투수(우투우타)

생년월일 2001년 3월 9일
출신학교 군산중앙초-군산남중-군산상고

2024시즌 기록
데뷔 첫 홀드에 모두가 웃었다. 또 한 명의 필승조 탄생 예고했다.

평균자책점	경기	승	패	홀드	세이브	승률	이닝	투구수
4.15	27	1	2	1	0	0.333	26	489
피안타	피홈런	볼넷	삼진	실점	자책점	피안타율	WHIP	QS
26	4	16	28	13	12	0.255	1.62	0

59 임준형
투수(좌투좌타)

생년월일 2000년 11월 16일
출신학교 광주서석초-진흥중-진흥고

2024시즌 기록
선발, 구원 모두 가능한 제구 되는 좌완. 언제, 어떤 상황이든 1군 활용이 충분하다.

평균자책점	경기	승	패	홀드	세이브	승률	이닝	투구수
6.59	18	0	0	0	0	-	13 2/3	240
피안타	피홈런	볼넷	삼진	실점	자책점	피안타율	WHIP	QS
16	2	4	13	10	10	0.302	1.46	0

49 정지헌
투수(우언우타)

생년월일 2003년 1월 1일
출신학교 동수원초(수원영통리틀)-매향중
-유신고-고려대(얼리 드래프트)

2024시즌 기록
2군 언터처블 사이드암. 1군에서 증명이 절실하다.

평균자책점	경기	승	패	홀드	세이브	승률	이닝	투구수
11.68	17	0	0	1	0	-	12 1/3	272
피안타	피홈런	볼넷	삼진	실점	자책점	피안타율	WHIP	QS
19	2	11	11	18	16	0.352	2.43	0

45 김진수
투수(우투우타)

생년월일 1998년 8월 31일
출신학교 이세초-군산중-군산상고-중앙대

2024시즌 기록
경기 운영과 제구는 확실한 장점. 생각을 현실로 만들 구위 향상이 숙제.

평균자책점	경기	승	패	홀드	세이브	승률	이닝	투구수
6.75	8	0	1	0	0	0.000	13 1/3	220
피안타	피홈런	볼넷	삼진	실점	자책점	피안타율	WHIP	QS
17	3	4	6	10	10	0.315	1.58	0

43 허용주
투수(우투우타)

생년월일 2003년 6월 5일
출신학교 사파초-마산동중-용마고

2024시즌 기록
피지컬이 보여 주는 성장 가능성. 구위를 받쳐 줄 제구만 잡으면 1군 문 열린다.

평균자책점	경기	승	패	홀드	세이브	승률	이닝	투구수
-	-	-	-	-	-	-	-	-
피안타	피홈런	볼넷	삼진	실점	자책점	피안타율	WHIP	QS
-	-	-	-	-	-	-	-	-

55 김범석
포수(우투우타)

생년월일 2004년 5월 21일
출신학교 김해삼성초-경남중-경남고

2024시즌 기록
계속되는 체중과의 싸움. 확실한 답을 보여 줘야 한다.

타율	경기	타석	타수	득점	안타	2루타	3루타	홈런
0.241	70	180	162	14	39	4	0	6
루타	타점	도루	볼넷	삼진	병살타	장타율	출루율	RISP
61	24	0	14	49	0.377	0.306	0.683	0.194

44 김성우
포수(우투우타)

생년월일 2003년 11월 15일
출신학교 성동초-건대부중-배재고

2024시즌 기록
수비와 송구는 합격. 결국에는 경쟁에서 이겨야 한다.

타율	경기	타석	타수	득점	안타	2루타	3루타	홈런
0.000	4	5	5	0	0	0	0	0
루타	타점	도루	볼넷	삼진	병살타	장타율	출루율	RISP
0	0	0	0	4	0	0.000	0.000	0.000

7 이영빈
내야수(우투좌타)

생년월일 2002년 6월 17일
출신학교 대전동산초(대전중구리틀)
-충남중-세광고

2024시즌 기록
장타와 정확성을 모두 갖췄다. 공수주 모두 안정적인 툴이 있는 'LG의 미래'.

타율	경기	타석	타수	득점	안타	2루타	3루타	홈런
0.222	31	71	63	11	14	2	0	2
루타	타점	도루	볼넷	삼진	병살타	장타율	출루율	RISP
22	12	0	4	20	0	0.349	0.261	0.235

53 문정빈
내야수(우투우타)

생년월일 2003년 8월 15일
출신학교 가동초-잠신중-서울고

2024시즌 기록
'홈런왕'과 비슷한 트랙맨 데이터. '제2의 문보경' 거포 탄생 준비 중.

타율	경기	타석	타수	득점	안타	2루타	3루타	홈런
-	-	-	-	-	-	-	-	-
루타	타점	도루	볼넷	삼진	병살타	장타율	출루율	RISP
-	-	-	-	-	-	-	-	-

16 김민수
내야수(우투우타)

생년월일 1998년 3월 18일
출신학교 서화초-동산중-제물포고

2024시즌 기록
평균은 해 주는데… 확실한 1군 필요성 어필이 필요하다.

타율	경기	타석	타수	득점	안타	2루타	3루타	홈런
0.150	19	22	20	1	3	0	0	0
루타	타점	도루	볼넷	삼진	병살타	장타율	출루율	RISP
3	0	0	1	4	1	0.150	0.227	0.000

36 김성진
내야수(우투우타)

생년월일 2000년 3월 17일
출신학교 수원신곡초-매향중-야탑고

2024시즌 기록
1군 진입 위해서는 강점인 공격력 보여 줘야 한다.

타율	경기	타석	타수	득점	안타	2루타	3루타	홈런
0.267	14	16	15	1	4	0	0	1
루타	타점	도루	볼넷	삼진	병살타	장타율	출루율	RISP
7	2	0	1	4	1	0.467	0.313	0.000

5 김주성
내야수(우투우타)

생년월일 1998년 1월 30일
출신학교 수원신곡초-덕수중-휘문고

2024시즌 기록
자신 있게 돌리는 방망이. 장점일까 단점일까. 수비를 잡으면 시험의 기회는 온다.

타율	경기	타석	타수	득점	안타	2루타	3루타	홈런
0.167	12	9	6	1	1	0	0	0
루타	타점	도루	볼넷	삼진	병살타	장타율	출루율	RISP
1	0	0	3	0	0	0.167	0.444	0.000

14 송찬의
외야수(우투우타)

생년월일 1999년 2월 20일
출신학교 화곡초-선린중-선린인터넷고

2024시즌 기록
2022년 시범경기 홈런왕 아무나 하나. 장타력과 삼진 '양날의 검'을 어쩌나.

타율	경기	타석	타수	득점	안타	2루타	3루타	홈런
0.067	10	21	15	2	1	0	0	0
루타	타점	도루	볼넷	삼진	병살타	장타율	출루율	RISP
1	1	1	3	6	0	0.067	0.250	0.000

15 안익훈
외야수(좌투좌타)

생년월일 1996년 2월 12일
출신학교 대전신흥초-충남중-대전고

2024시즌 기록
수비력은 외야수 중 최고라는 평가. 1군 도약을 위해서는 확실한 타격 장점 어필이 절실.

타율	경기	타석	타수	득점	안타	2루타	3루타	홈런
0.184	37	56	49	8	9	1	0	0
루타	타점	도루	볼넷	삼진	병살타	장타율	출루율	RISP
10	3	2	4	13	2	0.204	0.241	0.071

62 최승민
외야수(우투좌타)

생년월일 1996년 7월 1일
출신학교 서울학동초-대치중-신일고

2024시즌 기록

다리 하나로 1군 생존. 한 점 싸움에서 필요한 1순위 대주자.

타율	경기	타석	타수	득점	안타	2루타	3루타	홈런
0.077	57	16	13	20	1	0	0	0
루타	타점	도루	볼넷	삼진	병살타	장타율	출루율	RISP
1	1	11	2	3	0	0.077	0.200	0.000

3 최원영
외야수(우투우타)

생년월일 2003년 7월 18일
출신학교 부산수영초-사직중-부산고

2024시즌 기록

작은 신체지만, 자신의 몸을 100% 이용할 줄 아는 다재다능한 외야수.

타율	경기	타석	타수	득점	안타	2루타	3루타	홈런
0.270	57	41	37	18	10	2	0	1
루타	타점	도루	볼넷	삼진	병살타	장타율	출루율	RISP
15	5	6	1	7	0	0.405	0.341	0.214

24 함창건
외야수(좌투좌타)

생년월일 2001년 8월 18일
출신학교 백운초-충암중-충암고

2024시즌 기록

가득 찬 LG 외야. 경쟁을 위해서는 확실한 장점을 보여 줘야 한다.

타율	경기	타석	타수	득점	안타	2루타	3루타	홈런
0.143	15	17	14	3	2	0	0	0
루타	타점	도루	볼넷	삼진	병살타	장타율	출루율	RISP
2	0	0	2	3	1	0.143	0.250	0.000

66 김현종
외야수(우투우타)

생년월일 2004년 8월 4일
출신학교 상인천초-동인천중-인천고

2024시즌 기록

LG 팬 가슴 떨리게 할 '5툴 플레이어'. 외야 세대교체 시작됐다.

타율	경기	타석	타수	득점	안타	2루타	3루타	홈런
0.200	17	16	15	8	3	1	0	0
루타	타점	도루	볼넷	삼진	병살타	장타율	출루율	RISP
4	2	0	0	4	0	0.267	0.250	0.400

1라운드 전체 10순위
67 김영우

투수(우투우타)

생년월일	2005년 1월 14일
신장/체중	185cm / 90kg
출신학교	양원초(서대문구리틀)-신월중-서울고

고교 시절부터 156km/h를 던진 파이어볼러. 투구 밸런스가 안정돼 있고, 팔스윙이 간결. 높은 타점에서 던지는 강속구와 낙폭 큰 커브가 강점. 캠프에서 마무리 투수감으로 눈도장. 고교-대학 올스타전에서 마무리투수 경험.

2라운드 전체 20순위
63 추세현

투수(우투우타)

생년월일	2006년 4월 19일
신장/체중	187cm / 90kg
출신학교	성신초(중구리틀)-청량중-경기상고

고교시절 150km/h가 넘는 강속구를 던졌고, 타자로는 홈런도 곧잘 때려 냈다. 공수주에 재능이 있어 타격으로 성공할 가능성이 높다는 평가였지만, LG는 투수로 방향을 잡았다. 기본기가 더해진다면 대형 투수 탄생 기대.

3라운드 전체 30순위
00 이한림

포수(우투우타)

생년월일	2006년 11월 18일
신장/체중	182cm / 92kg
출신학교	해남동초(해남군리틀)-화순중-전주고

전주고 주전 포수로 남다른 리더십을 보여주며 청룡기 우승을 이끌었다. 기본기와 강한 어깨를 바탕으로 한 송구 능력이 좋다. 리드나 블로킹 또한 안정적. 타격에 정확성이 있고, 힘도 좋아서 홈런 생산하는 장타자로 성장 가능.

4라운드 전체 40순위
65 이태훈

내야수(우투좌타)

생년월일	2006년 8월 21일
신장/체중	183cm / 83kg
출신학교	가동초-덕수중-경동고

3할 타율과 두 자릿수 도루가 가능한 '호타준족' 내야수. 콘택트 능력이 좋아 정타가 많고, 단독 도루가 가능한 주력. 주로 유격수로 뛰었고, 글러브 핸들링과 백핸드 능력도 좋다. 송구 또한 강하고 정확해서 수비 기대주.

5라운드 전체 44순위
60 서영준

외야수(우투우타)

생년월일	2006년 3월 18일
신장/체중	186cm / 90kg
출신학교	화정초-진흥중-전주고

전주고 우승 주역. 주전 외야수로 활약하며 남다른 타격 능력을 보여줬다. 운동 능력과 유연성이 좋고, 힘 또한 갖추고 있어 '우타 거포' 기대주.

5라운드 전체 50순위
64 박관우

외야수(좌투좌타)

생년월일	2006년 3월 22일
신장/체중	174cm / 82kg
출신학교	육수초(경산시리틀)-경운중-경북고

고교 시절 4할 타자. 스윙 메커니즘이 좋고, 맞히는 능력이 뛰어난 타격 재능을 갖췄다. 빠른 발에 손목 힘도 좋아 중장거리 타구 생산이 기대되는 호타준족 외야수.

6라운드 전체 60순위
121 박시원

투수(우투우타)

생년월일	2006년 4월 12일
신장/체중	193cm / 93kg
출신학교	송우초(해운대구리틀)-센텀중-경남고

150km/h가 넘는 공을 던지는 파이어볼러. 경기 체력이 좋아 밸런스가 추가로 잡힌다면 강속구 선발투수로도 성장이 가능.

7라운드 전체 70순위
122 김종운

투수(우투우타)

생년월일	2006년 9월 11일
신장/체중	186cm / 85kg
출신학교	국산초(거제시리틀)-동강중-창원공고

고교 시절 포수로 나서기도 했지만, 프로에서는 투수에 집중할 예정. 150km/h가 넘는 빠른 공을 던지고 밸런스와 제구력이 좋아 추가 발전 가능성이 높다.

8라운드 전체 80순위
110 우정안

내야수(우투좌타)

생년월일	2006년 1월 3일
신장/체중	181cm / 79kg
출신학교	의왕부곡초-이수중-덕수고

수비만큼은 1R 못지않은 재능. 일발장타력까지 가지고 있어 하위 라운더 반란을 기대할 수 있다.

9라운드 전체 90순위
109 안시후

투수(우투우타)

생년월일	2006년 5월 2일
신장/체중	190cm / 84kg
출신학교	신곡초-안산중앙중-부천고

큰 키에서 나오는 타점 높은 직구. 우수한 체격 조건을 가진 만큼 체계적 성장 단계를 밟는다면 경쟁력은 충분하다.

10라운드 전체 100순위
116 고영웅

투수(좌투좌타)

생년월일	2004년 7월 29일
신장/체중	180cm / 90kg
출신학교	태전초(경기광주시리틀)-모가중 -야로고BC-동원대

직구는 확실하게 힘이 있다. 이를 받쳐 줄 제구만 갖춰지면 귀한 좌완 파이어볼러 탄생할 수 있다.

11라운드 전체 110순위
118 성준서

투수(우투우타)

생년월일	2006년 4월 9일
신장/체중	190cm / 96kg
출신학교	빛가온초(광명시리틀)-평촌중 -경기항공고

2025 신인드래프트 문 닫았다. 공 움직임이 좋은 스리쿼터 투수. 공 끝 힘이 좋아 구속만 보고 덤벼들다가는 큰 코 다친다.

구단명 : **두산 베어스**

연고지 : **서울특별시**

창립연도 : **1982년**(OB 베어스), **1999년**(두산 베어스)

구단주 : **박정원**

대표이사 : **고영섭**

단장 : **김태룡**

감독 : **이승엽**

홈구장 : **서울종합운동장 야구장**

영구결번 : **21 박철순 54 김영신**

한국시리즈 우승 : **1982 1995 2001 2015 2016 2019**

HOME

00

AWAY

2025 DOOSAN BEARS DEPTH CHART

• 지명타자

 김재환
김인태
 김민혁

좌익수
김민석
김재환
조수행

중견수
정수빈
조수행
김대한

우익수
케이브
김민석
김대한

유격수
박준영
박계범
오명진

2루수
오명진
이유찬
박준순

3루수
강승호
여동건
임종성

1루수
양석환
박지훈
김민혁

• 감독

 이승엽

포수
양의지
김기연
박민준

• 예상 선발 로테이션

 콜어빈
 잭로그
 곽빈
 최승용
 김유성

• 2025 예상 베스트 라인업

1번 타자	김민석	좌익수
2번 타자	김재환	지명타자
3번 타자	양의지	포수
4번 타자	케이브	우익수
5번 타자	강승호	3루수
6번 타자	양석환	1루수
7번 타자	오명진	2루수
8번 타자	박준영	유격수
9번 타자	정수빈	중견수

• 필승조

 홍건희
 이영하
 최지강
 김명신
 박치국

• 마무리

 이병헌
 김택연

TEAM INFO

팀 분석

2024 팀 순위 (포스트시즌 최종 순위 기준)

4위

최근 5년간 팀 순위

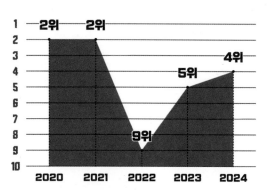

2위 (2020) · 2위 (2021) · 9위 (2022) · 5위 (2023) · 4위 (2024)

2024시즌 팀 공격력

↑: High / ↓: Low

타율↑	홈런↑	병살타↓	득점권 타율↑	삼진↓	OPS↑
0.276	150개	100개	0.280	1,077개	0.774
5위	5위	공동 5위	6위	4위	공동 5위

2024시즌 팀 마운드

↑: High / ↓: Low

평균자책점↓	탈삼진↑	QS↑	볼넷↓	피안타율↓	피홈런↓	WHIP↓
4.82	1,083개	42	585개	0.267	135개	1.49
4위	6위	8위	9위	1위	3위	공동 4위

2024시즌 팀 수비력

↑: High / ↓: Low

실책↓	견제사↑	병살 성공↑	도루저지율↑
84개	9개	109번	22.4%
2위	3위	9위	8위

2024시즌 최다 마킹 유니폼

1위 김택연 · 2위 양의지 · 3위 정수빈 · 4위 허경민 · 5위 김재환

PARK FACTOR

홈구장_서울종합운동장 야구장 (잠실야구장)

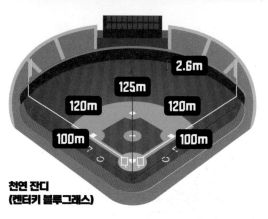

2.6m · 125m · 120m · 120m · 100m · 100m

천연 잔디
(켄터키 블루그래스)

수용인원

23,750석

구장 특성

잠실과 강남의 사이. 서울 중심부에 위치한 오래된 야구장. 1982년 개장한 만큼 시설이 노후화됐고, 내부 공간도 좁다. 여러 차례 리모델링을 거쳤다. 하지만 그럼에도 불구하고 한국프로야구의 상징적인 야구장으로 꼽는다. 서울 시내에 있어 1년 내내 가장 많은 관중들을 불러모으는 장소이고, 유일하게 2개팀(LG, 두산)의 홈구장이라 상징성이 더욱 크다. 대표적인 투수친화형 구장으로 꼽고, 내야부터 외야까지 둥그렇게 이어진 새둥지형 모양이다.

HOME STADIUM GUiDE

원정팬을 위한 교통편 추천, 주차, 숙소 팁

LG와 동일한 홈구장을 사용하고 있어 교통편이나 주차 팁은 동일하다. 두산은 '먹산 베어스'라는 팬들이 붙인 별명답게, 선수들도 팬들도 맛있는 음식을 즐기는 것으로 유명. 특히 두산팬들은 원정에서도 해당 구장의 유명 음식들을 연속 품절시키기로(!) 정평이 나 있다. 잠실야구장은 1, 3루 고루 다양한 음식들이 모여 있는데, 삼겹살 도시락이나 김치말이국수, 만두 등은 경기 시작 후에도 줄서서 사야 하는 인기템. 야구장 내부뿐만 아니라 인근 번화가에서 '맛도리' 음식들을 포장해오는 경우도 정말 많다. 신천 새마을시장이나 삼성 현대백화점 지하 푸드코트, 인근 대형마트나 롯데월드몰 등 접근성이 좋은 번화가가 많이 인접해 있어서 인근 맛집의 음식들과 함께 야구를 즐기는 것도 좋은 방법. 물론 재활용과 환경 보호는 필수. 특히 잠실야구장은 여름 해질녘 노을 풍경이 가장 멋지기 때문에 직관 도중 감성에 촉촉이 젖어 보는 것도 좋겠다.

응원단

응원단장
한재권

부응원단장
최동환

치어리더
권희원

치어리더
김자영

치어리더
남화륜

치어리더
류현주

치어리더
문혜진

치어리더
박기량

치어리더
박하정

치어리더
서현숙

치어리더
안혜지

치어리더
양여진

치어리더
이혜원

치어리더
정다혜

장내아나운서
유창근

91

허슬두 부활! 목표는 KS!
'국민타자' 더 이상 물러날 곳 없다

작년에 이것만 잘됐으면 좋았을 텐데

2023년 알칸타라가 거둔 승리는 13승. 2024년 두산 외국인 투수 4명이 거둔 승리도 13승이었다.

지독하게 외국인 운이 따라 주지 않았다. 150만 달러에 재계약을 한 알칸타라는 부진과 부상이 겹치면서 '먹튀'로 전락했다. 12경기 2승 2패 평균자책점 4.76이라는 초라한 성적으로 퇴장했다.

2023년 대체 외국인으로 와 11승 기적을 일궈 낸 브랜든은 113만 달러에 재계약을 했다. 14경기 7승으로 밥값을 하나 했지만, 부상으로 6월 23일 대구 삼성전이 마지막 등판이었다.

대체자도 신통치 않았다. 브랜든을 대신해 부상 대체 단기 외국인 선수로 온 시라카와 케이쇼는 7경기 2승 3패에 그쳤다. 아쉬운 대로 연장 계약까지 했지만, 팔꿈치 부상으로 남은 계약 기간마저 채우지 못했다.

7월 알칸타라의 대체자로 온 발라조빅은 '제2의 니퍼트'로 기대를 받았다. 높은 릴리스포인트에서 나오는 직구가 일품이라는 평가였다. 전반적인 공의 위력은 좋았지만, 쉽게 아웃카운트로 이어지지 못했다. 12경기에서 QS는 단 두 차례. 2승 6패 평균자책점 4.26으로 시즌을 마쳤다.

외인 원투펀치가 모두 무너지면서 선발진이 흔들렸다. 자연스럽게 불펜 과부하로 이어졌다. 타선이 터져도 선발이 무너지면서 접전으로 흘러가는 일이 많았다. 주축으로 올라선 김택연, 이병헌, 최지강 등 젊은 투수의 등판 기회가 잦았고, '혹사 논란'으로 이어졌다.

2년 연속 가을의 악몽도 두산에게는 뼈아팠다. 지난해 5위에서 한 단계 올라선 4위로 시즌을 마친 두산은 KT와 와일드카드 결정전에서 붙었다. 1차전 선발 투수는 '15승 다승왕' 곽빈. KT를 상대로 정규시즌 6경기 5승 무패 평균자책점 1.51로 극강의 모습을 보여 줬다. 기대와 다르게 1회부터 곽빈은 공략당하면서 4점을 내줬고. 설상가상으로 올 시즌 부활에 성공한 양석환 김재환 등 베테랑 중심타자까지 침묵했다. 2차전에서 최승용이 4⅔이닝 무실점으로 '빅게임 피처'로 거듭났지만, 타선이 끝내 터지지 않아 KBO리그 최초 와일드카드 결정전 업셋이라는 충격의 결과로 시즌을 마쳤다.

스토브리그 성적표

외국인 선수는 작정하고 영입. '16년 원클럽맨'의 이탈은 뼈아프지만, 김민석, 추재현, 최우인까지 트레이드 대박 기운이 몰려온다.

지극히 주관적인 올 시즌 예상 순위와 이유

지난해 약점을 지우기 위해서 그야말로 칼을 갈았다. 특히 콜어빈 영입 발표가 나오자 "이 선수가 온다고?"라는 반응. 영업 비밀을 묻는 구단까지 생겼다. 확실한 외국인 에이스가 있고, 외국인 타자도 지난해보다 업그레이드됐다. 뚜껑을 열어 봐야 안다고 하지만, 이미 '외인 대박'의 향기는 나고 있다. 곽빈, 최승용, 최원준, 김유성, 최준호 등 국내 선발 자원도 탄탄하고, 불펜 또한 양과 질을 모두 잡았다. 2년 연속 순위를 끌어올린 이승엽 감독의 경기 운영도 한층 더 노련해질 전망이다. 투타 엇박자와 부상자 변수만 없다면 KIA의 강력한 대항마가 될 수 있다.

생년월일	1976년 8월 18일
출신학교	대구중앙초-경상중-경북고
주요 경력	삼성 라이온즈 선수(1995~2003)
	-일본 지바 롯데 선수(04~05)
	-일본 요미우리 선수(06~10)
	-일본 오릭스 선수(11)
	-삼성 라이온즈 선수(12~17)
	-두산 베어스 감독(23~)

"4위, 5위 하려고 야구하는 것 아니다"

2년 연속 와일드카드에서 끝난 가을야구. 9위의 팀에 부임해 이후 2년 연속 가을야구로 이끌었지만, 포스트시즌 무승으로 아쉬운 소리가 나오는 건 어쩌면 당연했다. 일단 '감독 이승엽'의 성장은 분명하게 이뤄지고 있다. 1년 차에는 9위였던 팀을 가을야구로 다시 이끌었고, 2년 차에는 각종 악재 속에서 순위를 한 단계 더 올렸다. 3년 계약의 마지막 해. 이승엽 감독은 취임 당시 3년 차 목표로 한국시리즈 진출을 내걸었다. 그 목표는 아직도 변함없다. '허슬두' 부활을 선언하며 한국시리즈 진출을 다짐했다. 지난해 외국인 선수 부진 아쉬움을 털기 위해 확실한 투자도 이어졌다. '약속의 8회' 감동을 이끈 '국민타자'의 마지막 승부수가 던져졌다.

77 이승엽

1군

수석코치
고토 고지

QC코치
조성환

투수코치
박정배

투수코치
김지용

타격코치
박석민

타격코치
이영수

작전코치
임재현

수비·주루코치
김동한

배터리코치
조인성

퓨처스

트레이닝코치
천종민

트레이닝코치
조광희

트레이닝코치
유종수

총괄코치
니무라 토오루

투수코치
오노 카즈요시

투수코치
가득염

타격코치
이도형

타격코치
조중근

수비코치
서예일

작전·주루코치
김재현

배터리코치
김진수

트레이닝코치
이덕현

트레이닝코치
곽성욱

잔류·재활코치
권명철

잔류·재활코치
조웅천

잔류·재활코치
조경택

25 ⓒ 포수(우투우타)
양의지

생년월일	1987년 6월 5일
신장/체중	180cm / 95kg
출신학교	송정동초-무등중-진흥고
연봉(2025)	16억 원

#캡틴

한 번쯤은 했을 거라고 생각했지만, '베어스 캡틴' 양의지는 처음이다. NC 시절에는 3시즌 동안 주장을 맡아 2020년 통합 우승까지 이끈 경험이 있지만, 두산에서는 18시즌 만에 처음으로 주장 타이틀을 달았다. 이제는 팀 내 최고참. 양의지는 "입단했을 때 김동주, 홍성흔 선배님이 주장이었는데 그분들을 보며 이 자리까지 왔다"라며 "모범적인 모습을 보이겠다"고 각오를 밝혔다.

#GG_재도전

양의지는 2024년 골든글러브 후보에 오르지 못했다. 타격에서는 3할 17홈런으로 최고의 활약을 펼쳤던 그였지만, 잔부상 등으로 포수 마스크를 쓰는 날이 예전보다 줄어들었다. 수비 이닝이 608⅓이닝에 머무르며 골든글러브 포수 수비 이닝인 720이닝을 채우지 못했다. 양의지는 역대 포수 최다인 총 8차례 골든글러브를 수상했다. 지명타자 한 차례를 포함해 9차례 수상으로 이승엽 감독이 가지고 있는 최다 기록(10회) 타이에 한 개만을 남겨뒀지만, 다음으로 미뤄야만 했다. 올해는 포수로 더 많은 출전을 하겠다고 선언. '절치부심' 황금장갑에 다시 한번 도전한다.

#43년_역사_최초

2024년 7월 3일. 잠실야구장에서는 역사가 새롭게 쓰였다. 롯데를 상대로 5회 말 양석환이 만루 홈런을 터트렸고, 8회 말 양의지가 다시 한번 만루 홈런을 쏘아올렸다. 잠실구장 최초로 한 경기 두 번의 만루포. 이날 경기는 양의지에게도 의미가 깊었다. 만루 홈런에 앞서 3회 말 박세웅을 상대로 홈런을 쏘아올리며 시즌 10호 홈런을 기록했다. KBO리그 역대 14번째, 포수 4번째 11시즌 연속 두 자릿수 홈런이 완성된 순간.

🎤 TMI 인터뷰

1. 내가 가장 처음 좋아했던 야구선수는?
- 이종범, 선동열

2. 나만의 유니폼 패션 포인트는?
- 가장 편한 사이즈의 유니폼 입기

3. 다른 팀에서 데리고 오고 싶은 선수와 그 이유는?
- 김현수, 황재균, 류현진. 87년생 친구들.

4. 내가 추천하는 최고의 보양 비법은?
- 무조건 수면! 물과 수면이 제일 중요.

5. 본인 또는 동료 이름으로 삼행시
- **[양]** 양석환 선배님
- **[의]** 의지 선배님이 전달하라고 하셨습니다.
- **[지]** 지켜보고 있다고.

2024시즌 기록

타율	경기	타석	타수	득점	안타
0.314	119	485	430	57	135
2루타	**3루타**	**홈런**	**루타**	**타점**	**도루**
18	1	17	206	94	2
볼넷	**삼진**	**병살타**	**장타율**	**출루율**	**RISP**
40	56	13	0.479	0.379	0.393

전력분석	무슨 생각을 하는지 알 수 없는 표정. 그러나 누구보다 상황에 맞는 타격을 하는 타자다. 한 방이 필요할 때는 크게 치고, 안타가 필요하면 맞히는 타격을 한다. 타율 3할에 두 자릿수 홈런을 아무나 하는 건 아니다.
강점	득점권에 들어가면 더욱 무서워진다. 팀 득점 루트에는 양의지가 중심에 있다.
약점	자존심 제대로 상했던 포수 출전 이닝. 나이가 야속하다.
수비력	지금의 양의지를 최고로 만든 건 수비. '곰탈 여우'라는 별명답게 상대의 허를 찌르는 수싸움, 투수를 안정적으로 이끄는 리드. 모든 게 완벽하다. 다만, 도루저지율은 예전보다 많이 떨어졌다.

47
곽빈

투수(우투우타)

생년월일	1999년 5월 28일
신장/체중	187cm / 95kg
출신학교	서울학동초-자양중-배명고
연봉(2025)	3억 8천만 원

#다승왕_에이스

이제는 명실상부 두산의 에이스. 개인 최다인 15승을 거두면서 삼성 원태인과 함께 다승왕에 올랐다. 특히 9월 4경기에서 모두 승리를 하는 기염을 토했다. 올 시즌 외국인선수가 모두 부진했던 만큼 곽빈의 승리 행진은 두산의 버팀목이었다. 2023년 12승을 했지만 규정이닝을 채우지 못한 걸 아쉬워했던 곽빈은 167⅔이닝으로 당당하게 에이스 역할을 마쳤다.

#5초_갈던_가을

다승왕으로 최고의 시즌을 보냈지만, 마지막 순간 웃지 못했다. 정규시즌을 4위로 마친 두산은 와일드카드 결정전에 진출해 5위 kt 위즈와 맞붙었다. 정규시즌 KT를 상대로 6경기에 5승 무패 평균자책점 1.51로 강해 기대도 컸지만, 1차전에서 1이닝 5피안타 2볼넷 1탈삼진 4실점으로 무너졌다. 곽빈은 당시 상황을 떠올리며 "30개 정도를 던졌는데 5초 만에 지나간 거 같다"라며 "죄송하다"고 이야기했다. 2023년 NC와의 와일드카드 결정전에서도 3⅔이닝 5실점으로 부진. 곽빈의 가을은 2년 연속 싸늘했다.

#넥스트_류김양

포스트시즌에서는 부진했지만, '국가대표' 곽빈은 다시 에이스였다. 지난해 11월 프리미어12 쿠바전에서 4이닝 5탈삼진 무실점으로 호투. 비록 5회 제구 난조로 고전했지만, 단기전에서 임무는 완수했다. 2023년 APBC 일본과의 결승전에서도 5이닝 1실점 호투를 펼치며 국제용 투수임을 증명했다. 차세대 국가대표 에이스를 꼽으라면 이제 곽빈의 이름이 빠지지 않고 있다. 류김양(류현진, 김광현, 양현종)을 이을 재목이라는 평가. 2026년 WBC에서도 곽빈의 역할은 중요할 전망.

2024시즌 기록

평균자책점	경기	승	패	홀드	세이브
4.24	30	15	9	0	0
승률	이닝	투구수	피안타	피홈런	볼넷
0.625	167 2/3	2,892	142	11	76
삼진	실점	자책점	피안타율	WHIP	QS
154	83	79	0.229	1.30	17

전력분석	156km/h의 폭발력 가득한 직구를 구사하면서 슬라이더, 체인지업, 커브 등을 자유자재로 던진다. 좌우타자 가리지 않고 여러가지 구종을 선택할 수 있는 투수다. 이전보다 제구도 안정돼 스트라이크를 잡는 능력도 좋아졌다. 다만, 좋은 날과 좋지 않은 날의 편차는 여전히 과제.
강점	직구가 최고? 슬라이더를 비롯한 변화구 구종 가치도 리그 최상급.
약점	가을만 되면 왜. '빅게임 피처'로 증명이 필요.

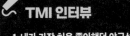

TMI 인터뷰

1. 내가 가장 처음 좋아했던 야구선수는?

- 윤석민

2. 나만의 유니폼 패션 포인트는?

- 타이트한 유니폼

3. 다른 팀에서 데리고 오고 싶은 선수와 그 이유는?

- 안우진. 우승을 위해.

4. 내가 추천하는 최고의 보양 비법은?

- 어머니 집밥 먹기, 고기 먹기.

5. 본인 또는 동료 이름으로 삼행시

- [곽] 곽빈은
  [빈] 빈(빛)난다.

53
양석환
내야수(우투우타)

생년월일	1991년 7월 15일
신장/체중	185cm / 90kg
출신학교	백운초-신일중-신일고-동국대
연봉(2025)	3억 원

#우타자_자존심

역대 잠실구장을 홈으로 쓰는 우타자 중 한 시즌 양석환보다 홈런을 많이 날린 선수는 없다. 지난해 양석환은 34홈런 107 타점을 기록하며 데뷔 첫 30홈런-100타점을 달성했다. 베어스 선수로는 11번째 기록. 이 중 토종 우타자로는 심정수, 김동주에 이어 세 번째다. 34홈런으로 시즌을 마친 양석환은 심정수와 김동주가 기록한 31홈런을 넘어 역대 베어스 토종 우타자 최다 홈런으로 이름을 남겼다.

#대주주

남다른 카리스마로 선수단을 이끌었던 양석환. 그러나 '팬 서비스'라는 말 앞에서는 누구보다 부드럽다. 두산 구단 유튜브 곳곳에서 그의 모습을 볼 수 있다. '관종'은 아니다. 팀 내 고참 선수로서 이런 출연이 부담스러울 법도 했지만, 양석환은 "팬들이 좋아한다면"이라며 기꺼이 나서고 있다. 덕분에 영상팀도 한결 편한 분위기에서 촬영이 가능하다고. 유튜브 곳곳에 나오는 양석환의 모습에 팬들은 '대주주'라는 별명을 지어 줬다.

#야_따라와

4+2년 총액 78억 원의 품격은 이런 것일까. 양석환은 다른 선수보다 약 5일 먼저 선발대로 1차 스프링캠프인 호주로 떠났다. 후배 김대한이 경제적 부담으로 선발대 합류를 고민하자 양석환이 화끈하게 지갑을 열었다. 김대한은 지난해 3천7백만 원을 받는 저연봉자. 올 시즌 절치부심하며 비시즌 '킹캉스쿨' 레슨에 많은 돈을 썼다. 양석환은 "요 하나 깔고 숟가락 하나 놓으면 된다"고 대수롭지 않게 이야기했지만, 후배를 향한 마음은 진짜였다.

🎤 TMI 인터뷰

1. 내가 가장 처음 좋아했던 야구선수는?
- 기억이 안 난다.

2. 나만의 유니폼 패션 포인트는?
- 무조건 편하게. 웬만하면 유니폼 색상과 밸런스를 맞춰서 베이직하게 입는 편이다.

3. 다른 팀에서 데리고 오고 싶은 선수와 그 이유는?
- 김도영. 잘하니까.

4. 내가 추천하는 최고의 보양 비법은?
- 수면이 최고. 먹는 거보단 수면이 더 중요하다.

5. 본인 또는 동료 이름으로 삼행시
- [양] 양의지가 포수. [석] 석환이가 내야.
  [환] 환이와 수빈이가 외야를 책임진다.

2024시즌 기록

타율	경기	타석	타수	득점	안타
0.246	142	593	533	83	131
2루타	3루타	홈런	루타	타점	도루
25	1	34	260	107	5
볼넷	삼진	병살타	장타율	출루율	RISP
49	128	15	0.488	0.316	0.286

전력분석	화끈한 풀스윙으로 장타를 생산해 내는 타자. 공격적인 타격 접근으로 헛스윙률이 평균보다 높지만, 안타당 장타율이 리그 4위로 높다. 2024년 주장을 하면서 30홈런 100타점으로 성공적인 시즌을 보냈다. 주장 부담감을 내려놓은 만큼, 작년 성과를 낸다면 두산의 중심타선은 10개 구단 어디에도 뒤지지 않을 수 있다.
강점	맞으면 넘어간다. 잠실에서 30개의 홈런을 칠 수 있는 장타력.
약점	풀스윙의 단점, 높은 헛스윙 비율.
수비력	수비 범위가 넓은 편은 아니지만, 기본은 해 준다. 안정적인 포구 능력은 다른 수비수와 시너지를 기대.

63

투수(우투우타)

김택연

생년월일	2005년 6월 3일
신장/체중	181cm / 88kg
출신학교	동막초-상인천중-인천고
연봉(2025)	1억 4천만 원

#신기록_신인왕

김택연은 지난해 19세이브를 기록, 고졸 신인 최다 세이브 (종전 16개, 2006년 롯데 나승현)를 경신했다. 역대 최연소 두 자릿수 세이브, 최연소 전 구단 상대 세이브 등 전리품은 이미 두둑했다. 신인왕은 이변 없이 김택연에게 돌아갔다. 92.08%(101표 중 93표)라는 압도적인 득표율이었다. 2022년 정철원 이후 2년 만에 베어스 출신 신인왕의 탄생이다. 연봉도 기록을 세웠다. 1억 1천만 원 오른 1억 4천만 원을 받았다. 336.7%로 베어스 역대 최다 인상 신기록. 동시에 소형준 (KT)이 가지고 있던 고졸 2년 차 최고 연봉 타이 기록을 세웠다.

#ML도_홀렸다

ML 서울시리즈 팀 코리아 대표팀에 뽑힌 김택연은 '2024 월드시리즈 챔피언' LA 다저스를 상대했다. 4번째 투수로 마운드에 오른 김택연은 150km/h 직구를 한가운데 던지는 배짱을 보여 줬고, 삼진 두 개를 잡아 낸 뒤 마운드를 내려왔다. 로버츠 다저스 감독은 "스트라이크존 상위 부분에서 강속구를 던지는 모습이 인상적이었다. 팔을 정말 잘 쓰는 선수라는 생각이 들었다"고 극찬했을 만큼, 국제 무대에서도 통하는 모습을 확실하게 보여 줬다.

#2년_차_징크스는_없다

기록의 행진으로 마친 1년 차. 올 시즌도 김택연은 마무리투수로 나선다. 10개 구단 중 최연소 마무리투수. 2년 차 징크스를 피하기 위한 신무기 장착에 힘을 쏟기 시작했다. '절친 선배' 이병헌과 함께 스플리터 연마에 들어갔고, 성과도 보이기 시작했다. 2년 차 징크스 이야기에 "매년 똑같이 경쟁하는 입장으로 시즌을 맞이하겠다"고 당찬 각오를 밝혔다.

2024시즌 기록

평균자책점	경기	승	패	홀드	세이브
2.08	60	3	2	4	19
승률	**이닝**	**투구수**	**피안타**	**피홈런**	**볼넷**
0.600	65	1,238	51	2	31
삼진	**실점**	**자책점**	**피안타율**	**WHIP**	**QS**
78	17	15	0.216	1.26	0

전력분석	2024년 최고의 신인답게 배짱 있는 피칭으로 19세이브를 올리며 팀의 마무리투수로 정착했다. 직구와 슬라이더를 구사하는데 최고 무기는 150km/h 중반까지 나오는 묵직한 직구다. 리그 최고 수준의 직구 수직 무브먼트를 보여 주고 있고, S존 상단을 적절하게 활용하면서 상대를 확실하게 압도했다.
강점	산전수전 다 겪은 타자들도 혀를 내둘렀다. 리그 최고의 직구. 이를 더욱 빛나게 하는 멘탈.
약점	최고의 직구가 더욱 살기 위해서는 추가 변화구 장착이 필요하다.

🎤 TMI 인터뷰

1. 내가 가장 처음 좋아했던 야구선수는?
- 최정 선배님, 오타니 선수

2. 나만의 유니폼 패션 포인트는?
- 글러브나 스파이크를 유니폼에 맞춰서 고른다.

3. 다른 팀에서 데리고 오고 싶은 선수와 그 이유는?
- 오타니. 꼭 한번 같이 야구를 해 보고 싶기 때문이다.

4. 내가 추천하는 최고의 보양 비법은?
- 잠! 충분한 수면시간 가지기, 영양제 잘 먹기.

5. 본인 또는 동료 이름으로 삼행시
- [김] 김택연아, 160km/h?
  [택] 택도 없는 소리 하지 말고
  [연] 연습이나 하자.

31
정수빈

외야수(좌투좌타)

생년월일	1990년 10월 7일
신장/체중	175cm / 70kg
출신학교	수원신곡초-수원북중-유신고
연봉(2025)	6억 원

#대도_부활

입단 시절부터 빠른 발로 주목을 받았던 정수빈. 그러나 첫 도루왕은 입단 15년 차인 2023년에 나왔다. 이승엽 감독 부임 이후 주루에 있어서는 확실한 자유를 얻었다. 고삐 풀린 정수빈은 지난해에는 데뷔 첫 50도루 고지까지 밟았다. 2년 연속 도루왕도 충분한 성적. 그러나 경쟁자는 내부에 있었다. 조수행이 64개의 도루를 성공. 2015년 박해민 이후 60도루를 성공하여 도루왕에 올랐다. 조수행과 정수빈은 KBO리그 최초 한 구단 50도루 듀오가 됐다.

#수비왕

빠른 발과 정확한 판단력. KBO리그에서 가장 넓은 잠실구장이기에 정수빈의 수비력은 더욱 빛난다. 마지막 순간 몸을 날리며 공을 잡는 건 어느덧 정수빈의 시그니처 장면이 됐다.여기에 정확한 송구로 보살까지 잡아 낸 뒤 "아직 살아 있다는 걸 보여 주고 싶다"고 말할 정도로 자신감을 보였다. 2024년 수비상을 받은 그는 "항상 수비는 정말 잘하고 있다는 자부심이 있다"고 건재함을 뽐냈다.

#90즈_해체_나홀로_남았다

2009년은 두산 베어스의 황금 지명기였다. 1라운드 허경민, 2라운드 박건우, 5라운드 정수빈 1990년대생이 모두 국가대표로 성장했다. 이들은 2015년 한국시리즈 우승을 비롯해 두산의 황금기를 이끌었다. '90즈'로 불리며 핵심 스타로 활약했지만, 프로의 세계는 우정만으로는 버틸 수 없었다. 2022년 박건우가 NC로 떠났고, 2024년 시즌을 마치고 허경민이 KT로 이적했다. 정수빈은 스프링캠프를 앞두고 "혼자 지내야 할 거 같다"라며 "또래 선수가 없으니 야구에 집중하겠다"고 씁쓸한 미소를 지었다.

🎤 TMI 인터뷰

1. 내가 가장 처음 좋아했던 야구선수는?
- 박찬호

2. 나만의 유니폼 패션 포인트는?
- 농구패션

3. 다른 팀에서 데리고 오고 싶은 선수와 그 이유는?
- 이치로. 보고 배우려고.

4. 내가 추천하는 최고의 보양 비법은?
- 침대에 누워 있기.

5. 본인 또는 동료 이름으로 삼행시
- **[정]** 정수빈아.
  [수] 수비 잘해라.
  [빈] 빈틈없이.

2024시즌 기록

타율	경기	타석	타수	득점	안타
0.284	136	608	510	95	145
2루타	3루타	홈런	루타	타점	도루
21	3	4	184	47	52
볼넷	삼진	병살타	장타율	출루율	RISP
71	72	8	0.361	0.376	0.248

전력분석	정교하고 상황에 맞는 타격으로 공격을 풀어 가는 스타일. 맞히는 능력이 뛰어나다. 현역 3루타 1위(87개), 2023년 도루왕, 2024년 52도루를 하는 등 빠른 발이 가장 큰 장점이다. 상대의 허를 찌르는 기습번트도 잘해 꾸준하게 후속 타자 앞에 밥상을 차려 준다. '가을에만 잘한다'는 이미지가 있었지만, 2024년에는 초반부터 페이스를 끌어 올리면서 '가을에도 잘하는' 타자로 거듭났다.
강점	나가면 된다. 주력과 센스를 겸비한 KBO리그 최고의 주루 능력.
약점	밥상은 잘 차리지만… 0.248에 그친 득점권 타율.
수비력	몸을 날리고 모자가 벗겨진 순간, 타구는 어김없이 글러브에 들어가 있다. 범위, 판단력, 송구 완벽한 3박자.

올 시즌 화이팅 !

32
김재환

외야수(우투좌타)

생년월일	1988년 9월 22일
신장/체중	183cm / 90kg
출신학교	영랑초-상인천중-인천고
연봉(2025)	10억 원

#킹캉스쿨

2024년 시즌을 앞두고 김재환은 미국행 비행기에 몸을 실었다. 메이저리거 출신 강정호가 운영하는 개인 아카데미 '킹캉스쿨'을 찾았다. '킹캉스쿨'은 2023년 손아섭이 레슨을 받은 후 타격왕을 수상하자 제대로 유명세를 탔다. 김재환은 또 한 명의 성공 사례가 됐다. 2023년 10홈런에 그쳤던 그는 2024년 29홈런을 때려 냈다. 4년 만에 30홈런 복귀에는 실패했지만, 부활을 알리기에는 충분했다. 올 시즌 준비 역시 '킹캉스쿨'에서 하면서 잠실거포 명성 되찾기에 나선다.

#예비_FA

김재환은 2021년 시즌을 마치고 4년 총액 115억원에 두산과 FA 계약을 했다. 첫 2년은 다소 아쉬운 모습이었지만, 2024년 부활로 건재함을 알렸다. 30대 후반으로 향해가는 나이지만, 잠실을 홈으로 쓰면서 20개 이상의 홈런을 칠 수 있는 능력을 보여줬다. 선수단을 이끄는 리더십까지 좋다는 평가. 여전히 '선수 김재환'의 가치는 높다.

#역대_잠실_최고_홈런

KBO리그에서 가장 넓은 잠실구장. 잠실구장을 홈으로 쓰는 '프랜차이즈' 스타로 최다 홈런을 날린 건 두산 김동주(273개)다. LG는 박용택이 최다로 213개를 쳤다. 지난해까지 김재환이 친 홈런은 263개. 앞으로 11개만 때려 내면 잠실 프랜차이즈 스타 최다 홈런에 이름을 올리게 된다. 아울러 역대 16번째 300홈런 고지도 마냥 꿈은 아니다.

2024시즌 기록

타율	경기	타석	타수	득점	안타
0.283	136	552	474	78	134
2루타	3루타	홈런	루타	타점	도루
28	0	29	249	92	1
볼넷	삼진	병살타	장타율	출루율	RISP
63	168	8	0.525	0.368	0.259

전력분석	KBO리그를 대표하는 장타자. 선구안도 좋아 볼넷을 골라내는 능력도 뛰어나다. 30홈런-100타점을 할 수 있는 역량이 충분히 있는 타자. 2022년과 2023년 타격 고민이 이어지면서 '에이징 커브'라는 말까지 나왔지만, 2024년 완벽하게 부활했다. 자신만의 타격이 완벽하게 정립된 모습으로 올해에도 충분히 20개 이상의 홈런을 기대할 수 있게 했다.
강점	힘은 타고났다. '잠실 홈런왕'에 올랐던 파워는 여전하다.
약점	볼넷도 많지만, 삼진도 많다. 리그 1위의 삼진.
수비력	수비보다는 타격에 초점이 맞춰진 선수. 포수, 1루수를 거쳐 외야로 나온 만큼 전문 외야수에 비해 떨어지는 건 사실. 그래도 '보통' 정도는 줄 수 있다.

🎤 TMI 인터뷰

1. 내가 가장 처음 좋아했던 야구선수는?
- 이종범

2. 나만의 유니폼 패션 포인트는?
- 유니폼과의 색상 조화가 중요하다.

3. 다른 팀에서 데리고 오고 싶은 선수와 그 이유는?
- 없다. 우리 팀 선수들이 최고다.

4. 내가 추천하는 최고의 보양 비법은?
- 일찍 자고 일찍 일어나기.

5. 본인 또는 동료 이름으로 삼행시
- [김] 김재환이
  [재] 재미있고
  [환] 환상적인 시즌 보여 줄게.

투수(좌투좌타)

57 콜어빈

생년월일/국적	1994년 1월 31일 / 미국			신장/체중	193cm / 102kg
출신학교	미국 Servite(고)-미국 Oregon(대)			연봉	100만 달러

2024시즌 기록

평균자책점	경기	승	패	홀드	세이브
-	-	-	-	-	-
승률	이닝	투구수	피안타	피홈런	볼넷
-	-	-	-	-	-
삼진	실점	자책점	피안타율	WHIP	퀄리티스타트
-	-	-	-	-	-

주무기 강속구와 변화구 구사력이 뛰어나고, 완급 조절까지 갖췄다.

콜어빈이 두산과 계약했다는 소식이 들려오자 타 구단에서는 "어떻게"라는 질문을 던졌다. 최근 4년간 메이저리그에서 90경기에 나온 현역 메이저리거가 KBO리그에 온다니 경계 대상 1호가 되기에는 충분했다. 2016년 필라델피아에 지명을 받은 뒤 2019년 빅리그에 데뷔해 메이저리그 6시즌 134경기(93경기 선발)에 등판해 593이닝 28승 40패, 평균자책점 4.54을 기록했다. 2024엔 볼티모어와 미네소타에서 뛰면서 29경기(16경기 선발) 111이닝 6승 6패, 평균자책점 5.11의 성적을 남겼다. 최고 153km/h 직구와 더불어 커브와 커터, 체인지업 모두 수준급이다. 메이저리그 통산 9이닝당 볼넷이 2.16에 불과할 정도로 안정적인 제구까지 갖췄다.

투수(좌투좌타)

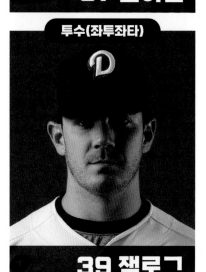

39 잭로그

생년월일/국적	1996년 4월 23일 / 미국			신장/체중	183cm / 84kg
출신학교	미국 Archbishop Moeller(고)-미국 Kentucky(대)			연봉	80만 달러

2024시즌 기록

평균자책점	경기	승	패	홀드	세이브
-	-	-	-	-	-
승률	이닝	투구수	피안타	피홈런	볼넷
-	-	-	-	-	-
삼진	실점	자책점	피안타율	WHIP	퀄리티스타트
-	-	-	-	-	-

주무기 KBO에 흔치 않은 좌완 스위퍼 투수. 디셉션 동작이 좋아서 타자가 타이밍 맞추기 어렵다.

인연이 되려면 이렇게 될 수 있을까. 두산은 콜어빈과 함께 토마스 해치로 외국인 듀오를 구성할 생각이었다. 그러나 해치가 메디컬 테스트에 통과하지 못했고, 두산은 잭로그와 계약했다. 잭로그 역시 두산이 꾸준하게 관찰했던 투수 중 한 명이다. 메이저리그 경험은 통산 19경기로 많지 않지만, 마이너리그에서 153경기 중 124경기 선발로 나온 전문 선발 요원이다. 팔 각도가 낮은 편으로 공 움직임이 지저분하다는 평가다. 타자들에게 다소 만만하게 들어오는 듯하지만, 공의 움직임으로 정타가 나오기 쉽지 않은 투수. 야수의 도움만 받는다면 어빈과 함께 최강 원투펀치로 거듭날 수 있다.

외야수(좌투좌타)

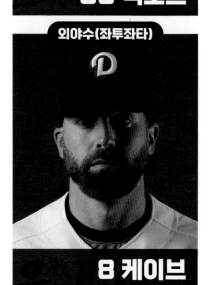

8 케이브

생년월일/국적	1992년 12월 4일 / 미국			신장/체중	183cm / 90kg
출신학교	미국 Kecoughtan(고)			연봉	100만 달러

2024시즌 기록

타율	경기	타석	타수	득점	안타
-	-	-	-	-	-
2루타	3루타	홈런	루타	타점	도루
-	-	-	-	-	-
볼넷	삼진	병살타	장타율	출루율	득점권타율
-	-	-	-	-	-

타격스타일 뛰어난 선구안을 바탕으로 맞히는 능력이 뛰어나다. 홈런 한 방보다는 2루타를 꾸준히 생산해 낼 중장거리형 타자.

두산은 케이브 영입 시 지난해 뛰었던 제러드의 '업그레이드 버전'이라고 자신했다. 케이브는 메이저리그 통산 7시즌 523경기에서 타율 2할 3푼 6리에 OPS 0.692 45홈런 176타점을 기록했다. 2024년에는 콜로라도에서 123경기에 타율 4할 7개의 홈런을 쳤다. 트리플A에선 8시즌 427경기 타율 3할 3리에 OPS 0.893 64홈런을 기록할 정도로 장타력과 정확성을 동시에 보여 줬다. 중장거리형 타자로 30~40개의 홈런을 기대하기는 어려워도 꾸준하게 2루타 이상을 생산할 수 있는 타자다. 특히 수비력이 좋아서 타격만 받쳐 준다면 '역대급 효자 외인'까지 노려 볼 수 있다.

투수(좌투좌타)

생년월일	2001년 5월 11일		신장/체중	190cm / 87kg
출신학교	양오초-모가중-소래고		연봉	8천5백만 원

2024시즌 기록

평균자책점	경기	승	패	홀드	세이브
6.00	12	2	0	1	0
승률	이닝	투구수	피안타	피홈런	볼넷
1.000	27	457	37	6	7
삼진	실점	자책점	피안타율	WHIP	퀄리티스타트
21	19	18	0.319	1.63	1

전력분석	깔끔한 투구폼을 바탕으로 안정적인 제구력이 돋보이는 선발 요원. 구속도 145km/h 이상 나오고, 슬라이더 포크 등 변화구 구사 능력도 뛰어나다. 스트라이크 비율도 리그 상위권으로 안정적인 경기 운영을 보여 준다.
강점	안정적인 제구력. 포스트시즌과 국가대표에서 보여 준 큰 경기에서의 안정감.
약점	70개 이상 넘어가면 떨어지는 체력. 풀타임 출전 결과는 미지수.

28 최승용

투수(좌투좌타)

생년월일	2003년 6월 4일		신장/체중	183cm / 95kg
출신학교	역삼초-영동중-서울고		연봉	1억 3천만 원

2024시즌 기록

평균자책점	경기	승	패	홀드	세이브
2.89	77	6	1	22	1
승률	이닝	투구수	피안타	피홈런	볼넷
0.857	65 1/3	1,173	61	3	34
삼진	실점	자책점	피안타율	WHIP	퀄리티스타트
57	25	21	0.256	1.45	0

전력분석	역대 좌완 최연소 20홀드 기록을 세우며, 마침내 꽃을 피운 1차지명 좌완 유망주. 150km/h가 넘는 빠른 공이 주무기며 슬라이더 각도 예리하다. 스리쿼터에 가까운 투구폼은 좌타자에게는 껄끄러운 존재.
강점	승부처에서 흔들리지 않는 멘털과 강력한 직구.
약점	스트라이크 비율 60% 미만. 팔을 아끼기 위해서는 조금 더 높여야 할 부분.

29 이병헌

투수(우투우타)

생년월일	1997년 11월 1일		신장/체중	192cm / 91kg
출신학교	영일초-강남중-선린인터넷고		연봉	1억 8천만 원

2024시즌 기록

평균자책점	경기	승	패	홀드	세이브
3.99	59	5	4	5	2
승률	이닝	투구수	피안타	피홈런	볼넷
0.556	65 1/3	1,188	62	4	36
삼진	실점	자책점	피안타율	WHIP	퀄리티스타트
59	34	29	0.243	1.50	0

전력분석	선발이면 선발, 롱릴리프면 롱릴리프, 필승조면 필승조. 전천후 투수. 선발로 17승을 한 경험이 있어 2~3이닝은 충분히 소화가 가능하고, 불펜 경험도 풍부해 연투도 된다. 빠른 공과 슬라이더를 주무기로 하며 지난해 국가대표 발탁으로 '예비 FA'가 됐다. 동기부여만큼은 확실한 시즌이 됐다.
강점	강한 직구와 건강함. 체력만큼은 타고났다.
약점	직구 슬라이더는 확실. 제3 구종 포크가 조금 더 올라오면 더할 나위 없다.

50 이영하

투수(우언우타)

61 최원준

| 생년월일 | 1994년 12월 21일 | | | 신장/체중 | 182cm / 91kg |
| 출신학교 | 수유초-신일중-신일고-동국대 | | | 연봉 | 2억 2천5백만 원 |

2024시즌 기록

평균자책점	경기	승	패	홀드	세이브
6.46	24	6	7	0	0
승률	이닝	투구수	피안타	피홈런	볼넷
0.462	110	1,929	125	21	34
삼진	실점	자책점	피안타율	WHIP	퀄리티스타트
72	79	79	0.283	1.45	3

전력분석	2020년과 2021년 두 자릿수 승리를 하며 에이스로 활약했지만, 최근 몇 년간 부침이 이어졌다. 좌타자 상대를 위해 체인지업 장착에 힘을 썼지만, 결국 포크볼로 방향을 틀었다. 포크볼이 안정적으로 들어가면서 반등도 시작했다. 선발투수로서 갖춰야 할 제구와 경기 운영 능력이 뛰어나 안정 궤도만 오르면 선발 한 자리는 충분하다.
강점	몸쪽 승부도 과감하게 들어갈 수 있는 안정적인 제구력.
약점	피안타율 0.343. 좌타자 승부 해법을 찾아야 한다.

투수(우투우타)

17 홍건희

| 생년월일 | 1992년 9월 29일 | | | 신장/체중 | 187cm / 97kg |
| 출신학교 | 화순초-화순중-화순고 | | | 연봉 | 3억 원 |

2024시즌 기록

평균자책점	경기	승	패	홀드	세이브
2.73	65	4	3	11	9
승률	이닝	투구수	피안타	피홈런	볼넷
0.571	59 1/3	1,034	55	5	33
삼진	실점	자책점	피안타율	WHIP	퀄리티스타트
45	22	18	0.253	1.48	0

전력분석	150km/h 직구를 던지면서 공 끝에 움직임도 좋다. 큰 경기 경험도 있고, 오랜 시간 투수 조장을 할 정도로 후배의 중심을 잡아 주는 역할도 잘한다. 올 시즌을 마치면 옵트아웃 권리가 있어 시장 평가를 받을 수 있다. 보상선수도 없이 모든 구단과 계약이 가능해 스토브리그 최대어로 급부상할 수 있다.
강점	60이닝 정도는 꾸준하게 소화할 수 있다. 한 시즌 계산이 되는 안정감.
약점	직구 슬라이더 투 피치. 카운트가 몰리면 공략당할 확률이 높아진다.

투수(우투우타)

46 김명신

| 생년월일 | 1993년 11월 29일 | | | 신장/체중 | 178cm / 90kg |
| 출신학교 | 남도초-대구중-경북고-경성대 | | | 연봉 | 1억 6천5백만 원 |

2024시즌 기록

평균자책점	경기	승	패	홀드	세이브
9.37	35	2	1	4	0
승률	이닝	투구수	피안타	피홈런	볼넷
0.667	32 2/3	650	63	8	8
삼진	실점	자책점	피안타율	WHIP	퀄리티스타트
25	34	34	0.409	2.17	0

전력분석	구속은 140km/h대로 빠르지 않지만, 볼끝이 좋아 타자의 체감은 숫자 그 이상이다. S존 곳곳에 꽂아 넣는 제구력은 리그 상위급. 안정적으로 경기 운영이 가능했던 만큼, 전천후로 등판했다. 결국 2년 연속 70이닝 이상 던진 여파로 제대로 몸을 만들지 못했다. 결국 지난해에는 32⅔이닝에 머물며 강제 '안식년'을 보냈다.
강점	뛰어난 제구력을 바탕으로 한 마운드에서의 안정감.
약점	지쳤던 몸. 올해는 회복했을까.

투수(우언우타)

1 박치국

생년월일	1998년 3월 10일			신장/체중	177cm / 78kg
출신학교	인천숭의초-인천신흥중-제물포고			연봉	1억 1천만 원

2024시즌 기록

평균자책점	경기	승	패	홀드	세이브
6.38	52	2	3	3	1
승률	이닝	투구수	피안타	피홈런	볼넷
0.400	48	803	59	8	18
삼진	실점	자책점	피안타율	WHIP	퀄리티스타트
35	34	34	0.316	1.60	0

전력분석	구위냐, 움직임이냐. 1년의 팔 각도 고민을 끝내고 본격적으로 부활을 노리고 있다. 결론은 공의 움직임. 그래도 여전히 마운드에서는 타자와 확실하게 붙는 싸움닭 투수. 비시즌 일본 오키나와 캠프에 홀로 갈 정도로 칼날을 제대로 갈았다.
강점	공의 움직임을 택했다고 하지만, 여전히 뛰어난 구위. 타자와 맞붙는 근성도 좋다.
약점	피안타율 0.397. 좌타자가 참 어렵다.

투수(우투우타)

20 김유성

생년월일	2002년 1월 1일			신장/체중	190cm / 98kg
출신학교	김해삼성초-내동중-김해고-고려대(얼리 드래프트)			연봉	3천3백만 원

2024시즌 기록

평균자책점	경기	승	패	홀드	세이브
6.43	17	1	2	0	0
승률	이닝	투구수	피안타	피홈런	볼넷
0.333	28	622	28	1	24
삼진	실점	자책점	피안타율	WHIP	퀄리티스타트
29	23	20	0.252	1.86	0

전력분석	1차지명을 받았던 최고의 잠재력. 논란으로 대학 진학을 했지만, 완성형 투수가 돼서 나타났다. 150km/h가 넘는 강속구를 바탕으로 높은 타점에서 나오는 변화구도 일품이라는 평가. 확실한 성장을 증명하며 5선발로 시즌을 출발한다.
강점	타자와 힘으로 싸울 수 있는 강한 구위의 공.
약점	흔들리면 걷잡을 수 없는 기복.

투수(우투좌타)

42 최지강

생년월일	2001년 7월 23일			신장/체중	180cm / 88kg
출신학교	광주서석초-광주동성중-광주동성고-강릉영동대			연봉	9천5백만 원

2024시즌 기록

평균자책점	경기	승	패	홀드	세이브
3.24	55	3	1	15	1
승률	이닝	투구수	피안타	피홈런	볼넷
0.750	50	878	48	6	24
삼진	실점	자책점	피안타율	WHIP	퀄리티스타트
45	19	18	0.253	1.44	0

전력분석	육성 선수에서 필승조까지 올라섰다. 150km/h의 빠른 공을 던지는데, 볼끝까지 지저분하다. 투심까지 장착하면서 타자가 정타를 만들기 더욱 어려워졌다. 변화구도 안정적. 특히 슬라이더는 스위퍼 궤적으로 흘러가서 확실한 무기가 되고 있다.
강점	좌우타자 편차가 적어 필승조 활용으로 최고.
약점	풀타임 소화는 아직 미지수.

투수(우투우타)

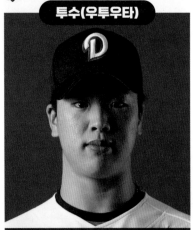

41 최준호

| 생년월일 | 2004년 6월 3일 | | 신장/체중 | 188cm / 90kg |
| 출신학교 | 온양온천초-온양중-북일고 | | 연봉 | 5천8백만 원 |

2024시즌 기록

평균자책점	경기	승	패	홀드	세이브
5.10	17	3	6	0	0
승률	이닝	투구수	피안타	피홈런	볼넷
0.333	72 1/3	1,227	69	11	30
삼진	실점	자책점	피안타율	WHIP	퀄리티스타트
58	44	41	0.246	1.37	3

전력분석	188cm의 큰 키에서 150km/h에 육박하는 공을 꽂아 넣는다. 제구도 안정적이라 선발 로테이션 한 자리를 차지해 주면서 외인 공백을 채우는 데 힘을 보탰다. 순둥한 외모지만, 마운드에서는 공격적인 피칭을 하면서 과감하게 승부를 펼치는 싸움닭 투수.
강점	마운드에 오르면 돌변한다. 타자를 압도하려는 싸움닭 기질.
약점	부상으로 완주 못 한 시즌. 아직은 물음표인 풀타임 선발 능력.

포수(우투우타)

45 김기연

| 생년월일 | 1997년 9월 7일 | | 신장/체중 | 178cm / 106kg |
| 출신학교 | 광주수창초-진흥중-진흥고 | | 연봉 | 1억 1천만 원 |

2024시즌 기록

타율	경기	타석	타수	득점	안타
0.278	95	283	252	31	70
2루타	3루타	홈런	루타	타점	도루
10	0	5	95	31	0
볼넷	삼진	병살타	장타율	출루율	득점권타율
22	47	5	0.377	0.337	0.254

전력분석	2차 드래프트의 최대 수혜자. 양의지가 부상으로 빠졌을 때 공백을 완벽하게 지워줬다. 홈런 한 방씩 쏘아 올릴 수 있는 타격에 투수를 다독이면서 경기를 이끄는 능력도 좋다. 백업 포수 이상의 기량을 보여 주며 2024년 두산의 최대 히트작으로 우뚝.
강점	대타로도 활용 가능한 타격 능력.
약점	이적 후 집중 훈련을 했다고 하지만, 수비력 향상은 더 필요.

내야수(우투우타)

23 강승호

| 생년월일 | 1994년 2월 9일 | | 신장/체중 | 178cm / 88kg |
| 출신학교 | 순천북초-천안북중-북일고 | | 연봉 | 3억 7천만 원 |

2024시즌 기록

타율	경기	타석	타수	득점	안타
0.280	140	566	521	81	146
2루타	3루타	홈런	루타	타점	도루
34	7	18	248	81	16
볼넷	삼진	병살타	장타율	출루율	득점권타율
32	158	8	0.476	0.328	0.290

전력분석	3년 연속 비FA 야수 고과 1위. 2루수로 나서면서 1루수 수비도 가능하다. 올해는 허경민이 빠진 3루수로 나설 예정. 두 자릿수 홈런을 칠 수 있는 장타력 갖추고 있고, 단독 도루가 가능한 주력도 있다. 작전 수행 능력도 좋아 타선 어디든 배치가 가능하다.
강점	풀타임을 수비하며 소화할 수 있는 체력과 건강.
약점	한 방이 터지는 큰 스윙. 그만큼 삼진율이 다소 높다.

내야수(우투우타)

16 박준영

생년월일	1997년 8월 5일		신장/체중	180cm / 90kg	
출신학교	서울도곡초(남양주리틀)-잠신중-경기고		연봉	8천5백만 원	

2024시즌 기록

타율	경기	타석	타수	득점	안타
0.226	65	212	186	25	42
2루타	3루타	홈런	루타	타점	도루
9	2	7	76	28	2
볼넷	삼진	병살타	장타율	출루율	득점권타율
21	58	3	0.409	0.313	0.213

전력분석	차기 주전 유격수로 기대를 모을 만큼, 안정적인 수비력을 가지고 있다. 여기에 타자로서는 홈런을 칠 수 있는 파워도 있다. 장타자답지 않게 공격적인 스윙보다는 공을 지켜보면서 침착하게 경기를 풀어 갈 줄도 안다. 다만, 이 모든 장점을 보여 줄 시간이 너무나도 적었다.
강점	20개의 홈런을 칠 수 있는 장타력.
약점	올해 스프링캠프 불발. 유리몸 오명을 떼어내야 한다.

내야수(우투우타)

13 이유찬

생년월일	1998년 8월 5일		신장/체중	175cm / 68kg	
출신학교	동막초-천안북중-북일고		연봉	1억 5백만 원	

2024시즌 기록

타율	경기	타석	타수	득점	안타
0.277	103	262	231	39	64
2루타	3루타	홈런	루타	타점	도루
11	0	3	84	23	16
볼넷	삼진	병살타	장타율	출루율	득점권타율
22	51	9	0.364	0.341	0.254

전력분석	주력은 두산에서 최상위권을 다투고 있다. 타격도 이전보다 한 단계 올라선 모습. 2년 연속 두 자릿수 도루에 성공하며 확실한 장점을 보여 줬다. 내야수뿐 아니라 외야수로서도 가능성을 보여 준 만능 수비 카드.
강점	내외야가 모두 가능한 수비. 출루만 꾸준하게 이뤄지면 도루왕도 가능한 주력.
약점	우투수 상대 2할 초반 타율. 장점 살릴 수 있는 타격을 고민해야 할 때.

내야수(우투좌타)

6 오명진

생년월일	2001년 9월 4일		신장/체중	179cm / 79kg	
출신학교	대전신흥초-한밭중-세광고		연봉	3천1백만원	

2024시즌 기록

타율	경기	타석	타수	득점	안타
0.000	2	2	1	0	0
2루타	3루타	홈런	루타	타점	도루
0	0	0	0	1	0
볼넷	삼진	병살타	장타율	출루율	득점권타율
1	1	0	0.000	0.000	0.000

전력분석	퓨처스리그에서 보여 줬던 모습만 보여 달라고 외쳤던 내야수. 시범경기에서 확실하게 눈도장을 찍으면서 두산 내야진 교통 정리에 해답이 됐다. 준수한 콘택트에 외야 깊숙한 곳으로 타구를 보낼 수 있는 능력도 있다.
강점	반드시 성공하겠다는 열망 가득. 강한 멘털로 이어졌다.
약점	부족한 1군 경험. 한 시즌 풀타임 소화력은 미지수.

내야수(우투우타)

14 박계범

생년월일 1996년 1월 11일			신장/체중 177cm / 84kg		
출산학교 순천복초-순천이수중-호천고			연봉 6천8백만 원		

2024시즌 기록

타율	경기	타석	타수	득점	안타
0.200	24	20	15	5	3
2루타	3루타	홈런	루타	타점	도루
1	0	0	4	0	1
볼넷	삼진	병살타	장타율	출루율	득점권타율
5	7	2	0.267	0.400	0.000

전력분석	내야 전 포지션을 소화할 수 있는 유틸리티 내야수. 공격과 주루 등 모든 면에서 평균 정도는 해 줄 수 있다. 주전 유격수와 3루수가 빠진 변수를 최소화하기 위해서는 박계범의 역할이 그 어느 때보다 중요하다.
강점	어느 자리에서든 기본은 할 수 있다.
약점	주전 도약을 위해서는 확실한 무기가 필요.

외야수(우투좌타)

51 조수행

생년월일 1993년 8월 30일			신장/체중 178cm / 73kg		
출산학교 노암초-경포중-강릉고-건국대			연봉 2억 원		

2024시즌 기록

타율	경기	타석	타수	득점	안타
0.265	130	382	328	60	87
2루타	3루타	홈런	루타	타점	도루
5	2	0	96	30	64
볼넷	삼진	병살타	장타율	출루율	득점권타율
33	53	2	0.293	0.334	0.233

전력분석	2024년 도루왕. 리그 최상위권 주력에 넓은 수비 범위를 자랑한다. 타격에서도 많은 성장을 보여 주면서 확실한 외야 옵션이 됐다. 또한 1점이 필요할 때 대주자로 극강의 카드다. 작전 수행 능력 또한 준수해서 활용도 높은 1군 자원으로 자리 잡았다.
강점	리그 최정점에 있는 주력.
약점	출루율이 조금 더 높았다면 도루 역사가 바뀔텐데….

외야수(우투좌타)

2 김민석

생년월일 2004년 5월 9일			신장/체중 185cm / 83kg		
출산학교 신도초-휘문중-휘문고			연봉 7천5백만 원		

2024시즌 기록

타율	경기	타석	타수	득점	안타
0.211	41	83	76	14	16
2루타	3루타	홈런	루타	타점	도루
3	1	0	21	6	3
볼넷	삼진	병살타	장타율	출루율	득점권타율
2	20	4	0.276	0.268	0.286

전력분석	신인 첫해부터 100안타를 쳤던 특급 유망주. 맞히는 능력은 확실하게 보장돼 있어 평균 이상의 타율을 기대할 수 있다. 단독 도루가 가능한 주력도 갖추고 있어 2루타 생산 또한 기대할 수 있다. 두산의 트레이드 복덩이 예약.
강점	시범경기에서 증명했다. 확실하게 맞히는 능력.
약점	기대치가 낮아서 만족스럽다. 수비력과 송구력 리스크.

12 박정수
투수(우언좌타)

생년월일 1996년 1월 29일
출신학교 서울청구초-서울이수중-야탑고

2024시즌 기록

안정된 제구에서 나오는 빠른 결과. ABS도 적응 마친 전천후 사이드암.

평균자책점	경기	승	패	홀드	세이브	승률	이닝	투구수
5.16	29	1	2	4	0	0.333	29 2/3	519
피안타	피홈런	볼넷	삼진	실점	자책점	피안타율	WHIP	QS
38	2	12	22	18	17	0.309	1.69	0

40 최종인
투수(우투우타)

생년월일 2001년 5월 1일
출신학교 해강초-센텀중-부산고

2024시즌 기록

손 감각은 타고났다. 경험만 쌓이면 무궁무진한 1군 활용도.

평균자책점	경기	승	패	홀드	세이브	승률	이닝	투구수
3.72	11	1	0	2	1	1.000	9 2/3	167
피안타	피홈런	볼넷	삼진	실점	자책점	피안타율	WHIP	QS
8	2	5	8	4	4	0.222	1.34	0

19 김민규
투수(우투좌타)

생년월일 1999년 5월 7일
출신학교 장평초(광진구리틀)-잠신중
-휘문고

2024시즌 기록

'빅게임 피처' 기억 다시 살아나면 선발 박 터진다.

평균자책점	경기	승	패	홀드	세이브	승률	이닝	투구수
4.32	13	0	1	0	0	0.000	25	452
피안타	피홈런	볼넷	삼진	실점	자책점	피안타율	WHIP	QS
23	4	19	19	14	12	0.247	1.68	0

18 권휘
투수(우투우타)

생년월일 2000년 12월 7일
출신학교 대림초-강남중-덕수고

2024시즌 기록

열정은 리그 최정상. 뛰어난 구위를 받쳐 줄 제구만 있으면 1군 불펜 예약.

평균자책점	경기	승	패	홀드	세이브	승률	이닝	투구수
11.00	8	0	0	0	0	-	9	205
피안타	피홈런	볼넷	삼진	실점	자책점	피안타율	WHIP	QS
15	0	7	11	11	11	0.366	2.44	0

7 이교훈
투수(좌투좌타)

생년월일 2000년 5월 29일
출신학교 구리초(남양주리틀)-청원중
-서울고

2024시즌 기록

빠른 공에 공격적인 투구 성향까지. 제구만 잡으면 1군 스페셜리스트 충분하다.

평균자책점	경기	승	패	홀드	세이브	승률	이닝	투구수
7.39	33	1	1	1	0	0.500	35 1/3	653
피안타	피홈런	볼넷	삼진	실점	자책점	피안타율	WHIP	QS
43	7	17	27	32	29	0.297	1.70	0

56 김호준
투수(좌투좌타)

생년월일 1998년 5월 17일
출신학교 원주일산초-성남성일중
-안산공고

2024시즌 기록

분명한 재능은 있다. 이제는 자신의 강점을 확실하게 살려야 한다.

평균자책점	경기	승	패	홀드	세이브	승률	이닝	투구수
8.78	16	1	2	0	0	0.333	13 1/3	237
피안타	피홈런	볼넷	삼진	실점	자책점	피안타율	WHIP	QS
22	1	4	6	14	13	0.393	1.95	0

49 박신지
투수(우투우타)

생년월일 1999년 7월 16일
출신학교 목암초(의정부리틀)-영동중
-경기고

2024시즌 기록

퓨처스에서는 '싸움닭'인데… 이제는 1군 '싸움닭'이 돼야 한다.

평균자책점	경기	승	패	홀드	세이브	승률	이닝	투구수
2.08	6	0	1	0	0	0.000	8 2/3	161
피안타	피홈런	볼넷	삼진	실점	자책점	피안타율	WHIP	QS
8	0	8	3	3	2	0.258	1.85	0

4 박지호
투수(좌투좌타)

생년월일 2003년 7월 2일
출신학교 부성초(천안유소년리틀)-모가중
-장안고-동강대

2024시즌 기록

150km/h 강속구 장착. 제구력만 받쳐 주면 1이닝 '순삭' 가능.

평균자책점	경기	승	패	홀드	세이브	승률	이닝	투구수
0.00	1	0	0	1	0	-	2/3	16
피안타	피홈런	볼넷	삼진	실점	자책점	피안타율	WHIP	QS
0	0	1	2	0	0	0.000	1.50	0

30 김정우
투수(우투우타)

생년월일 1999년 5월 15일
출신학교 소래초-동산중-동산고

2024시즌 기록
'이적생 신화'는 여전히 준비 중. 임팩트 있는 모습을 이제 보여 줘야 한다.

평균자책점	경기	승	패	홀드	세이브	승률	이닝	투구수
81.00	1	0	0	0	0	-	1/3	11
피안타	피홈런	볼넷	삼진	실점	자책점	피안타율	WHIP	QS
3	0	0	0	3	3	1.000	9.00	0

55 이승진
투수(우투우타)

생년월일 1995년 1월 7일
출신학교 수원신곡초-매송중-야탑고

2024시즌 기록
모두가 인정한 노력파. 아픔을 잊고 생각을 덜어 내야 한다.

평균자책점	경기	승	패	홀드	세이브	승률	이닝	투구수
-	-	-	-	-	-	-	-	-
피안타	피홈런	볼넷	삼진	실점	자책점	피안타율	WHIP	QS
-	-	-	-	-	-	-	-	-

64 김무빈
투수(좌투좌타)

생년월일 2005년 4월 11일
출신학교 역삼초-대치중-신일고

2024시즌 기록
구속 증가로 보여 준 확실한 성장세. 제구까지만 잡으면 1군 데뷔 머지않았다.

평균자책점	경기	승	패	홀드	세이브	승률	이닝	투구수
-	-	-	-	-	-	-	-	-
피안타	피홈런	볼넷	삼진	실점	자책점	피안타율	WHIP	QS
-	-	-	-	-	-	-	-	-

65 윤태호
투수(우투우타)

생년월일 2003년 10월 10일
출신학교 상인천초-동인천중-인천고

2024시즌 기록
'쌍둥이 야구선수'. 군 전역 후 150km/h까지 나오는 성장세. 감독이 찍은 주목할 선수.

평균자책점	경기	승	패	홀드	세이브	승률	이닝	투구수
-	-	-	-	-	-	-	-	-
피안타	피홈런	볼넷	삼진	실점	자책점	피안타율	WHIP	QS
-	-	-	-	-	-	-	-	-

22 장승현
포수(우투우타)

생년월일 1994년 3월 7일
출신학교 인천서림초-동산중-제물포고

2024시즌 기록
강제로 잃어버린 1년. 벼랑 끝 1군 경쟁에 던져졌다.

타율	경기	타석	타수	득점	안타	2루타	3루타	홈런
0.200	9	23	20	1	4	2	0	0
루타	타점	도루	볼넷	삼진	병살타	장타율	출루율	RISP
6	0	0	2	5	0	0.300	0.273	0.000

11 류현준
포수(우투우타)

생년월일 2005년 3월 25일
출신학교 문정초(송파구리틀)-배재중-장충고

2024시즌 기록
공격은 확실하다. 수비만 증명하면 1군 포수 판도 모른다.

타율	경기	타석	타수	득점	안타	2루타	3루타	홈런
0.667	2	3	3	0	2	1	0	0
루타	타점	도루	볼넷	삼진	병살타	장타율	출루율	RISP
3	1	0	0	0	0	1.000	0.667	1.000

26 박민준
포수(우투우타)

생년월일 2002년 10월 21일
출신학교 아라초-마산동중-용마고-동강대

2024시즌 기록
강점은 수비. 포수왕국 두산에서 포기않고 버틴다면 기회는 온다.

타율	경기	타석	타수	득점	안타	2루타	3루타	홈런
0.000	5	5	5	0	0	0	0	0
루타	타점	도루	볼넷	삼진	병살타	장타율	출루율	RISP
0	0	0	0	3	0	0.000	0.000	0.000

37 박지훈
내야수(우투우타)

생년월일 2000년 9월 7일
출신학교 김해삼성초-경남중-마산고

2024시즌 기록
헐거워진 내야에 긴장감을 불어넣을 수 있는 만능키.

타율	경기	타석	타수	득점	안타	2루타	3루타	홈런
-	-	-	-	-	-	-	-	-
루타	타점	도루	볼넷	삼진	병살타	장타율	출루율	RISP
-	-	-	-	-	-	-	-	-

5 여동건
내야수(우투우타)

생년월일 2005년 8월 4일
출신학교 가동초-자양중-서울고

2024시즌 기록
공수주 모두 잠재력 최고. 한번 궤도에 오르면 1군 주전 가능하다.

타율	경기	타석	타수	득점	안타	2루타	3루타	홈런
0.400	9	11	10	2	4	0	0	0
루타	타점	도루	볼넷	삼진	병살타	장타율	출루율	RISP
4	0	3	1	2	0	0.400	0.455	0.000

10 김민혁
내야수(우투우타)

생년월일 1996년 5월 3일
출신학교 광주대성초-광주동성중
-광주동성고

2024시즌 기록
한 고비만 넘기면 '초대형 거포' 탄생이 가능한데, 야속한 시간만 흐른다.

타율	경기	타석	타수	득점	안타	2루타	3루타	홈런
0.200	5	8	5	1	1	0	0	1
루타	타점	도루	볼넷	삼진	병살타	장타율	출루율	RISP
4	2	0	3	3	0	0.800	0.500	0.000

48 김동준
내야수(좌투좌타)

생년월일 2002년 9월 4일
출신학교 군산신풍초-군산중-군산상고

2024시즌 기록
확실한 무기인 장타력을 보여 줘야 한다.

타율	경기	타석	타수	득점	안타	2루타	3루타	홈런
-	-	-	-	-	-	-	-	-
루타	타점	도루	볼넷	삼진	병살타	장타율	출루율	RISP
-	-	-	-	-	-	-	-	-

3 임종성
내야수(우투우타)

생년월일 2005년 3월 3일
출신학교 본리초-대구중-경북고

2024시즌 기록
어린 연차답지 않게 뛰어난 변화구 대처 능력. 수비만 증명하면 1군 경쟁 충분.

타율	경기	타석	타수	득점	안타	2루타	3루타	홈런
0.000	1	4	3	0	0	0	0	0
루타	타점	도루	볼넷	삼진	병살타	장타율	출루율	RISP
0	0	0	1	1	0	0.000	0.250	0.000

- 안재석
내야수(우투좌타)

생년월일 2002년 2월 15일
출신학교 성내초(강동구리틀)-배재중
-서울고

2024시즌 기록
군 복무를 마치고 오려니 경쟁자 수두룩. 이제 물러날 곳이 없다.

타율	경기	타석	타수	득점	안타	2루타	3루타	홈런
-	-	-	-	-	-	-	-	-
루타	타점	도루	볼넷	삼진	병살타	장타율	출루율	RISP
-	-	-	-	-	-	-	-	-

27 김대한
외야수(우투우타)

생년월일 2000년 12월 6일
출신학교 숭인초(강북구리틀)-덕수중
-휘문고

2024시즌 기록
절박함에 잡은 '킹캉스쿨'. 역대급 재능 이제는 터질까.

타율	경기	타석	타수	득점	안타	2루타	3루타	홈런
0.133	61	89	75	10	10	1	0	1
루타	타점	도루	볼넷	삼진	병살타	장타율	출루율	RISP
14	7	1	8	26	1	0.187	0.230	0.150

33 김인태
외야수(좌투좌타)

생년월일 1994년 7월 3일
출신학교 포항제철서초-천안북중-북일고

2024시즌 기록
필요할 때 한 방 분명하다. 아픔 잊고 자기 역할만 하면 두산은 정말 강팀이 된다.

타율	경기	타석	타수	득점	안타	2루타	3루타	홈런
0.174	10	26	23	3	4	0	0	1
루타	타점	도루	볼넷	삼진	병살타	장타율	출루율	RISP
7	2	0	2	7	1	0.304	0.231	0.167

36 추재현
외야수(좌투좌타)

생년월일 1999년 2월 22일
출신학교 경수초(성동구리틀)-건대부중
-신일고

2024시즌 기록
호주캠프 MVP. 평균 이상의 공수주. 1군 감각만 올라오면 '트레이드 대박'.

타율	경기	타석	타수	득점	안타	2루타	3루타	홈런
-	2	0	0	1	0	0	0	0
루타	타점	도루	볼넷	삼진	병살타	장타율	출루율	RISP
0	0	1	0	0	0	-	-	0.000

PLAYERS

9 전다민
외야수(우투좌타)

생년월일 2001년 8월 21일
출신학교 길동초-청원중-설악고
　　　　　-강릉영동대

2024시즌 기록
빠른 발에 은근히 좋은 장타력까지. '다부지다'는 표현이 가장 어울리는 차세대 외야수.

타율	경기	타석	타수	득점	안타	2루타	3루타	홈런
0.333	25	34	27	10	9	2	0	0
루타	타점	도루	볼넷	삼진	병살타	장타율	출루율	RISP
11	1	1	7	8	0	0.407	0.471	0.300

60 강현구
외야수(우투우타)

생년월일 2002년 6월 16일
출신학교 서울도림초(인천남동구리틀)
　　　　　-동산중-인천고

2024시즌 기록
뛰어난 피지컬에서 나오는 폭발적인 타격. 변화구 대처만 확실하면 대형 타자 기대.

타율	경기	타석	타수	득점	안타	2루타	3루타	홈런
-	-	-	-	-	-	-	-	-
루타	타점	도루	볼넷	삼진	병살타	장타율	출루율	RISP
-	-	-	-	-	-	-	-	-

1라운드 전체 6순위

52 박준순

생년월일	2006년 7월 13일
신장/체중	180cm / 80kg
출신학교	배봉초(동대문구리틀)-청량중-덕수고

내야수(우투우타)

이마트배 및 황금사자기 MVP 및 타격왕을 차지하면서 고교 최고의 야수로 이름을 날렸다. 공수주 3박자를 모두 갖췄다는 평가. 스프레이히터로 변화구 공략 능력도 갖추고 있고, 파워도 좋다. 야수 전체 1순위에는 분명한 이유가 있다.

3라운드 전체 26순위

67 홍민규

생년월일	2006년 9월 11일
신장/체중	183cm / 87kg
출신학교	논현초(용산구리틀)-대원중-야탑고

투수(우투좌타)

신인 레벨 이상의 제구력. 이상적이라고 평가받는 투구폼에 간결한 팔스윙. 유연성까지 가지고 있다. 마무리캠프부터 눈도장을 받으며 호주 1군 스프링캠프에서 몸을 만들었다. 호주캠프 투수 MVP에 오르는 등 활약을 예고했다.

5라운드 전체 46순위

24 이선우

생년월일	2006년 4월 4일
신장/체중	182cm / 80kg
출신학교	일산신일초(일산서구리틀)-충암중-충암고

내야수(우투좌타)

안정적인 타격 메커니즘에 단독 도루까지 가능한 주력. 전반적인 공수주 능력이 안정돼 있어 확실한 강점을 어필한다면 1군 선수로 도약할 요소가 많다.

7라운드 전체 66순위

115 양재훈

생년월일	2003년 5월 1일
신장/체중	186cm / 89kg
출신학교	부산수영초-사직중-개성고-동의과학대

투수(우투우타)

투수로서 좋은 신체 조건을 가지고 있고, 유연함을 바탕으로 한 투구 밸런스 또한 안정적이다. 결정구인 스플리터 또한 좋다는 평가.

9라운드 전체 86순위

117 주양준

생년월일	2006년 4월 9일
신장/체중	188cm / 85kg
출신학교	부산화정초(부산북구리틀)-개성중-경남고

외야수(우투우타)

타격 능력에 주목해 지명한 선수. 타격 밸런스가 좋고, 정확성과 장타력을 고루 갖췄다. 힘이 조금 더 붙는다면 홈런타자로도 성장 가능.

11라운드 전체 106순위

119 최우혁

생년월일	2005년 12월 2일
신장/체중	190cm / 90kg
출신학교	신곡초-매향중-라온고

외야수(우투좌타)

농구선수(원주DB 최승빈) 형을 둔 만큼, 체격은 타고났다. 파워피처와 장타자 모두 성장 가능한 다듬어지지 않은 원석.

2라운드 전체 16순위

68 최민석

생년월일	2006년 7월 2일
신장/체중	188cm / 84kg
출신학교	중대초-양천중-서울고

투수(우투우타)

집에서 드래프트를 보다가 부랴부랴 출발해 극적으로 기념사진을 찍었다는 사연. 강속구로 잠재력이 있지만, 최고 장점은 변화구. 슬라이더, 커브, 스플리터 등 구종가치가 높다. 투구 메커니즘도 안정돼 선발로 성장하기 좋은 조건.

4라운드 전체 36순위

58 황희천

생년월일	2006년 11월 6일
신장/체중	190cm / 93kg
출신학교	부산수영초-개성중-충암고

투수(좌투좌타)

큰 키에 역동적인 투구폼이 돋보이는 투수. 높은 타점에서 끌고 나와 볼끝이 살아 있다. 변화구 구질 개발은 필요. 고교 시절 부상이 있어 경험이 부족하지만, 프로에서 뛰며 신체 발달까지 이뤄진다면 좌투 파이어볼러 탄생 기대.

6라운드 전체 56순위

114 한다현

생년월일	2006년 8월 25일
신장/체중	181cm / 85kg
출신학교	백문초-구리인창중-라온고

내야수(우투좌타)

근육질의 당당한 체격. 확실한 파워까지 갖춘 내야수. 송구도 뛰어나 거포 3루수로 경쟁에 불을 지필 예정.

8라운드 전체 76순위

116 김성재

생년월일	2006년 5월 16일
신장/체중	182cm / 98kg
출신학교	온곡초(남양주야놀유소년)-청원중-선린인터넷고

포수(우투우타)

강한 어깨를 바탕으로 한 송구가 빠르고 정확하다. 유연성도 갖춰 블로킹을 비롯한 수비도 안정적. 타격 능력만 보강한다면 차세대 안방마님으로 성장 기대.

10라운드 전체 96순위

118 연서준

생년월일	2006년 4월 13일
신장/체중	185cm / 88kg
출신학교	구리초-구리인창중-비봉고

투수(좌투좌타)

높은 릴리스포인트에서 나오는 각 큰 직구. 특히 우타자 몸쪽으로 공을 찔러 넣는 능력이 좋다. 유연성을 기르며 확실하게 밸런스를 잡을 필요는 있다.

UNIFORM

구단명 : **kt 위즈**

연고지 : **경기도 수원시**

창립연도 : **2013년**

구단주 : **김영섭**

대표이사 : **이호식**

단장 : **나도현**

감독 : **이강철**

홈구장 : **수원 kt 위즈파크**

영구결번 : **없음**

한국시리즈 우승 : **2021**

HOME

AWAY

2025 kt WIZ DEPTH CHART

• 지명타자

강백호

좌익수
김민혁
황재균
안현민

중견수
배정대
장진혁
송민섭

우익수
로하스
장진혁
송민섭

유격수
김상수
권동진
유준규

2루수
오윤석
황재균
천성호

3루수
허경민
강민성
윤준혁

1루수
문상철
황재균
오재일

• 감독

이강철

포수
장성우
강백호
조대현

• 예상 선발 로테이션

 쿠에바스
 헤이수스
 고영표
소형준
오원석

• 필승조

 김민수
 손동현

• 마무리

박영현

• 2025 예상 베스트 라인업

1번 타자	로하스	우익수
2번 타자	강백호	지명타자
3번 타자	허경민	3루수
4번 타자	문상철	1루수
5번 타자	장성우	포수
6번 타자	김민혁	좌익수
7번 타자	오윤석	2루수
8번 타자	배정대	중견수
9번 타자	김상수	유격수

TEAM INFO

팀 분석

2024 팀 순위 (포스트시즌 최종 순위 기준)

5위

최근 5년간 팀 순위

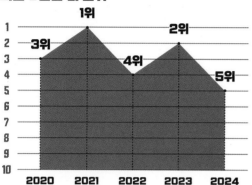

2024시즌 팀 공격력

↑: High / ↓: Low

타율↑	홈런↑	병살타↓	득점권 타율↑	삼진↓	OPS↑
0.279	145개	112개	0.277	1,123개	0.772
4위	6위	9위	8위	7위	7위

2024시즌 팀 마운드

↑: High / ↓: Low

평균자책점↓	탈삼진↑	QS↑	볼넷↓	피안타율↓	피홈런↓	WHIP↓
5.11	1,118개	48	443개	0.284	155개	1.47
8위	5위	5위	1위	8위	8위	2위

2024시즌 팀 수비력

↑: High / ↓: Low

실책↓	견제사↑	병살 성공↑	도루저지율↑
116개	10개	110번	21.1%
7위	공동 1위	8위	10위

2024시즌 최다 마킹 유니폼

1위 강백호
2위 고영표
3위 배정대
4위 로하스
5위 천성호

PARK FACTOR

홈구장_수원 kt 위즈파크

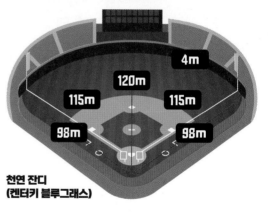

4m
120m
115m   115m
98m   98m

천연 잔디
(켄터키 블루그래스)

수용인원

18,700석

구장 특성

KT가 창단될 때부터 함께해 온 구장. 현대 유니콘스가 사용했던 옛 구장을 거의 뼈대만 남겨 놓고 전부 리모델링했다. 광주 기아 챔피언스필드가 생각나는 유사한 구조지만, 디테일이 다르다. 특히 위즈파크는 구석구석 개성 있는 콘셉트 좌석들이 하이라이트. 외야에 위치한 캠핑존에서는 글램핑을 하는 기분을 만끽하며 야구를 여유롭게 내려다볼 수 있고, 스포츠펍, 직접 볶은 원두로 커피를 내려 판매하는 수원 지역 유명 카페 지점 등 즐길거리가 많다.

HOME STADIUM GUiDE

한 지역 맛집 진미통닭과 보영만두는 거의 모든 관람객들의 필수템.

원정팬을 위한 교통편 추천, 주차, 숙소 팁

수원역에서 택시를 타거나 대중교통을 이용하면 멀지 않다. 또 서울에서 가는 경우 사당역에서 직행으로 연결된 버스들이 많다.

자차를 이용할 경우에는 사전 예약이 필요하다. 홈페이지 또는 구단 공식 어플인 wizzap에서 주차 예약을 할 수 있다. 요금은 2,000원. 경기 시작 2시간 전부터 입차가 가능한데, 종합 운동장 내에 축구장, 배구장 등 여러 체육 시설이 모여 있어서 기본적으로 늘 차가 많은 곳이다. 서두르지 않으면 주차 자리가 없거나, 야구장과 멀찍이 떨어진 곳에 겨우 주차를 하고 걸어가야 할 수도 있으니 참고해야 한다.

수원의 '핫플'인 행궁동 '행리단길'이 멀지 않아서 야구장에 온 김에 들러 보는 것도 추천한다. 야구장 내 입점

응원단

응원단장
김주일

치어리더
김정원

치어리더
김진아

치어리더
김한슬

치어리더
김해리

치어리더
신세희

치어리더
이금주

치어리더
이서윤

치어리더
이예빈

치어리더
정희정

장내아나운서
박수미

kt wiz

115

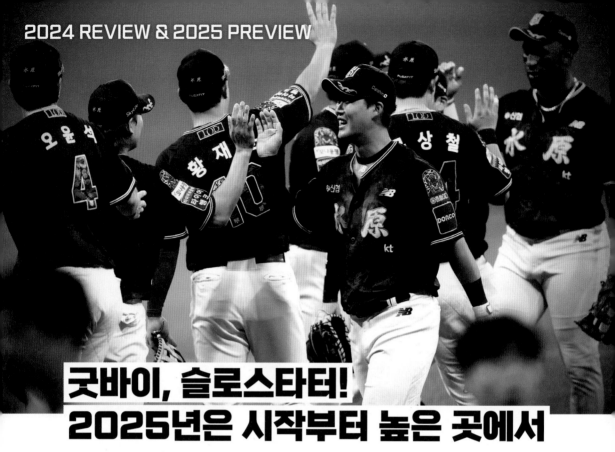

굿바이, 슬로스타터!
2025년은 시작부터 높은 곳에서

작년에 이것만 잘됐으면 좋았을 텐데

딱 한 가지다. 초반부터 불운이 계속됐다. KT는 2024시즌 초반부터 투수가 계속해서 다치는 바람에 마운드 운영에 애를 먹곤 했다. 에이스 고영표는 팔꿈치 굴곡근이 손상돼 전열을 이탈했다. 5월이 되자, 설상가상으로 벤자민과 엄상백이 피로를 호소해 이강철 감독에게 휴식을 요청했다. 둘 모두 실제 의료 소견상 문제는 없었지만, 더 이상 투구했다가 장기 레이스를 버티지 못하겠다고 자체 판단했다. 둘 중 벤자민은 휴식을 요청하기까지 크고 작은 부상에 신음하는 등 시그널을 보내 왔다. 이에 이강철 감독은 요구를 모두 수용하고 당시 신인 원상현, 육청명 등 영건을 적극 활용해 위기에 대처했다. 5월은 무척 끔찍했다. 마운드만 휘청하지 않았다. 야수 또한 문상철, 천성호 등 몸에 맞는 공에 다치거나 수비하다 삐끗해 잠시 전열을 이탈했다. 6월 역시 아찔했다. 필승조 손동현이 허리 디스크 판정으로 이탈해 큰 공백이 생겼다. 이강철 감독은 김민, 김민수를 적시에 활용해 공백을 메웠다. 따사로운 봄 기운이 완전히 가시기까지 KT는 매 순간 위기였고, 매 순간 불운했다. 주축 야수 전력 대부분은 초반 페이스가 몹시 저조했고, 안현민 등 1군 백업으로 준비시켜 놓은 유망주 또한 몇 경기 나서지 못하고 부상을 당해 전열을 이탈했다. 다만 이 역시 후반기가 되자 모두 씻은 듯 사라졌다. 항상 중심을 잡는, 팀이 더 크게 흔들리지 않도록 버텨 주는 전력이 있었기 때문이다. 시즌 초 로하스, 강백호가 그 역할을 맡았고, 중반 들어서는 이강철 감독이 직접 마운드 운용에 묘수를 띄운 게 잘 통했다. 심우준, 권동진 등 KT가 지명하고 키운 선수들 또한 전역 후 적잖은 힘을 보태기 시작했다. 그렇게 버티자 기회 또한 KT를 쉽게 외면하지 못했다. KT는 역대 최초 5위 결정전에서 SSG를 제압하고 창단 최초 순간부터 5년 연속 가을야구 진출에 성공했고, 두산과 와일드카드 결정전에서 업셋에까지 성공해 다시 한번 역사 한

페이지를 장식했다. "이강철! 이강철!" 연호가 나오는 데는 다 이유가 있었다.

스토브리그 성적표

창단 초기 멤버로 동고동락했던 엄상백, 심우준의 이적은 아쉽지만, 이후의 행보에는 실리가 있었다. 트레이드와 보상선수 지명, 또 효율적 투자로 메울 곳은 다 메웠다. 오원석, 장진혁, 허경민을 품은 덕분에 좌완, 외야 선수층 강화, 내야 수비 보강 고민을 모두 씻은 분위기다. 여기에 심우준의 보상선수로 한승주를 지명하며 미래 자원까지 챙겼다.

지극히 주관적인 올 시즌 예상 순위와 이유

KT에는 이미 남다른 동기가 있었다. 2023년 V2를 노리던 KT가 이듬해 5위에 그쳤다고 목표가 달라지진 않는다. 2024년에도 갑작스러운 부상 변수로 인해 불운했을 뿐, 전력 구성상의 공백 자체는 크게 느껴지지 않았을 만큼 탄탄한 전력을 자랑했다. 2025년에도 마찬가지다. 내부 FA를 붙잡지 못했어도 스토브리그에서 실속을 챙긴 덕분에 시즌 준비 과정에서도 보완보다는 포지션별 포화에 따른 교통정리가 우선이었다. 여기에 외국인 선수 3명도 리그 최정상급으로 꾸린 데다 선발진도 여전히 건재하다. 팔꿈치 수술 이후 첫 풀타임 시즌을 맞는 소형준의 관리 여부가 중요하겠지만, 이 역시도 힘을 보탤 투수가 적지 않아 큰 걱정거리 아니다. 야수진에선 강백호, 장성우, 황재균 등 FA를 앞둔 선수가 적지 않아 이른바 'FA 로이드'도 기대할 만하다.

생년월일	1966년 5월 24일
출신학교	광주서림초-무등중-광주제일고-동국대
주요 경력	해태 타이거즈 선수(1989~1998)
	-삼성 라이온즈 선수(2000)-KIA 타이거즈 선수(01~05)
	-KIA 타이거즈 투수코치(06~12)
	-넥센 히어로즈 수석코치(13~16)
	-두산 베어스 2군 감독(17)-두산 베어스 수석코치(18)
	-kt 위즈 감독(19~)

"귀 기울이는 소통 리더십으로"

남다른 선수는 남다른 감독이 됐다. KBO리그를 주름잡은 스타 투수가 다시 한번 KBO리그를 주름잡는 유일무이 투수 출신 감독으로 우뚝 섰다. 이강철 감독은 KT에 2020년 창단 첫 포스트시즌 진출부터 5년 연속 가을 역사를 선사했다. 2024년 역시 대단했다. 결과가 말해 준다. 역대 최초 5위 결정전 승리에 이어 역대 최초 와일드카드 결정전 업셋, 이강철 감독은 다시 한번 증명했다. 이른바 '듣는 리더십'으로 각계, 각 파트, 각 포지션에서 보고 듣고 느끼는 모든 차이를 이해하고 있는 게 이강철 감독이 갖고 있는 최대 장점이다. 즉, 가장 큰 무기는 소통이다. 이 덕분에 KT는 많은 선수에게 '가고 싶은 팀'이 됐다. 이적생마다 "내가 KT에 온 이유는 감독님"이라고 같은 대답을 내놓는 데는 다 이유가 있다.

71 이강철

1군

수석코치 김태한	타격코치 유한준	타격보조코치 김강	투수코치 제춘모	불펜코치 전병두	배터리코치 장재중	작전코치 최만호	주루·수비 (외야)코치 이종범

퓨쳐스

수비(내야)코치 박기혁	QC코치 박경수	퓨쳐스 감독 김태균	타격코치 이성열	투수코치 홍성용	배터리코치 이준수	수비코치 박정환	작전·주루코치 김호

육성·재활군코치 배우열	육성·재활군코치 백진우	육성·재활군코치 김연훈	육성·재활군코치 곽정철

22 ⓒ 포수(우투우타)
장성우

생년월일	1990년 1월 17일
신장/체중	187cm / 100kg
출신학교	감천초-경남중-경남고
연봉(2025)	5억 원

#캡틴
장성우는 "이거 부담스러워서 누가 하겠다고 하는 사람이 나오겠습니까?"라고 농담했다. 주장 이야기였다. 실제 유한준, 박경수 코치처럼 팀 내 정신, 문화를 만들고 이은 역대 주장이 구단 안팎에서 칭송받았으니 부담스러운 것은 어쩔 수 없다. 그럼에도 이강철 감독이 장성우에게 주장을 맡기는 이유는 분명하다. 장성우만큼 선수단, 코칭스태프 사이 소통과 전력 중심에 있는 인물이 또 없다고 생각해서다.

#클러치
이강철 감독은 "천재는 성우가 천재지"라며 혀를 내두른다. 종종 승부처마다 장성우에게 대타를 맡기곤 하는데, 그때마다 가볍게 툭 쳐서 해결사 역할을 해 주니 놀라울 따름이다. 상대 투구 패턴이 어려울수록 더 좋은 결과를 내는 것 자체가 대단해서다. 단, 장성우는 생각에 깊이 잠기지 않는다. 상대가 어렵게 접근할수록 자신은 역으로 가는 게 좋은 결과를 만드는 방법이라고 믿는다.

#리스펙트
강민호는 스무 살 적 장성우가 프로 입단 후 처음 본 프로다운 프로였다. 20대 초반부터 대표팀에 팀 내 주전 자리까지 꿰찼으니 마치 우상과 같은 존재였다. 그로부터 20년 가까운 세월이 흘렀다. 강민호는 여전히 건재를 과시하고, 장성우는 선배 못지않은 톱클래스 포수가 됐다. 장성우는 "민호 형은 역대 최초 4번째 FA까지 할 수 있겠다. 대단하다"며 "나 역시 그렇게 리스펙트를 받는 포수가 되고 싶다"고 말했다.

🎤 TMI 인터뷰

1. 내가 가장 처음 좋아했던 야구선수는?
- (강)민호 형. 주전으로 뛰는 모습이 멋졌다.

2. 나만의 유니폼 패션 포인트는?
- 신발, 손목 보호대, 장갑, 미트 모두 검정색 또는 흰색.

3. 다른 팀에서 데리고 오고 싶은 선수와 그 이유는?
- 홍창기. 너무 까다로워서 '장기야 우리 팀 온나'라고 늘 장난쳤다.

4. 내가 추천하는 최고의 보양 비법은?
- 숙면이 제일 중요해.

5. 본인 또는 동료 이름으로 삼행시
- [장] 장성우가 주장인 KT! [성] 성공적으로 2025시즌 [우] 우승하자!

2024시즌 기록

타율	경기	타석	타수	득점	안타
0.268	131	489	418	53	112
2루타	3루타	홈런	루타	타점	도루
19	0	19	188	81	5
볼넷	삼진	병살타	장타율	출루율	RISP
60	86	8	0.450	0.355	0.271

전력분석	홈플레이트에서 스트라이크존을 모두 커버할 수 있는 플랫한 스윙 궤적, 장성우는 투수와 승부에서 자신이 주도권을 쥐고 치는 타자다. 중요도 높은 상황에서도 생산력이 빼어나다. 기술적 완성도 역시 선구안, 콘택트, 장타력 등 오각형이 꽉 찬 타자는 KT만 아니라 리그에서도 찾기 어렵다.
강점	중요할 때 왠지 쳐 줄 것 같은 느낌, 모두 타격 기술의 완성도가 높은 까닭이다.
약점	KT를 위해서라도 자신이 더 오래, 더 많이 뛸 컨디션을 유지하는 게 최대 관건.
수비력	과소평가된 수비력, 리그 최정상급 블로킹에 실제 팝타임도 1초9 이내.

50
강백호

포수(우투좌타)

생년월일	1999년 7월 29일
신장/체중	184cm / 98kg
출신학교	부천북초-서울이수중-서울고
연봉(2025)	7억 원

#미트

2024시즌 도중 포지션을 바꾸고 장성우에게 포수 미트를 받아서 쓰다 '내 미트'가 생겼다. 스프링캠프를 앞두고 자신에게 맞는 그립과 볼집으로 가죽에 길을 들이는데, 고교 시절과는 무언가 달랐다. 생전 처음 맡는 포지션처럼 느껴졌다. 그래도 '내 자리'가 생겨서 좋다. 친구 조대현, 주장 장성우 등과 함께해 더 재미있다. 강백호는 "신기합니다"라며 "정말 힘든데, 정말 재미있다"고 의아해했다.

#분위기메이커

호주 캠프 기간 장재중 불펜코치와 포수진은 날마다 웃음꽃을 피웠다. 조대현은 "이게 다 백호 덕분"이라고 말했다. 강백호는 훈련 분위기를 앞장서 띄우거나, 불펜피칭 도중 투수와 진중하고 세심하게 피드백해 훈련 분위기 조성에 힘을 보탰다. 박영현은 "백호 형이 내 구질에 맞는 포구 위치를 알고 있어서 던지기 편했다"고 말했다. 강백호는 "영현이는 원래 좋은 투수이지 않으냐. 좋게 이야기해준 것 같다"고 멋쩍어했다.

#꿈

강백호는 2025시즌을 마치고 FA 자격을 얻는다. 데뷔 후 처음으로 FA 권리를 행사해 국내외 구단과 자유롭게 협상할 수 있다는 의미다. 강백호는 KT를 대표하는 스타지만, 프로 입단 초기부터 향후 빅리그 진출을 꿈꾸는 타자 중 한 명으로 늘 주목받았다. 다만 꿈은 꿈이고, 정규시즌 활약이 우선이다. 강백호 역시 "올 시즌을 잘 치르는 게 가장 중요하다"며 향후 거취나 목표를 섣부르게 밝히지 않았다.

2024시즌 기록

타율	경기	타석	타수	득점	안타
0.289	144	614	550	92	159
2루타	**3루타**	**홈런**	**루타**	**타점**	**도루**
27	0	26	264	96	6
볼넷	**삼진**	**병살타**	**장타율**	**출루율**	**RISP**
59	127	6	0.480	0.360	0.280

전력분석	전매특허 힙턴으로 리그 최상위권 타구 스피드를 만드는 타자다. 우리나라에서 좀처럼 보기 힘든 180km/h대 타구 또한 강백호이기 때문에 가능하다. 2022년부터 2년 동안 시련을 겪었지만, 2024년 다시 예년 모습을 찾았다. 스트라이크존을 전체적으로 공략해 내는 모습이 고무적이다.
강점	투수가 스트라이크존 어느 곳에 던져도 강한 타구를 만들어 낼 수 있다.
약점	전·후반기 기복 없이 일관성 유지하는 게 관건, 4할대 출루율 유지하라.
수비력	평균 이상의 어깨에 송구 능력, 팝타임까지, 블로킹만 좀 더….

🎤 TMI 인터뷰

1. 내가 가장 처음 좋아했던 야구선수는?
- 오지환, 박건우 형

2. 나만의 유니폼 패션 포인트는?
- 유니폼과 장갑 색깔을 맞춘다.

3. 다른 팀에서 데리고 오고 싶은 선수와 그 이유는?
- 김도영. 김도영이잖아요.

4. 내가 추천하는 최고의 보양 비법은?
- 밖에 나가지 않고 집에서 푹 쉬기.

5. 본인 또는 동료 이름으로 삼행시
- **[강]** 강해져라
  [백] 백호야
  [호] 호랑이처럼

PLAYERS

60 박영현

투수(우투우타)

생년월일 2003년 10월 11일
신장/체중 183cm / 91kg
출신학교 부천북초-부천중-유신고
연봉(2025) 2억 4천만 원

#항저우
박영현은 2023년 항저우아시안게임이 끝나고 자기 자신에게 이질감을 느꼈다. 의도치 않게 긴장이 풀려 버렸기 때문이다. 박영현은 "그때 깨달았다"고 밝혔다. 의식적으로 더 낮은 자세를 취했다. 그렇게 한국시리즈를 앞두고 반등해 맹활약하기에 이르렀다. 그리고 2024년 프리미어12, 박영현은 대표팀 클로저를 꿰차는 과정에서 다시 한번 정신적 성장을 이뤘다.

#찢기
호주 스프링캠프, 외야 담장을 따라서 느리고 또 묘하게 걷는 선수가 있었다. 박영현, 손동현이 일명 '가동성 훈련'을 하고 있었다. 이 훈련은 고관절 가동 범위를 유연하게 유지하도록 제춘모 투수코치와 두 필승조가 함께 루틴으로 삼는 훈련이다. 박영현은 "다리를 쫙 찢듯 보폭을 크게 해서 느리게 걷는 훈련이어서 동작 특성상 눈에 띄지 않을 수 없다. 구위를 위해 내 캠프 루틴 중 꼭 지키는 훈련 중 하나라"고 웃었다.

#30
보통 수치적 목표는 정하지 않는다. 사실 자신보다 팀이 우승하는 게 정말 더 좋아서다. 박영현은 2021년 통합우승 이후 입단해서 아직 그 기분을 모른다. 그럼에도 딱 한 가지 목표 정도는 이야기할 수 있다. '30세이브 이상'이다. 2024년 두 자릿수 승-세이브 달성에 이어 '오승환 키즈'답게 대표팀 클로저까지 꿰찼지만, 딱 5개 부족해 30세이브는 넘기지 못했다. 오승환은 30세이브 달성 당시 만 24세, 박영현은 올해 22세다.

TMI 인터뷰
1. 내가 가장 처음 좋아했던 야구선수는?
- 오승환 선배님. 던지는 매력에 푹 빠졌다.
2. 나만의 유니폼 패션 포인트는?
- 언더셔츠는 7부, 바지는 펑퍼짐하게.
3. 다른 팀에서 데리고 오고 싶은 선수와 그 이유는?
- 김택연. 나와 비슷하지만 다른 매력이라서.
4. 내가 추천하는 최고의 보양 비법은?
- 시즌 중 점심과 야식 먹지 않고 하루에 중간식 한 끼만 먹기.
5. 본인 또는 동료 이름으로 삼행시
- [박] 박영현은 [영] 영원한 [현] 현재와 미래의 마무리다.

2024시즌 기록

평균자책점	경기	승	패	홀드	세이브
3.52	66	10	2	0	25
승률	이닝	투구수	피안타	피홈런	볼넷
0.833	76 2/3	1,222	63	12	22
삼진	실점	자책점	피안타율	WHIP	QS
87	31	30	0.220	1.11	0

전력분석	타자를 정통으로 압도하는 승부사 기질의 클로저. 오직 박영현만이 보일 수 있는 특징적 구질이 있다. 최고의 무기는 단연 직구다. 직구의 매력은 150km/h대의 구속에만 그치지 않는다. 긴 익스텐션에서 나오는 높은 분당 회전수와 수직 무브먼트도 매우 출중해 떠오르듯 꽂히는 특징이 있다.
강점	직구에 헛스윙한 비율이 무려 25%? 구위는 지금도 계속 진화 중이라고?
약점	변화구 완성도까지 더 높인다면 언터처블 클로저도 불가능이 아니다.

120

건강하고 행복하게 !!

27

배정대

외야수(우투우타)

생년월일	1995년 6월 12일
신장/체중	185cm / 80kg
출신학교	도신초-성남중-성남고-디지털문예대
연봉(2025)	3억 4천만 원

#도루

2024년 팀 도루가 가장 적은 KT는 '뛰는 야구'와 가깝지 않은 듯해 보이지만, 사실 그렇지 않다. 도루 센스가 있는 선수가 곳곳에 있는데, 그중 배정대가 있다. 배정대는 2020년부터 4년 연속 두 자릿수 도루 경험이 있는 선수다. 2024년 단 1개가 부족해 기록을 잇지 못했지만, 다시 '뛰는 야구'에 힘을 보태겠다는 의지. 마침 베이스 크기가 커지고, 피치클록 제도까지 정식 도입돼 호재다.

#도미니카공화국

배정대는 국내외 선수와 모두 가깝다. 그중 로하스와 사이가 무척 돈독하다. 로하스가 KT에 복귀하기 전 그를 도미니카공화국으로 만나러 가기까지 했다. 그리고 2년 연속 도미니카공화국으로 향했다. 첫 방문 당시 목적은 친목 성향이 있었지만, 올겨울은 개인 훈련을 함께했다. 팀 내 핵심 기대주 안현민, 강민성이 그와 함께했다. 두 후배는 "팀에 좋은 문화가 자리 잡는 듯하다"고 말했다. 팀 문화 구축에까지 앞장서는 배정대.

#차기

소통형 리더 이강철 감독은 배정대를 차기 주장으로 꼽는다. 유한준, 박경수 코치에 이어 2025년부터 새로운 주장 장성우가 팀을 이끌지만, 사령탑은 장성우를 이을 재목까지 일찌감치 점찍고 몇 년 전부터 배정대에게 부주장을 맡기고 있다. 실제 선후배는 물론, 외국인 선수까지 배정대를 인정하고 있다. 로하스는 "정대는 클럽하우스에서 팀 케미스트리를 좋게 만드는 능력이 있다"고 치켜세웠다.

2024시즌 기록

타율	경기	타석	타수	득점	안타
0.275	113	473	404	49	111
2루타	**3루타**	**홈런**	**루타**	**타점**	**도루**
25	1	7	159	59	9
볼넷	**삼진**	**병살타**	**장타율**	**출루율**	**RISP**
50	114	5	0.394	0.355	0.302

전력분석	타격폼의 미세한 차이를 느끼며 자신의 것을 찾아 간 효과가 있다. 레그킥에서 내추럴스텝으로 타격폼을 바꾼 뒤 출루에도 좀 더 눈을 떴다. 라인드라이브 타구 생산과 지속적 출루로 타선의 윤활제 역할도 맡는다. 주루에서도 생산력이 빼어난 선수로 센터라인에 없어선 안 될 팔방미인이다.
강점	자신만의 확실한 스트라이크존 정립 능력, 나쁜 공에는 손 내지 않는다.
약점	완벽한 타격, 완벽한 스트라이크존 설정 과정에서 오는 심리적 압박감.
수비력	리그 두세 손가락 안에 드는 외야 수비 범위와 송구 능력.

🎤 TMI 인터뷰

1. 내가 가장 처음 좋아했던 야구선수는?
- 맷 켐프. 고교 시절 본 LA 다저스에서 활약이 대단했다.

2. 나만의 유니폼 패션 포인트는?
- 스파이크와 가드 색깔을 맞춘다. 팔 토시는 무조건!

3. 다른 팀에서 데리고 오고 싶은 선수와 그 이유는?
- 김도영

4. 내가 추천하는 최고의 보양 비법은?
- 사우나 후 7~8시간 숙면.

5. 본인 또는 동료 이름으로 삼행시
- [배] 배정대 [정] 정말 [대] 대단해

30
소형준

투수(우투우타)

생년월일	2001년 9월 16일
신장/체중	189cm / 92kg
출신학교	호암초(의정부리틀)-구리인창중-유신고
연봉(2025)	2억 2천만 원

#푸른뱀

2001년 뱀띠 선수 소형준이 '을사년'을 맞았다. 부상 복귀 후 모처럼 풀타임 시즌을 치르기에 앞서 좋은 기운을 받기 딱 좋다. 마침 동갑 친구 오원석까지 트레이드돼 KT 유니폼을 입었다. 둘은 날마다 아옹다옹 장난치지만, 누구보다 동반 비상을 꿈꾸는 사이. 겨우내 일본에서까지 개인 훈련을 함께했다. 소형준은 "원석이와 함께 선발진에 큰 힘을 보태고 싶다"고 각오를 다졌다.

#건강

첫째는 건강이다. 소형준은 2024시즌 후반기 복귀해 곧장 선발진에 투입되지 않았다. 이강철 감독은 서두르지 않는 선에서 소형준이 편안하게 다시 연착륙하기를 바랐다. 소형준 역시 시즌 후 프리미어12 대표팀에 발탁돼 자신을 한 번 더 점검하는 시간을 가졌다. 2025년 이닝 관리 여부는 모두 건강에 달렸다. 소형준은 "이제 더는 다치지 않고 소형준이 누구인지 다시 한번 보여드리겠다"고 말했다.

#첫인사

최근 몇 년 KT 팬덤 규모가 급격히 커졌다. 2023년 한국시리즈에서 잠실 원정석을 모두 메운 것 역시 그 일부다. 즉, 신규 유입 팬이 많아졌다. 소형준은 이 현상에서 2025년 원동력을 얻었다. 2023년 오른 팔꿈치 인대를 수술받고 자신이 던지는 모습을 많은 신규 팬이 보지 못했기 때문이다. 소형준은 "2022년 이후 신규 팬은 내 선발 경기를 못 보셨을 것"이라며 "우리 팬이 그동안 나를 왜 찾았는지 보여드리겠다"고 다짐했다.

TMI 인터뷰

1. 내가 가장 처음 좋아했던 야구선수는?
- 류현진 선배님. 나는 2008년 야구를 시작했다.

2. 나만의 유니폼 패션 포인트는?
- 언더셔츠는 7부만 입는다. 던질 때 거슬리지 않아서 좋다.

3. 다른 팀에서 데리고 오고 싶은 선수와 그 이유는?
- (김)지찬이. 주자 나가 있을 때 짜증 나서.

4. 내가 추천하는 최고의 보양 비법은?
- 맛있는 것 먹고 사우나에서 1시간 있다 낮잠 자기.

5. 본인 또는 동료 이름으로 삼행시
- [소] 소중한 팬들을 위해 [형] 형들과 함께 우승하도록 [준] 준비하겠습니다.

2024시즌 기록

평균자책점	경기	승	패	홀드	세이브
3.24	6	2	0	0	0
승률	**이닝**	**투구수**	**피안타**	**피홈런**	**볼넷**
1.000	8 1/3	120	7	1	1
삼진	**실점**	**자책점**	**피안타율**	**WHIP**	**QS**
3	3	3	0.250	0.96	0

전력분석	소형준 하면 투심 패스트볼이다. 포수 미트에 꽂히기 전 살짝 어긋나듯 휘는 특징적 움직임이 매력적이다. 다양한 구속을 자유자재로 섞는데도 모두 스트라이크존 공략이 가능하기까지 해 타자로선 당해 낼 재간이 없다. 몸 상태만 좋으면 언제든 빼어난 성적을 기대할 만하다.
강점	움직임이 독특한 특유의 구질로 몸쪽 승부도 서슴지 않는 대체불가 투수.
약점	타자 유형별, 구종별 투구 로케이션을 좀 더 명확히 한다면….

1

투수(우언우타)

고영표

생년월일	1991년 9월 16일
신장/체중	187cm / 88kg
출신학교	광주대성초-광주동성중-화순고-동국대
연봉(2025)	20억 원

#에이스

에이스는 고독하고, 외롭고, 또 책임감을 무겁게 짊어지는 자리다. 창단 초기부터 에이스 평가를 들은 고영표는 이 무게를 벌써 몇 년째 짊어지고 있다. 그에 걸맞은 활약을 펼치기에 구단 역시 그에 걸맞은 대우를 했지만, 돈과 숫자가 주는 부담 또한 상당하다. 고영표는 이 무게 역시 견뎌 내겠다는 의지다. 고영표는 "건강하게 다시 나다운 모습을 보여드리겠다"고 다짐했다.

#평가절하

2025년부터 ABS 스트라이크존이 하향 조정됐다. 탄착군이 낮게 형성되는 일부 투수에게 '수혜를 보겠다'는 평가가 뒤따르고 있다. 그중 한 명이 고영표다. 다만 ABS 존 조정 수혜에 묻히거나, 전적으로 치부하기 어려운 노력이 있었다. 고영표가 얻은 힌트가 있다. 2024시즌 후반기 활약은 ABS 영향과는 무관했다. 고영표는 "당시 ABS가 내게 미치는 영향은 미비했다"며 "결국 구위 향상이 중요하다는 것을 깨달았다"고 밝혔다.

#케미스트리

어느덧 팀 케미스트리를 고려하지 않을 수 없는 위치다. 고영표는 김재윤에 이어 엄상백, 심우준 등 동료를 떠나보내고 새 식구를 맞이하는 과정에서 많은 것을 느꼈다. 새로운 선수가 팀에 잘 융화되게 환경을 조성해주는 게 중요하다는 생각이다. 고영표는 "조직관리 측면을 좀 더 생각하게 됐다"며 "팀 케미스트리를 해치지 않게 선수마다 성향을 파악해 지나치게 간섭하지 않고 편안하게 적응하는 환경을 만들고 싶다"고 말했다.

2024시즌 기록

평균자책점	경기	승	패	홀드	세이브
4.95	18	6	8	0	0
승률	**이닝**	**투구수**	**피안타**	**피홈런**	**볼넷**
0.429	100	1,591	141	6	14
삼진	**실점**	**자책점**	**피안타율**	**WHIP**	**QS**
79	61	55	0.333	1.55	9

전력분석	최고의 체인지업을 가진 KT의 에이스. 최적의 분당 회전수를 유지하기 위해 세밀한 감각까지 기억하는 디테일도 있다. 설령 체인지업의 감각을 찾기 어려운 날이 와도 다른 구종과 방법을 동원해 가뿐하게 위기를 넘길 능력이 있다. 고영표를 2024년 포스트시즌 영웅으로 만든 구종도 체인지업이 아닌 커브였다.
강점	우수한 터널링의 체인지업, 패스트볼로 스트라이크존 곳곳을 공략한다.
약점	효과적 체인지업 구사를 위해선 130km/h 후반대의 직구 구속 유지가 중요.

🎤 TMI 인터뷰

1. 내가 가장 처음 좋아했던 야구선수는?
- 이강철 감독님. 나도 야구 시작부터 언더핸드였다.

2. 나만의 유니폼 패션 포인트는?
- 스파이크. 폼 특성상 발이 지면에 닿는 면적이 커 자주 교체하는데, 색깔과 디자인 모두 신경 쓴다.

3. 다른 팀에서 데리고 오고 싶은 선수와 그 이유는?
- 김도영. 야구 잘하고, 젊고, 인기 많잖아요.

4. 내가 추천하는 최고의 보양 비법은?
- 채소까지 골고루 잘 챙겨 먹기.

5. 본인 또는 동료 이름으로 삼행시
- [이] 이강철 감독님의 마법 같은 팀 KT! [강] 강력한 우승 후보 KT! [철] 철벽 마운드 앞세워 다시 한번 우승을!

투수(우투양타)

32 쿠에바스

생년월일/국적	1990년 10월 14일 / 베네수엘라		신장/체중	188cm / 98kg	
출신학교	베네수엘라 Carabobo(대)		연봉	150만 달러	

2024시즌 기록

평균자책점	경기	승	패	홀드	세이브
4.10	31	7	12	0	0
승률	이닝	투구수	피안타	피홈런	볼넷
0.368	173 1/3	2,856	158	17	59
삼진	실점	자책점	피안타율	WHIP	퀄리티스타트
154	86	79	0.240	1.25	19

주무기 팔색조 투구에 방점을 찍는 스위퍼, 삼진 잡는 최종병기 구종으로 우뚝.

KT를 대표하는 외국인 에이스이자 게임 체인저다. 쿠에바스는 2023시즌 도중 복귀해 리그 최초 무패 승률왕으로 포스트시즌 진출에 앞장섰는데, 여기에 2021년 1위 결정전을 포함해 그가 존재감을 보여 준 무대만 한두 개가 아니다. 구단 각종 기록마다 쿠에바스가 없는 순간은 없었을 정도다. 역사적 선수다. 장수 외국인 선수로서 동료와 케미스트리 또한 좋다. 2024년 승운이 따르지 않는 탓에 두 자릿수 승리 달성은 실패했지만, 170이닝을 투구하는 책임감을 보였다. 이강철 감독이 매 시즌 개막전 1선발을 맡기는 데는 다 이유가 있다.

투수(좌투좌타)

65 헤이수스

생년월일/국적	1996년 12월 10일 / 베네수엘라		신장/체중	192cm / 104kg	
출신학교	베네수엘라 Juanita Hernandez(고)		연봉	100만 달러	

2024시즌 기록

평균자책점	경기	승	패	홀드	세이브
3.68	30	13	11	0	0
승률	이닝	투구수	피안타	피홈런	볼넷
0.542	171 1/3	2,832	171	22	44
삼진	실점	자책점	피안타율	WHIP	퀄리티스타트
178	78	70	0.258	1.25	20

주무기 좌타자 상대 바깥으로 흐르듯 뻗거나 떨어지는 직구, 슬라이더, 커브 조합.

좌타자 잡는 좌투수, 헤이수스는 KT에 없는 유형이었다. 2024까지 KT 유니폼을 입은 또 다른 좌완 외국인선수 벤자민과는 릴리스 포인트에서 차이가 있다. 헤이수스는 그에 비해 팔 각도는 낮은 편에 속하지만, 좌타자 상대 직구와 슬라이더 조합이 매우 까다로운데, 여기에 커브, 체인지업에 패스트볼 계열 구종을 고르게 구사하는 것 또한 장점이다. 또, 모든 구종을 평균 이상으로 구사해 승부 패턴을 다양하게 만들 수 있는 매력까지 있다. 이제 KBO리그 2년 차, 전 소속 팀 키움에서 못다 이룬 탈삼진왕 꿈을 KT에서 이룰 수 있을까?

외야수(우투양타)

3 로하스

생년월일/국적	1990년 5월 24일 / 도미니카공화국		신장/체중	189cm / 102kg	
출신학교	미국 Wabash Valley(대)		연봉	180만 달러	

2024시즌 기록

타율	경기	타석	타수	득점	안타
0.329	144	670	572	108	188
2루타	3루타	홈런	루타	타점	도루
39	1	32	325	112	2
볼넷	삼진	병살타	장타율	출루율	득점권타율
88	115	10	0.568	0.421	0.313

타격스타일 인플레이 타구와 장타 생산력, 스위치히터에 출루 능력까지, 약점이라고 할 게 있을까?

4년 전 이야기였지만, MVP는 MVP였다. 로하스는 일본에서 불운과 실패를 인정하고 KBO리그에서 완벽하게 재기했다. 2024년 활약은 개인적 영광에 그치지 않았다. 중심타순이 익숙하지만, 팀을 위해 1번 타순에 헌신했다. 여기에 비시즌 도미니카공화국에 1군 동료는 물론 팀 내 기대주까지 초청해 훈련 환경과 남미 야구 경험을 제공했다. 로하스를 몇 년 전부터 직접 관찰하고 뽑은 국제 스카우트는 개인보다 팀을 생각하는 선수라고 했다. 배정대, 오윤석, 강민성 등은 로하스가 실력은 물론, 좋은 문화를 전파하는 선수라고 했다.

투수(우투우타)

41 손동현

생년월일	2001년 1월 23일		신장/체중	183cm / 88kg
출신학교	염창초(강서구리틀)-덕수중-성남고		연봉	1억 원

2024시즌 기록

평균자책점	경기	승	패	홀드	세이브
5.32	42	1	2	4	1
승률	이닝	투구수	피안타	피홈런	볼넷
0.333	47 1/3	767	50	5	20
삼진	실점	자책점	피안타율	WHIP	퀄리티스타트
27	31	28	0.267	1.48	0

전력분석	150km/h에 이르는 직구가 매력적인 KT의 필승조다. 직구의 분당 회전수와 수직 무브먼트 모두 빼어나 공의 위력이 남다르게 느껴진다. KT는 물론, 리그에서도 상위권의 직구로 분류된다. 직구 구사율이 60~70%에 이르는 만큼 결국 직구가 살아야 한다.
강점	구위형 불펜의 표본, 떠오르듯 꽂히는 파워풀 직구가 일품이다.
약점	변화구 연마로 투구 레퍼토리 다양하게 만든다면….

투수(우투우타)

38 주권

생년월일	1995년 5월 31일		신장/체중	181cm / 82kg
출신학교	청주우암초-청주중-청주고		연봉	2억 원

2024시즌 기록

평균자책점	경기	승	패	홀드	세이브
6.67	48	1	1	0	0
승률	이닝	투구수	피안타	피홈런	볼넷
0.500	58	919	78	7	11
삼진	실점	자책점	피안타율	WHIP	퀄리티스타트
31	48	43	0.342	1.53	0

전력분석	손의 감각 자체가 매우 뛰어난 투수다. 1시간 전에 배운 구종도 곧장 써 먹을 정도다. 스트라이크존에 집어넣는 비율이 매우 높은 유형의 투수로, 스트라이크존을 자유자재로 활용한다. 모든 구종을 스트라이크존 곳곳에 구사할 정도로 빼어난 제구도 갖췄다.
강점	확실한 주무기 체인지업, 공의 무브먼트도 구종의 가치도 큰 변화 없이 늘 위력적이다.
약점	타자 시야를 홀트려 놓기 위한 커브, 디테일만 좀 더 보완한다면….

투수(우투우타)

26 김민수

생년월일	1992년 7월 24일		신장/체중	188cm / 80kg
출신학교	청원초-청원중-청원고-성균관대		연봉	2억 1천만 원

2024시즌 기록

평균자책점	경기	승	패	홀드	세이브
5.20	75	5	3	12	0
승률	이닝	투구수	피안타	피홈런	볼넷
0.625	81 1/3	1,350	84	8	33
삼진	실점	자책점	피안타율	WHIP	퀄리티스타트
75	56	47	0.264	1.44	0

전력분석	김민수 하면 직구와 슬라이더의 콤비네이션이다. 슬라이더를 스트라이크존에 자유자재로 넣었다가 뺄 수 있을 정도의 컨트롤 능력도 있다. 김민수만의 또 다른 특징이 있다면 릴리스 포인트가 높으면서도 익스텐션이 길다는 점이다. 타자가 느끼는 압박이 있다.
강점	확실한 주무기 슬라이더, 높은 각도에서 꽂히면 더욱 위력적이다.
약점	직구 구속을 140km/h후반대로 회복해야 슬라이더도 산다.

투수(좌투좌타)

47 오원석

생년월일	2001년 4월 23일			신장/체중	182cm / 80kg
출신학교	수진초-매송중-야탑고			연봉	1억 4천만 원

2024시즌 기록

평균자책점	경기	승	패	홀드	세이브
5.03	29	6	9	1	0
승률	이닝	투구수	피안타	피홈런	볼넷
0.400	121 2/3	2,208	122	17	65
삼진	실점	자책점	피안타율	WHIP	퀄리티스타트
112	72	68	0.261	1.54	2

전력분석	구단 내부적으로는 과거 오원석이 SSG 시절 KT에 유독 잘 던진 인상이 지금까지도 깊게 남은 듯하다. KT는 좌완에 슬라이더, 커브, 체인지업 모두 자유자재로 던지던 모습을 잊지 않는다. 여기에 타자의 판단을 어렵게 만드는 디셉션도 높은 점수를 받았다.
강점	스트라이크존 밖으로 흘러 나가듯 휘어 꺾이는 커브.
약점	컨디션이 좋을 때와 좋지 않을 때 슬라이더의 구위 차가 큰 편, 기복 관리가 관건.

투수(우언우타)

12 우규민

생년월일	1985년 1월 21일			신장/체중	184cm / 75kg
출신학교	성동초-휘문중-휘문고			연봉	2억 원

2024시즌 기록

평균자책점	경기	승	패	홀드	세이브
2.49	45	4	1	4	1
승률	이닝	투구수	피안타	피홈런	볼넷
0.800	43 1/3	695	47	1	2
삼진	실점	자책점	피안타율	WHIP	퀄리티스타트
39	14	12	0.272	1.13	0

전력분석	말 그대로 세월을 거스르는 베테랑이다. 선수단 안에서도 몇 되지 않는 손재주가 좋은 유형의 선수로, 심리적 압박이 큰 상황에서도 스트라이크존을 자신 있게 공략해 낸다. 2차 드래프트로 KT의 유니폼을 입은 뒤 FA 계약까지도 맺을 정도로 여전한 활약을 보여 주고 있다.
강점	직구와 움직임이 매우 흡사한 커터, 마지막에 살짝 휘니 더 잘 속는다.
약점	지금 이 구위, 지금 이 몸 상태, 지금 이 모습만 유지한다면….

투수(우투우타)

16 최동환

생년월일	1989년 9월 19일			신장/체중	184cm / 83kg
출신학교	인헌초-선린중-경동고			연봉	1억 1천만 원

2024시즌 기록

평균자책점	경기	승	패	홀드	세이브
6.95	26	0	1	2	0
승률	이닝	투구수	피안타	피홈런	볼넷
0.000	22	392	35	4	9
삼진	실점	자책점	피안타율	WHIP	퀄리티스타트
14	18	17	0.372	2.00	0

전력분석	16년 뛴 LG를 떠나 KT가 내민 손을 잡은 최동환은 새 팀에서 다시 한번 비상할 채비를 마쳤다. KT도 최동환의 포크볼을 비롯한 구위가 여전하다고 보고 있다. 직구의 분당 회전수와 수직 무브먼트 모두 국내에서 평균 이상으로, 포크볼과 콤비네이션도 기대된다.
강점	포크볼의 구위로 헛스윙 유도는 물론, 땅볼 유도에도 능한 투수다.
약점	직구 구속이 좀 더 향상된다면….

투수(우투우타)

37 이상동

생년월일	1995년 11월 24일			신장/체중	181cm / 88kg
출신학교	대구옥산초-경복중-경북고-영남대			연봉	5천9백만 원

2024시즌 기록

평균자책점	경기	승	패	홀드	세이브
5.34	29	0	1	3	0
승률	이닝	투구수	피안타	피홈런	볼넷
0.000	32	568	42	3	14
삼진	실점	자책점	피안타율	WHIP	퀄리티스타트
30	20	19	0.328	1.75	0

전력분석	직구와 포크볼의 콤비네이션으로 타자와 승부하는 타입이다. 두 구종 모두 릴리스 포인트부터 포수 미트에 꽂히기까지 터널링이 우수한 편이다. 2023년부터 최근 두 시즌 동안 차기 필승조로 발돋움할 자질을 보여 준 만큼, 1군에서 입지를 좀 더 다질 것으로 기대받는다.
강점	자신의 키보다 훨씬 높은 곳에서 내리꽂는 높은 타점의 직구.
약점	평균 140km/h 중반대의 직구 구속 유지가 관건, 그래야만 포크볼도 산다.

투수(우투우타)

63 원상현

생년월일	2004년 10월 16일			신장/체중	183cm / 83kg
출신학교	가산초(부산진구리틀)-개성중-부산고			연봉	4천만 원

2024시즌 기록

평균자책점	경기	승	패	홀드	세이브
7.03	22	2	5	1	0
승률	이닝	투구수	피안타	피홈런	볼넷
0.286	65 1/3	1,248	105	6	31
삼진	실점	자책점	피안타율	WHIP	퀄리티스타트
59	54	51	0.370	2.08	1

전력분석	확실한 주무기를 갖고 있는 영건이다. 원상현이 갖고 있는 최고의 무기는 바로 커브다. 국내에서도 유일무이한 수준의 커브 구질을 보유한 투수로, 신체 성장이 덜 이뤄진 상태에서도 150km/h대의 빠른 공을 뿌리기도 했다. 미완의 유망주가 어디까지 성장할지 궁금하다.
강점	12시에서 6시로, 3,000회의 분당 회전수를 보이며 힘 있게 꺾이는 파워 커브.
약점	커브로 스트라이크존도 자유자재로 공략해 낸다면….

투수(우투좌타)

54 조이현

생년월일	1995년 6월 27일			신장/체중	185cm / 95kg
출신학교	송정동초-배재중-제주고			연봉	5천7백만 원

2024시즌 기록

평균자책점	경기	승	패	홀드	세이브
6.30	16	1	2	0	0
승률	이닝	투구수	피안타	피홈런	볼넷
0.333	40	636	53	9	10
삼진	실점	자책점	피안타율	WHIP	퀄리티스타트
19	29	28	0.314	1.58	0

전력분석	1군에서 위기가 발생했을 때 가장 먼저 찾는 이름이 바로 조이현이다. 대체 선발로 자주 나섰지만, 자신이 나선 경기에서 팀이 높은 승률을 보이며 일명 승리 요정으로 불리기도 했다. 기본적으로 선발로 경기 운영이 되는 투수여서 1군에서 활용 가치도 높게 평가된다.
강점	운영할 줄 아는 투수, 구속이 빠르지 않아도 전투가 되는 이유.
약점	직구 구속이 평균 3~4km/h만 더 빨랐어도….

내야수(우투우타)

7 김상수

생년월일	1990년 3월 23일		신장/체중	175cm / 68kg
출신학교	대구옥산초-경복중-경북고		연봉	3억 원

2024시즌 기록

타율	경기	타석	타수	득점	안타
0.276	113	420	369	60	102
2루타	3루타	홈런	루타	타점	도루
18	4	4	140	45	3
볼넷	삼진	병살타	장타율	출루율	득점권타율
37	59	12	0.379	0.351	0.286

전력분석	개인 기록보다 팀 배팅을 더 신경 쓰는 헌신적 타입이다. 상황별 배팅이 가능해 주자 한 베이스 더 보내기, 한 점 짜내기 등 작전 상황이라면 가리지 않고 늘 제 역할을 할 수 있다. 생각대로 밀어 치고, 당겨 치고, 띄워 치는 것도 사실 타격이 돼야만 할 수 있다.
강점	승부처에서 믿을 수 있는 상황별 타격, KT에 승리의 DNA를 심는다.
약점	신체의 회전 스피드를 유지하는 게 최대 관건.

내야수(우투우타)

13 허경민

생년월일	1990년 8월 26일		신장/체중	176cm / 69kg
출신학교	송정동초-충장중-광주제일고		연봉	3억 원

2024시즌 기록

타율	경기	타석	타수	득점	안타
0.309	115	477	417	69	129
2루타	3루타	홈런	루타	타점	도루
28	0	7	178	61	5
볼넷	삼진	병살타	장타율	출루율	득점권타율
36	25	8	0.427	0.384	0.296

전력분석	뛰어난 콘택트 능력을 바탕으로 그라운드 곳곳에 타구를 보내는 스윙 궤적이 특징이다. 모든 구종에 약점을 보이지 않는 데다, 이타적 플레이를 하는데도 높은 타율을 유지하는 게 돋보인다. 못 치는 공이 없으니 상황별 타격에 고타율 유지도 가능하다.
강점	직구, 변화구 가리지 않고 모조리 때려 내는 콘택트 능력.
약점	경기에 지나치게 몰입하고 투지가 과해 주위에서 우려가 크다.

내야수(우투우타)

24 문상철

생년월일	1991년 4월 6일		신장/체중	184cm / 85kg
출신학교	중대초-잠신중-배명고-고려대		연봉	1억 7천만 원

2024시즌 기록

타율	경기	타석	타수	득점	안타
0.256	125	403	347	50	89
2루타	3루타	홈런	루타	타점	도루
11	0	17	151	58	6
볼넷	삼진	병살타	장타율	출루율	득점권타율
45	86	8	0.435	0.351	0.270

전력분석	KT에서 우타 거포는 매우 귀하다. 장타력이 있는 타자 자체는 적지 않지만, 우타자는 몹시 드물다. 그래서 문상철에게 4번 타순을 맡기고, 앞으로 활약을 더 기대하는 이유다. 여기에 출루 능력까지 발전 가능성을 보였다. 이제 1군에 자리 잡을 일만 남았다.
강점	멀리 치는 능력이 최대 장점, 그런데 정타를 만드는 능력까지 겸비 중?
약점	컨디션이 좋지 않을 때 생각을 조금만 덜어 내고 친다면….

내야수(좌투좌타)

36 오재일

생년월일	1986년 10월 29일			신장/체중	187cm / 95kg
출신학교	인창초(구리리틀)-구리인창중-야탑고			연봉	1억 5천만 원

2024시즌 기록

타율	경기	타석	타수	득점	안타
0.243	105	343	296	33	72
2루타	3루타	홈런	루타	타점	도루
18	1	11	125	45	0
볼넷	삼진	병살타	장타율	출루율	득점권타율
36	88	7	0.422	0.321	0.299

전력분석	오재일 하면 일발장타다. 한 방을 기대하게 만드는 클래스와 힘이 있다. KT도 2024년 영입 당시 팀에 많지 않던 좌타 거포를 품으며 타선 두께 강화를 기대했다. 1루에서 출전 비중을 나눠 뛴 문상철과 좌·우 거포로 짝을 이룰 것으로도 기대를 모으고 있다.
강점	연습 때든, 시합 때든 멀리 치는 능력만큼은 타의 추종을 불허한다.
약점	장타를 꾸준하게 치려면 인플레이 타구 비율 올리는 게 관건.

내야수(우투우타)

10 황재균

생년월일	1987년 7월 28일			신장/체중	183cm / 96kg
출신학교	사당초-서울이수중-경기고			연봉	5억 원

2024시즌 기록

타율	경기	타석	타수	득점	안타
0.260	137	536	493	60	128
2루타	3루타	홈런	루타	타점	도루
22	0	13	189	58	4
볼넷	삼진	병살타	장타율	출루율	득점권타율
34	95	16	0.383	0.309	0.238

전력분석	KBO리그의 대표적 중장거리 타자이자 호타준족이다. 국내에서 2루타 생산 능력만큼은 황재균을 따라가기 쉽지 않다. 단타에 한 베이스 더 뛰어 2루타를 만드는 능력 또한 여전하다. 2025년 유틸리티 플레이어의 새 지평을 열 것으로 기대를 모으고 있다.
강점	OPS 8할 수준을 꾸준하게 쳐 내는 연속성과 어디 가지 않는 타격 클래스.
약점	직구에 강한 면모를 되찾는 게 관건 중 하나.

내야수(우투우타)

4 오윤석

생년월일	1992년 2월 24일			신장/체중	180cm / 87kg
출신학교	화중초-자양중-경기고-연세대			연봉	1억 6천만 원

2024시즌 기록

타율	경기	타석	타수	득점	안타
0.293	73	201	174	33	51
2루타	3루타	홈런	루타	타점	도루
12	5	6	85	27	0
볼넷	삼진	병살타	장타율	출루율	득점권타율
18	41	7	0.489	0.369	0.174

전력분석	한 시즌 두 자릿수 홈런도 기대할 만한 중장거리 유형의 2루수다. 2024년 오윤석이 미치면 KT도 미쳤다. 팀의 중심이 되는 2루, 그리고 중하위타순에서 생산력을 더해 타선을 폭발시키는 역할을 했다. 2025년에도 KT의 도화선이 될 것으로 기대를 모으고 있다.
강점	KT의 승리를 부르는 사나이, 일명 미친 선수의 표본이다.
약점	풀타임 시즌을 치를 체력 관리가 관건.

내야수 (우투좌타)

14 천성호

생년월일	1997년 10월 30일		신장/체중	183cm / 85kg
출신학교	광주화정초-충장중-진흥고-단국대		연봉	7천1백만 원

2024시즌 기록

타율	경기	타석	타수	득점	안타
0.295	75	255	234	41	69
2루타	3루타	홈런	루타	타점	도루
8	3	1	86	17	7
볼넷	삼진	병살타	장타율	출루율	득점권타율
18	43	5	0.368	0.346	0.346

전력분석	다부진 신체 조건과 운동능력으로 수준급 콘택트 능력을 뽐내는 내야수다. 타석에서 적극성을 앞세워 2024년 센세이션을 일으켰지만, 인플레이 타구 타율이 조금씩 떨어지며 한계를 느끼기도 했다. 후반기 들어선 상대 분석을 이겨 내지 못해 아쉬움이 남았다.
강점	인플레이 타구를 만드는 능력 자체는 탁월한 타자다.
약점	지나치게 덤비는 타격을 지양하는 게 최대 관건.

외야수 (우투좌타)

53 김민혁

생년월일	1995년 11월 21일		신장/체중	181cm / 71kg
출신학교	광주서석초-배재중-배재고		연봉	3억 원

2024시즌 기록

타율	경기	타석	타수	득점	안타
0.353	115	393	351	47	124
2루타	3루타	홈런	루타	타점	도루
14	3	1	147	34	4
볼넷	삼진	병살타	장타율	출루율	득점권타율
35	45	9	0.419	0.410	0.315

전력분석	스트라이크존 내외부를 가리지 않고 공략해 인플레이 타구를 생산하는 중장거리 타자다. 자신이 타석에서 적극성을 보이는 사실을 인지하고, 유인구에 쉽게 속지 않기 위해 스트라이크존을 통제하듯 설정하는 것 또한 김민혁이 갖고 있는 매력 중 하나다.
강점	좌투수 잡는 좌타자, 여기에 자기 스트라이크존까지 더 뚜렷해지고 있다.
약점	풀타임 시즌을 치를 체력 관리가 관건.

외야수 (우투좌타)

51 장진혁

생년월일	1993년 9월 30일		신장/체중	184cm / 90kg
출신학교	광주화정초-충장중-광주제일고-단국대		연봉	1억 1천5백만 원

2024시즌 기록

타율	경기	타석	타수	득점	안타
0.263	99	327	289	56	76
2루타	3루타	홈런	루타	타점	도루
16	0	9	119	44	14
볼넷	삼진	병살타	장타율	출루율	득점권타율
29	72	6	0.412	0.335	0.333

전력분석	직구만큼은 놓치는 법이 없다고 해도 무방하다. 중장거리 유형의 타자지만, 홈런도 충분히 생산할 수 있는 힘을 갖고 있다. 볼카운트 싸움에도 능하고, 강한 타구를 만들어 낼 능력도 충분하다. 공·수·주 삼박자 모두 평균 이상인 국내 외야수는 KT도 처음이다.
강점	공격은 물론, 강한 어깨와 주루 센스로 외야에 긴장감 더하는 메기남.
약점	2024년 개선한 변화구 대응 능력을 쭉 유지하는 게 관건.

99 강건
투수(우투우타)

생년월일 2004년 7월 12일
출신학교 원일초(영통구리틀)-매향중
-장안고

2024시즌 기록

바닥에서 솟구치듯 뻗는 구위, 이강철 감독이 꼽는 핵심 기대주 중 한 명.

평균자책점	경기	승	패	홀드	세이브	승률	이닝	투구수
11.25	4	0	1	0	0	0.000	4	99
피안타	피홈런	볼넷	삼진	실점	자책점	피안타율	WHIP	QS
8	1	4	3	5	5	0.421	3.00	0

29 전용주
투수(좌투좌타)

생년월일 2000년 2월 12일
출신학교 양진초(안성시리틀)-성일중
-안산공고

2024시즌 기록

구위 향상에 모두가 깜짝 놀랐다. 1군 좌완 불펜 갈증, 전용주가 해소할까?

평균자책점	경기	승	패	홀드	세이브	승률	이닝	투구수
10.80	4	0	0	0	0	-	1 2/3	50
피안타	피홈런	볼넷	삼진	실점	자책점	피안타율	WHIP	QS
2	0	3	4	3	2	0.286	3.00	0

18 문용익
투수(우투우타)

생년월일 1995년 2월 4일
출신학교 덕양초-양천중-청원고
-세계사이버대

2024시즌 기록

150km/h대의 직구도 너끈한 선발 기대주, KT의 비밀 병기로 거듭날 준비 중.

평균자책점	경기	승	패	홀드	세이브	승률	이닝	투구수
12.18	12	0	0	0	0	-	17	377
피안타	피홈런	볼넷	삼진	실점	자책점	피안타율	WHIP	QS
23	2	22	17	27	23	0.315	2.65	0

15 성재헌
투수(좌투좌타)

생년월일 1997년 12월 22일
출신학교 도신초-성남중-성남고-연세대

2024시즌 기록

좌완 불펜 오디션에서 보완점 피드백을 가장 덜 들은 투수는 성재헌이었다.

평균자책점	경기	승	패	홀드	세이브	승률	이닝	투구수
7.31	30	0	0	1	0	-	32	564
피안타	피홈런	볼넷	삼진	실점	자책점	피안타율	WHIP	QS
46	1	16	20	29	26	0.351	1.94	0

64 육청명
투수(우투우타)

생년월일 2005년 7월 18일
출신학교 강남초-선린중-강릉고

2024시즌 기록

팔꿈치 뼛조각 제거 수술 후 절치부심, 2025년은 1군에서 함께 가을야구를….

평균자책점	경기	승	패	홀드	세이브	승률	이닝	투구수
5.44	13	1	5	0	0	0.167	44 2/3	766
피안타	피홈런	볼넷	삼진	실점	자책점	피안타율	WHIP	QS
52	6	20	20	31	27	0.297	1.61	0

17 이채호
투수(우언우타)

생년월일 1998년 11월 23일
출신학교 동광초(김해시리틀)-원동중
-용마고

2024시즌 기록

2025년 최우선 목표는 1군 복귀, 수원 마운드에 다시 힘 보태는 게 급선무.

평균자책점	경기	승	패	홀드	세이브	승률	이닝	투구수
9.45	9	0	0	0	0	-	6 2/3	151
피안타	피홈런	볼넷	삼진	실점	자책점	피안타율	WHIP	QS
13	2	3	5	7	7	0.406	2.40	0

33 박세진
투수(좌투좌타)

생년월일 1997년 6월 27일
출신학교 본리초-경운중-경북고

2024시즌 기록

2016년 1차지명이 엊그제 같은데 어느덧 10년 차, 더는 기대주에 머물기 싫다.

평균자책점	경기	승	패	홀드	세이브	승률	이닝	투구수
3.38	6	0	0	0	0	-	5 1/3	107
피안타	피홈런	볼넷	삼진	실점	자책점	피안타율	WHIP	QS
7	0	4	2	4	2	0.333	2.06	0

59 한차현
투수(우투우타)

생년월일 1998년 11월 30일
출신학교 사능초(남양주리틀)-청원중
-포항제철고-성균관대

2024시즌 기록

퓨처스리그에서 선발 수업 받고 1군으로, 기회 적지만 필사적으로 살려라.

평균자책점	경기	승	패	홀드	세이브	승률	이닝	투구수
9.95	10	0	4	0	0	0.000	19	429
피안타	피홈런	볼넷	삼진	실점	자책점	피안타율	WHIP	QS
29	4	18	17	22	21	0.345	2.47	0

61 이선우
투수(우언우타)

생년월일 2000년 9월 19일
출신학교 수진초-매송중-유신고

2023시즌 막판 보여 준 잠재력을 다시 한번, 기회는 예고하고 오지 않는다.

평균자책점	경기	승	패	홀드	세이브	승률	이닝	투구수
5.40	6	0	0	0	0	-	10	183
피안타	피홈런	볼넷	삼진	실점	자책점	피안타율	WHIP	QS
10	0	4	4	6	6	0.263	1.40	0

45 이태규
투수(우투좌타)

생년월일 2000년 2월 21일
출신학교 희망대초-매향중-장안고

이강철 감독 놀라게 만든 직구 구위, 2025년 목표는 다시 1군에 눈도장 찍기.

평균자책점	경기	승	패	홀드	세이브	승률	이닝	투구수
-	-	-	-	-	-	-	-	-
피안타	피홈런	볼넷	삼진	실점	자책점	피안타율	WHIP	QS
-	-	-	-	-	-	-	-	-

49 이현민
투수(우투우타)

생년월일 2001년 10월 13일
출신학교 방화초(김포중앙리틀)-원당중
　　　　-구리인창고

육성선수 출신 우완으로 2024년 익산에서 프로 선수로서 첫 발을 디뎠다.

평균자책점	경기	승	패	홀드	세이브	승률	이닝	투구수
-	-	-	-	-	-	-	-	-
피안타	피홈런	볼넷	삼진	실점	자책점	피안타율	WHIP	QS
-	-	-	-	-	-	-	-	-

98 김주완
투수(좌투좌타)

생년월일 1999년 10월 7일
출신학교 송정동초-무등중-청담고-동강대

대졸 출신 군필 좌완으로 2024년 KT 유니품을 입고 익산 불펜에서 활약했다.

평균자책점	경기	승	패	홀드	세이브	승률	이닝	투구수
-	-	-	-	-	-	-	-	-
피안타	피홈런	볼넷	삼진	실점	자책점	피안타율	WHIP	QS
-	-	-	-	-	-	-	-	-

42 조대현
포수(우투우타)

생년월일 1999년 8월 6일
출신학교 길동초-매송중-유신고

국내 최상위권 포수 수비, 여기에 피드백까지 따뜻해 투수가 좋아하는 포수다.

타율	경기	타석	타수	득점	안타	2루타	3루타	홈런
0.306	26	45	36	2	11	2	0	0
루타	타점	도루	볼넷	삼진	병살타	장타율	출루율	RISP
13	3	0	3	12	1	0.361	0.350	0.143

55 강현우
포수(우투우타)

생년월일 2001년 4월 13일
출신학교 원종초(부천시리틀)-부천중
　　　　-유신고

차기 주전 포수 자질을 갖고 있는 핵심 기대주 중 한 명, 2025년 목표는 1군 머물기.

타율	경기	타석	타수	득점	안타	2루타	3루타	홈런
0.308	18	36	26	4	8	1	0	1
루타	타점	도루	볼넷	삼진	병살타	장타율	출루율	RISP
12	8	0	8	10	0	0.462	0.471	0.286

97 김민석
포수(우투우타)

생년월일 2005년 7월 22일
출신학교 창영초-동인천중-제물포고

KT 안방 막내, 비시즌 배트스피드 향상으로 공격력에서까지 성장 기대감 상승.

타율	경기	타석	타수	득점	안타	2루타	3루타	홈런
-	-	-	-	-	-	-	-	-
루타	타점	도루	볼넷	삼진	병살타	장타율	출루율	RISP
-	-	-	-	-	-	-	-	-

44 김준태
포수(우투좌타)

생년월일 1994년 7월 31일
출신학교 양정초-개성중-경남고
　　　　-영남사이버대

1군에서 기회 못 잡고 수원에서 익산으로 밀렸지만, 이렇게 끝내기 싫다.

타율	경기	타석	타수	득점	안타	2루타	3루타	홈런
0.240	23	30	25	6	6	2	0	0
루타	타점	도루	볼넷	삼진	병살타	장타율	출루율	RISP
8	3	0	5	6	0	0.320	0.367	0.333

56 장준원
내야수(우투우타)
생년월일 1995년 11월 21일
출신학교 경운초(김해시리틀)-개성중
-경남고

일명 '95즈' 일원으로, 2025년 유격수 비롯해 선수층 두께 더하는 내야 자원.

타율	경기	타석	타수	득점	안타	2루타	3루타	홈런
0.071	17	18	14	1	1	0	0	0
루타	타점	도루	볼넷	삼진	병살타	장타율	출루율	RISP
1	0	0	4	5	0	0.071	0.278	0.000

34 이호연
내야수(우투좌타)
생년월일 1995년 6월 3일
출신학교 광주수창초-진흥중-광주제일고
-성균관대

일명 '95즈' 일원으로, 2025년 다시 1군에서 입지 다지고 경쟁 부추기는 게 우선.

타율	경기	타석	타수	득점	안타	2루타	3루타	홈런
0.146	27	43	41	3	6	1	0	0
루타	타점	도루	볼넷	삼진	병살타	장타율	출루율	RISP
7	0	0	1	12	2	0.171	0.167	0.000

52 권동진
내야수(우투좌타)
생년월일 1998년 9월 12일
출신학교 제주신광초-세광중-세광고
-원광대

스프링캠프 최고 소득으로 꼽는 일명 '스페셜 조' 일원, 미래 주전 유격수를 향해.

타율	경기	타석	타수	득점	안타	2루타	3루타	홈런
0.222	9	10	9	3	2	0	0	0
루타	타점	도루	볼넷	삼진	병살타	장타율	출루율	RISP
2	0	0	1	2	0	0.222	0.300	0.333

5 강민성
내야수(우투우타)
생년월일 1999년 12월 8일
출신학교 대구옥산초-경상중-경북고

도미니카공화국 훈련으로 한층 영근 KT 최고 기대주, 멘토 허경민을 만나다.

타율	경기	타석	타수	득점	안타	2루타	3루타	홈런
0.000	1	1	1	0	0	0	0	0
루타	타점	도루	볼넷	삼진	병살타	장타율	출루율	RISP
0	0	0	0	0	0	0.000	0.000	0.000

35 윤준혁
내야수(우투우타)
생년월일 2001년 7월 26일
출신학교 역촌초(은평구리틀)-충암중
-충암고

퓨처스리그에선 더 보여 줄 게 없다. 큰 키에도 빠른 발을 겸비한 내야 기대주.

타율	경기	타석	타수	득점	안타	2루타	3루타	홈런
0.176	13	18	17	3	3	2	0	0
루타	타점	도루	볼넷	삼진	병살타	장타율	출루율	RISP
5	0	0	1	6	0	0.294	0.222	0.200

2 박민석
내야수(우투우타)
생년월일 2000년 4월 13일
출신학교 성동초-덕수중-장충고

미국에 있는 '강정호 스쿨' 수강 위해 투타 서슴지 않은 유망주, 야구에 진심.

타율	경기	타석	타수	득점	안타	2루타	3루타	홈런
0.214	20	14	14	6	3	0	0	0
루타	타점	도루	볼넷	삼진	병살타	장타율	출루율	RISP
3	0	0	0	7	0	0.214	0.214	0.250

23 안현민
외야수(우투우타)
생년월일 2003년 8월 22일
출신학교 임호초(김해리틀)-개성중-마산고

코리안 푸이그, 근육질의 육중한 체구에도 빠른 스피드를 겸비한 파워히터.

타율	경기	타석	타수	득점	안타	2루타	3루타	홈런
0.200	16	29	25	5	5	0	1	1
루타	타점	도루	볼넷	삼진	병살타	장타율	출루율	RISP
10	2	0	2	10	0	0.400	0.276	0.000

28 송민섭
외야수(우투우타)
생년월일 1991년 8월 2일
출신학교 청파초(안산리틀)-선린중
-선린인터넷고-단국대

"한국시리즈 7차전, 승부처에서 외야 대수비가 필요하다. 누구에게 맡기겠습니까?"

타율	경기	타석	타수	득점	안타	2루타	3루타	홈런
0.214	36	20	14	8	3	0	0	0
루타	타점	도루	볼넷	삼진	병살타	장타율	출루율	RISP
3	1	0	3	6	0	0.214	0.421	0.143

8 안치영
외야수(우투좌타)

생년월일 1998년 5월 29일
출신학교 중동초(원미구리틀)-천안북중
-북일고

2024시즌 기록
익산을 들썩이게 만든 KT 육성 결실, 2025년 목표는 다시 1군에서 자리 잡기.

타율	경기	타석	타수	득점	안타	2루타	3루타	홈런
0.250	31	48	44	12	11	0	0	0
루타	타점	도루	볼넷	삼진	병살타	장타율	출루율	RISP
11	3	0	2	12	0	0.250	0.283	0.182

0 김건형
외야수(우투좌타)

생년월일 1996년 7월 12일
출신학교 먼우금초-Lesbois(중)
-Timberline(고)-Boise State(대)

2024시즌 기록
퓨처스리그에서 경험은 쌓을 만큼 쌓았다. 2025년 1군에서 기량 꽃피울까?

타율	경기	타석	타수	득점	안타	2루타	3루타	홈런
0.125	13	25	24	2	3	1	0	0
루타	타점	도루	볼넷	삼진	병살타	장타율	출루율	RISP
4	1	0	1	8	0	0.167	0.160	0.000

57 김병준
외야수(우투좌타)

생년월일 2003년 7월 3일
출신학교 창촌초(안산리틀)-안산중앙중
-유신고

2024시즌 기록
입대 전 두각 나타낼까? 전역 후 어떻게 달라져 있을까? KT가 기대하는 외야 재목.

타율	경기	타석	타수	득점	안타	2루타	3루타	홈런
0.357	35	16	14	9	5	0	0	0
루타	타점	도루	볼넷	삼진	병살타	장타율	출루율	RISP
5	1	0	2	2	0	0.357	0.438	0.250

31 최성민
외야수(좌투좌타)

생년월일 2002년 7월 5일
출신학교 송정동초-무등중-광주동성고

2024시즌 기록
이강철 감독이 2023년 스프링캠프부터 지켜보는 재능, 2025년 1군 데뷔할까?

타율	경기	타석	타수	득점	안타	2루타	3루타	홈런
-	-	-	-	-	-	-	-	-
루타	타점	도루	볼넷	삼진	병살타	장타율	출루율	RISP
-	-	-	-	-	-	-	-	-

67 유준규
외야수(우투좌타)

생년월일 2002년 8월 16일
출신학교 군산신풍초-군산중-군산상고

2024시즌 기록
박경수 QC코치에게 글러브 받은 내야 유망주, 콘택트 능력과 빠른 발이 강점.

타율	경기	타석	타수	득점	안타	2루타	3루타	홈런
-	-	-	-	-	-	-	-	-
루타	타점	도루	볼넷	삼진	병살타	장타율	출루율	RISP
-	-	-	-	-	-	-	-	-

1라운드 전체 9순위
40 김동현

생년월일	2006년 1월 21일
신장/체중	193cm / 97kg
출신학교	신천초(고양덕양구리틀)-잠신중 -서울고

투수(우투우타)

키가 크면 둔하거나 유연성이 부족할 수 있지만, 모두 편견이었다. 투구 메커니즘이 매우 안정적. 소위 '날리는 볼'이 없는 게 장점이다. 스프링캠프에서도 착실히 몸을 만든 만큼 2025년 1군에서 두각을 나타낼 공산도 높다.

2라운드 전체 19순위
46 박건우

생년월일	2006년 11월 28일
신장/체중	182cm / 95kg
출신학교	행당초(동구유소년야구단)-충암중 -충암고

투수(우투우타)

충암고의 실질적 에이스로 활약한 투수. 다부진 체격에서 나오는 안정적 제구로 고교 레벨의 타자들은 손쉽게 돌려세웠다. 마운드 위에서의 평온한 투구와 흔들리지 않는 멘털로 언젠가 KT의 뒷문을 지킬 것으로도 기대되는 재목이다.

3라운드 전체 29순위
43 김재원

생년월일	2006년 8월 21일
신장/체중	190cm / 90kg
출신학교	청구초-홍은중-장충고

투수(우투우타)

큰 키에도 운동능력과 민첩성이 돋보이는 재목. 고교 시절부터 수준급의 변화구를 구사해 눈길을 끌었다. 고교 시절부터 완성도 높은 구종을 보유해 온 만큼 탈삼진 능력도 갖춰, 구단에선 그를 미래의 선발 자원으로도 보고 있다.

4라운드 전체 39순위
102 박준혁

생년월일	2006년 3월 10일
신장/체중	178cm / 84kg
출신학교	대왕초(강남구리틀)-휘문중-휘문고

투수(우투우타)

신장이 크지 않은 편이지만, 다부진 체격이 이를 보완한다. 와일드한 투구폼에서 나오는 공격적 투구가 인상적. 다양한 구종을 평균 이상으로 구사. 위기에도 흔들리지 않는 멘털과 근성으로 꾸준한 성장을 이룰 것으로 기대를 모은다.

5라운드 전체 49순위
104 박민석

생년월일	2006년 7월 27일
신장/체중	178cm / 83kg
출신학교	남정초-건대부중-덕수고

외야수(우투우타)

빠른 발과 순발력, 콘택트 능력만큼은 고교 최상위권 레벨로 평가받는 재목. 순간적으로 나오는 장타력도 주목할 만한 타자다. 전문 외야수로서 정확한 타구 판단과 강한 어깨, 송구 능력이 두루 돋보인다는 평가가 뒤따르기도 했다.

6라운드 전체 59순위
105 오서진

생년월일	2006년 6월 8일
신장/체중	188cm / 80kg
출신학교	수원신곡초-수원북중-유신고

내야수(우투우타)

수원의 명문 유신고 출신의 내야 유틸리티 플레이어. 스카우트팀에선 오서진의 부드러운 수비 동작과 빠르고 강한 송구에 후한 점수를 줬다. 차분한 성격과 리더십도 눈여겨본 요소다.

7라운드 전체 69순위
106 이용현

생년월일	2006년 1월 6일
신장/체중	188cm / 85kg
출신학교	평택부용초(안성시리틀)-청담중 -강릉고

내야수(우투좌타)

고교 1학년 때부터 주전을 꿰찬 재능이다. 스카우트팀에선 간결한 스윙과 공격력을 높이 샀지만, 수비와 주루도 수준급으로 평가했다. 1, 3루에 외야 수비도 가능한 멀티 플레이어다.

8라운드 전체 79순위
107 윤상인

생년월일	2004년 4월 1일
신장/체중	183cm / 80kg
출신학교	도곡초-언북중-신일고 -동원과학기술대

투수(우투우타)

대학 진학 후 투수로 전향한 케이스지만, 140km/h 후반대의 투심과 빼어난 무브먼트로 후한 평가를 받았다. 신일고 내야를 맡던 시절부터 스카우트팀이 눈여겨보던 야구 재능이다.

9라운드 전체 89순위
103 이정환

생년월일	2006년 4월 12일
신장/체중	182cm / 90kg
출신학교	수원신곡초-매향중-안산공고

포수(우투우타)

고교 최정상급 도루 저지 능력을 갖춘 포수 유망주다. 블로킹도 안정적이다. 수비에서만큼은 '포수 중 1순위'를 받았어도 손색없다는 평가. 여기에 언제든 한 방을 칠 힘도 있다.

10라운드 전체 99순위
108 정영웅

생년월일	1999년 12월 25일
신장/체중	171cm / 75kg
출신학교	광주화정초-무등중-광주제일고 -원광대

외야수(좌투좌타)

대학 올스타의 리드오프로 활약한 재목이다. 뛰어난 콘택트 능력과 빠른 발로 누상을 휘젓고, 외야를 넓게 커버하는 게 최대 장점이다. 현역병으로 병역의무를 마친 점도 눈길을 끈다.

11라운드 전체 109순위
109 이승준

생년월일	2006년 2월 1일
신장/체중	170cm / 65kg
출신학교	진말초(와이번스리틀)-소래중-장안고

내야수(우투좌타)

작은 키, 작은 체격을 상쇄하고도 남을 악바리 근성의 2루수 자원이다. 스카우트팀에선 이승준의 빠른 발과 민첩한 수비 능력에 후한 점수를 줬다. 팀의 활력소가 될 잠재력이 있다.

TEAM PROFILE

UNIFORM

HOME

구단명 : **SSG 랜더스**

연고지 : **인천광역시**

창립연도 : **2000년**(SK 와이번스), **2021년**(SSG 랜더스)

구단주 : **정용진**

대표이사 : **김재섭**

단장 : **김재현**

감독 : **이숭용**

홈구장 : **인천 SSG 랜더스필드**

영구결번 : **26 박경완**

한국시리즈 우승 : **2007 2008 2010 2018 2022**

AWAY

2025 SSG LANDERS DEPTH CHART

• 지명타자

 최정
 하재훈
 박지환

좌익수
에레디아
하재훈
오태곤

 중견수
최지훈
정현승

우익수
한유섬
하재훈
오태곤

유격수
박성한
박지환
김성현

 2루수
정준재
김성현

3루수
최정
박지환
김성현

1루수
고명준
오태곤

• 감독

 이숭용

포수
이지영
조형우
신범수

• 2025 예상 베스트 라인업

1번 타자	최지훈	중견수
2번 타자	정준재	2루수
3번 타자	최 정	3루수
4번 타자	에레디아	좌익수
5번 타자	한유섬	우익수
6번 타자	박성한	유격수
7번 타자	고명준	1루수
8번 타자	이지영	포수
9번 타자	박지환하재훈	지명타자

• 예상 선발 로테이션

 화이트
 앤더슨
 김광현
 문승원
송영진

• 필승조

 노경은
 서진용
 김민
 한두솔

• 마무리

 조병현

TEAM INFO

팀 분석

2024 팀 순위 (포스트시즌 최종 순위 기준)

6위

최근 5년간 팀 순위

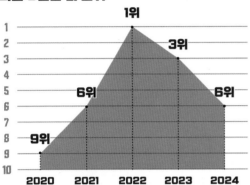

2024시즌 팀 공격력

↑: High / ↓: Low

타율↑	홈런↑	병살타↓	득점권 타율↑	삼진↓	OPS↑
0.273	152개	85개	0.286	1,095개	0.762
7위	4위	1위	4위	6위	8위

2024시즌 팀 마운드

↑: High / ↓: Low

평균자책점↓	탈삼진↑	QS↑	볼넷↓	피안타율↓	피홈런↓	WHIP↓
5.25	1,195개	40	630개	0.271	163개	1.55
10위	1위	공동9위	10위	3위	9위	10위

2024시즌 팀 수비력

↑: High / ↓: Low

실책↓	견제사↑	병살 성공↑	도루저지율↑
119개	5개	123번	25.2%
8위	공동 6위	6위	6위

2024시즌 최다 마킹 유니폼

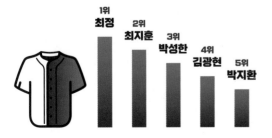

1위 최정
2위 최지훈
3위 박성한
4위 김광현
5위 박지환

PARK FACTOR

홈구장_인천 SSG 랜더스필드

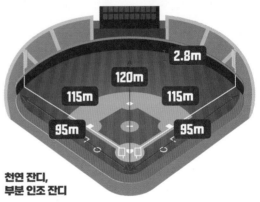

2.8m
120m
115m 115m
95m 95m

천연 잔디,
부분 인조 잔디

수용인원

23,000석

구장 특성

2002년 개장한 문학야구장을 여러 차례에 걸쳐 리모델링했다. 구장 자체는 오래됐으나 대규모 리모델링을 통해 선수단 라커나 내부 사무실 등은 최신식 시설을 완비했다. 특히 랜더스필드의 스카이박스석은 크기별로, 콘셉트별로 다양하고 메이저리그 못지않은 시설을 자랑한다. 초대형 전광판인 '빅보드'도 야구 관람을 더욱 흥미진진하게 만들어 준다. 대표적인 타자친화형 구장으로 '홈런공장'이라는 별명을 가지고 있다.

HOME STADIUM GUiDE

원정팬을 위한 교통편 추천, 주차, 숙소 팁

인근 지역 주민이 아니라면 대중교통 이용이 다소 까다롭다. 기차로 오기는 쉽지 않고, 버스터미널을 이용하거나 광명역에서 다른 교통 수단을 갈아타고 와야 한다. 그렇기 때문에 자차 이용 혹은 지하철 이용 관람객이 많다. 지하철의 경우 인천 1호선 '문학경기장역'에서 하차하면 금세 야구장에 도달할 수 있다. 다만 대중교통을 이용할 경우, 막차 시간을 잘 확인해서 움직여야 한다.

자차 이용객의 경우 야구장 지하주차장이나 문학경기장 내 야외 유료 주차장을 이용하면 된다. 주말 경기나 매진 경기에는 사람이 많이 몰려 출차에 많은 시간이 걸리는데, 지역 경찰의 협조를 받아 과거보다 많이 개선됐다. 특히 토요일 홈경기가 끝난 후 진행하는 불꽃놀이 이후에는 출차 차량이 대거 몰리니 주의.

랜필에서 빼놓을 수 없는 게 바로 먹거리. 야구장 내에 크림새우, 떡볶이, 물회 등 맛집이 많은 곳인데, 올해 더 다양한 가게들이 입점했다. 특히 세계 최초 야구장 내 스타벅스 매장이 있는데, 사이렌 오더까지 가능해서 편리하다.

응원단

응원단장
박민수

치어리더
김도아

치어리더
김현영

치어리더
박재경

치어리더
배수현

치어리더
안지현

치어리더
유보영

치어리더
이리안

치어리더
이연진

치어리더
이정윤

치어리더
이지원

치어리더
조다정

치어리더
조연주

치어리더
허수미

장내아나운서
이대현

순리대로만 하면, 중간은 무난하게 간다

작년에 이것만 잘됐으면 좋았을 텐데

희망으로 시작해 절망을 맛보고 기적으로 끝난 롤러코스터 시즌. 5월과 8월 최악의 성적 그리고 LG, NC 상대 전적 열세를 조금만 극복했다면 어땠을까. 이숭용 감독 부임 첫해였던 2024시즌 SSG는 흐름을 종잡을 수 없는 팀이었다. 시즌 초반 중위권으로 산뜻하게 출발하더니, 5월 월간 성적 10승 14패 8위로 급락했다. 6~7월 타선이 살아나면서 5할 승률 플러스를 기록하나 싶더니 8월 한 달간 8승 17패, 월간 순위 9위로 추락했다. SSG 팬들에게 작년 8월은 아마 야구를 보는 것조차 괴로운 시즌이었다. 현장에서도 계획대로 흘러가는 파트가 하나도 없어 그 어느 때보다 힘겨워했다.

시즌 초반 로버트 더거의 극도 부진 후 퇴출, 로에니스 엘리아스의 잔부상 등이 이어졌고, '영원한 에이스' 김광현마저 커리어 로우에 가까운 성적을 기록하면서 팀 성적이 그야말로 요동쳤다. 특히 주축 선수들의 부상이 겹친 데다 폭염에 체력까지 떨어진 8월은 다시 떠올리고 싶지 않을 정도로 힘겨웠다. '철인'으로 풀타임을 쉼 없이 뛰던 최지훈, 박성한까지 시즌 막판에는 피로 누적으로 인한 부상이 찾아왔다. 베스트 라인업은 상위권이지만, 결국 백업 뎁스가 약한 포지션들이 SSG의 위기를 자초하는 결과를 불러왔다.

특정 팀들에게 너무 저조한 성적을 거둔 것도 아쉬웠다. 지난해 SSG는 '디펜딩 챔피언' LG에 4승 1무 11패라는 초라한 성적을 남겼고, 만나기만 하면 유독 안 풀리는 NC를 상대로 5승 11패로 처졌다. 이 두 팀에게만 5할 승률 기준 -13. 오히려 지난해 1위 팀인 KIA에 10승 5패로 강세를 보인 것과는 대조적이었다. 열세를 조금만 만회했어도 순위 추락을 일찍 막을 수 있었다. SSG는 9월부터 귀신같이 '가을 DNA'가 살아나며 월간 승률 1위를 기록했고, 7위로 처져 있다가 공동 5위로 정규 시즌을 마치는 기적을 일으켰다. 물론 순위 결정전에서 KT에 역전패를 당하며 가을야구 무대는 냄새도 맡지 못했지만. 딱 1승만 더 했더라면. 한 경기의 소중함을 다시 한번 느낀 시즌이었다.

스토브리그 성적표

여러 수습에 바빠 특별한 전력 보강이 없었다. 최정-노경은 잡았지만 플러스라 보긴 어렵고, 김민 트레이드는 후일 평가 가능. 그나마 외국인 선수 계약이 만족스럽다.

지극히 주관적인 올 시즌 예상 순위와 이유

타선의 짜임새는 괜찮다. 2024년의 발견인 박지환, 정준재, 고명준이 한 단계 더 올라선다면, 포스트시즌 진출은 충분히 가능한 타선이 완성된다. 다만, 마운드 쪽에 물음표가 많다. 외국인 투수 2명(화이트, 앤더슨)의 틀은 괜찮지만, 국내 선수들은 변수가 있다. 김광현이 지난해 부진을 일시적으로 털어 내느냐, 선발로 복귀한 문승원이 안정적으로 로테이션을 돌아 주느냐에 따라 희비가 갈릴 듯. 오히려 5선발 후보는 이전보다 늘어나서, 대체 선수 가운데 '터지는' 선수가 1~2명만 나와도 수월해진다. 변수는 많아도 승부처에 강한 팀이라 5할 본능은 유지할 것 같다.

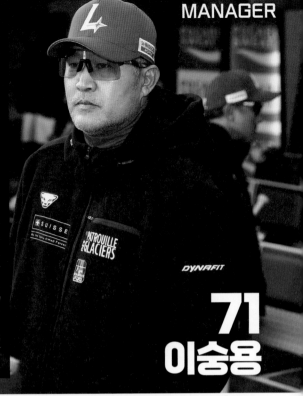

생년월일	1971년 3월 10일
출신학교	서울용암초-중앙중-중앙고-경희대
주요 경력	태평양 돌핀스·현대 유니콘스

·히어로즈 선수(1994~2011)
-kt 위즈 1군 타격코치(15~16, 18)
-kt 위즈 단장(19~22)·kt 위즈 육성총괄(23)
-SSG 랜더스 감독(24~)

"무조건 승부, 올-인"

감독 자리가 정말 쉽지 않다는 것을 체감한 1년이었다. 선수 시절에도 그 '대단했던' 현대의 주장을 수차례 했고, KT의 우승 단장으로 프런트 경력까지 쌓았으니 경험은 충분하다고 생각했다. 하지만 시즌 구상이 계획대로만 흘러가지 않는다는 것을 절감했다. 아쉬움도 많았던 감독 첫 시즌이었지만, 그래도 여전히 선수들의 의견을 최대한 존중하겠다는 약속은 지켜지고 있다. 절치부심의 각오로 개막을 맞는 이숭용 감독은 올해 팀의 핵심 유망주 선수들에게 더 많은 출전 기회를 주겠다는 또 다른 약속을 했다. 이들이 얼마나 실전에서 성장한 모습을 증명해 내느냐에 따라 이숭용 감독의 재계약 여부가 갈릴 수 있다.

71
이숭용

1군

수석코치 송신영	타격코치 강병식	투수코치 경헌호	불펜코치 이승호	배터리코치 세리자와 유지	작전·주루코치 조동화	작전·주루코치 윤재국	수비코치 손시헌

퓨쳐스

타격보조코치 오준혁	퓨처스 감독 박정권	타격코치 이병규	투수코치 류택현	불펜코치 이영욱	배터리코치 스즈키 후미히로	주루코치 나경민	수비코치 와타나베 마사토

잔류군코치 윤요섭	잔류군코치 배영수	잔류군코치 이윤재	잔류군코치 정진식

29 Ⓒ 투수(좌투좌타)
김광현

생년월일	1988년 7월 22일
신장/체중	188cm / 88kg
출신학교	덕성초(안산리틀)-안산중앙중-안산공고
연봉(2025)	30억 원

#홍보는_홍보팀보다_빠르게

김광현은 올해 데뷔 첫 선수단 주장을 맡게 됐다. 구단 역사상 투수가 '캡틴'이 된 것은 2007~2008년 김원형 이후 처음. 사실 이숭용 감독이 처음 주장 자리를 제안했을 때 김광현은 "제가 어떻게 합니까"라며 고사했지만, 고참 선수들의 강력한 지지가 있었다. 그런데 김광현은 주장 선임 사실을 홍보팀보다 빠르게, 그것도 자신의 인스타그램을 통해서 발표했는데. 이유를 묻자 "홍보팀에게 여지를 주고 싶지 않았다"고 농담을 하면서 "발표할 정도의 일은 아니라고 생각했다. 팬들과 소통하는 주장이 되고 싶다"고. 의욕적인 '캡틴' 김광현이다.

#기계와_싸웠어요

영원한 에이스. 김광현에게도 2024년은 시련의 시간이었다. 이렇게 길게 부진을 이어 온 적은 프로 데뷔 이후 처음이었다. 시즌을 시작할 때 몸 상태가 워낙 좋았기 때문에 더 자신이 있었는데, 야구는 생각대로 풀리지 않았다. 김광현은 ABS존에 대해서 지나치게 의식하고, 과하게 준비했던 것이 독이 됐던 것 같다고 돌아봤다. 낮게, 정교하게 던지려고 하다가 오히려 꼬였다는 자기 반성이다. "작년에 저는 야구를 한 게 아니라 기계와 싸우고 있었던 것 같아요."

#2년_전보다_몸이_더_좋다

매년 시즌이 끝난 후, 메디컬 체크로 전반적인 몸 상태를 확인하는 김광현은 이번 비시즌에는 희소식을 들었다. 1년 전보다 어깨와 팔꿈치 상태가 더 좋아졌다는 MRI 검진 결과. 어깨와 팔꿈치가 소모품이다보니 매년 닳는 게 MRI상으로 보일 정도였는데, 작년에는 풀타임을 뛰고도 오히려 상태가 더 좋아졌다. 지난해 부진 속에서도 큰 부상 없이 1년 내내 완주를 했던 것 역시 김광현을 희망적으로 바라볼 수밖에 없는 요소다.

🎤 TMI 인터뷰

1. 내가 가장 처음 좋아했던 야구선수는?
- 이상훈 선배님

2. 나만의 유니폼 패션 포인트는?
- 특별하게 없다.

3. 다른 팀에서 데리고 오고 싶은 선수와 그 이유는?
- 안우진. 지금 KBO에서 구위가 가장 좋다.

4. 내가 추천하는 최고의 보양 비법은?
- 특별하게 챙겨 먹는 건 없다. 훈련을 하는 만큼 밥을 잘 챙겨 먹는 편이다.

5. 본인 또는 동료 이름으로 삼행시
- [김] 김광현 [광] 광현이는
  [현] 현재 몸 상태가 좋습니다.

2024시즌 기록

평균자책점	경기	승	패	홀드	세이브
4.93	31	12	10	0	0
승률	이닝	투구수	피안타	피홈런	볼넷
0.545	162 1/3	2,757	162	24	73
삼진	실점	자책점	피안타율	WHIP	QS
154	95	89	0.260	1.45	13

전력분석	명불허전 SSG의 심장. 큰 키와 역동적인 투구폼에서 내리 꽂는 빠른 공과 고속 슬라이더가 일품. 최근에는 커브와 체인지업도 적극적으로 활용하고 있다.
강점	어떤 상황에서도 경기를 끌고 갈 수 있는 노련함과 김광현이라는 이름 자체가 주는 압박감.
약점	지나치게 정교하려고 하다가 장점이 없는다. 늘어난 피장타.

14
최정

내야수(우투우타)

생년월일	1987년 2월 28일
신장/체중	180cm / 90kg
출신학교	대일초-평촌중-유신고
연봉(2025)	17억 원

#110억_전액_보장

3번째 FA 자격을 취득한 최정. 랜더스 외 다른 팀은 생각해 본 적도 없다. SSG와 4년 총 110억 원(계약금 30억, 연봉 80억) 전액 보장 조건으로 사인을 했다. 이제 마흔을 바라보는 나이를 감안했을 때 엄청나게 파격적인 액수다. SSG는 최정의 값어치를 인정했고, 그 역시 '원클럽 레전드'의 길을 걷게 됐다. 이번 계약으로 최정은 첫 FA 4년 86억, 두번째 FA 6년 106억에 이어 총 3번의 FA로 최대 302억 원 '원톱'을 기록하게 됐다.

#500홈런_몇_개_남았어요?

SSG 마케팅팀이 작년부터 노심초사하며(?) 기다린 기록이 하나 있다. 바로 최정의 KBO 최초 500홈런 달성. 작년까지 최정의 통산 홈런 개수는 495개. 500홈런에서 5개만 남겨 둔 상황인데, 사실 작년 시즌 막판에 달성할 가능성도 있어서 구단은 일찍부터 준비를 하고 있었다. 사상 첫 대기록이기 때문. 아쉽게 작년에는 5개를 남겨두고 멈췄는데, 아마 올 시즌 초반 달성하지 않을까?

#욕심나

평소 최정은 기록에 대해 욕심을 많이 내는 편이 아니다. 심지어는 '라이온킹' 이승엽을 뛰어넘어, KBO 최다 홈런 신기록(468홈런)을 세웠을 때도 "내가 해외 진출을 안 해서 그렇다"며 떨떠름(?)해했던 최정이다. 그런 그도 욕심을 내는 기록이 딱 하나 있는데, 연속 두 자릿수 홈런 기록이다. 최정은 작년까지 19시즌 연속 두 자릿수 홈런이라는 신기록을 달성했는데, 아마 올해 20시즌 연속도 무난하지 않을까?

2024시즌 기록

타율	경기	타석	타수	득점	안타
0.291	129	550	468	93	136
2루타	3루타	홈런	루타	타점	도루
27	2	37	278	107	5
볼넷	삼진	병살타	장타율	출루율	RISP
55	114	10	0.594	0.384	0.284

전력분석	명실상부 대한민국 최고의 홈런왕. KBO 최다 홈런 신기록 보유자. 전통적인 홈런 타자들에 비해 타구 속도는 낮은 편이지만, 몸쪽 공에도 강한 특유의 타격폼으로 높은 발사 각도를 만들어 내며 장타를 많이 쳐 내는 타자. 매년 30홈런 이상을 터뜨릴 수 있는 슬러거인데도 늘 3할 가까운 타율과 3할 8푼대 출루율을 유지하는 단점 없는 타자.
강점	찬스 상황에서 더 강하다. 클러치 상황에서 터지는 특유의 호쾌한 장타.
약점	한번 땅을 파고 들어가기 시작하면 슬럼프가 찾아온다. 최정도 사람이구나. 기복이 있다.
수비력	이 나이에 아직도 리그 최고 3루수. 강한 어깨를 갖춘 핫코너의 지배자.

TMI 인터뷰

1. 내가 가장 처음 좋아했던 야구선수는?

- 커트 실링

2. 나만의 유니폼 패션 포인트는?

- 오버핏으로 입는다.

3. 다른 팀에서 데리고 오고 싶은 선수와 그 이유는?

- 김도영. 잘 치고 잘 뛰고 어리니까.

4. 내가 추천하는 최고의 보양 비법은?

- 밥심. 탄수화물로 모든 것을 이겨 낸다.

5. 본인 또는 동료 이름으로 삼행시

- [최] 최곱니다.
  [정] 정말로.

2
박성한

내야수(우투좌타)

생년월일	1998년 3월 30일
신장/체중	180cm / 77kg
출신학교	순천북초-여수중-호천고
연봉(2025)	3억 7천만 원

#영광이었습니다
작년 시즌 말부터 갑자기 불붙은 골든글러브 경쟁. 득표 2위로 수상은 불발이었지만, 골글 레이스에 뛰어들었다는 자체로 박성한의 클래스를 상승시켜 준 계기가 됐다. 투표 시작도 전부터 워낙 박찬호(KIA)와의 경쟁 구도가 형성되면서 부담도 됐지만, 박성한은 그 부담 자체를 즐겼다. "골든글러브를 받든, 못 받든 무조건 시상식에 가서 기쁘게 축하를 해 주고 싶다"던 약속을 지킨 박성한이다.

#성한이형
골든글러브 못 받으면 어때. 박성한은 바쁜 비시즌을 보냈다. '프리미어12' 국가대표로 선발된 박성한은 쿠바전과 일본전 '멀티 히트'에 이어 도미니카공화국전에서 극적인 역전 결승 3루타를 터뜨리며 국대 유격수로 거듭났다. 소속 팀 SSG에서 연봉도 확실하게 올랐다. 올 시즌 연봉 3억 7천만 원으로 팀 내 비FA 최고 연봉자로 우뚝 섰다. 팀 동료이자 선배인 최지훈은 "이제 성한이가 형이죠. 연봉 많이 받으면 형이에요."라고 말했다.

#멋지다!_혜성아
최근 취재진과 인터뷰를 할 때마다 박성한에게 빠지지 않는 질문이 있다. 바로 메이저리그 무대에 도전하고 있는 친구 김혜성(LA 다저스)에 대한 이야기다. 비시즌이면 자주 만나 밥도 먹고, 야구와 운동에 대한 이야기도 나누던 동갑내기 친구의 도전은 박성한에게도 신선한 자극제다. 또 다른 동갑 친구 이정후(샌프란시스코 자이언츠)도 마찬가지. 그들을 지켜보는 송성문(키움)은 "98년생들이 뭐가 있나 봐요. 다들 독하고 야구를 잘해요."라고 했다.

TMI 인터뷰

1. 내가 가장 처음 좋아했던 야구선수는?
- 없다.

2. 나만의 유니폼 패션 포인트는?
- 심플 이즈 베스트!

3. 다른 팀에서 데리고 오고 싶은 선수와 그 이유는?
- 김도영. 리그를 대표하는 타자다.

4. 내가 추천하는 최고의 보양 비법은?
- 삼겹살!

5. 본인 또는 동료 이름으로 삼행시
- [최] 최고의 중견수
  [지] 지훈이 형은
  [훈] 훈남이다.

2024시즌 기록

타율	경기	타석	타수	득점	안타
0.301	137	564	489	78	147
2루타	3루타	홈런	루타	타점	도루
24	0	10	201	67	13
볼넷	삼진	병살타	장타율	출루율	RISP
64	86	11	0.411	0.380	0.302

전력분석	자신만의 스트라이크존을 확실히 정립해 두고, 정교한 타격을 하는 타자. 타석에서 참을성도 강해, 선구안이 좋고 출루율도 높다. 올해 체격을 더 키우면서 더 강한 타구를 만들어 내기 위해 노력 중. 지난해 극적으로 3할을 채우면서 '3할-10홈런 유격수'라는 성과를 달성해 냈다.
강점	호타준족 유격수. 콘택트 히터로서 최고의 능력치를 가졌다.
약점	잘하는 날과 그렇지 않은 날의 편차가 큼. 콜드존 공략 시 대처가 약한 편.
수비력	국가대표 유격수. 많은 편이었던 실책도 줄였고, 강한 어깨와 풋워크가 장점인 똑똑한 선수.

54

외야수(우투좌타)

최지훈

생년월일	1997년 7월 23일
신장/체중	178cm / 82kg
출신학교	광주수창초-무등중-광주제일고-동국대
연봉(2025)	3억 원

#혹사는_아닙니다

지난해 최지훈은 낯선 경험을 했다. 8월 말 경기 도중 허벅지 근육 부상을 입어 약 한 달 가까이 강제 휴식을 취했다. 일본에서 치료도 받고, 극적으로 시즌 종료 전에 복귀는 했지만 완벽한 상태는 아니었다. 허벅지가 완전치 않은 상태로 기초 군사 훈련도 받았는데, "예전에는 어디 부러지지 않는 이상 다치는 걸 무서워하지는 않았는데, 이제는 좀 무섭다. 예민하게 생각해야 할 것 같다"는 게 그의 깨달음. 혹사 논란에 대해서는 "그러라고 연봉 받는 건데 혹사라고 생각은 안 한다. 제 몸이 되는 한 계속 경기를 나가고 싶다"고 선을 그었다.

#악어_조심

화제가 됐던 박성한의 골든글러브 경쟁. SSG에서는 원톱 외야수이자, 확고한 주전이지만 최지훈 역시 아직 골든글러브가 없다. 리그 외야수들에 워낙 쟁쟁한 후보가 많기 때문. 내심 욕심은 나지만, 그렇다고 상을 받기 위해 뭔가를 할 수도 없는 상황. 물론 가장 무서운 경쟁자가 같은 팀에 있다. 연말이면 각종 상을 쓸어담는 에레디아. 에레디아와 유독 친한 최지훈은 "플로리다에 악어가 그렇게 많더라"며 경쟁자 제거(?)를 예고했다.

#아니_커리어하이?

작년 최지훈의 홈런 개수는 11개. 프로 데뷔 후 한 시즌 최다다. 본인의 (현재까지의) 커리어하이 시즌인 2022년 타율 3할에 홈런 10개를 쳤는데, 그때보다 1개 더 쳤다. 출전 경기 수는 11경기 더 적었던 것을 감안하면 놀라운 기록. 불과 1년 전인 2023시즌 그는 홈런 2개를 치는 데 그쳤다. 물론 홈런을 노려 치는 유형의 타자는 아니지만, 최지훈의 거포 본능을 확인해 볼 수 있는 깜짝 기록이다.

2024시즌 기록

타율	경기	타석	타수	득점	안타
0.275	125	543	483	89	133
2루타	3루타	홈런	루타	타점	도루
22	7	11	202	49	32
볼넷	삼진	병살타	장타율	출루율	RISP
50	71	5	0.418	0.345	0.245

전력분석	추신수가 은퇴한 이후, SSG의 새 리드오프 1번 타자. 타격 시 골반 회전력을 바탕으로 공을 때리면서 고르게 안타를 생산해 낼 수 있는 능력을 가지고 있음. 발이 빨라서 상위 타순에 적합하고, 3루타가 리그 3위권 내에 들 정도로 특장점이 있다. 다만 타격 정확도에 대한 고민을 계속 하고 있다.
강점	짐승 같은 체력과 언제든 뛸 수 있다는 인상이 상대 배터리에게 부담. 5년 연속 120안타 이상 때려 낸 경험치.
약점	기다리던 공이 오면 너무 빠르게 승부. 예전엔 강점이었던 좌투수 상대로 고전했던 2024년.
수비력	SSG가 중견 대체자를 못 키우는 게 아니다. 수비범위가 리그 최고 수준.

🎤 TMI 인터뷰

1. 내가 가장 처음 좋아했던 야구선수는?
- 이치로 선수

2. 나만의 유니폼 패션 포인트는?
- 유니폼 색깔에 맞춰서 깔맞춤.

3. 다른 팀에서 데리고 오고 싶은 선수와 그 이유는?
- 없다.

4. 내가 추천하는 최고의 보양 비법은?
- 잠을 충분히 자는 게 최고인 것 같다.

5. 본인 또는 동료 이름으로 삼행시
- [박] 박성한
  [성] 성하아
  [한] 한 해 시작을 잘해 보자. 골든 글러브 파이팅!

38

투수(우투우타)

노경은

생년월일	1984년 3월 11일
신장/체중	187cm / 100kg
출신학교	화곡초-성남중-성남고
연봉(2025)	4억 원

#너희도_할_수_있어

한때 방출생으로 은퇴 위기에 몰렸던 투수의 화려한 대반전. 2022년 SSG 이적 이후 인생 역전에 성공한 노경은은 지난 시즌이 끝난 후 FA 자격까지 채웠다. 첫 FA에서 미아로 거의 반 시즌 이상을 못 뛰었던 슬픈 기억은 뒤로하고, 2년 연속 30홀드의 공로를 인정받아 2+1년 최대 25억 원에 SSG에 잔류했다. 이는 40대가 된, 혹은 40대를 맞이하려는 선수들에게는 기념비적인 일이다. 노경은은 최소 2년 이상 현역 생활을 더 보장받게 됐다.

#이게_얼마나_대단하냐면

노경은은 지난해 2년 연속 30홀드 기록을 세웠는데, KBO 신기록이다. 그동안 한 시즌 30홀드 기록은 총 12번. 그러나 그 중 2년 연속 30홀드 이상을 거둔 사례는 노경은을 제외하면 한 명도 없었다. 홀드를 많이 쌓으면서 불펜에서 활약하면 이듬해 마무리로 전환하거나, 아니면 피로 누적 여파를 극복하지 못하고 부진한 경우가 대부분이었다. 이 나이에 2년 연속 83이닝 투구, 76경기 이상 등판. 진짜 대단하다는 말밖에는 나오지 않는다.

#LOVE_플로리다

올해 SSG는 일부 베테랑 선수들이 1차 미국 캠프 대신, 일본 자율 캠프를 선택했다. 감독이 준 선택권이었다. 그런데 노경은은 처음부터 미국행 희망파였다. 이유가 있었다. "사실 저도 일본 가는 게 좋긴 한데, 그동안 플로리다 가서 성적이 계속 좋았잖아요. 그래서 저는 확고했습니다. 작년, 재작년이랑 똑같이 하고 싶었어요."

🎤 TMI 인터뷰

1. 내가 가장 처음 좋아했던 야구선수는?
- 커트 실링. 직구 볼끝, 144km/h의 포크볼에 반했다.

2. 나만의 유니폼 패션 포인트는?
- 글러브

3. 다른 팀에서 데리고 오고 싶은 선수와 그 이유는?
- 양석환. 발사각이 높은 타자인데 문학에서 몇 개를 칠 수 있을까 궁금하다.

4. 내가 추천하는 최고의 보양 비법은?
- 시합 때는 배부르기보단 출출한 느낌이 들게 먹는다.

5. 본인 또는 동료 이름으로 삼행시
- [노] 노련한 [경] 경기 운영으로 [은] 은혜롭게 풀어 나간다.

2024시즌 기록

평균자책점	경기	승	패	홀드	세이브
2.90	77	8	5	38	0
승률	이닝	투구수	피안타	피홈런	볼넷
0.615	83 2/3	1,338	71	10	32
삼진	실점	자책점	피안타율	WHIP	QS
71	30	27	0.232	1.23	0

전력분석	대기만성형. 철저한 자기 관리로 하루도 빠지지 않고 성실하게 훈련하며 나이를 이겨 내는 투수. 포심과 투심 패스트볼은 물론이고, 슬라이더, 커터, 체인지업 등 다양한 구종을 구사하면서 상대 타자를 요리하는 유형. 마흔을 넘은 나이에도 패스트볼 구속이 140km/h 중반을 유지하고, 변화구 제구력은 더 안정되면서 위기 상황에서도 믿을 수 있는 투수로 필승조 활약을 수년째 이어 오고 있다.
강점	다양한 변화구와 안정적인 제구력. 3년 연속 80이닝 가까이 투구. 믿기지 않는 체력.
약점	3년간 너무 많이 던졌다. 나이로 인한 위험 요소가 있다.

내 뒤에는 아무도 없다...!!!
19

19
조병현

투수(우투우타)

생년월일	2002년 5월 8일
신장/체중	182cm / 90kg
출신학교	온양온천초-온양중-세광고
연봉(2025)	1억 3천5백만 원

#마무리_재밌어요

사실 원래 조병현의 보직은 선발. 팀 내에서도 그의 불펜 전환을 두고 '선발로 쓸 수 있는 투수인데 아깝다'는 의견이 있었다. 조병현 역시 선발에 나름 애착을 가지고는 있었는데, 막상 경험을 해 보니 '마무리의 맛'을 알아 버렸다. "선발 못 해도 아쉽지 않아요. 마무리는 경기를 끝내는 사람이니까 그것도 재밌는 것 같기도 하고, 위기 상황 때 뛰어 올라오면 팬분들이 환호해 주시는 게 기분이 더 좋더라고요." 물론 아직은 약간의 수줍음이 남아 있어 노경은 선배처럼 위기를 막고 나서 화려한 세리머니는 못 하고 있다는 비밀.

#문학차은우_국대차은우로

매력적인 강속구와 그에 못지않은 훈훈한 얼굴을 갖춰 팬들에게 '문학차은우'로 불리는 조병현. 지난해에는 A대표팀인 '프리미어12' 국가대표로도 선발됐다. 과거에도 APBC와 아시아야구선수권대회에 참가한 적은 있지만, 연령 제한 없는 국제대회는 이번이 처음. 조병현은 "대표팀에 각 팀 마무리 투수들이 다 모여있었는데, 굳이 물어보지 않아도 운동하는 방법이나 루틴 등을 옆에서 보고 많이 배웠다. 앞으로도 대표팀에 자주 뽑혀서 많은 경기에 등판해 보고 싶다"고 꿈을 밝혔다.

#02케미_절대지켜

2002년생 동갑내기 친구인 고명준, 조형우와 절친하다. 고명준과는 세광고 동기 사이이기도 한데, 이 3명의 또 다른 공통점이 있다. 바로 팀의 미래 기둥 선수들이라는 사실. 풀타임 마무리 투수로 첫 시즌에 도전하는 조병현과 주전 1루수로 스텝업에 도전하고 있는 고명준, 차기 주전 포수에 도전하고 있는 조형우까지. 경기 끝나면 저녁도 같이 먹고, 쉬는 날에도 끊임없이 연락하는 세 사람. 랜더스의 미래가 여기 있네?

2024시즌 기록

평균자책점	경기	승	패	홀드	세이브
3.58	76	4	6	12	12
승률	이닝	투구수	피안타	피홈런	볼넷
0.400	73	1,294	52	8	31
삼진	실점	자책점	피안타율	WHIP	QS
96	34	29	0.197	1.14	0

전력분석	강한 심장을 가진 SSG의 새 마무리 투수. 상무 제대 후 알을 깨고 나온 조병현은 지난해 추격조에서 필승조, 마무리 투수까지 단계별로 격상했다. 위에서 아래로 쏘는듯한 우완 정통파 투수로 강한 직구의 수직무브먼트에 장점이 있고, 포크볼, 커브도 유용하게 먹히 들어간다. 특히 조용한듯 보이지만 승부사 기질도 가지고 있어 마무리 투수에 적합한 성향의 투수.
강점	하이패스트볼과 포크볼로 상하존을 적재적소에 활용해 공략키 어려움.
약점	풀타임 마무리 첫 시즌. 체력 관리와 변화구 아쉬움 어떻게 풀어낼까.

🎤 TMI 인터뷰

1. 내가 가장 처음 좋아했던 야구선수는?
- 김선우 선배님

2. 나만의 유니폼 패션 포인트는?
- 글러브 색은 유니폼과 어울리는 투톤.

3. 다른 팀에서 데리고 오고 싶은 선수와 그 이유는?
- 좌완 파이어볼러 이의리와 한 방 있는 김도영.

4. 내가 추천하는 최고의 보양 비법은?
- 장어, 고기를 많이 먹는다.

5. 본인 또는 동료 이름으로 삼행시
- [조] 조심스럽게 예상합니다. [병] 병현이와 랜더스는 [현] 현시점 최고의 팀이 될 것 같다고 (김)건우가 얘기했습니다.

투수(우투우타)

55 화이트

생년월일/국적	1994년 12월 28일 / 미국			신장/체중	190cm / 95kg
출신학교	미국 Santa Clara(대)			연봉	100만 달러

2024시즌 기록

평균자책점	경기	승	패	홀드	세이브
-	-	-	-	-	-
승률	이닝	투구수	피안타	피홈런	볼넷
-	-	-	-	-	-
삼진	실점	자책점	피안타율	WHIP	퀄리티스타트
-	-	-	-	-	-

주무기 와일드하고 공격적인 투수. 강속구가 주무기인 파이어볼러인데, 변화구 완급 조절도 된다. 1선발감.

SSG가 야심 차게 영입한 100만 달러 전액 보장의 1선발. 앤더슨과 원투펀치를 맡아 주길 기대하고 있다. 어머니가 재미 교포 2세로, 화이트는 백인 아버지와 한국계 어머니 사이에서 태어난 혼혈이다. 때문에 한국의 문화에도 익숙하다. 최고 157km/h에 이르는 빠른 공을 던지는데다, 우타자, 좌타자에 따라 변화구 구사도 다르게 가져갈 수 있는 능력치를 갖추고 있다. 주무기는 브레이킹볼급 커브. 구속 차가 있어 위닝샷의 장점이 있다. 단, 변수는 부상. 스프링캠프 막판에 햄스트링 부상으로 중도 귀환한 그는 과거에도 잔부상 이력이 많은 편이라 부상 관리가 올 시즌 키가 될 전망이다.

투수(우투우타)

33 앤더슨

생년월일/국적	1994년 3월 22일 / 미국			신장/체중	194cm / 83kg
출신학교	미국 Galena(고)			연봉	120만 달러

2024시즌 기록

평균자책점	경기	승	패	홀드	세이브
3.89	24	11	3	0	0
승률	이닝	투구수	피안타	피홈런	볼넷
0.786	115 2/3	2,029	98	11	53
삼진	실점	자책점	피안타율	WHIP	퀄리티스타트
158	55	50	0.227	1.31	9

주무기 최고 157km/h를 던지는 초강력 파이어볼러. 100구를 던져도 구속 유지.

이미 KBO리그에서 검증은 끝났다. 지난해 대체 선수로 영입됐지만, 좋은 성적을 거두면서 재계약에 성공했다. 드물게 마운드에서 100구를 던져도 구속이 크게 떨어지지 않는 경기 체력을 갖추고 있다. 구위 자체가 강력해서, 쉽게 승부하기 어렵지만 반대로 공이 몰릴 때는 장타를 허용하는 순간도 많다. 작년에는 불펜으로만 뛰다가 한국에서 선발로 재전환을 한 거라 체력적인 어려움이 있었는데, 올해는 처음부터 선발 루틴에 맞춰서 준비했다. 팀 내에서는 체력 관리만 잘되면 작년보다 나은 성적을 낼 거라고 기대 중.

외야수(좌투우타)

27 에레디아

생년월일/국적	1991년 1월 31일 / 쿠바			신장/체중	178cm / 88kg
출신학교	쿠바 Eide Luis Agusto Tursios Lima			연봉	180만 달러

2024시즌 기록

타율	경기	타석	타수	득점	안타
0.360	136	591	541	82	195
2루타	3루타	홈런	루타	타점	도루
31	1	21	291	118	4
볼넷	삼진	병살타	장타율	출루율	득점권타율
28	73	12	0.538	0.399	0.428

타격스타일 홈런을 많이 치는 파워형 타자는 아님에도 불구하고 4번을 칠 수 있는 클러치 히터. 195안타로 증명되는 메커니즘.

벌써 SSG에서 3년 차를 맞는 효자 외국인 타자. 슬러거형 외국인 타자는 아니지만, SSG는 차선 중 최선을 택했고 그 선택이 맞아떨어졌다. 메이저리그에서 백업 외야수로 애매한 입지에 있던 에레디아는 KBO리그에 입성해 최고의 타자로 성장했다. 지난해 3할 6푼의 타율에 21홈런 195안타 118타점을 올리며 더 진화했다. 타격에 가려져 있지만, 수비도 최정상급. 강한 어깨로 홈보살도 심심치 않게 하면서 외국인 야수들 중에서는 단연 1순위. 다만 이제 30대 중반에 접어든 만큼 체력 관리는 필수.

투수(우투우타)

22 서진용

생년월일	1992년 10월 2일			신장/체중	184cm / 88kg
출신학교	남부민초-대동중-경남고			연봉	3억 8천만 원

2024시즌 기록

평균자책점	경기	승	패	홀드	세이브
5.55	51	0	1	6	0
승률	이닝	투구수	피안타	피홈런	볼넷
0.000	47	800	52	5	26
삼진	실점	자책점	피안타율	WHIP	퀄리티스타트
38	34	29	0.291	1.66	0

전력분석	팔꿈치 수술 후 2년 차. 그래도 작년 후반기에는 살아나는 모습을 보여 줬다. 예전처럼 150km/h대 직구는 아니어도, 경기 운영 능력이 점점 더 좋아지면서 이전보다 안정감이 더해지는 베테랑. 올 시즌 노경은, 김민과 함께 충분히 필승 셋업맨 역할을 맡아 줄 수 있는 자원.
강점	좌우 상관없이 아무 때나 던질 수 있는 최고의 무기 포크볼.
약점	그날 구위에 따라 포크볼 위력에도 편차가 있음. 안 좋은 날은 밋밋하게 들어간다.

투수(우투우타)

41 김민

생년월일	1999년 4월 14일			신장/체중	185cm / 88kg
출신학교	인천숭의초-평촌중-유신고			연봉	1억 1천만 원

2024시즌 기록

평균자책점	경기	승	패	홀드	세이브
4.31	71	8	4	21	0
승률	이닝	투구수	피안타	피홈런	볼넷
0.667	77 1/3	1,205	84	5	27
삼진	실점	자책점	피안타율	WHIP	퀄리티스타트
77	38	37	0.277	1.44	0

전력분석	힘 있는 투심 패스트볼과 강한 슬라이더를 던지는 투수. 트레이드 이적 후 맞는 첫 번째 시즌. 과거 선발 유망주였지만, 지난해 KT에서 불펜으로 성공을 거두고 팀을 옮겼다. 필승조 활용이 예상된다. 올시즌부터는 커터 사용을 연습하고 있다.
강점	긁히면 쳐 내기 쉽지 않은 구위. 불펜으로도 검증된 체력.
약점	불펜으로 개막을 맞는 것은 처음. 작년이 반짝 아니었다는 것을 보여 줘야.

투수(우투우타)

42 문승원

생년월일	1989년 11월 28일			신장/체중	180cm / 88kg
출신학교	가동초-배명중-배명고-고려대			연봉	8억 원

2024시즌 기록

평균자책점	경기	승	패	홀드	세이브
4.50	62	6	1	6	20
승률	이닝	투구수	피안타	피홈런	볼넷
0.857	60	1,065	67	10	24
삼진	실점	자책점	피안타율	WHIP	퀄리티스타트
53	33	30	0.283	1.52	0

전력분석	파이어볼러는 아니지만 커맨드가 장점인 투수. 선발에서 불펜으로, 불펜에서 다시 선발로. 팔꿈치 수술 이후 여러 차례 보직을 옮기면서 투구폼과 투구 스타일에도 기복이 다소 컸다. 올해는 확정된 4선발로 개막을 맞이한다. 본인이 선호하는 보직인 만큼 초반 탄력을 받을 수 있을 것으로 예상.
강점	수많은 경험. 차분한 성격의 베테랑.
약점	상황에 따라 기복이 큼.

투수(우투양타)

28 송영진

생년월일	2004년 5월 28일			신장/체중	185cm / 90kg
출신학교	대전유천초-한밭중-대전고			연봉	5천5백만 원

2024시즌 기록

평균자책점	경기	승	패	홀드	세이브
5.80	26	5	10	0	0
승률	이닝	투구수	피안타	피홈런	볼넷
0.333	99 1/3	1,815	112	10	51
삼진	실점	자책점	피안타율	WHIP	퀄리티스타트
67	74	64	0.283	1.64	3

전력분석	어느덧 프로 3년 차. 오원석을 트레이드시킨 SSG가 가장 집중적으로 키우고 있는 선발 유망주. 5선발로 개막을 맞았다. 땅볼 유도 능력이 좋고, 탈삼진 능력보다는 맞춰 잡기에 적합하며 경기를 풀어 나가는 센스도 갖춰 전형적인 선발 요원. 지난해에는 후반기 체력이 떨어지는 모습이 나왔지만, 올해 코어 보강을 집중적으로 준비하며 풀타임 선발에 도전.
강점	좌타자 상대로 강한 편. 컨디션만 받쳐 주면 스트라이크를 주저 없이 꽂는 투수.
약점	체력이 떨어지면서 구속도 함께 흔들렸다.

투수(우투우타)

92 이로운

생년월일	2004년 9월 11일			신장/체중	185cm / 105kg
출신학교	염창초(강서구리틀)-덕수중-성남고			연봉	7천4백만 원

2024시즌 기록

평균자책점	경기	승	패	홀드	세이브
5.95	63	1	3	9	1
승률	이닝	투구수	피안타	피홈런	볼넷
0.250	56	1,138	67	4	43
삼진	실점	자책점	피안타율	WHIP	퀄리티스타트
41	43	37	0.300	1.96	0

전력분석	기대를 많이 모았던 1라운더. 하지만 2년 차였던 지난해 오히려 존재감이 약해졌다. 탈삼진 능력을 갖춘 강속구 투수지만, 슬럼프가 올 때는 자신감이 뚝 떨어지면서 난타당하는 경기가 늘어났다. 아직 저연차에 파워가 있는 유형인 만큼 구종별 존을 확실하게 설정하고 연마하면 발전 가능성이 높은 투수.
강점	150km/h가 넘는 묵직한 직구.
약점	하체 보완 및 체력 관리가 필요하다.

투수(우언우타)

50 박종훈

생년월일	1991년 8월 13일			신장/체중	186cm / 90kg
출신학교	군산중앙초-군산중-군산상고			연봉	11억 원

2024시즌 기록

평균자책점	경기	승	패	홀드	세이브
6.94	10	1	4	0	0
승률	이닝	투구수	피안타	피홈런	볼넷
0.200	35	662	37	7	21
삼진	실점	자책점	피안타율	WHIP	퀄리티스타트
34	28	27	0.276	1.66	1

전력분석	부활을 준비하는 잠수함 투수. 귀한 언더핸드 선발 요원. 팔꿈치 수술 후 부진을 거듭했고, 지난해에도 2군에서 보낸 시간이 더 길었지만 스스로 부진의 원인을 분석한 후 절치부심을 시즌을 준비한다.
강점	움직임이 큰 변화구와 제구력, 긍정적인 성격.
약점	부진이 길어지면서 흔들린 릴리스포인트.

PLAYERS

투수(좌투좌타)

41 한두솔

생년월일	1997년 1월 15일			신장/체중	177cm / 86kg
출신학교	광주수창초-진흥중-광주제일고 -일본 오사카 리세이샤 전문대학			연봉	8천만 원

2024시즌 기록

평균자책점	경기	승	패	홀드	세이브
5.01	69	2	1	3	0
승률	이닝	투구수	피안타	피홈런	볼넷
0.667	59 1/3	1,071	62	3	31
삼진	실점	자책점	피안타율	WHIP	퀄리티스타트
68	40	33	0.267	1.57	0

전력분석 미래가 불투명했던 선수가 불과 1년 사이 좌완 필승조가 됐다. 좌완 불펜이 귀한 SSG에서 1순위로 올라선 투수. 지난해 69경기에 등판, 팀 내 입지를 넓혔다. 최고 150km/h의 빠른 공을 던지는데, 지난해 투구판 위치에 변화를 준 이후 단점이었던 제구가 많이 잡혔다.

강점 상체 회전에 비해 팔이 늦게 나오고, 직구와 슬라이더를 같은 동작에서 던져 타자들에게 혼란을 준다.

약점 제구력 많이 좋아졌지만, 아직 숙제는 있다.

투수(우투좌타)

51 정동윤

생년월일	1997년 10월 22일			신장/체중	193cm / 103kg
출신학교	덕성초(안산리틀)-중앙중-야탑고			연봉	3천만 원

2024시즌 기록

평균자책점	경기	승	패	홀드	세이브
0.00	3	0	0	0	0
승률	이닝	투구수	피안타	피홈런	볼넷
-	1 2/3	32	1	0	1
삼진	실점	자책점	피안타율	WHIP	퀄리티스타트
2	0	0	0.167	1.20	0

전력분석 5선발 후보. 194cm의 큰 키와 안정적인 신체 밸런스를 가지고 있는 10년 차 유망주. 그동안 크고 작은 부상과 수술, 재활 등 장외 고난이 너무 많았다. 지난해 마무리캠프부터 다시 두각을 드러내고, 단점으로 지적됐던 패스트볼 구속도 140km/h 중반대까지 끌어올렸다.

강점 의외의 손재주? 경헌호 코치에게 전수받은 투심, 포크볼 빠르게 장착했다.

약점 하드웨어에 비해 느린 구속.

포수(우투우타)

20 조형우

생년월일	2002년 4월 4일			신장/체중	187cm / 95kg
출신학교	송정동초-무등중-광주제일고			연봉	4천만 원

2024시즌 기록

타율	경기	타석	타수	득점	안타
0.242	19	38	33	4	8
2루타	3루타	홈런	루타	타점	도루
0	0	0	8	4	0
볼넷	삼진	병살타	장타율	출루율	득점권타율
1	6	0	0.242	0.342	0.364

전력분석 SSG가 작심하고 키우는 핵심 유망주 포수. 입단 당시부터 기대가 컸는데, 1군에서 제 기량을 보여 주지 못하거나 출전 기회를 많이 받지 못하면서 어려움이 컸다. 지난해 마무리캠프부터 공격과 수비에 명확한 가이드라인을 만들고, 공격형 포수로서의 경쟁력을 되찾는 게 목표. 타격에 있어서는 레그킥에서 토탭으로 폼을 바꾸고, 스윙도 줄이면서 정확도를 높이는 데 초점을 맞추는 중이다.

강점 강한 어깨와 짧은 팝타임 그리고 타석에서의 파워.

약점 1군만 올라오면 작아지는 자신감.

포수(우투좌타)

24 김민식

| 생년월일 | 1989년 6월 28일 | | 신장/체중 | 180cm / 80kg |
| 출신학교 | 양덕초-마산중-마산고-원광대 | | 연봉 | 2억 5천만 원 |

2024시즌 기록

타율	경기	타석	타수	득점	안타
0.208	45	126	106	10	22
2루타	3루타	홈런	루타	타점	도루
5	0	1	30	10	0
볼넷	삼진	병살타	장타율	출루율	득점권타율
16	33	2	0.283	0.311	0.214

전력분석	지난해 어렵게 FA 계약을 체결하며 SSG에 잔류했지만, 출전 시간은 더 줄어들었다. 올해도 경기 수는 장담할 수 없지만, SSG 투수들에 대해 누구보다 많이 알고 있는 만큼 비상 상황에서는 언제든 믿고 맡길 수 있는 포수.
강점	SSG 투수들에 대한 정보가 가장 많고, 포수에 적합한 성향.
약점	키워야 할 유망주가 많은데 출전 시간 확보할 수 있을까?

포수(우투우타)

59 이지영

| 생년월일 | 1986년 2월 27일 | | 신장/체중 | 177cm / 88kg |
| 출신학교 | 염창초(강서구리틀)-덕수중-성남고 | | 연봉 | 1억 5천만 원 |

2024시즌 기록

타율	경기	타석	타수	득점	안타
0.279	123	432	398	45	111
2루타	3루타	홈런	루타	타점	도루
11	1	5	139	50	8
볼넷	삼진	병살타	장타율	출루율	득점권타율
18	35	10	0.349	0.320	0.269

전력분석	사인 앤드 트레이드로 SSG 이적 후 주전 자리를 꿰찬 베테랑 포수. 든든한 수비력과 공격적인 투수 리드로 SSG 안방을 책임진다. 타자로서도 매력을 가지고 있다. 콘택트 능력을 갖춘 데다 찬스 상황에서 강한 클러치 히터.
강점	내구성이 좋고 긍정적 에너지가 넘친다.
약점	가끔 너무 공격적인 투수 리드.

내야수(우투우타)

1 박지환

| 생년월일 | 2005년 7월 12일 | | 신장/체중 | 183cm / 75kg |
| 출신학교 | 군산남초-군산중-세광고 | | 연봉 | 6천2백만 원 |

2024시즌 기록

타율	경기	타석	타수	득점	안타
0.276	76	249	228	33	63
2루타	3루타	홈런	루타	타점	도루
9	2	4	88	21	8
볼넷	삼진	병살타	장타율	출루율	득점권타율
12	61	3	0.386	0.317	0.246

전력분석	SSG가 최정 이후 19년 만에 1라운더로 뽑은 내야수. 이제 2년 차를 맞는다. 주 포지션은 유격수이나, 구성상 2루와 3루, 유격수 백업을 맡을 예정이다. 아직 몸을 키워 가는 과정이지만, 타고난 신체 밸런스와 운동 능력이 빼어나다. 어떤 것을 가르쳐도 금방 흡수하는 스타일. 콘택트 능력이 좋으며 장타를 많이 만들어 낼 수 있는 유형의 타자.
강점	타고난 야구 재능. 이게 바로 본 투 비 스타일까.
약점	경험 부족. 의욕이 앞설 때가 있다.

내야수(우투좌타)

3 정준재

| 생년월일 | 2003년 1월 3일 | | | 신장/체중 | 165cm / 68kg |
| 출신학교 | 상인천초-동인천중-강릉고-동국대(얼리 드래프트) | | | 연봉 | 7천5백만 원 |

2024시즌 기록

타율	경기	타석	타수	득점	안타
0.307	88	240	215	40	66
2루타	3루타	홈런	루타	타점	도루
8	5	1	87	23	16
볼넷	삼진	병살타	장타율	출루율	득점권타율
19	49	3	0.405	0.371	0.351

전력분석	대학 2년 차 얼리 드래프트 출신. 165cm의 작은 키와 체구를 가지고 있지만, 센스와 독기로 그 모든 단점을 상쇄하는 유형. 입단 당시만 해도 크게 주목을 못 받았지만, 작년 1군 출전 기회가 찾아왔을 때 그 기회를 자신의 것으로 만들었다. 올 시즌 주전 2루수로 개막을 맞는다. 선구안이 좋고 차분해서 볼을 잘 골라내고, 상대적으로 키가 작은 이점을 ABS 시스템에서 잘 이용한다.
강점	제2의 정근우? 발도 빠르고 센스도 좋다. 의외로 공수 겸장 리드오프감.
약점	존 높은 코스 공략이 어려움.

내야수(우투우타)

18 고명준

| 생년월일 | 2002년 7월 8일 | | | 신장/체중 | 185cm / 94kg |
| 출신학교 | 서원초-세광중-세광고 | | | 연봉 | 8천만 원 |

2024시즌 기록

타율	경기	타석	타수	득점	안타
0.250	106	366	340	33	85
2루타	3루타	홈런	루타	타점	도루
13	0	11	131	45	3
볼넷	삼진	병살타	장타율	출루율	득점권타율
25	90	4	0.385	0.303	0.313

전력분석	이제는 귀해진 우타 거포 유망주. 지난해 전의산과의 경쟁에서 앞서며 주전 1루 자리를 꿰찼고 11개의 홈런을 쳤다. 큰 신장을 바탕으로 안정적인 1루 수비력을 갖췄지만, 타격에서는 아직 완성이라고 볼 수 없다. 다만 마무리캠프부터 스프링캠프까지 타석에서의 중심 이동 등 여러 가지 변화를 줬고, 실제로 확연하게 성장하는 모습을 보여 주면서 올 시즌에 대한 기대치가 크다.
강점	힘 대 힘의 승부에서 강함. 강속구 투수 공략이 쉬웠어요.
약점	더 정확한 노림수 정립이 필요함. 타격폼 특성상 삼진이 많음.

내야수(우투우타)

6 김성현

| 생년월일 | 1987년 3월 9일 | | | 신장/체중 | 172cm / 72kg |
| 출신학교 | 송정동초-충장중-광주제일고 | | | 연봉 | 1억 5천만 원 |

2024시즌 기록

타율	경기	타석	타수	득점	안타
0.227	71	167	141	21	32
2루타	3루타	홈런	루타	타점	도루
3	1	1	40	15	2
볼넷	삼진	병살타	장타율	출루율	득점권타율
16	28	7	0.284	0.321	0.250

전력분석	내야 거의 전 포지션 소화가 가능한 SSG의 '원클럽맨'이자 만능 베테랑. 작년에는 공에 손목을 맞아 미세골절상을 입으면서 전반기를 제대로 치르지 못했다. 그래도 내야 어느 포지션이든 안정적으로 수비를 해내는, 빼놓을 수 없는 존재감을 가지고 있다. 30대 후반에 접어들면서 콘택트 능력은 이전보다 떨어지고 있지만, 결정적 상황에서 하나씩 치는 클러치 본능이 있다.
강점	내야 전 포지션 소화 가능. 최고의 경험치.
약점	이제 많아진 나이. 부상 조심.

외야수(우투좌타)

35 한유섬

생년월일	1989년 8월 9일			신장/체중	190cm / 105kg
출신학교	중앙초(해운대리틀)-대천중-경남고-경성대			연봉	9억 원

2024시즌 기록

타율	경기	타석	타수	득점	안타
0.235	132	523	464	64	109
2루타	3루타	홈런	루타	타점	도루
29	0	24	210	87	0
볼넷	삼진	병살타	장타율	출루율	득점권타율
46	142	2	0.453	0.314	0.260

전력분석	언제든 20홈런 이상을 쳐 낼 수 있는 거포형 타자. 작년에도 시즌 초반 홈런 선두 레이스를 펼칠 정도였다. 올해도 외야 한 자리를 굳건히 지키며 중심 타자 역할을 해야 하지만, 여러 과제가 있다. 지난해 ABS 도입 이후 존에 혼란을 겪었고, 타격폼과 신체 사이즈 특성상 손해도 컸던 편. 상체 의존도를 줄이고 하체 활용에 신경을 쓰면서 반격을 준비한다.
강점	걸리면 새까맣게 넘어간다. 아무나 따라할 수 없는 파워.
약점	생각이 너무 많다. 한번 슬럼프가 찾아오면 쉽게 못 벗어나는 스타일.

외야수(우투우타)

13 하재훈

생년월일	1990년 10월 29일			신장/체중	182cm / 90kg
출신학교	양덕초-마산동중-용마고			연봉	9천만 원

2024시즌 기록

타율	경기	타석	타수	득점	안타
0.248	107	317	290	40	72
2루타	3루타	홈런	루타	타점	도루
19	0	10	121	36	15
볼넷	삼진	병살타	장타율	출루율	득점권타율
18	90	5	0.417	0.292	0.177

전력분석	세이브왕이 홈런왕이 되는 그날까지. 타자 재전향 4번째 시즌을 맞는다. 2023년에는 3할을 치고도 부상 때문에 이탈 기간이 길어 아쉬움이 컸고, 작년엔 큰 부상 없이도 저조한 타격 성적이 아쉬웠다. 타격폼에 있어서 분명한 차이가 있었다고 되짚어 보고 있고, 하체 회전을 활용하는 폼을 유지, 정립하는 데 목표를 두고 있다. 올 시즌 외야 백업이지만 가장 강력한 대타 자원이 될 수 있는 타자.
강점	괜히 '하남자'가 아니다. 어떤 상황에서도 허슬플레이.
약점	타석에서도 지나치게 적극적이라 손해를 볼 때가 많다.

외야수(우투우타)

37 오태곤

생년월일	1991년 11월 18일			신장/체중	186cm / 88kg
출신학교	쌍문초-신월중-청원고			연봉	1억 5천만 원

2024시즌 기록

타율	경기	타석	타수	득점	안타
0.275	117	288	247	43	68
2루타	3루타	홈런	루타	타점	도루
16	0	9	111	36	27
볼넷	삼진	병살타	장타율	출루율	득점권타율
31	73	4	0.449	0.355	0.291

전력분석	내외야 전천후 멀티 플레이어. 내야 전 포지션 소화가 가능한 선수였지만, 최근에는 1루와 외야 백업을 중심으로 출전하고 있다. SSG에서는 어떤 선수가 부상으로 빠져도 오태곤을 기용할 수 있어 감독들이 선호할 수밖에 없는 존재. 지난해에는 타격에서도 준수한 성과를 냈다. 특히 좌투수 상대로 3할이 넘는 타율을 기록할 정도로 유독 강하고, 자신감도 가지고 있다.
강점	어느 타순에, 어떤 포지션에 놔도 기본은 해내는 만능맨.
약점	들쑥날쑥한 출전 기회로 인한 감각 저하. 떨어지는 변화구에 약점.

43 김택형
투수(좌투좌타)

생년월일 1996년 10월 10일
출신학교 창영초-재능중-동산고

2024시즌 기록
떨어진 구속과 구위. 체중 감량부터 투구폼까지 다시 모든 것을 세팅한다.

평균자책점	경기	승	패	홀드	세이브	승률	이닝	투구수
9.00	6	0	1	0	0	0.000	7	130

피안타	피홈런	볼넷	삼진	실점	자책점	피안타율	WHIP	QS
10	1	6	1	7	7	0.333	2.29	0

39 김건우
투수(좌투좌타)

생년월일 2002년 7월 12일
출신학교 가현초(인천서구리틀)-동산중
-제물포고

2024시즌 기록
지옥에서도 데려오는 귀한 좌완. 미래 선발 자원으로 가능성 높음.

평균자책점	경기	승	패	홀드	세이브	승률	이닝	투구수
-	-	-	-	-	-	-	-	-

피안타	피홈런	볼넷	삼진	실점	자책점	피안타율	WHIP	QS
-	-	-	-	-	-	-	-	-

57 박시후
투수(좌투좌타)

생년월일 2001년 5월 10일
출신학교 상인천초-상인천중-인천고

2024시즌 기록
야구 센스가 있는 좌완. 한두솔과 더불어 1군 윈손 스페셜리스트 가능.

평균자책점	경기	승	패	홀드	세이브	승률	이닝	투구수
6.75	11	0	0	0	0	-	14 2/3	259

피안타	피홈런	볼넷	삼진	실점	자책점	피안타율	WHIP	QS
18	1	7	11	11	11	0.295	1.70	0

00 박성빈
투수(우투우타)

생년월일 2003년 12월 29일
출신학교 서울도곡초(강남구리틀)-대치중
-휘문고-사이버한국외대(얼리 드래프트)

2024시즌 기록
선발 조기 강판 시 급하게 불을 끌 수 있는 소방수. 사이드 유형으로 직구가 묵직함.

평균자책점	경기	승	패	홀드	세이브	승률	이닝	투구수
0.00	3	0	0	0	0	-	2 1/3	28

피안타	피홈런	볼넷	삼진	실점	자책점	피안타율	WHIP	QS
1	0	2	0	0	0	0.125	0.43	0

66 박기호
투수(우투우타)

생년월일 2005년 7월 26일
출신학교 샛별초(청주시리틀)-현도중
-청주고

2024시즌 기록
이승용 감독이 눈여겨보는 사이드암. 어린 나이답지 않은 배짱 있는 투구.

평균자책점	경기	승	패	홀드	세이브	승률	이닝	투구수
-	-	-	-	-	-	-	-	-

피안타	피홈런	볼넷	삼진	실점	자책점	피안타율	WHIP	QS
-	-	-	-	-	-	-	-	-

11 백승건
투수(좌투좌타)

생년월일 2000년 10월 29일
출신학교 동막초-상인천중-인천고

2024시즌 기록
수술 후 사실상의 재활 시즌. 2026시즌을 목표로 바라본다.

평균자책점	경기	승	패	홀드	세이브	승률	이닝	투구수
7.71	10	0	0	0	0	-	9 1/3	203

피안타	피홈런	볼넷	삼진	실점	자책점	피안타율	WHIP	QS
13	2	9	5	9	8	0.317	2.36	0

49 신헌민
투수(우투우타)

생년월일 2002년 7월 19일
출신학교 학강초-광주동성중-광주동성고

2024시즌 기록
미국 유학과 다양한 구종 장착. 기대하는 선발 자원.

평균자책점	경기	승	패	홀드	세이브	승률	이닝	투구수
18.00	3	0	0	0	0	-	3	53

피안타	피홈런	볼넷	삼진	실점	자책점	피안타율	WHIP	QS
7	2	3	0	7	6	0.538	3.33	0

16 이건욱
투수(우투우타)

생년월일 1995년 2월 13일
출신학교 신도초-동산중-동산고

2024시즌 기록
알고도 못 치는 직구. 스피드보다 회전수가 대단하다. 심리적 압박감만 벗어나면….

평균자책점	경기	승	패	홀드	세이브	승률	이닝	투구수
11.37	10	1	2	0	0	0.333	19	445

피안타	피홈런	볼넷	삼진	실점	자책점	피안타율	WHIP	QS
34	5	15	17	25	24	0.386	2.58	0

21 장지훈
투수(우투우타)
생년월일 1998년 12월 6일
출신학교 김해삼성초-내동중-김해고
-동의대

2024시즌 기록

빠른 공을 던지는 사이드암. 군 제대 후 구종 재정립부터 차근차근.

평균자책점	경기	승	패	홀드	세이브	승률	이닝	투구수
6.75	18	0	0	0	0	-	21 1/3	372
피안타	피홈런	볼넷	삼진	실점	자책점	피안타율	WHIP	QS
29	3	10	10	16	16	0.330	1.83	0

65 전영준
투수(우투우타)
생년월일 2002년 4월 16일
출신학교 부곡초-휘문중-대구고

2024시즌 기록

빠르게 군대까지 해결했다. 미래 선발 자원 유망주.

평균자책점	경기	승	패	홀드	세이브	승률	이닝	투구수
-	-	-	-	-	-	-	-	-
피안타	피홈런	볼넷	삼진	실점	자책점	피안타율	WHIP	QS
-	-	-	-	-	-	-	-	-

30 최민준
투수(우투우타)
생년월일 1999년 6월 11일
출신학교 부산수영초-경남중-경남고

2024시즌 기록

지난해 혼돈을 겪었던 선수. 역할과 자리에 대한 정립부터 다시 시작.

평균자책점	경기	승	패	홀드	세이브	승률	이닝	투구수
7.78	32	1	0	0	0	1.000	39 1/3	782
피안타	피홈런	볼넷	삼진	실점	자책점	피안타율	WHIP	QS
61	9	24	40	36	34	0.353	2.16	0

40 최현석
투수(우투우타)
생년월일 2003년 10월 16일
출신학교 서흥초-동산중-동산고
-부산과학기술대

2024시즌 기록

1군에서는 기량을 아직 못 보여 주고 있지만, 선발과 롱 둘 다 가능한 쏠쏠한 자원.

평균자책점	경기	승	패	홀드	세이브	승률	이닝	투구수
54.00	2	0	0	0	0	-	2/3	48
피안타	피홈런	볼넷	삼진	실점	자책점	피안타율	WHIP	QS
5	1	3	1	4	4	0.714	12.00	0

25 신범수
포수(우투좌타)
생년월일 1998년 1월 25일
출신학교 광주대성초-광주동성중
-광주동성고

2024시즌 기록

의외의 펀치력을 갖춘 매운맛의 포수. 공격에 대한 기대치가 높음.

타율	경기	타석	타수	득점	안타	2루타	3루타	홈런
0.222	11	29	27	4	6	3		0
루타	타점	도루	볼넷	삼진	병살타	장타율	출루율	RISP
9	2	0	1	5	0	0.333	0.276	0.200

12 박대온
포수(우투우타)
생년월일 1995년 8월 28일
출신학교 서울도곡초-서울이수중-휘문고

2024시즌 기록

올해는 1군 출전 기회가 있을까. 입스 극복하고 부활 준비한다.

타율	경기	타석	타수	득점	안타	2루타	3루타	홈런
-	-	-	-	-	-	-	-	-
루타	타점	도루	볼넷	삼진	병살타	장타율	출루율	RISP
-	-	-	-	-	-	-	-	-

7 최준우
내야수(우투좌타)
생년월일 1999년 3월 25일
출신학교 방배초-대치중-장충고

2024시즌 기록

1루에 이어 외야수까지 변신. 연습보다 경기에서 더 강한 실전형 타자.

타율	경기	타석	타수	득점	안타	2루타	3루타	홈런
0.240	18	34	25	2	6	2	0	0
루타	타점	도루	볼넷	삼진	병살타	장타율	출루율	RISP
8	5	0	9	8	0	0.230	0.441	0.250

10 안상현
내야수(우투우타)
생년월일 1997년 1월 27일
출신학교 사파초-선린중-용마고

2024시즌 기록

작은 체구지만 언제든 장타를 칠 수 있는 타자. 빼앗긴 2루를 다시 되찾자.

타율	경기	타석	타수	득점	안타	2루타	3루타	홈런
0.171	37	75	70	3	12	1	0	0
루타	타점	도루	볼넷	삼진	병살타	장타율	출루율	RISP
13	2	1	4	14	0	0.186	0.216	0.200

8 현원회
내야수(우투우타)

생년월일 2001년 7월 8일
출신학교 가동초-경상중-대구고

2024시즌 기록

지난해 1루수로 포지션 변경. 고명준과의 경쟁 구도.

타율	경기	타석	타수	득점	안타	2루타	3루타	홈런
0.000	1	1	1	0	0	0	0	0

루타	타점	도루	볼넷	삼진	병살타	장타율	출루율	RISP
0	0	0	0	1	0	0.000	0.000	0.000

56 김성민
내야수(우투우타)

생년월일 2001년 4월 30일
출신학교 서울학동초-자양중-경기고

2024시즌 기록

원래는 유격수 자원. 송구로 인해 3루 변경. 타격이 매력적인 대체 3루수 1번 카드.

타율	경기	타석	타수	득점	안타	2루타	3루타	홈런
-	-	-	-	-	-	-	-	-

루타	타점	도루	볼넷	삼진	병살타	장타율	출루율	RISP
-	-	-	-	-	-	-	-	-

4 김수윤
내야수(우투우타)

생년월일 1998년 7월 16일
출신학교 김해삼성초-개성중-부산고

2024시즌 기록

NC에서 온 이적생. 내야 전천후 가능한 우타자로 조커 역할 기대 중.

타율	경기	타석	타수	득점	안타	2루타	3루타	홈런
0.222	9	10	9	0	2	0	0	0

루타	타점	도루	볼넷	삼진	병살타	장타율	출루율	RISP
2	0	0	1	4	0	0.222	0.300	0.522

5 김찬형
내야수(우투우타)

생년월일 1997년 12월 29일
출신학교 양정초-경남중-경남고

2024시즌 기록

전천후 내야수. 이제는 기회를 자신의 것으로 만들어야 한다.

타율	경기	타석	타수	득점	안타	2루타	3루타	홈런
0.000	5	9	9	0	0	0	0	0

루타	타점	도루	볼넷	삼진	병살타	장타율	출루율	RISP
0	0	0	0	4	0	0.000	0.000	0.000

52 석정우
내야수(우투우타)

생년월일 1999년 1월 20일
출신학교 동일중앙초-경남중-경남고
       -연세대

2024시즌 기록

손시헌 코치가 눈여겨본 유격수 수비력. 안정적인데, 타격 해법만 찾으면.

타율	경기	타석	타수	득점	안타	2루타	3루타	홈런
-	-	-	-	-	-	-	-	-

루타	타점	도루	볼넷	삼진	병살타	장타율	출루율	RISP
-	-	-	-	-	-	-	-	-

31 이정범
외야수(좌투좌타)

생년월일 1998년 4월 10일
출신학교 인천숭의초-동인천중-인천고

2024시즌 기록

왼손 대타 1번. 헐렁한 외야 백업 자리를 채워 줄 수 있는 실전형. 중장거리형 타자.

타율	경기	타석	타수	득점	안타	2루타	3루타	홈런
-	-	-	-	-	-	-	-	-

루타	타점	도루	볼넷	삼진	병살타	장타율	출루율	RISP
-	-	-	-	-	-	-	-	-

47 정현승
외야수(좌투좌타)

생년월일 2001년 10월 24일
출신학교 현산초-부천중-덕수고-인하대

2024시즌 기록

지난해 1군에서 강렬한 데뷔. 클러치 히팅 능력을 가지고 있는 호타 외야수.

타율	경기	타석	타수	득점	안타	2루타	3루타	홈런
0.241	23	31	29	1	7	0	0	1

루타	타점	도루	볼넷	삼진	병살타	장타율	출루율	RISP
10	4	1	2	6	0	0.345	0.290	0.333

23 최상민
외야수(좌투좌타)

생년월일 1999년 8월 20일
출신학교 석교초-청주중-북일고

2024시즌 기록

빠른 발로 대주자 활용이 가능한 백업 외야수. 타격에 있어서도 발전했다는 평가.

타율	경기	타석	타수	득점	안타	2루타	3루타	홈런
0.167	43	13	12	9	2	2	0	0

루타	타점	도루	볼넷	삼진	병살타	장타율	출루율	RISP
4	1	2	0	5	0	0.333	0.231	0.000

45 류효승
외야수(우투우타)

생년월일 1996년 7월 16일
출신학교 칠성초-경상중-대구상원고
-성균관대

2024시즌 기록

SSG에서는 귀한 장타형 우타자. 수비보다 공격에 특장점을 가지고 있다.

타율	경기	타석	타수	득점	안타	2루타	3루타	홈런
0.000	1	2	2	0	0	0	0	0
루타	타점	도루	볼넷	삼진	병살타	장타율	출루율	RISP
0	0	0	0	0	0	0.000	0.000	0.000

64 김창평
외야수(우투좌타)

생년월일 2000년 6월 14일
출신학교 학강초-무등중-광주제일고

2024시즌 기록

이제는 물러날 곳도 없는 대형 유망주. 부상으로 6월 이후 복귀 가능.

타율	경기	타석	타수	득점	안타	2루타	3루타	홈런
0.000	6	9	7	1	0	0	0	0
루타	타점	도루	볼넷	삼진	병살타	장타율	출루율	RISP
0	0	1	2	4	0	0.000	0.222	0.000

9 이승민
외야수(좌투좌타)

생년월일 2005년 1월 6일
출신학교 서울도곡초-휘문중-휘문고

2024시즌 기록

적토망아지의 2년 차. 2군에서 수비력이 나아지며 기회를 노리고 있다. 타격 재능 확실.

타율	경기	타석	타수	득점	안타	2루타	3루타	홈런
-	-	-	-	-	-	-	-	-
루타	타점	도루	볼넷	삼진	병살타	장타율	출루율	RISP
-	-	-	-	-	-	-	-	-

15 채현우
외야수(우투우타)

생년월일 1995년 11월 21일
출신학교 칠성초-경복중-대구상원고
-송원대

2024시즌 기록

대주자 스페셜리스트. 부상이 자꾸 발목을 잡네.

타율	경기	타석	타수	득점	안타	2루타	3루타	홈런
-	1	0	0	0	0	0	0	0
루타	타점	도루	볼넷	삼진	병살타	장타율	출루율	RISP
0	0	0	0	0	0	-	-	0.000

53 최민창
외야수(좌투좌타)

생년월일 1996년 4월 16일
출신학교 강남초-선린중-신일고

2024시즌 기록

타율이 높은 리드오프가 될 수 있는 자질을 가지고 있다.

타율	경기	타석	타수	득점	안타	2루타	3루타	홈런
0.000	7	3	3	2	0	0	0	0
루타	타점	도루	볼넷	삼진	병살타	장타율	출루율	RISP
0	0	0	0	1	0	0.000	0.000	0.000

1라운드 전체 8순위
32 이율예

생년월일	2006년 11월 21일
신장/체중	183cm / 90kg
출신학교	중리초(함안리틀)-웅동중-강릉고

포수(우투우타)

최근 10년간 포수 최대어라 불릴 정도로 대형 유망주. 2루 팝타임 1.9~2.05초대의 빠르고 정확한 송구와 강한 어깨. 블로킹, 리드 역시 수준급에 씩씩한 성격. 타격만 보완하면 향후 주전 포수를 맡을 수 있는 자원.

2라운드 전체 18순위
60 신지환

생년월일	2006년 4월 17일
신장/체중	180cm / 81kg
출신학교	신천초(고양덕양구리틀)-잠신중-서울고

투수(좌투좌타)

캠프 때부터 두각을 드러낸 좌완 유망주. 구속은 최고 146km/h, 평균 140km/h 초반대. 슬라이더 완성도가 높고, 디셉션으로 신장의 약점을 극복. 고졸 신인답지 않게 제구력이 좋고 습득력이 빨라 1군 활용 기대.

4라운드 전체 38순위
90 천범석

생년월일	2006년 3월 6일
신장/체중	183cm / 86kg
출신학교	과천문원초(안양시리틀)-수원북중-강릉고

투수(우투우타)

이율예와 강릉고 배터리 출신. 안정적인 제구력을 바탕으로 최고 144km/h에 달하는 직구와 서클 체인지업을 수준급으로 구사한다. 몸쪽 승부가 강점이며 던지는 감각이 좋아 경기 운영을 잘함. 구속만 조금 더 늘리는 게 과제.

5라운드 전체 48순위
93 이원준

생년월일	2006년 3월 15일
신장/체중	181cm / 95kg
출신학교	양정초-부산중-부산고

외야수(좌투우타)

청소년 대표 출신의 좌투우타 코너 외야수. 장타력을 가지고 있다. 힘도 좋고 선구안을 가지고 있어 타격에서 성장 가능성이 높다. 경험만 쌓이면 우타 거포 자원으로 기대를 걸어 볼 수 있는 선수.

6라운드 전체 58순위
94 최윤석

생년월일	2006년 4월 25일
신장/체중	187cm / 93kg
출신학교	진북초(전주시비전리틀)-전라중-전주고

내야수(우투우타)

3루가 주 포지션인 코너 내야수. 중장거리 유형의 타자. 기본적으로 신체 조건이 좋다. 웨이트 트레이닝을 통해 몸 전체적으로 힘이 붙으면 향후 내야 주전 경쟁도 가능할 것으로 보고 있다.

7라운드 전체 68순위
95 김현재

생년월일	2006년 7월 3일
신장/체중	177cm / 78kg
출신학교	대전새여울초(대전유성리틀)-한밭중-대전고

투수(좌투좌타)

몸쪽 승부가 장점이며 탈삼진 112개로 지난해 고교 리그 최다 탈삼진 1위. 직구, 슬라이더, 서클 체인지업 구사 능력과 경기력이 준수한 투수.

8라운드 전체 78순위
96 이도우

생년월일	2006년 5월 13일
신장/체중	191cm / 96kg
출신학교	길동초-배명중-서울컨벤선고

투수(우투우타)

신장 191cm의 우수한 신체 조건과 150km/h까지 던질 수 있는 강속구를 갖췄다. 슬라이더, 스플리터, 체인지업 등 변화구 구사 능력도 보유했음. 프로 입단 후 전문 트레이닝을 통해 안정감이 생긴다면 성장할 수 있다.

9라운드 전체 88순위
97 홍대인

생년월일	2001년 11월 23일
신장/체중	174cm / 76kg
출신학교	서원초-세광중-세광고-사이버한국외대(얼리 드래프트)

내야수(우투좌타)

주 포지션은 내야지만, 외야 수비도 가능한 멀티. 주력이 빠르고 콘택트 능력이 좋아 공수주에서 고르게 점수를 얻은 선수. 공을 맞히는 능력이 좋아 다양한 활용이 가능할 것으로 본다.

10라운드 전체 98순위
01 한지헌

생년월일	2004년 8월 14일
신장/체중	183cm / 86kg
출신학교	길동초-건대부중-청원고-경희대(얼리 드래프트)

투수(우투우타)

최고 구속 146km/h, 평균 140~143km/h를 던지는 우투수. 커브 각이 빠르고 슬라이더에 가까운 '슬러브' 구종의 완성도가 높다. 경험만 조금 쌓으면 1군에서 불펜 자원으로 활용할 수 있을 것으로 기대.

11라운드 전체 108순위
02 도재현

생년월일	2001년 3월 8일
신장/체중	193cm / 103kg
출신학교	오산대원초(오산리틀)-율곡중-율곡고-사이버한국외대

투수(우투우타)

190cm가 넘는 큰 키를 활용해 위에서 아래로 내리꽂는 느낌이 나는 우완 정통파 투수. 직구와 스플리터, 변화구 계열도 다양하게 던진다. 타자들이 치기에 까다롭게 느끼는 유형의 투수.

UNIFORM

구단명 : **롯데 자이언츠**

연고지 : **부산광역시**

창립연도 : **1982년**

구단주 : **신동빈**

대표이사 : **이강훈**

단장 : **박준혁**

감독 : **김태형**

홈구장 : **부산 사직야구장**

영구결번 : **10 이대호 11 최동원**

한국시리즈 우승 : **1984 1992**

HOME

AWAY

2025 LOTTE GIANTS DEPTH CHART

• 지명타자

전준우

좌익수
레이예스
전준우
이인한

중견수
황성빈
장두성
김동혁

우익수
윤동희
조세진
신윤후

유격수
박승욱
한태양
이호준

2루수
고승민
전민재
최항

3루수
손호영
노진혁
김민성

1루수
나승엽
정훈
노진혁

• 감독

김태형

포수
유강남
손성빈
정보근

2025 예상 베스트 라인업

1번 타자	황성빈	중견수
2번 타자	고승민	2루수
3번 타자	손호영	3루수
4번 타자	레이예스	좌익수
5번 타자	윤동희	우익수
6번 타자	나승엽	1루수
7번 타자	전준우	지명타자
8번 타자	유강남	포수
9번 타자	박승욱	유격수

• 예상 선발 로테이션

반즈 데이비슨 박세웅 김진욱 박진

• 필승조

구승민 김상수 정철원

• 마무리

김원중

TEAM INFO

팀 분석

2024 팀 순위 (포스트시즌 최종 순위 기준)

7위

최근 5년간 팀 순위

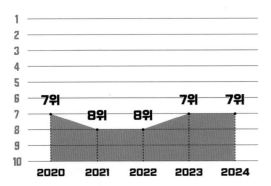

2024시즌 팀 공격력

↑: High / ↓: Low

타율↑	홈런↑	병살타↓	득점권 타율↑	삼진↓	OPS↑
0.285	125개	100개	0.290	1,079개	0.782
2위	8위	공동 5위	3위	5위	2위

2024시즌 팀 마운드

↑: High / ↓: Low

평균자책점↓	탈삼진↑	QS↑	볼넷↓	피안타율↓	피홈런↓	WHIP↓
5.05	1,131개	57	523개	0.285	139개	1.53
7위	2위	공동 2위	5위	공동 9위	5위	공동 8위

2024시즌 팀 수비력

↑: High / ↓: Low

실책↓	견제사↑	병살 성공↑	도루저지율↑
123개	10개	143번	28.8%
9위	공동 1위	1위	3위

2024시즌 최다 마킹 유니폼

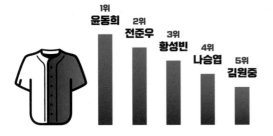

1위 윤동희
2위 전준우
3위 황성빈
4위 나승엽
5위 김원중

PARK FACTOR

홈구장_부산 사직야구장

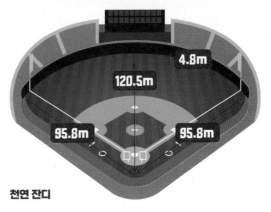

4.8m
120.5m
95.8m
95.8m

천연 잔디

수용인원

22,669석

구장 특성

신구장을 간절히 기다리는 팀 롯데. 1985년에 개장한 사직구장을 40째째 쓰고 있다. 시설 자체는 노후화돼 있고, 내부 공간도 비좁아 어려움이 많다. 하지만 여러 번의 리모델링을 통해 아쉬운 부분들은 보완해 왔다. 2009년 국내 최초로 도입된 익사이팅존 등 다양한 관중석들이 특징. 성민규 전 단장 시절 피홈런을 줄이려 높였던 담장, 이른바 '성담장'은 이번 비시즌 철거했다. 외야 담장을 다시 원래대로 복구시켜 외야 관중들의 시야 방해도 줄어들게 됐다.

HOME STADIUM GUIDE

원정팬을 위한
교통편 추천, 주차, 숙소 팁

KTX나 SRT 같은 고속열차를 이용하는 경우 부산역에서 꽤 거리가 멀기 때문에 시간 계산을 잘해서 대중교통이나 택시 탑승을 해야 한다. 국내선 비행기를 타고 김해공항에서 이동해도 거리 자체는 멀지만 지하철을 탑승하면 30분 정도면 종합운동장역에 도착할 수 있다. 야구장 인근 비즈니스 호텔, 깔끔한 모텔들을 숙소로 이용하기도 하고 비교적 가까운 서면이나 거리가 있지만 편의 시설이 많은 해운대, 광안리에 숙소를 잡는 경우도 많다. 자차를 이용할 경우 사직 종합운동장 내 공영주차장을 이용하면 경기 관람 시 20% 요금 할인을 받을 수 있다.

사직구장 역시 내부에 독특하고 유명한 먹거리들이 많이 있다. 인근 대형마트, 백화점에서 음식을 포장해서

방문하는 관람객들도 자주 눈에 띈다. 또, 멀지 않은 위치에 동래시장도 있다. 부산식 떡볶이와 호떡 등 야구장에 가기 전 배를 채울 만한 간식이 많다. 조금 서둘러 야구장을 찾았거나 1박 이상의 일정을 잡았다면 방문 추천.

응원단

응원단장
조지훈

치어리더
공서윤

치어리더
김가현

치어리더
김나현

치어리더
묵나경

치어리더
박담비

치어리더
박수연

치어리더
박예빈

치어리더
오호정

치어리더
윤채원

치어리더
이윤서

치어리더
이호정

치어리더
정설아

치어리더
최홍라

장내아나운서
남재동

가을야구 마지노선, 이제는 더 이상 물러날 곳이 없다

작년에 이것만 잘됐으면 좋았을 텐데

20년 전의 악몽이 되살아나고 말았다. 때는 2000년대, 이른바 '8~8~8~8~5~7~7'로 대변되는 구단 역대 최대의 암흑기가 결국 재현됐다. 2018년부터 다시 7년 연속 가을야구 진출에 실패한 배경에는 투수진의 불협화음이 있었다. 당초 구성 자체에는 다른 9개 구단 어느 곳과 견줘도 부족하지 않다는 평가가 뒤따랐다. 실제로 최준용, 구승민, 김원중으로 이어지는 필승조면 국가대표 수준이니 승리를 걸어 잠글 조합으로 제격이었다. 다만 선발과 불펜을 막론하고 야구장 밖의 일로 구설에 오르거나 뜻하지 않은 부상 탓에 전력이 균형을 잃고만 순간이 잦았다. 당초 붕괴의 시작에는 기존 필승조 구승민, 김원중의 잇따른 부진이 작지 않은 부분을 차지했다. 구승민은 2024년까지 최근 몇 년간 리드, 열세를 가리지 않고 온갖 등판 상황을 모두 맡더니 힘에 겨운 모습이 역력했다. 등판 상황만 지켜준다면 언제든 반등할 투수지만, 김태형 감독에게는 구승민이 쓸 만한 카드가 돼 주지 못했다. 여기에 김원중도 피치클록, ABS를 비롯한 외부 요인에 적잖게 흔들리곤 해 뒷문 불안을 노출하기에 이르렀다. 둘의 몫까지 신인 전미르와 최준용, 김상수가 고군분투했지만, 이 중 살아남은 이는 김상수 뿐이었다. 일명 '윤나고황'을 필두로 새 시대를 연 야수진과는 온도 차이가 몹시 컸다. 이러니 김태형 감독도 비시즌부터 스프링캠프까지 내내 마운드 강화가 가장 큰 숙제라고 강조할 수밖에 없었다. 야구에 '만약'은 결코 존재하지 않지만, 그럼에도 만약 마운드가 시즌 초부터 줄곧 정상 가동됐더라면 구단 역대 최장 기간 가을야구 진출에 실패한 흑역사를 반복하진 않았을지 모른다. 수비도 각종 지표에서 하위권을 전전하기는 마찬가지였지만, 기본적으로 투수력이 뒷받침하지 못한 영향이 무척이나 컸다. 그래도 2025년에는 고무적 요소도 있다. 지난 한 시즌간 잘 구축해 놓은 야수진이 팀을 지탱할 수만 있다면, 선발

과 불펜에서도 물음표를 지울 시간을 벌 수 있다. 마운드의 불협화음만 없다면, 부임 첫해 쓸 만한 카드가 없던 김태형 감독에게도 비로소 승부수를 띄울 만한 상황이 올 수 있다. 롯데 팬이라면 지겹도록 들은 '올해는 다르다'는 말, 속는 셈 치고 딱 한 번만 더 믿어도 될까?

스토브리그 성적표

B

2024년과 마찬가지로 프랜차이즈 스타는 붙잡았지만 팀의 샐러리캡 형편상 큼직한 보강은 어려웠다. 그래도 유망주 출혈을 감수하면서 꼭 필요했던 불펜 보강에는 성공했다. 이 역시 2024년 최고 히트상품 손호영을 영입했을 때와 마찬가지로 사령탑이 직접 팔을 걷은 결과다. 여기에 정철원이 사령탑이 직접 발굴하고 키운 투수라는 점도 기대를 키운다.

지극히 주관적인 올 시즌 예상 순위와 이유

5위

동기부여부터 확실하다. 한 번만 더 실패했다가는 구단 역대 최장 8년 연속 가을야구에 진출 못 한 흑역사를 쓸 처지다. 다만 예년과 다른 게 한 가지 있다면 바로 전력 구성이다. 지난해 '윤나고황'을 필두로 구축한 야수진이 많은 이의 하위권 예상을 깰 가장 큰 원동력이 될 수 있다. 김태형 감독도 야수진을 걱정하지 않는다. 문제는 허약한 마운드였는데, 불펜은 김태형 감독이 직접 팔을 걷어 보강했지만 선발에는 미지수가 꽤 보인다. 이 물음표를 느낌표로 바꿀 선수가 단 한 명만 나타나도 시즌 전망은 좀 더 긍정적으로 바뀔 수 있다. 박진, 나균안, 박준우, 한현희 등 국내 선발의 활약은 그래서 더 중요하다.

생년월일	1967년 9월 12일
출신학교	화계초-신일중-신일고-단국대
주요 경력	OB·두산 베어스 선수(1990~2001)
	-두산 베어스 배터리코치(02~11)
	-SK 와이번스 배터리코치(12~14)
	-두산 베어스 감독(15~22)
	-롯데 자이언츠 감독(24~)

"거인 일으켜 세우는 명장"

역시는 역시다. 명장의 안목과 지도력에는 의심의 여지가 없었다. 팀 내 고액 연봉자가 적잖은 탓에 부임한 지 2년이 됐는데도 이른바 '취임 선물'은 감감무소식이다. 쓸 만한 카드였던 한동희마저도 입대해 김태형 감독에게는 소위 '패가 없는 형국'이었다. 그럼에도 타의 추종을 불허하는 팀 구성력으로 롯데에 새 시대를 열어준 김태형 감독이다. 그의 대표작이 된 일명 '윤나고황'과 손호영은 단숨에 팀의 기둥이자, 어둡던 시즌 전망마저 밝히는 빛이 됐다. 이제 '김태형호' 2기의 재건 타깃은 마운드다. '김태형의 남자'가 될 투수는 과연 누구일까? 마침 3년 임기의 반환점을 앞둔 김태형 감독에게도 소기의 성과는 필요하다.

88 김태형

1군

수석코치 조원우	벤치코치 김민재	투수코치 주형광	불펜코치 이재율	타격코치 임훈	타격보조코치 이성곤	QC 코치 조세범 (투수)	QC 코치 백어진 (타격)

퓨쳐스

배터리코치 정상호	수비(내야) 코치 김민호	수비(외야) ·주루코치 유재신	작전코치 고영민	퓨쳐스 감독 김용희	투수코치 김상진	불펜코치 문동환	타격코치 이병규

배터리코치 강성우	수비(내야) 코치 문규현	수비코치 박정현	잔류군코치 김광수 (총괄)	잔류군코치 김현욱 (투수)	잔류군코치 유민상 (타격)	잔류군코치 백용환 (배터리)	잔류군코치 임경완 (퍼포먼스)

91
윤동희
외야수(우투우타)

생년월일	2003년 9월 18일
신장/체중	187cm / 85kg
출신학교	현산초-대원중-야탑고
연봉(2025)	1억 5천만 원

#간판

지금 롯데 간판은 윤동희다. 강민호, 이대호, 손아섭, 전준우에 이어 새로운 간판으로 발돋움했다. 2023년 항저우아시안게임부터 2024년 프리미어12까지 대표팀 세대교체 중심에 서기까지 해 롯데 간판을 맡기에 손색이 없다. 비시즌 역시 바쁘다. 지난 겨울 재능기부에 개인 훈련은 물론, 화보 촬영을 비롯해 스타 플레이어로서 바쁜 나날을 보냈다.

#5번

윤동희는 테이블세터가 익숙했다. 실제 입단 후 가장 많이 맡은 타순이 1, 2번이었다. 정확도 높은 타격을 앞세워 왔기 때문에 톱타자가 맞는 옷처럼 느껴졌다. 그런데 대만 스프링캠프부터 변화가 생겼다. 김태형 감독은 캠프 기간 4차례 연습경기에서 윤동희를 5번 타순에 세웠다. 2024시즌 데뷔 첫 두 자릿수 홈런으로 장타력에 눈을 떠서 중심 타순에서 타점을 내는 게 어색하지 않다. 2025년은 중심 타순에 자리 잡는 원년이다.

#어깨

간판 선수로서 어깨가 무겁지만, 이 이야기는 진짜 '어깨' 이야기다. 윤동희는 내야수 출신이다. 운동능력이 좋은 유격수 재목이었다. 송구가 빠르고 강했다. 프로 입단 후 팀 사정상 외야를 맡게 됐지만, 어깨는 어디 가지 않는다. 김태형 감독은 이 어깨에 주목했다. 윤동희는 중견수를 자주 맡다 코너 외야에서 또 다른 중책을 맡게 됐다. 주자 억제력에 거는 기대가 커서다.

🎤 TMI 인터뷰

1. 내가 가장 처음 좋아했던 야구선수는?
- LG 이병규 선배님

2. 나만의 유니폼 패션 포인트는?
- 아이패치 붙이고, 암가드, 풋가드 모두 초록색으로.

3. 다른 팀에서 데리고 오고 싶은 선수와 그 이유는?
- 김도영. 지난해 제일 잘했고, 배울 점이 많아서.

4. 내가 추천하는 최고의 보양 비법은?
- 잘 먹는 게 보양임. 밥 많이 먹고 맛있게 먹기.

5. 본인 또는 동료 이름으로 삼행시
- [윤] 윤동희는 [동] 동래구 사직동의 [희] 희망
  (팬분이 지어 주신 삼행시인데, 마음에 들어 해 봤습니다. 사직의 희망이 될 수 있게 노력할게요!)

2024시즌 기록

타율	경기	타석	타수	득점	안타
0.293	141	613	532	97	156
2루타	3루타	홈런	루타	타점	도루
35	4	14	241	85	7
볼넷	삼진	병살타	장타율	출루율	RISP
67	114	10	0.453	0.376	0.319

전력분석	롯데의 현재와 미래를 책임질 간판 타자다. 그동안 정확성 위주의 타격을 선보였다면, 2024시즌에는 파워 히터로서 잠재력을 보여 주기 시작했다. 데뷔 후 처음으로 한 시즌 두 자릿수 홈런을 기록한 배경에는 타격폼의 미세한 변화도 한몫했다. 과거 박병호를 연상케 하는 허리 턴으로 힘을 제대로 전달할 줄 알게 됐다.
강점	몸쪽 높은 공에는 여지없이 강한 타구로 맞받아치는 슬러거 재질.
약점	적시에 필요한 도루, 그런데 성공률이 좀 더 높다면….
수비력	내야수 출신의 운동능력으로 외야에서도 넓은 수비 범위와 강한 어깨를 자랑한다.

51
나승엽

내야수(우투좌타)

생년월일	2002년 2월 15일
신장/체중	190cm / 82kg
출신학교	남정초-선린중-덕수고
연봉(2025)	1억 2천만 원

#대만

"저는 대만 엄청 자주 가는 것 같습니다." 실제 빈도가 잦은 편이었다. 당장 2024년 프리미어12를 치르고 1개월여 만에 다시 대만에서 스프링캠프를 소화했기 때문이다. 대만은 나승엽에게 남다른 의미를 갖는 곳이다. 대표팀에서 한 뼘 더 큰 것 또한 대만에서였고, 풀타임 2년 차를 준비하기 위해 찾은 곳 역시 대만, 대표팀에서 첫 홈런 역시 대만에서 나왔다.

#담장

롯데는 외야 담장 펜스를 다시 낮췄다. 팀 내 중장거리 유형이 많아서다. 그중 나승엽 또한 포함돼 있다. 주위에서는 홈런 증가를 예상했지만, 나승엽은 머리를 긁적였다. "저는 담장에 맞고 튕겨서 나온 타구가 그렇게 많지 않은데요? 거의 없는 것 같은데…." 여기에 욕심까지 없다. 이유가 있다. 나승엽은 "나는 상황에 맞는 타격을 하는 게 더 맞다"며 "홈런을 지나치게 욕심내다가 팀 배팅을 못 하는 수가 있다"고 우려했다.

#자부심

나승엽은 '윤나고황' 호칭이 좋다. 소속감이 드는 이 느낌이 아주 마음에 든다. "많은 사람이 우리 네 명에게 '윤나고황'이라고 부를 때 정말 기쁘고 좋다. 자부심을 느끼고 있다." 실제 이 네 명은 공·수 양면에서 주축이 되고 있다. 상위, 중심타순을 책임지는 것은 물론, 센터라인에 코너 내·외야까지 책임지고 있다. 단, 4명 모두 최소 3년 이상은 2024시즌 수준으로 성적을 내는 게 우선이라고 몸을 낮췄다.

2024시즌 기록

타율	경기	타석	타수	득점	안타
0.312	121	489	407	59	127
2루타	3루타	홈런	루타	타점	도루
35	4	7	191	66	1
볼넷	삼진	병살타	장타율	출루율	RISP
69	83	4	0.469	0.411	0.354

전력분석	최고의 재능이 롯데의 중심타자로 거듭났다. 나승엽의 최대 강점은 부드러운 스윙에서 나오는 중장거리 타구 생산력이지만, 그의 매력은 비단 타격에만 그치지 않는다. 2024시즌 타석당 투구수가 4.06개로 투수의 기력을 뺏는 동시에 신중한 타석 접근도 눈에 띈다. 스트라이크존 통제력 또한 뛰어나다.
강점	유려한 타격 메커니즘으로 만들어 내는 평균 140km/h대의 빠른 타구 속도.
약점	약점을 찾기 어려운 타격에 비해 좀 더 보완 필요한 수비력.
수비력	덩치 큰 1루수로 야수들의 마음을 편하게 해 줄 체격 조건.

🎤 TMI 인터뷰

1. 내가 가장 처음 좋아했던 야구선수는?
- 박찬호 선배님

2. 나만의 유니폼 패션 포인트는?
- 바지는 타이트하게.

3. 다른 팀에서 데리고 오고 싶은 선수와 그 이유는?
- 김도영. 정말 완벽한 선수이기 때문에.

4. 내가 추천하는 최고의 보양 비법은?
- 건강한 음식들로 많이 먹고 잠 많이 자기.

5. 본인 또는 동료 이름으로 삼행시
- [나] 나승엽은
  [승] 승리를 위해
  [엽] 엽기적이게 된다.

2
고승민

내야수(우투좌타)

생년월일	2000년 8월 11일
신장/체중	189cm / 92kg
출신학교	군산신풍초-배명중-북일고
연봉(2025)	1억 8천5백만 원

#박정태

잠재력이 폭발하자, 고승민은 팀 역사에 남는 2루수가 돼 있었다. 2024시즌 87타점으로 구단 역대 2루수 중 한 시즌 최다 타점을 기록했다. 레전드 박정태(83타점)를 제쳤다. 불과 3년 전 안치홍이 1타점 부족해 넘지 못했지만, 고승민이 이 두 명을 한 시즌 만에 모두 제쳤다. 2025시즌 앤디 번즈(23홈런)까지 넘고 홈런 부문 1위까지 오를지 궁금하다. 단, 정작 고승민은 기록을 크게 의식하지 않더라.

#조성환

고승민은 롯데 역대 2루수를 모두 소환하고 있다. 2025년 주인공은 캡틴 조성환이다. 등번호 때문이다. 그동안 고승민은 65번을 사용하다 정철원에게 등번호를 양보하고 2번을 택했다. 공교롭게 후배 김민석이 2번을 사용하다 정철원과 트레이드돼 고승민이 '등번호 교체' 중심에 섰다. 그런데 가벼운 번호가 아니었다. 고승민은 "조성환 코치님이 쓴 번호이지 않은가. 올해 더 잘해야겠다"고 다짐했다.

#태극마크

결과적으로 고승민은 태극마크를 달지 못했다. 왼손 엄지 인대를 수술하느라 승선 기회를 놓쳤다. 당초 프리미어12 대표팀 후보 가운데 주목받는 2루수 중 한 명이었지만, 부상으로 일찌감치 후보에서 제외됐다. 그럼에도 고승민은 "지금은 때가 아니었다"고 생각했다. 발탁이 보장돼 있는 것 역시 아니었지만, 마인드컨트롤을 통해 다음을 기약했다.

TMI 인터뷰

1. 내가 가장 처음 좋아했던 야구선수는?
- 추신수 선배님

2. 나만의 유니폼 패션 포인트는?
- 없다.

3. 다른 팀에서 데리고 오고 싶은 선수와 그 이유는?
- 김도영. 젊고 야구를 제일 잘해서.

4. 내가 추천하는 최고의 보양 비법은?
- 맛있는 것 많이 먹고 잠 많이 자기.

5. 본인 또는 동료 이름으로 삼행시
- [나] 나승엽
  [승] 승리를 위해
  [엽] 엽(열)심히 달린다.

2024시즌 기록

타율	경기	타석	타수	득점	안타
0.308	120	532	481	79	148
2루타	**3루타**	**홈런**	**루타**	**타점**	**도루**
27	6	14	229	87	5
볼넷	**삼진**	**병살타**	**장타율**	**출루율**	**RISP**
41	78	10	0.476	0.358	0.307

전력분석	탁월한 운동능력으로 롯데의 테이블세터와 센터라인을 동시에 책임지고 있다. 타석에서 접근법 자체가 워낙 적극적이다 보니 출루보다 타격에 재미를 들인 연모가 있다. 팀 내에서도 강한 타구를 생산해 내는 능력이 매 시즌 최상위권에 속한다. 2024시즌에는 데뷔 첫 규정타석 3할 타율로 재미를 보기도 했다.
강점	방망이를 적극 내는데도 배트 중심에 맞히는 능력이 탁월해 헛스윙이 많지 않다.
약점	하한선이 돼 버린 2024시즌 성적, 엄지 수술 여파 딛고 기복 줄이기.
수비력	리그 2루수 가운데서도 손에 꼽히는 수비 범위와 빠릿한 반응력.

외야수(우투좌타)

황성빈

생년월일	1997년 12월 19일
신장/체중	172cm / 76kg
출신학교	관산초-안산중앙중-소래고-경남대
연봉(2025)	1억 5천5백만 원

#초심

1군 데뷔 4년 만에 억대 연봉, 다만 실감이 나지 않았다. 계약서에 적혀 있는 금액조차 비현실적이었다. 체감은 되지 않았지만, 초심을 되새기고 싶어졌다. 그래서 늘 그랬듯 모교 소래고를 방문해 고교 후배와 땀 흘리고, 학창 시절 전지훈련지 제주도에서 옛 생각을 했다. 황성빈은 "건방져지고 싶지 않았다"고 말했다.

#인연

황성빈은 '인복'이 많다. 2024시즌 데뷔 후 최다 51도루를 기록하기까지 은인이 많아서다. 김평호 전 주루코치는 평생 은인이다. 황성빈은 "투수 습관을 읽는 것은 물론, 하나부터 열까지 코치님께 배운 게 많다"고 고마워했다. 그리고 또 다른 인연 이학주와 더는 한 팀에서 뛰지 못하지만, 이 역시 그를 한층 단단하게 만들고 있다. 황성빈은 "학주 형이 방출되곤 슬픈 감정이 컸지만, 형에게 내색하지 않았다. 한 그라운드에서 다시 함께 뛰고 싶다는 말만 전했다"고 말했다.

#증명

황성빈은 몇 년 전부터 수비를 중점적으로 훈련했다. '공격에서 집중력이 수비에서 나오지 않은 것 같다'는 말을 뒤집고 싶어서다. 실제 황성빈은 마음먹은 것은 꼭 해내고 마는 타입이다. 타구 판단, 포구, 송구에서 매 시즌 일취월장했고, 2025시즌 남다른 집중력으로 공·수 겸장을 꿈꾸고 있다. "저는 늘 그랬듯, 올 시즌 다시 한번 증명하고 있을 겁니다."

2024시즌 기록

타율	경기	타석	타수	득점	안타
0.320	125	406	366	94	117
2루타	3루타	홈런	루타	타점	도루
15	8	4	160	26	51
볼넷	삼진	병살타	장타율	출루율	RISP
31	56	3	0.437	0.375	0.333

전력분석	롯데의 활력소이자 상·하위 타순에 없어선 안 될 윤활제다. 팀 내에서도 최상위권에 속하는 뛰어난 콘택트 능력과 빠른 발을 앞세우는 유형이다. 누상에서도 투수를 불안에 떨게 하는 도루 능력을 보여 주고 있다. 이 덕분에 황성빈의 후속 타자로 나서는 선수들은 승부 패턴이 단순해지는 '우산 효과'를 보기도 한다.
강점	짧은 타구도 단타, 단타도 2루타로 만드는 한 베이스 더 뛰는 능력.
약점	투수를 더 괴롭히려면 강한 타구의 생산이 좀 더 필요하다.
수비력	빠른 발을 활용한 넓은 수비 범위와 타구 판단, 수비에서 집중력도 2025시즌에는 달라질 분위기다.

🎤 TMI 인터뷰

1. 내가 가장 처음 좋아했던 야구선수는?
- 박용택 선배님

2. 나만의 유니폼 패션 포인트는?
- 농구 바지

3. 다른 팀에서 데리고 오고 싶은 선수와 그 이유는?
- 이용규 선배님. 선배님과 같이 운동하며 야구를 배워보고 싶다.

4. 내가 추천하는 최고의 보양 비법은?
- 집에서 휴식하기.

5. 본인 또는 동료 이름으로 삼행시
- [전] 전부 아니라고 말하겠지만 [준] 준비는 끝났습니다. [우] 우승은 롯데가 하겠습니다.

21
박세웅

투수(우투우타)

생년월일	1995년 11월 30일
신장/체중	182cm / 85kg
출신학교	대구경운초-경운중-경북고
연봉(2025)	13억 5천만 원

#기대

롯데 선발 중 박세웅만큼 커리어를 갖고 있는 투수는 사실상 없다. 매 시즌 어깨가 무겁지만, 박세웅은 다르게 생각했다. "'부담'이란 단어 자체를 '책임감'이라고 바꿔서 부를 때 마음가짐이 확 달라지지 않습니까." 2025시즌 역시 마찬가지다. 김태형 감독은 박세웅을 이을 국내 선발이 없다고, 그래서 한두 명을 꼭 찾는 게 중요하다고 했다. 박세웅은 그동안 중심을 잡을 준비가 돼 있다.

#형제

형제는 쉽게 주목받는 주제 중 하나다. 피를 나눴지만, 한 팀이 아니고서는 경쟁 관계에 놓이기 때문이다. 박세웅은 이 역시 다르게 생각했다. 형제는 형제다. 동반 비상을 꿈꾸는 게 이상하지 않다. 그래서 KT 소속 동생 박세진과 비시즌 훈련을 함께했다. 미국 드라이브라인 트레이닝 센터 훈련을 함께 받고, 모교 경운중에서 재능기부에 개인 훈련까지 함께했다. 박세진은 "형이 나를 위해 플랜 A, B, C까지 계획했더라"고 밝혔다.

#슬라이더

박세웅은 타자가 자신을 분석해 오는 만큼, 자신 역시 계속해서 변화를 추구하는 게 옳다고 생각하는 투수다. 그래서 2년 전 슬라이더 구속, 움직임을 나눠서 두 구종으로 던졌다. 슬라이더는 그렇게 또 한층 견고해졌다. 그리고 이 슬라이더를 배우고 싶은 신인까지 나왔다. 김태현은 "박세웅 선배에게 슬라이더 비법을 전수받고 싶다"고 말했다. 단, 아직 다가가는 게 어려운 듯하다.

🎤 TMI 인터뷰

1. 내가 가장 처음 좋아했던 야구선수는?
- 강민호

2. 나만의 유니폼 패션 포인트는?
- 안경

3. 다른 팀에서 데리고 오고 싶은 선수와 그 이유는?
- 김도영. 야구를 잘하는 선수여서.

4. 내가 추천하는 최고의 보양 비법은?
- 아무거나 가리지 않고 골고루 먹기.

5. 본인 또는 동료 이름으로 삼행시
- [박] 박세웅은
  [진] 진짜 최고의 투수

2024시즌 기록

평균자책점	경기	승	패	홀드	세이브
4.78	30	6	11	0	0
승률	**이닝**	**투구수**	**피안타**	**피홈런**	**볼넷**
0.353	173 1/3	2,926	188	13	56
삼진	**실점**	**자책점**	**피안타율**	**WHIP**	**QS**
124	103	92	0.275	1.41	14

전력분석	자타 공인 롯데의 에이스. 평균 140km/h 중후반의 빠른 공과 슬라이더, 커브, 스플리터를 섞어 던지는 우완 정통파다. 2024시즌에는 팀 내 국내 선발 중 가장 많은 이닝을 소화했지만, 내용상의 아쉬움이 짙었다. 국제대회 출전이 잇따른 여파로 보는 시선이 있지만, 무엇보다 볼넷 허용이 늘었다. 반등이 절실하다.
강점	맞더라도 스트라이크존을 과감하게 공략하는 싸움닭 기질.
약점	꼬리에 꼬리를 무는 생각, 위기일 때 오히려 단순해지라.

34
투수(우투좌타)

김원중

생년월일	1993년 6월 14일
신장/체중	192cm / 96kg
출신학교	학강초-광주동성중-광주동성고
연봉(2025)	11억 원

#장발
김원중이 머리를 짧게 자르고 나타났다. 깔끔하게 양복을 입고 사직구장에 방문해 FA 계약서에 사인하곤 "새롭게 시작하는 의미를 담아서 머리를 잘랐다"고 말했다. 사실 장발은 김원중을 상징하는 트레이드마크였다. 장발을 휘날리는 모습에서 위압감까지 느껴졌지만, 초심이 더 중요했다. 이제는 또 다른 곳에서 개성을 찾겠다는 의지다. 위력적 구위 회복, 클로저로서 재도약이 관건이다.

#구승민
FA 계약까지 구승민과 함께였다. 입단부터 30대 초중반 중고참이 되기까지 10여 년이다. 두 명 모두 롯데를 위해 헌신해야겠다는 의지가 강하다. 2025년은 부모처럼 후배 투수를 보듬고, 마운드 위에서 자신을 희생해 팀을 더 높은 곳에 올려놓고 싶다. 이름에서 한 글자씩 따서 만든 '구원듀오' 별칭처럼 롯데를 구원하는 짝패가 되겠다는 각오다.

#18초
18초가 참 야속했다. 2024시즌 시범 도입이었지만, 피치클록 위반 횟수가 154번으로 리그에서 가장 많았다. 선발보다 더 많은 횟수에 그를 우려하는 목소리가 커지기 시작했다. 단, 자신 있었다. 당사자는 도리어 걱정이 없었다. 김원중은 시즌 막판 피치클록을 의식해 투구해 봤다고 밝혔다. 실제 결과가 나쁘지 않다고 생각했다. 2025시즌 정식 도입을 앞두고 자기 자신을 직접 시험했기 때문에 본격 적응에 더욱 자신이 있다.

2024시즌 기록

평균자책점	경기	승	패	홀드	세이브
3.55	56	3	6	0	25
승률	이닝	투구수	피안타	피홈런	볼넷
0.333	63 1/3	1,136	59	4	31
삼진	실점	자책점	피안타율	WHIP	QS
68	27	25	0.250	1.42	0

전력분석	힘 있는 직구와 낙차 큰 포크볼로 상대와 정면 승부하는 부동의 클로저다. 2024시즌에는 포크볼의 구사율이 49.1%로 직구의 비율을 앞섰다. 포크볼로도 볼카운트 싸움을 할 수 있던 영향도 무시 못 하겠지만, 상대의 직구 공략에 따른 투구 패턴 변화를 한 차례 거친 셈이다. 2025시즌에도 구위를 뽐낼지 궁금하다.
강점	최고의 무기는 그래도 140km/h 후반대의 빠르고 힘 있는 직구.
약점	4cm 떨어진 수직 무브먼트, 그래도 스트라이크존 공략이 우선.

TMI 인터뷰

1. 내가 가장 처음 좋아했던 야구선수는?
- 이종범 선배님

2. 나만의 유니폼 패션 포인트는?
- 글러브와 스파이크 색깔 맞추기.

3. 다른 팀에서 데리고 오고 싶은 선수와 그 이유는?
- 이성규, 학창 시절 같이 야구한 친구 중 지금까지 야구하는 유일한 친구여서 같이 하고 싶다.

4. 내가 추천하는 최고의 보양 비법은?
- 한국인은 밥심.

5. 본인 또는 동료 이름으로 삼행시
- [구] 구도 부산 [승] 승리를 위해 [민] 민첩하게 움직이겠습니다.

투수(좌투좌타)

28 반즈

생년월일/국적	1995년 10월 1일 / 미국			신장/체중	189cm / 91kg
출신학교	미국 Clemson(대)			연봉	150만 달러

2024시즌 기록

평균자책점	경기	승	패	홀드	세이브
3.35	25	9	6	0	0
승률	이닝	투구수	피안타	피홈런	볼넷
0.600	150 2/3	2,396	140	18	46
삼진	실점	자책점	피안타율	WHIP	퀄리티스타트
171	59	56	0.248	1.23	17

주무기 파워피처 유형은 아니지만, 탁월한 경기 운영 능력이 반즈가 가진 최고의 무기다.

일명 '좌승사자'로 리그를 대표하는 좌타자 킬러 중 한 명이다. 롯데의 외국인 에이스로 2024시즌에도 박세웅과 함께 선발진의 중심을 잡았다. 어느덧 한국에 온 지도 3년, 때아닌 잔부상이 그의 발목을 잡곤 했지만 3년 연속 150이닝 이상 투구로 제 몫만큼은 늘 해내는 선수다. 언젠가 메이저리그 복귀를 꿈꾸는 만큼, 30대에 갓 접어든 2025년부터 활약이 몹시 중요해졌다. 개인 목표 달성에도 동기부여가 확실해 좋다. 반즈가 꾸준하게 버텨 주면 롯데도 마운드 운용에 계산이 선다. 반즈가 한국에서 첫 가을야구를 만끽할 수 있을까?

투수(좌투좌타)

36 데이비슨

생년월일/국적	1996년 3월 25일 / 미국			신장/체중	188cm / 97kg
출신학교	미국 Midland(대)			연봉	95만 달러

2024시즌 기록

평균자책점	경기	승	패	홀드	세이브
-	-	-	-	-	-
승률	이닝	투구수	피안타	피홈런	볼넷
-	-	-	-	-	-
삼진	실점	자책점	피안타율	WHIP	퀄리티스타트
-	-	-	-	-	-

주무기 평범한 구종 사이에서 유독 돋보이는 스위퍼, 마이너리그에 이어 한국에서도 통할까?

평균 140km/h 중후반대의 빠른 공과 커브, 슬라이더, 스플리터에 스위퍼까지 장착한 좌완이다. 높은 릴리스포인트에서 뿌리는 공의 위력 또한 상당하다. 릴리스 포인트의 높이만 약 192㎝에 달한다. 여기에 애틀랜타 소속이던 2021년 휴스턴과 월드시리즈 무대에 선발 등판한 이력도 눈길을 끌고 있다. 앞으로 한국 야구에 얼마나 잘 적응하느냐가 관건이지만, 일단 기량과 이력 자체는 합격점을 받을 만하다. 2024시즌 리그 톱클래스로 활약한 윌커슨을 떠나보낸 만큼 데이비슨의 활약은 과감한 선택을 내린 롯데에도 무척이나 중요하다.

외야수(우투양타)

29 레이예스

생년월일/국적	1994년 10월 5일 / 베네수엘라			신장/체중	196cm / 87kg
출신학교	베네수엘라 Dr Felipe Guevara(고)			연봉	125만 달러

2024시즌 기록

타율	경기	타석	타수	득점	안타
0.352	144	632	574	88	202
2루타	3루타	홈런	루타	타점	도루
40	3	15	293	111	5
볼넷	삼진	병살타	장타율	출루율	득점권타율
46	82	16	0.510	0.394	0.395

타격스타일 배드볼히터의 전형이다. 스트라이크존 전 구간 공략도 가능한 여의봉 타격이 일품이다.

미국에서 뛰던 시절 잔부상을 당한 이력이 많아 영입을 두고 말이 많았지만, 모두 기우였다. 레이예스는 보란듯이 144경기에 모두 나서며 스스로 증명했다. 여기에 역대 한 시즌 최다 202안타로 역사의 한 페이지를 장식하기까지 했다. 김태형 감독도 레이예스의 헌신적 플레이에 고마운 마음을 드러내곤 했다. 레이예스의 장점은 실력에만 국한되지 않았다. 클럽하우스에서도 동료들과 좋은 팀 케미스트리를 보이는 선수다. 스페인어로 늘 '푸에르테(fuerte·강한)'를 외치며 동료들의 사기를 북돋는 모습에 코칭스태프도 엄지를 들었다.

투수(우투우타)

24 김상수

생년월일	1988년 1월 2일		신장/체중	180cm / 88kg	
출신학교	신자초(자이언츠리틀)-자양중-신일고-방송통신대		연봉	2억 4천만 원	

2024시즌 기록

평균자책점	경기	승	패	홀드	세이브
4.15	74	8	4	17	2
승률	이닝	투구수	피안타	피홈런	볼넷
0.667	73 2/3	1,186	71	5	26
삼진	실점	자책점	피안타율	WHIP	퀄리티스타트
56	40	34	0.255	1.32	0

전력분석	롯데의 '애니콜'이다. 2024시즌 팀 내 최다 74경기에 등판하면서도 필승조로서 구위를 뽐낸 것도 모두 김상수여서 가능했다. 과거 40홀드 시대를 열게 해 준 직구와 포크볼의 콤비네이션은 여전히 위력을 발휘한다. 여기에 클럽하우스 리더로서 패배주의가 짙던 롯데의 팀 문화를 재구축한 주인공이기도 하다.
강점	동료가 못 도와줘 미안한 투수, 건강한 몸 상태를 유지하는 게 관건.
약점	이닝 관리를 좀 더 해 줘야 할 텐데….

투수(우언우타)

1 한현희

생년월일	1993년 6월 25일		신장/체중	182cm / 98kg	
출신학교	동삼초-경남중-경남고		연봉	10억 원	

2024시즌 기록

평균자책점	경기	승	패	홀드	세이브
5.19	57	5	3	8	0
승률	이닝	투구수	피안타	피홈런	볼넷
0.625	76 1/3	1,321	92	7	24
삼진	실점	자책점	피안타율	WHIP	퀄리티스타트
70	45	44	0.305	1.52	1

전력분석	선발로 갔다 불펜으로 갔다, 그러다 또 다시 선발로 갔다 불펜으로…. 그야말로 전천후 투수의 표본이다. 보직 가리지 않고 팀에 헌신한 점은 구단도 높게 사고 있다. 사실상 현재 롯데의 롱릴리프 피처로 팀의 마운드 운용에 숨통을 틔운 투수다. 2025시즌에도 날마다 호출해선 곤란하다.
강점	좋지 못한 표면적 성적은 모두 불규칙한 등판 상황을 견뎌 낸 결과물이었다.
약점	투구를 거듭할수록 계속해서 올라가는 피안타율.

투수(우투우타)

22 구승민

생년월일	1990년 6월 12일		신장/체중	182cm / 86kg	
출신학교	동일초(도봉구리틀)-청원중-청원고-홍익대		연봉	3억 원	

2024시즌 기록

평균자책점	경기	승	패	홀드	세이브
4.84	66	5	3	13	0
승률	이닝	투구수	피안타	피홈런	볼넷
0.625	57 2/3	1,138	68	6	35
삼진	실점	자책점	피안타율	WHIP	퀄리티스타트
62	37	31	0.293	1.79	0

전력분석	롯데 역사에서도 손꼽히는 우완 불펜이다. 구단 역사상 가장 많은 홀드를 해낸 주인공이다. 150km/h대의 빠른 공과 포크볼로 상대를 압도하는 유형이다. 2024시즌에는 극악의 부침을 겪었지만, 그동안 등판 상황 가리지 않고 헌신하다 쌓인 부하의 결과물이라고 보는 시선이 많다.
강점	2024년 5월 이후 우리가 알던 구위형 투수가 다시 보이기 시작했다.
약점	롤딩룰딩의 원인, 쥐도 새도 모르게 늘어난 볼넷을 줄여라.

PLAYERS

투수(좌투좌타)

15 김진욱

생년월일	2002년 7월 5일		신장/체중	185cm / 90kg
출신학교	수원신곡초-춘천중-강릉고		연봉	1억 원

2024시즌 기록

평균자책점	경기	승	패	홀드	세이브
5.31	19	4	3	0	0
승률	이닝	투구수	피안타	피홈런	볼넷
0.571	84 2/6	1,630	89	13	44
삼진	실점	자책점	피안타율	WHIP	퀄리티스타트
87	54	50	0.264	1.57	3

전력분석	롯데가 차기 에이스로 내다보고 유니폼을 입힌 최고의 재능이다. 140km/h 중후반대의 빠른 공과 역동적 투구폼을 가진 좌완으로, 2024시즌 선발로 안착할 가능성을 보여 고무적이었다. 부상의 여파도 있었겠지만, 이후 입대를 취소하곤 2026년 나고야-아이치아시안게임 대표팀 승선을 노리고 있다.
강점	공격적 투구, 볼넷 비율이 매 시즌 점진적으로 감소하고 있다.
약점	볼넷과 반대로 늘어난 피홈런은 줄여야 할 몫.

투수(우투우타)

44 박진

생년월일	1999년 4월 2일		신장/체중	182cm / 106kg
출신학교	부산대연초-부산중-부산고		연봉	6천만 원

2024시즌 기록

평균자책점	경기	승	패	홀드	세이브
4.38	38	2	4	0	1
승률	이닝	투구수	피안타	피홈런	볼넷
0.333	49 1/3	802	60	4	11
삼진	실점	자책점	피안타율	WHIP	퀄리티스타트
35	28	24	0.311	1.44	1

전력분석	아주 빠르지만은 않은 구속, 아주 날카롭거나 구질이 독특하지만은 않은 변화구…. 그럼에도 박진은 특유의 공격적 성향으로 스트라이크존을 적극 공략해 김태형 감독의 선택을 받았다. 직구와 커브의 콤비네이션으로 선발 후보에 오른 투수로, 스프링캠프에서도 두각을 나타낼 기대가 커졌다.
강점	타자와 승부를 피하지 않는 공격적 투구 성향이 최고의 무기.
약점	구위까지 좀 더 향상된다면 더할 나위 없을 텐데….

투수(우투우타)

65 정철원

생년월일	1999년 3월 27일		신장/체중	192cm / 95kg
출신학교	역북초-송전중-안산공고		연봉	1억 2천만 원

2024시즌 기록

평균자책점	경기	승	패	홀드	세이브
6.40	36	2	1	1	6
승률	이닝	투구수	피안타	피홈런	볼넷
0.667	32 1/3	634	39	5	26
삼진	실점	자책점	피안타율	WHIP	퀄리티스타트
39	24	23	0.295	2.01	0

전력분석	김태형 감독이 직접 팔을 걷어 영입에 나선 파이어볼러다. 기존 필승조 구승민, 김원중이 동시에 휘청인 2024시즌의 악몽을 되풀이하지 않기 위한 수이기도 했다. 정철원은 150km/h의 빠른 공도 너끈한 필승조 자원으로 멘탈, 구위 모든 면에서 사령탑의 칭찬을 듣고 있다.
강점	강한 멘탈, 강한 구위에 가려진 수준급 제구력.
약점	자신을 발굴한 은인 김태형 감독과 재회, 신인왕 시절처럼 반등할까?

투수(우투우타)

56 최준용

생년월일	2001년 10월 10일			신장/체중	185cm / 85kg
출신학교	부산수영초-대천중-경남고			연봉	1억 1천만 원

2024시즌 기록

평균자책점	경기	승	패	홀드	세이브
5.40	27	1	2	3	0
승률	이닝	투구수	피안타	피홈런	볼넷
0.333	21 2/3	431	28	2	14
삼진	실점	자책점	피안타율	WHIP	퀄리티스타트
12	13	13	0.322	1.94	0

전력분석	최고 2,800회 분당 회전수, 타자 눈앞에서 던지듯 길게 뻗는 2m의 익스텐션, 150km/h에 육박하는 빠른 공…. 최준용의 재능은 롯데에서도 타의 추종을 불허한다. 2024년 여름 어깨 수술에 이어 스프링캠프에서 팔꿈치 인대 손상으로 시련을 겪었지만, 언제든 다시 필승조 한 축을 맡을 수 있는 구위형 우완이다.
강점	최준용 하면 '돌직구'다. 리그에서도 손꼽히는 직구 구위.
약점	부상을 털고 예년의 모습을 회복하는 게 관건.

투수(좌투좌타)

57 정현수

생년월일	2001년 5월 10일			신장/체중	180cm / 84kg
출신학교	부산대연초-부산중-부산고-송원대			연봉	4천만 원

2024시즌 기록

평균자책점	경기	승	패	홀드	세이브
4.56	18	1	1	1	0
승률	이닝	투구수	피안타	피홈런	볼넷
0.500	23 2/3	425	20	0	12
삼진	실점	자책점	피안타율	WHIP	퀄리티스타트
25	12	12	0.235	1.35	0

전력분석	롯데가 미래의 좌완 선발로 내다보고 품은 대졸 기대주다. 직구와 커브의 콤비네이션이 우수한 투수로, 커브의 구질적 특징이 매우 돋보인다. 분당 회전수도 2,800회 선으로 높은 편이다. 여기에 각도는 마치 12시에서 6시로 떨어지듯 꺾이지만, 좌타자에겐 바깥쪽으로 흘러나가듯 뻗기에 공략이 어렵다.
강점	1·2군을 오가며 겪던 시련이 끝나자, '비 온 뒤 무지개 커브'가 피었다.
약점	스트라이크존을 좀 더 적극적으로 공략한다면….

투수(우투우타)

37 이민석

생년월일	2003년 12월 10일			신장/체중	189cm / 95kg
출신학교	부산수영초-대천중-개성고			연봉	4천만 원

2024시즌 기록

평균자책점	경기	승	패	홀드	세이브
7.26	18	0	2	1	0
승률	이닝	투구수	피안타	피홈런	볼넷
0.000	31	627	38	3	25
삼진	실점	자책점	피안타율	WHIP	퀄리티스타트
20	27	25	0.302	2.03	0

전력분석	150km/h대의 직구로 팀 내에서 가장 빠른 평균 구속을 보이는 우완 파이어볼러다. 지난해 오른 팔꿈치 뼛조각 제거와 인대 수술을 받은 만큼 2025시즌에는 재기가 최우선 과제다. 재능을 제대로 꽃피운 적 또한 없기에 건강만 뒷받침된다면 마운드 한 축을 책임지는 투수로 거듭나는 게 가장 좋은 시나리오다.
강점	빠른 공과 슬라이더의 콤비네이션이 뛰어난 강속구 우완.
약점	길고 긴 재활을 마친 만큼 다시 건재를 증명해야 한다.

포수(우투우타)

27 유강남

생년월일	1992년 7월 15일		신장/체중	182cm / 88kg
출신학교	청원초-휘문중-서울고		연봉	11억 원

2024시즌 기록

타율	경기	타석	타수	득점	안타
0.191	52	155	136	11	26
2루타	3루타	홈런	루타	타점	도루
3	0	5	44	20	0
볼넷	삼진	병살타	장타율	출루율	득점권타율
9	25	4	0.324	0.275	0.234

전력분석	강한 타구 생산에 일가견이 있는 파워히터다. 2025시즌을 앞두고 겨우내 10㎏ 이상을 감량해 파워에서 예년과 같은 모습을 보일지 궁금하지만, 한층 날렵해진 타격과 수비를 기대해 볼 만은 하다. 뜻하지 않은 부상에 좌절을 맛보기도 한 만큼, 반등이 절실하다.
강점	ABS 도입 이후 프레이밍의 무용론이 불거졌지만, 여전히 필요한 그의 안정적 수비.
약점	타구의 발사각이 낮은 편으로, 장타 생산을 위해선 개선이 절실.

포수(우투우타)

6 손성빈

생년월일	2002년 1월 14일		신장/체중	186cm / 92kg
출신학교	희망대초-신흥중-장안고		연봉	6천8백만 원

2024시즌 기록

타율	경기	타석	타수	득점	안타
0.197	86	171	152	24	30
2루타	3루타	홈런	루타	타점	도루
6	2	6	58	21	0
볼넷	삼진	병살타	장타율	출루율	득점권타율
13	38	3	0.382	0.271	0.189

전력분석	KBO리그의 백업 포수 가운데 최정상급 수비를 선보이는 몇 안 되는 포수다. 1초8대의 매우 빠른 팝타임으로 눈 깜짝할 새 2루로 송구해 버리는 강한 어깨와 스피드를 겸비하고 있다. 미래의 주전 포수로 육성하는 만큼 2025년에는 한층 발전한 모습을 보여 줄 필요가 있다.
강점	맞혔다 하면 외야로 곧잘 날려 보내는 일발장타 능력.
약점	아쉬운 1할대 타율, 타석에서 정확도를 좀 더 키운다면….

내야수(우투우타)

33 손호영

생년월일	1994년 8월 23일		신장/체중	182cm / 88kg
출신학교	의왕부곡초-평촌중-충훈고		연봉	1억 2천5백만 원

2024시즌 기록

타율	경기	타석	타수	득점	안타
0.317	102	430	398	70	126
2루타	3루타	홈런	루타	타점	도루
26	4	18	214	78	7
볼넷	삼진	병살타	장타율	출루율	득점권타율
17	65	6	0.538	0.354	0.331

전력분석	적극적, 공격적, 저돌적, 거친…. 롯데 동료들과 코칭스태프가 손호영을 표현할 때 이 수식어를 자주 쓰곤 한다. 타석에서도 마찬가지다. 성향이 묻어나기 마련이다. 그럼에도 팀내 최다 홈런에 연속경기 안타 기록까지 세울 정도로 결과를 만들어 내는 열정이다.
강점	저돌적 성향에도 승부처에서 매우 출중한 클러치 능력을 자랑한다.
약점	잦은 부상에서 벗어날 몸을 만드는 게 2025년의 최대 관건.

내야수(우투좌타)

53 박승욱

생년월일	1992년 12월 4일		신장/체중	184cm / 83kg	
출신학교	칠성초-경복중-대구상원고		연봉	1억 7천만 원	

2024시즌 기록

타율	경기	타석	타수	득점	안타
0.262	139	468	405	57	106
2루타	3루타	홈런	루타	타점	도루
19	1	7	148	53	4
볼넷	삼진	병살타	장타율	출루율	득점권타율
47	120	7	0.365	0.351	0.246

전력분석	롯데의 유격수 고민을 씻어 낸 복덩이다. 하위타순에서도 타선 연결을 돕는 역할에 충실한데, 한 가지 흥미로운 점은 바로 타구 속도다. 팀 내 최상위권에 속하는 평균 140km/h 초중반대의 빠른 속도로 하위타순의 숨은 복병으로 맹활약하고 있다.
강점	임훈 타격코치와 함께 흘린 땀, 정타 생산에 눈을 떴다.
약점	빨라진 타구 속도와 함께 늘어난 헛스윙 비율.

내야수(우투우타)

9 정훈

생년월일	1987년 7월 18일		신장/체중	180cm / 85kg	
출신학교	양덕초-마산동중-용마고		연봉	2억 원	

2024시즌 기록

타율	경기	타석	타수	득점	안타
0.267	109	325	285	31	76
2루타	3루타	홈런	루타	타점	도루
20	0	9	123	47	1
볼넷	삼진	병살타	장타율	출루율	득점권타율
35	63	3	0.432	0.343	0.292

전력분석	정훈의 야구에는 감동이 있다. 방황하던 영건 시절을 딛고 한때 4번타자로 발돋움했던 정훈은 베테랑이 된 뒤에도 슈퍼 유틸리티 플레이어로 1루면 1루, 3루면 3루, 팀 곳곳에서 헌신하고 있다. 결승타를 포함한 6타수 1안타 5삼진의 야구도 정훈이기에 가능한 플레이이지 않을까?
강점	확고한 자신만의 스트라이크존과 탁월한 선구안.
약점	해를 거듭할수록 조금씩 높아지는 삼진율, 다시 낮추는 게 관건.

내야수(우투좌타)

52 노진혁

생년월일	1989년 7월 15일		신장/체중	184cm / 80kg	
출신학교	광주대성초-광주동성중-광주동성고-성균관대		연봉	7억 원	

2024시즌 기록

타율	경기	타석	타수	득점	안타
0.219	73	157	137	13	30
2루타	3루타	홈런	루타	타점	도루
6	0	2	42	13	0
볼넷	삼진	병살타	장타율	출루율	득점권타율
15	39	1	0.307	0.297	0.171

전력분석	4년 계약의 반환점을 돈 노진혁, 더는 반등을 미룰 수 없다. 당초 구단도 NC 시절 한 시즌 두 자릿수 홈런도 너끈한 유격수의 모습을 기억해 적잖은 규모의 계약을 안겼는데, 2025년에는 그 모습이 나올까? 그래도 클러치 상황에서 제 몫을 해 준 만큼 반등의 원동력은 중요도 높은 상황에서 찾는 게 수월할 수 있다.
강점	유격수에서 한발 물러났어도 전천후로 활용 가능한 내야 수비력.
약점	잃어버린 주전 자리를 되찾기 위해선 결국 공격력 강화가 절실.

내야수(우투좌타)

14 최항

생년월일	1994년 1월 3일		신장/체중	183cm / 88kg
출신학교	대일초-매송중-유신고		연봉	5천만 원

2024시즌 기록

타율	경기	타석	타수	득점	안타
0.250	72	143	132	17	33
2루타	3루타	홈런	루타	타점	도루
3	1	0	38	12	0
볼넷	삼진	병살타	장타율	출루율	득점권타율
10	32	3	0.288	0.308	0.239

전력분석	롯데가 좌타 대타, 내야 유틸리티 플레이어가 필요로 하는 상황마다 꼭 최항이 있었다. 높은 타율의 정교한 타격을 보여 주진 못해도 경기 후반 승부처에 기용할 카드로 최항만 한 선수가 없다. 중요도 높은 상황에서 기회를 키우거나, 긴박한 한 점 승부에서 꼼꼼한 수비로 김태형 감독의 마음을 샀다.
강점	주 포지션은 2루수지만, 어느 곳에 세워 놓아도 준수한 수비력.
약점	좀 더 높은 타율을 보여 준다면 주전과 경쟁 시너지도 기대할 만하다.

외야수(우투우타)

C

8 전준우

생년월일	1986년 2월 25일		신장/체중	184cm / 98kg
출신학교	홍무초-경주중-경주고-건국대		연봉	4억 원

2024시즌 기록

타율	경기	타석	타수	득점	안타
0.293	109	483	423	57	124
2루타	3루타	홈런	루타	타점	도루
26	2	17	205	82	3
볼넷	삼진	병살타	장타율	출루율	득점권타율
49	84	11	0.485	0.369	0.243

전력분석	역시 없어서는 안 될 롯데 타선의 중심이다. 2024시즌에는 늘어난 홈런만큼 헛스윙 비율도 높아진 게 흠이지만, 전성기만큼 성적을 내진 못해도 타격에선 여전히 생산력을 기대할 만하다. 선수 인생의 황혼기를 지나는 전준우, 롯데의 최형우가 될 수 있을까?
강점	안타 생산력에서만큼은 20대 못지않은 여전한 기량을 뽐낸다.
약점	중요도 높은 상황에서 더욱 짙게 남는 아쉬운 타격 결과.

외야수(우투우타)

5 조세진

생년월일	2003년 11월 21일		신장/체중	181cm / 86kg
출신학교	장안초(성남중원구리틀)-선린중-서울고		연봉	4천만 원

2024시즌 기록

타율	경기	타석	타수	득점	안타
-	-	-	-	-	-
2루타	3루타	홈런	루타	타점	도루
-	-	-	-	-	-
볼넷	삼진	병살타	장타율	출루율	득점권타율
-	-	-	-	-	-

전력분석	롯데가 '포스트 전준우'로 내다보고 애지중지 키운 핵심 유망주다. 입대 전에도 뛰어난 운동능력을 바탕으로 수준급의 타구 속도와 외야 수비력을 보여 준 바 있다. 전역 후에는 신체 성장이 더 이뤄진 만큼 공·수 양면에서 기량 완성도도 한층 높아졌을 것으로 기대받고 있다.
강점	공격에 특화된 선수로 퓨처스리그에서도 가능성을 보여 준 장타력.
약점	수비에서도 매 동작의 완성도를 높이는 게 관건.

43 나균안
투수(우투우타)

생년월일 1998년 3월 16일
출신학교 무학초-창원신월중-용마고

2024시즌 기록
김태형 감독에게 마지막 기회를 받았다. 역경 극복하고 다시 2년 전 봄처럼….

평균자책점	경기	승	패	홀드	세이브	승률	이닝	투구수
8.51	26	4	7	0	0	0.364	73	1,491
피안타	피홈런	볼넷	삼진	실점	자책점	피안타율	WHIP	QS
114	15	47	74	73	69	0.353	2.21	2

31 진해수
투수(좌투좌타)

생년월일 1986년 6월 26일
출신학교 동삼초-경남중-부경고

2024시즌 기록
존재만으로 귀감이 되는 현역 홀드 1위, 마운드 빛내는 베테랑 원 포인트 릴리프.

평균자책점	경기	승	패	홀드	세이브	승률	이닝	투구수
6.18	54	2	1	5	0	0.667	27 2/3	471
피안타	피홈런	볼넷	삼진	실점	자책점	피안타율	WHIP	QS
36	5	10	22	21	19	0.316	1.66	0

40 박진형
투수(우투우타)

생년월일 1994년 6월 10일
출신학교 영랑초-경포중-강릉고

2024시즌 기록
벌써 복귀 2년 차, 제 손으로 포스트시즌 진출 이끈 2017년 모습 재현 절실.

평균자책점	경기	승	패	홀드	세이브	승률	이닝	투구수
4.26	7	0	0	0	0	-	6 1/3	95
피안타	피홈런	볼넷	삼진	실점	자책점	피안타율	WHIP	QS
6	0	1	4	3	3	0.286	1.11	0

25 박시영
투수(우투우타)

생년월일 1989년 3월 10일
출신학교 축현초-인천신흥중-제물포고
-영남사이버대

2024시즌 기록
4년 만에 다시 입은 롯데 유니폼, 건강하게 필승조 기억 되짚는 게 관건.

평균자책점	경기	승	패	홀드	세이브	승률	이닝	투구수
4.62	26	0	1	4	1	0.000	25 1/3	417
피안타	피홈런	볼넷	삼진	실점	자책점	피안타율	WHIP	QS
27	4	7	23	13	13	0.270	1.34	0

19 김강현
투수(우투좌타)

생년월일 1995년 2월 27일
출신학교 고명초-청원중-청원고

2024시즌 기록
맞을지언정 자신 있게 꽂는 투구에 감독이 반했다. 2025년 목표는 1군 안착.

평균자책점	경기	승	패	홀드	세이브	승률	이닝	투구수
3.55	26	0	0	0	0	-	25 1/3	497
피안타	피홈런	볼넷	삼진	실점	자책점	피안타율	WHIP	QS
28	2	18	24	13	10	0.275	1.82	0

59 송재영
투수(좌투좌타)

생년월일 2002년 6월 20일
출신학교 수원잠원초(수원영통구리틀)
-매향중-라온고

2024시즌 기록
롯데에 안경 쓴 투수가 또 나타났다? 좌타자 스페셜리스트에 도전.

평균자책점	경기	승	패	홀드	세이브	승률	이닝	투구수
10.80	19	0	1	3	1	0.000	8 1/3	162
피안타	피홈런	볼넷	삼진	실점	자책점	피안타율	WHIP	QS
9	2	5	9	10	10	0.290	1.68	0

17 현도훈
투수(우투좌타)

생년월일 1993년 1월 13일
출신학교 풍양초(남양주리틀)-경기신일중
-일본 교토고쿠사이고-일본 큐슈교리츠대

2024시즌 기록
가을리그 활약 이어 퓨처스에서 1군 캠프 승격, 선발 자격 증명이 관건.

평균자책점	경기	승	패	홀드	세이브	승률	이닝	투구수
9.00	8	0	1	0	0	0.000	10	193
피안타	피홈런	볼넷	삼진	실점	자책점	피안타율	WHIP	QS
15	2	6	8	11	10	0.341	2.10	0

23 심재민
투수(좌투우타)

생년월일 1994년 2월 18일
출신학교 장유초(김해엔젤스리틀)-개성중
-개성고-전남과학대

2024시즌 기록
트레이드 이적 후 2년, 2025년은 선발 후보 단계에서 스텝업이 절실하다.

평균자책점	경기	승	패	홀드	세이브	승률	이닝	투구수
-	-	-	-	-	-	-	-	-
피안타	피홈런	볼넷	삼진	실점	자책점	피안타율	WHIP	QS
-	-	-	-	-	-	-	-	-

45 이병준
투수(우투우타)
생년월일 2002년 5월 28일
출신학교 부산청동초(영도구리틀)-경남중
-개성고

선발 전환 후 퓨처스리그에서 두각, 1군 스프링캠프 명단까지 승선.

평균자책점	경기	승	패	홀드	세이브	승률	이닝	투구수
-	-	-	-	-	-	-	-	-
피안타	피홈런	볼넷	삼진	실점	자책점	피안타율	WHIP	QS
-	-	-	-	-	-	-	-	-

46 정우준
투수(우투우타)
생년월일 2000년 3월 17일
출신학교 태랑초(남양주리틀)-청원중
-서울고-강릉영동대

직구, 스플리터 콤비네이션으로 롯데 구위형 불펜 계보 이을 기대주.

평균자책점	경기	승	패	홀드	세이브	승률	이닝	투구수
4.32	8	0	0	0	0	-	8 1/3	145
피안타	피홈런	볼넷	삼진	실점	자책점	피안타율	WHIP	QS
10	2	7	5	4	4	0.303	2.04	0

55 윤성빈
투수(우투우타)
생년월일 1999년 2월 26일
출신학교 동일중앙초-경남중-부산고

포크볼이 140km/h, 직구 150km/h 정도는 easy. 올해는 재능 꽃피울까?

평균자책점	경기	승	패	홀드	세이브	승률	이닝	투구수
45.00	1	0	1	0	0	0.000	1	35
피안타	피홈런	볼넷	삼진	실점	자책점	피안타율	WHIP	QS
4	1	2	1	5	5	0.571	6.00	0

26 진승현
투수(우투좌타)
생년월일 2003년 9월 5일
출신학교 본리초-협성경복중-경북고

입대 전 존재감 다시 보여 주는 게 절실, 모두 전역 후 연착륙을 위해….

평균자책점	경기	승	패	홀드	세이브	승률	이닝	투구수
8.53	7	0	1	0	0	0.000	6 1/3	109
피안타	피홈런	볼넷	삼진	실점	자책점	피안타율	WHIP	QS
7	0	5	5	6	6	0.259	1.89	0

12 신병률
투수(우언우타)
생년월일 1996년 1월 30일
출신학교 둔촌초-잠신중-휘문고-단국대

KT에서 방출 후 다시 기대 얻은 군필 투수, 롯데에서 보기 드문 사이드암.

평균자책점	경기	승	패	홀드	세이브	승률	이닝	투구수
-	-	-	-	-	-	-	-	-
피안타	피홈런	볼넷	삼진	실점	자책점	피안타율	WHIP	QS
-	-	-	-	-	-	-	-	-

58 박준우
투수(우투우타)
생년월일 2005년 5월 27일
출신학교 상동초(부천시리틀)-부천중
-유신고

사직 카리나는 그만, 사직 마운드에 박준우 이름 석 자를 각인하라.

평균자책점	경기	승	패	홀드	세이브	승률	이닝	투구수
9.00	2	0	0	0	0	-	2	32
피안타	피홈런	볼넷	삼진	실점	자책점	피안타율	WHIP	QS
3	0	1	1	2	2	0.333	2.00	0

38 홍민기
투수(좌투좌타)
생년월일 2001년 7월 20일
출신학교 법동초-한밭중-대전고

남다른 자질만으로 기대 모은 지 벌써 5년, 더 미루기 어려운 1군 쇼케이스.

평균자책점	경기	승	패	홀드	세이브	승률	이닝	투구수
12.27	3	0	0	0	0	-	3 2/3	99
피안타	피홈런	볼넷	삼진	실점	자책점	피안타율	WHIP	QS
8	0	1	2	7	5	0.381	2.45	0

42 정보근
포수(우투우타)
생년월일 1999년 8월 31일
출신학교 부산수영초-경남중-경남고

조금씩 깨고 있는 알 껍질, 볼배합에서 사령탑 인정받는 게 관건.

타율	경기	타석	타수	득점	안타	2루타	3루타	홈런
0.226	89	140	133	9	30	0	1	2
루타	타점	도루	볼넷	삼진	병살타	장타율	출루율	RISP
38	7	0	3	31	5	0.286	0.243	0.200

35 서동욱
포수(우투우타)

생년월일 2000년 3월 24일

출신학교 순천남산초-순천이수중
-순천효천고BC-홍익대

타격에서 호평받는 공격형 포수 재목, 2025년 목표는 입대 전 이름 각인.

타율	경기	타석	타수	득점	안타	2루타	3루타	홈런
0.115	33	27	26	2	3	1	0	0
루타	타점	도루	볼넷	삼진	병살타	장타율	출루율	RISP
4	0	0	0	8	1	0.154	0.148	0.000

62 백두산
포수(우투우타)

생년월일 2001년 5월 20일

출신학교 부산수영초-대천중-개성고
-동의대

2024시즌 1군 등록 일수는 단 하루, 하지만 포수로서 잠재력은 10년 이상.

타율	경기	타석	타수	득점	안타	2루타	3루타	홈런
0.000	1	1	1	0	0	0	0	0
루타	타점	도루	볼넷	삼진	병살타	장타율	출루율	RISP
0	0	0	0	1	0	0.000	0.000	0.000

39 강승구
포수(우투우타)

생년월일 2003년 10월 19일

출신학교 동막초-상인천중-제물포고
-강릉영동대

2024시즌 막판 기회 받은 수비형 포수 재목, 송구와 볼배합에서 뒤따른 호평.

타율	경기	타석	타수	득점	안타	2루타	3루타	홈런
0.000	5	2	2	0	0	0	0	0
루타	타점	도루	볼넷	삼진	병살타	장타율	출루율	RISP
0	0	0	0	1	0	0.000	0.000	0.000

13 전민재
내야수(우투우타)

생년월일 1999년 6월 30일

출신학교 천안남산초-천안북중-대전고

두산에서 온 전천후 유틸리티 플레이어, 내야 뎁스 강화 이어 메기남 역할까지.

타율	경기	타석	타수	득점	안타	2루타	3루타	홈런
0.246	100	276	248	34	61	5	1	2
루타	타점	도루	볼넷	삼진	병살타	장타율	출루율	RISP
74	32	7	17	53	8	0.298	0.301	0.290

60 한태양
내야수(우투우타)

생년월일 2003년 9월 15일

출신학교 역삼초-언북중-덕수고

원조 미래 주전 유격수, 롯데는 그가 상무에 있는 동안 늘 지켜보며 기대했다.

타율	경기	타석	타수	득점	안타	2루타	3루타	홈런
-	-	-	-	-	-	-	-	-
루타	타점	도루	볼넷	삼진	병살타	장타율	출루율	RISP
-	-	-	-	-	-	-	-	-

30 이호준
내야수(우투좌타)

생년월일 2004년 3월 20일

출신학교 대구옥산초-대구경운중
-대구상원고

신흥 미래 주전 유격수, 빠른 발에 운동능력과 센스로 사령탑에게 존재감 각인.

타율	경기	타석	타수	득점	안타	2루타	3루타	홈런
0.333	12	7	6	5	2	1	1	0
루타	타점	도루	볼넷	삼진	병살타	장타율	출루율	RISP
5	3	0	1	1	0	0.833	0.429	0.500

3 신윤후
내야수(우투우타)

생년월일 1996년 1월 5일

출신학교 무학초-마산중-마산고-동의대

내·외야 유틸리티 플레이어, 2025년은 1군 백업 틀 깨고 스텝업이 관건.

타율	경기	타석	타수	득점	안타	2루타	3루타	홈런
0.161	39	35	31	5	5	0	0	0
루타	타점	도루	볼넷	삼진	병살타	장타율	출루율	RISP
5	1	0	1	8	1	0.161	0.235	0.125

16 김민성
내야수(우투우타)

생년월일 1988년 12월 17일

출신학교 고명초-잠신중-덕수정보고
-영남사이버대

좋은 사람, 좋은 리더, 2025년은 그라운드에서 재도약이 더욱 절실하다.

타율	경기	타석	타수	득점	안타	2루타	3루타	홈런
0.200	35	84	70	6	14	5	0	2
루타	타점	도루	볼넷	삼진	병살타	장타율	출루율	RISP
25	8	0	10	18	1	0.357	0.321	0.200

67 강성우
내야수(우투우타)

생년월일 2005년 4월 12일
출신학교 대전유천초-한밭중-청주고

2024시즌 기록

남다른 눈빛, 단 두 경기 만에 김태형 감독에게 눈도장 찍은 내야 유망주.

타율	경기	타석	타수	득점	안타	2루타	3루타	홈런
0.500	2	3	2	0	1	0	0	0
루타	타점	도루	볼넷	삼진	병살타	장타율	출루율	RISP
1	0	0	0	0	0	0.500	0.500	0.000

7 장두성
외야수(우투좌타)

생년월일 1999년 9월 16일
출신학교 축현초-재능중-동산고

2024시즌 기록

리그 정상급 주력에 안정적 외야 수비, 단 2025년은 타격에서 좀 더 눈뜨기를….

타율	경기	타석	타수	득점	안타	2루타	3루타	홈런
0.156	71	37	32	23	5	0	0	0
루타	타점	도루	볼넷	삼진	병살타	장타율	출루율	RISP
5	1	14	3	9	2	0.156	0.270	0.143

48 이정훈
외야수(우투좌타)

생년월일 1994년 12월 7일
출신학교 교문초-배재중-휘문고-경희대

2024시즌 기록

명타격코치 박흥식 눈에 든 타격 재능, 2025년은 수비에서 '내 자리' 만들기.

타율	경기	타석	타수	득점	안타	2루타	3루타	홈런
0.300	65	116	100	10	30	8	0	0
루타	타점	도루	볼넷	삼진	병살타	장타율	출루율	RISP
38	18	0	13	21	4	0.380	0.374	0.324

50 김동혁
외야수(좌투좌타)

생년월일 2000년 9월 15일
출신학교 서화초-상인천중-제물포고
        -강릉영동대

2024시즌 기록

퓨처스 주장으로 새해 출발, 황성빈 이어 롯데 전력질주 계보를 이을 선두 주자.

타율	경기	타석	타수	득점	안타	2루타	3루타	홈런
0.200	39	17	15	8	3	0	1	0
루타	타점	도루	볼넷	삼진	병살타	장타율	출루율	RISP
5	1	3	2	5	0	0.333	0.294	0.333

54 이인한
외야수(우투우타)

생년월일 1998년 12월 24일
출신학교 광주대성초-심석중-강릉고
        -강릉영동대

2024시즌 기록

육성 계약으로 입단해 1군 스프링캠프 합류까지, 운동능력 앞세우는 코너 외야수.

타율	경기	타석	타수	득점	안타	2루타	3루타	홈런
0.500	5	5	4	0	2	0	0	0
루타	타점	도루	볼넷	삼진	병살타	장타율	출루율	RISP
2	2	0	0	1	0	0.500	0.600	1.000

1라운드 전체 4순위
66 김태현

생년월일	2005년 11월 16일
신장/체중	185cm / 87kg
출신학교	광주서림초-광주진흥중-광주제일고

투수(좌투좌타)

고교 시절 강속구 좌완으로 빠르게 성장, 롯데 유니폼을 입었다. 향후 좌완 선발 잠재력까지 내다보고 1라운드에 지명받았다. 직구 구속이 145km/h 안팎에 형성되고, 변화구 또한 출중해 미래 선발로서 손색이 없다는 평가.

2라운드 전체 14순위
68 박세현

생년월일	2006년 1월 21일
신장/체중	183cm / 88kg
출신학교	중화초(중랑구리틀)-상명중-배명고

투수(우투우타)

상위권 지명 가운데 몇 안 되는 우완이지만, 안정적 제구력을 갖췄다. 선발, 중간, 마무리 모두 맡을 수 있는 재목. 슬라이더, 서클체인지업 등 구종 완성도 또한 높다. 몸쪽 승부를 두려워하지 않는 승부사 기질까지 겸비.

3라운드 전체 24순위
101 김현우

생년월일	2006년 3월 18일
신장/체중	183cm / 90kg
출신학교	수지초(분당로열스리틀)-여강중-야탑고

투수(우투우타)

구위를 좀 더 연마해 프로 무대에서까지 통하는 '돌직구'를 구사하리라 기대 중. 불펜에서 짧은 이닝 힘을 싣는 편이 더 낫다는 평가 또한 있다. 투구 밸런스가 안정적이어서 성장세가 들쑥날쑥하지 않고 곧을 것이라 기대된다.

4라운드 전체 34순위
63 박재엽

생년월일	2006년 1월 23일
신장/체중	184cm / 92kg
출신학교	부산대연초-개성중-부산고

포수(우투우타)

고교 포수 빅4 중 한 명. 미래 주전감으로 투수 외 가장 높은 순번 지명. 빠른 팝타임과 정확도 높은 송구, 안정적 블로킹. 투수를 편안하게 해 주는 능력이 있다. 미래 일발장타가 있는 수비형 포수로 성장이 기대되는 유망주.

6라운드 전체 54순위
102 김동현

생년월일	2004년 12월 30일
신장/체중	185cm / 100kg
출신학교	인천광병방초(인천서구리틀)-재능중-제물포고-부산과학기술대

외야수(우투좌타)

대학 올스타전에서 홈런 레이스 왕좌에 오른 거포 기대주다. 185cm에 100kg으로 체격 조건 또한 우수해 좌타 거포 재목으로 기대를 모으고 있다. 롤모델은 전준우다.

7라운드 전체 64순위
103 이영재

생년월일	2006년 10월 20일
신장/체중	180cm / 71kg
출신학교	의정부유소년야구단-신흥중-신흥고

투수(좌투좌타)

신흥고 최초 프로 직행 꿈을 이룬 좌완 유망주다. 고교 시절 흔들리지 않는 멘털과 경기 운영 능력은 물론, 롯데기 야구 대회에서 보여 준 탈삼진 능력 또한 눈길을 끈다.

8라운드 전체 74순위
105 최민규

생년월일	2004년 2월 23일
신장/체중	173cm / 74kg
출신학교	광주수창초-광주충장중-광주제일고-부산과학기술대

내야수(우투우타)

대학 진학 후 다시 한번 두각을 나타내 프로 지명을 받기에 이른 유격수 재목이다. 내야 수비 범위와 어깨 모두 준수하고, 빠른 발과 정확도 높은 타격이 높은 점수를 받는다.

9라운드 전체 84순위
106 한승현

생년월일	2006년 10월 29일
신장/체중	183cm / 80kg
출신학교	신양초(서울강동구리틀)-건대부중-장충고

외야수(우투우타)

빠른 발을 앞세운 수비 범위와 도루 능력에서 높은 평가를 받고 있다. 외야에서 송구 또한 준수하다. 황성빈, 장두성, 김동혁을 이을 발 빠른 외야수 재목으로 기대를 모은다.

10라운드 전체 94순위
107 김태균

생년월일	2006년 7월 31일
신장/체중	191cm / 97kg
출신학교	예원초(동래구리틀)-부산대신중-경남고

투수(우투우타)

높은 릴리스 포인트에서 뿌리는 각도 큰 스플리터가 인상적이다. 변화구 구속 또한 130km/h대를 상회해 빠른 편이다. 롯데 야구를 보고 야구공을 잡은 경남고 출신 로컬 보이다.

11라운드 전체 104순위
104 조영우

생년월일	2006년 5월 15일
신장/체중	182cm / 82kg
출신학교	서림초-충장중-광주제일고

투수(우투우타)

2024년 신인왕 김택연과 인천고 마운드를 함께 지켰다. 최고 140km/h 후반대 직구와 낙차 큰 커브가 최대 강점이다. 직각으로 떨어지듯 휘는 구질이 특징이다.

구단명 : **한화 이글스**

연고지 : **대전광역시**

창립연도 : **1986년**(빙그레 이글스), **1994년**(한화 이글스)

구단주 : **김승연**

대표이사 : **박종태**

단장 : **손 혁**

감독 : **김경문**

홈구장 : **대전 한화생명 볼파크**

영구결번 : **21 송진우 23 정민철 35 장종훈 52 김태균**

한국시리즈 우승 : **1999**

HOME

AWAY

2025 HANWHA EAGLES DEPTH CHART

• 지명타자

 문현빈
 채은성
 안치홍

좌익수
김태연
최인호

 중견수
플로리얼
이원석

 우익수
임종찬
이진영

유격수
심우준
이도윤

 2루수
안치홍
황영묵

3루수
노시환
문현빈

 1루수
채은성
권광민

• 감독

 김경문

포수
최재훈
이재원

• 2025 예상 베스트 라인업

1번 타자	김태연	좌익수
2번 타자	문현빈	지명타자
3번 타자	플로리얼	중견수
4번 타자	노시환	3루수
5번 타자	채은성	1루수
6번 타자	안치홍	2루수
7번 타자	임종찬	우익수
8번 타자	최재훈	포수
9번 타자	심우준	유격수

• 예상 선발 로테이션

 류현진
  와이스
 폰세
 엄상백
 문동주

• 필승조

 박상원
 한승혁
 김서현

• 마무리

 주현상

TEAM INFO

팀 분석

2024 팀 순위 (포스트시즌 최종 순위 기준)

8위

최근 5년간 팀 순위

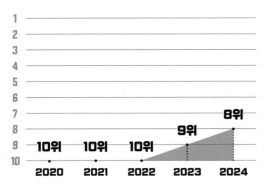

10위 10위 10위 9위 8위
2020 2021 2022 2023 2024

2024시즌 팀 공격력

↑: High / ↓: Low

타율↑	홈런↑	병살타↓	득점권 타율↑	삼진↓	OPS↑
0.270	127개	109개	0.295	1,077개	0.745
8위	7위	8위	2위	3위	9위

2024시즌 팀 마운드

↑: High / ↓: Low

평균자책점↓	탈삼진↑	QS↑	볼넷↓	피안타율↓	피홈런↓	WHIP↓
4.98	1,130개	45	511개	0.285	128개	1.53
5위	3위	7위	4위	공동 9위	2위	공동 8위

2024시즌 팀 수비력

↑: High / ↓: Low

실책↓	견제사↑	병살 성공↑	도루저지율↑
105개	5개	132번	28.1%
5위	공동 6위	4위	4위

2024시즌 최다 마킹 유니폼

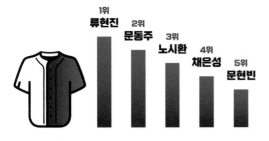

1위 류현진
2위 문동주
3위 노시환
4위 채은성
5위 문현빈

PARK FACTOR

홈구장_대전 한화생명 볼파크

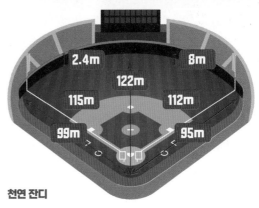

2.4m 8m
122m
115m 112m
99m 95m

천연 잔디

수용인원

20,007석

구장 특성

올해 개장한 이글스의 새 둥지는 최신식 시설로, 비대칭 그라운드가 특징이다. 좌측 펜스는 99m, 우측은 95m로 4m 짧지만, 우측 펜스 높이는 8m로 아시아 최초의 '몬스터 월'이라 불린다. 독특한 외야 구조로 인해 관중들이 홈런 타구를 낚아채거나, 홈런이 될 타구가 몬스터 월에 막히는 등 재미있는 상황이 나올 거라 예상된다. 또한, 야구장 외부에서 외야 쪽 개방된 공간을 통해 내부 분위기를 엿볼 수 있는 포인트가 숨어 있다. 아시아 최초의 복층 불펜이며, 3루 측 관중석 상단에 조성된 인피니티 풀은 수영하며 야구를 관람할 수 있는 구조다.

HOME STADIUM GUiDE

원정팬을 위한
교통편 추천, 주차, 숙소 팁

신구장이 개장한 만큼, 올해는 원정 지역에서도 한화의 홈 경기를 관람하기 위한 팬들이 많이 몰릴 것으로 예상된다. 고속버스, 시외버스, 고속열차를 이용할 경우 대전역에서 거리가 매우 가까워 택시 혹은 시내버스를 이용하면 금방 야구장 인근에 도착할 수 있다. 자차를 이용하는 것은 비추천. 종합운동장 내 주차 시설이 있지만, 관람객이 몰리는 날에는 주차 자리가 부족해 여유 있는 입차 혹은 출차가 불가능하다.

유성 쪽에 숙박업소들이 많지만 야구장에서는 거리가 다소 멀다. 으능정이 거리 부근이 성심당 본점이나 노포 맛집 등, 시내 번화가와 가까워 여러모로 편리하지만 가족 단위 관람객의 경우 숙박 장소가 마땅치 않은 게 함정. 본인의 교통편, 동선 등을 고려해 숙박 장소를 잘 찾

아야 한다. 대전역에는 성심당 분점과 대전시 마스코트 '꿈씨 패밀리' 굿즈를 판매하는 꿈돌이 하우스가 입점해 있다. 경기 전후 대전을 둘러볼 시간이 없다면, 대전역에서 기념품을 구매하는 것도 좋은 방법이다.

응원단

응원단장
홍창화

치어리더
김나연

치어리더
김연경

치어리더
아야카

치어리더
우수한

치어리더
유진경

치어리더
이미래

치어리더
이호은

치어리더
지아영

치어리더
최석화

치어리더
하지원

장내아나운서
박호

유니폼도, 야구장도 다 바꼈다!
이제 야구만 잘하면 된다

작년에 이것만 잘됐으면 좋았을 텐데

리빌딩은 끝났다고 선언했다. 슬로건으로 '디퍼런트 어스(DIFFERENT US)'를 내걸었다. 달라진 로스터와 달라진 코칭스태프, 달라진 목표를 향해 정진하겠다고 했다. 안치홍, 김강민, 이재원 등 베테랑들의 합류, 무엇보다 2월에 날아든 '코리안 몬스터' 류현진의 컴백 소식은 한화의 비상을 기대하게 했다. 괴물의 합류에 가을야구는 물론이고 우승까지 가능하다는 전망도 나왔다. 주장 채은성은 미디어데이에서 5강 안에 들지 못하면 태안 앞바다에 입수하겠다는 '역' 공약을 내세웠다.

실제로 한화는 개막 직후 7연승을 내달리며 1위로 정규시즌을 시작했다. 한화가 개막 8경기에서 7승 1패를 기록한 건 빙그레 이글스 시절인 1992년 이후 무려 32년 만이었다. 팬들은 물론 선수까지 '달라진' 한화를 체감하며 들떴다. 구단주인 김승연 회장도 5년 만에 야구장을 찾아 선수들을 격려하고 팬들을 향해 손을 흔들었다.

하지만 이 열기는 그리 오래가지 못했다. 7연승이 끝나자마자 연패 수렁에 빠졌고, 한화는 분위기를 회복하지 못하고 그대로 하락세를 탔다. 순위도 곤두박질치면서 순식간에 최하위까지 미끄러졌다. 펠릭스 페냐와 리카르도 산체스, 김민우의 부상, 문동주의 기복으로 선발 로테이션이 안정적으로 돌아가지 못한 데다 투타 엇박자도 심했다. 신인 황준서와 조동욱의 데뷔전 호투 등 위안도 있었지만 긴 시즌을 끌고 가기에는 무리였다.

기대가 컸던 만큼 더 컸던 실망. 초반부터 그래프가 요동치면서 한화는 최원호 감독을 경질하고 김경문 감독을 새로운 사령탑으로 데려오며 분위기 쇄신에 나섰다. 김경문 감독은 특유의 카리스마로 선수단을 이끌었고, 뜨거운 여름 한화는 푸른색 유니폼의 기운으로 또 한 번 7연승 가도를 달리며 6위까지 진격, 다시 5강을 향해 달렸으나 끝내 8위로 정규시즌을 마감했다.

2024년 한화는 정규시즌 최종전에서 시즌 47번째 매진이라는 역사적인 기록을 작성하며 이글스파크에 이별을 고했고, 가을야구에 실패한 고참들은 약속대로 태안 앞바다에 몸을 담갔다.

올해로 창단 40주년을 맞은 한화는 팀의 로고와 유니폼을 바꿨다. 대전 한화생명 볼파크라는 최신식 환경의 새 홈구장도 생겼다. 수많은 변화들과 함께 이제는 약팀의 이미지를 벗고 다시 태어난다는 각오. 한화가 작년과는 또 다른 기대감으로 새 시즌을 맞이한다.

스토브리그 성적표

FA 시장이 열리자마자 발 빠르게 영입을 끝냈다. 뾰족한 창은 아니어도 견고한 방패가 할 수 있는 역할들을 믿는다.

지극히 주관적인 올 시즌 예상 순위와 이유

규정 이닝을 소화할 수 있는 검증된 선발투수에, 발 빠르고 수비 되는 유격수까지 합류했다 기대대로만 해줘도 작년보다 몇 승은 더 추가할 수 있다. 좌우언더를 고루 갖춘 국가대표급 선발진은 리그에서 내로라할 정도고, 타선 역시 남부럽지 않은 짜임새를 완성했다. 포지션 교통정리가 되면서 경쟁 체제와 백업 시스템도 제대로 돌아가기 시작했다. 전력이 탄탄해진 만큼 부상 변수 없이 개개인이 제 몫을 해 준다면 5위 이상도 가능해 보인다. 가을 하늘을 수놓을 불꽃을 만드는 건 결국 사소한 차이다.

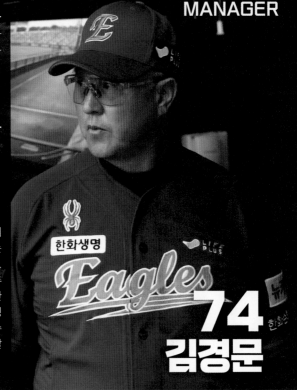

생년월일	1958년 11월 1일
출신학교	대구옥산초-부산동성중-공주고-고려대
주요 경력	OB 베어스(1982~1989)-태평양 돌핀스(90) -OB 베어스(91)-삼성 라이온즈 배터리코치(94~96) -두산 베어스 1군 배터리코치(1998~2003) -두산 베어스 감독(04~11)-NC 다이노스 감독(11~18) -대한민국 야구 국가대표팀 감독(07~08/19~21) -한화 이글스 감독(24~)

"진정한 달의 시간"

독수리의 비상을 위해 베테랑 사령탑이 6년 만에 현장으로 복귀했다. 기대 속에 시작했던 2024시즌, 예상보다 주춤했던 한화는 시즌이 한창이던 6월 김경문 감독을 제14대 감독으로 선임했다. 한화에서의 첫 시즌을 아쉽게 마친 김경문 감독은 시즌 종료 후 신진급 선수들은 물론 이례적으로 주전 선수들까지 대거 참가한 마무리캠프를 이끌며 선수단을 파악했다. 이번 시즌에는 스프링캠프부터 정상적으로 함께 출발, 한화의 반란을 준비한다. 선수 발굴에 정평이 나 있는 김경문 감독 체제 아래, 또 어떤 선수가 '달의 남자'로 기회를 받으며 스타 탄생을 알릴지 기대를 모은다.

74
김경문

1군

수석코치 양승관	타격코치 김민호	타격코치 정현석	투수코치 양상문	불펜코치 윤규진	배터리코치 김정민	수비코치 김우석	주루 ·작전코치 김재걸

퓨쳐스

주루 ·외야코치 추승우	트레이닝코치 이지풍	트레이닝코치 장세홍	트레이닝코치 김형욱	트레이닝코치 김연규	트레이닝코치 엄강현	트레이닝코치 손호영	퓨쳐스 감독 이대진

타격총괄코치 정경배	투수코치 박정진	불펜코치 정우람	배터리코치 쓰루오카 가즈나리	주루 ·작전코치 박재상	주루 ·외야코치 고동진	수비코치 최윤석	트레이닝코치 김재민

22 ⒸＣ 내야수(우투우타)
채은성

생년월일	1990년 2월 6일
신장/체중	186cm / 92kg
출신학교	순천북초-순천이수중-효천고
연봉(2025)	6억 원

#2년_차_캡틴
2022시즌 종료 후 FA 자격을 얻고 6년 총액 90억 원에 한화 유니폼을 입은 채은성은 작년부터 주장 완장을 찼다. 지난 시즌 개막 전 채은성은 선수단 대표로 "포스트시즌에 진출하지 못할 시 태안 앞바다에 입수하겠다"는 공약을 걸었는데, 결국 한화가 가을야구에 나가지 못하면서 그 약속을 지킬 수밖에 없었다. 올해는 "안 좋은 쪽으로는 생각하지 않겠다"는 게 채은성의 말. 주장 역할도 2년 차인 만큼 '주장' 채은성과 '선수' 채은성의 밸런스를 잘 찾을 수 있을 거라는 기대다.

#긍정적인_영향력
몇 년 전까지만 해도 한화는 경험이 부족한 선수들이 더 많은 젊은 팀이었다. 그런 팀에 채은성이 합류하면서 그라운드 안 팎에서 선수단 문화를 긍정적으로 변화시켰다는 평가가 많다. 이지풍 수석 트레이닝 코치도 "몸 관리를 잘하는 채은성이 팀에 오고 나서 선수들에게 긍정적인 영향을 많이 끼쳤다"고 언급했다. 채은성의 리더십은 단지 기량에만 국한되지 않고, 팀 전체에 긍정적인 영향을 미치고 있다.

#초반이_중요해
지난 시즌 채은성의 성적은 전반기와 후반기가 크게 달랐다. 개막 직후는 나쁘지 않았지만, 4월에는 한 달 타율이 1할대에 머물 정도로 극심한 부진에 빠졌고, 팀 순위도 함께 곤두박질 쳤다. 채은성은 "누구나 업다운이 있기 때문에 언제나 만족하는 시즌은 없지만, 다운됐을 때가 팀에 중요한 시점이었어서 그 부분이 조금 많이 아쉽다"고 돌아봤다. 다행히 후반기에는 궤도를 찾았다. 올 시즌에는 기복을 줄이는 것이 중요한 열쇠가 될 것으로 보인다.

🎤 TMI 인터뷰

1. 내가 가장 처음 좋아했던 야구선수는?
- 홍성흔 선배

2. 나만의 유니폼 패션 포인트는?
- 팔 토시 색깔별로. 스파이크도 깔맞춤.

3. 다른 팀에서 데리고 오고 싶은 선수와 그 이유는?
- 오타니 데려와야지. 투타에서 핵인데.

4. 내가 추천하는 최고의 보양 비법은?
- 와이프가 해 주는 밥. 사랑과 정성이 들어가 있고 맛도 있고 몸에도 좋고.

5. 본인 또는 동료 이름으로 삼행시
- [채] 채은성 [은] 은성아 [성] 성공적인 시즌 만들자.

2024시즌 기록

타율	경기	타석	타수	득점	안타
0.271	124	498	436	61	118
2루타	3루타	홈런	루타	타점	도루
24	0	20	202	83	1
볼넷	삼진	병살타	장타율	출루율	RISP
49	83	12	0.463	0.351	0.270

전력분석	파워를 겸비한 중장거리형 우타자로, 부드러운 스윙으로 배럴 타구 생산에 능한 스프레이형 타자. 김경문 감독 부임 후 극단적이었던 체중 이동을 줄이며 타격폼에 변화를 줬고, 어느 정도 성과가 보였다. 타격폼을 완성하고 기복 없는 시즌을 보낼 수 있을지가 관건.
강점	타점 쓸어담는 클러치 본능.
약점	과감한 공격이 장점이자 단점.
수비력	올 시즌에는 외야수 병행을 하지 않고 1루수 고정. 집중할 수 있는 여건이 생겼다.

PLAYERS

99

투수(좌투우타)

류현진

생년월일	1987년 3월 25일
신장/체중	190cm / 113kg
출신학교	창영초-동산중-동산고-대전대
연봉(2025)	20억 원

#괴물은_괴물

'코리안 몬스터' 류현진은 11년의 메이저리그 생활을 끝내고 8년 최대 170억 원이라는 역대 최고 대우의 계약을 맺으며 국내 무대로 복귀했다. 리그 재적응과 수술 여파, 나이 등 여러 가지 우려의 시선도 있었지만, 류현진은 복귀 시즌에 규정이닝을 소화하며 두 자릿수 승리를 달성하는 등 여전한 자신의 가치를 입증했다. 심지어 지난해 한화에서 10승 이상을 달성한 투수는 류현진이 유일했기에 '괴물'의 복귀의 의미가 더 컸다.

#RYU_IS_100%

류현진은 토론토 블루제이스 시절이던 2022년 6월 왼쪽 팔꿈치 인대접합수술을 받았다. 2023년 복귀해 11경기를 소화했고, 한국에서도 기대했던 퍼포먼스를 보여 줬지만 컨디션을 끌어올리는 과정에서 피로도가 있었을 것이란 분석도 나온다. 특히 지난해에는 이미 다른 선수들이 실전을 시작한 2차 스프링캠프 기간에야 단체 훈련을 시작해야 했다. 올해는 오프시즌부터 스프링캠프까지 단계적으로 몸 상태를 끌어올렸다. 더 건강한 몸, 완벽한 준비로 시즌을 맞이한다.

#힘보다_노련함_선언

작년 류현진의 복귀는 야구계를 떠들썩하게 만들었다. 언제나 포커페이스를 유지했지만 "뭔가 보여 주고 싶다는 생각이 있었다"는 게 지난 시즌을 돌아본 류현진의 솔직한 속내였다. 그런 생각이 몸에 힘이 들어가게 했다. 류현진은 "이제는 힘으로 할 생각이 없다. 이제는 힘이 아닌 노련함으로 바꿔야 한다"고 얘기했다. 류현진에게 노련함이 없었던 건 아니었지만, '칼제구'의 류현진이 또 어떤 모습으로 낮아진 ABS의 스트라이크 존을 공략할지도 관전 포인트가 될 것으로 보인다.

2024시즌 기록

평균자책점	경기	승	패	홀드	세이브
3.87	28	10	8	0	0
승률	이닝	투구수	피안타	피홈런	볼넷
0.556	158 1/3	2,599	182	12	33
삼진	실점	자책점	피안타율	WHIP	QS
135	78	68	0.287	1.36	16

전력분석	투수로서 필요한 모든 요소를 갖췄다. 체인지업과 커터를 비롯한 모든 구종이 위력적일 뿐만 아니라 이를 언제, 어디서, 어떻게 활용해야 할지 정확히 알고 있어 그 위력이 더욱 배가 된다. 무엇보다 어떤 구종이든 일관된 투구폼으로 던지기 때문에 타자들이 상대하기 까다로울 수밖에 없다. 정교한 제구력으로 타자를 압도하고, 경기를 주도하는 법을 아는 투수.
강점	불리한 카운트에서도 모든 구종을 스트라이크, 볼로 나눠 던질 수 있는 능력.
약점	좋은 제구력이 오히려 타자에게 과감함을 유도할 수도.

🎤 TMI 인터뷰

1. 내가 가장 처음 좋아했던 야구선수는?

- 정민태 선배

2. 나만의 유니폼 패션 포인트는?

- 특별하게 없는데, 크게 입는 편. 마른 사람들은 딱 붙게 입어도 예쁘던데 몸이 이러다 보니까….

3. 다른 팀에서 데리고 오고 싶은 선수와 그 이유는?

- 안우진. 그냥 1선발이지.

4. 내가 추천하는 최고의 보양 비법은?

- 고기를 많이 먹는다.

5. 본인 또는 동료 이름으로 삼행시

- [류] 류현진 [현] 현역으로서 [진] 진짜 최고다.

1

투수(우투우타)

문동주

생년월일	2003년 12월 23일
신장/체중	188cm / 97kg
출신학교	광주화정초-무등중-진흥고
연봉(2025)	1억 원

#160km/h

빠른 공을 빼놓고는 문동주를 얘기할 수 없다. 문동주는 2년 차였던 2023년 4월 12일 광주 KIA전에서 최고 구속 160.1km/h를 찍으며 국내 선수로는 최초로 160km/h의 벽을 넘었다. 그리고 여전히 문동주는 리그에서 가장 빠른 공을 던지는 선수다. 2024시즌 KBO가 발표한 PTS 기준 최고 구속 '톱10'에서 문동주의 이름이 9번이나 나왔다. 지난 시즌 가장 리그에서 가장 빨랐던 공은 157.89km/h였고, 이 또한 문동주의 손끝에서 만들어졌다.

#성장통

문동주는 2023시즌 118⅔이닝을 소화해 8승 8패를 기록하며 신인왕을 차지했다. 이듬해 류현진의 복귀로 토종 에이스 역할을 해야 한다는 부담감은 덜었지만 그를 향한 기대치는 더 커질 수밖에 없었다. 2023년 국가대표로도 많은 이닝을 소화한 문동주는 2024시즌 초반 부침을 겪었고, 후반에는 등과 어깨 통증으로 시즌을 일찍 마감하기까지 했다. 계속해서 위기를 헤쳐 나가는 법을 배우고 있다. 빠르게 리그를 대표하는 선수가 됐지만, 여전히 성장 가능성을 갖추고 있어 더욱 무서운 선수다.

#포크볼

지난 시즌 돌파구가 됐던 구종이 바로 포크볼이다. 워낙 빠른 공을 가진 투수인 만큼 패스트볼이 위력적일수록 포크볼의 효과는 극대화된다. 문동주가 포크볼을 던진 뒤 좋은 성적을 내기 시작하면서 와이스도 영감을 받아 포크볼을 연마하기 시작했고, 문동주와 캐치볼을 하면서 포크볼을 연습했다고 한다. 올해 역시 포크볼이 문동주의 시즌을 좌우할 최대 무기가 될 수 있다.

🎤 TMI 인터뷰

1. 내가 가장 처음 좋아했던 야구선수는?
- 무등경기장에서 KIA를 응원했는데, 어떤 선수를 좋아했는지는 기억이 안 난다.

2. 나만의 유니폼 패션 포인트는?
- 스파이크 주황색 깔맞춤. 또 올해 신경 쓰는 부분이 있어서 찾아봐 주시면 좋을 것 같다.

3. 다른 팀에서 데리고 오고 싶은 선수와 그 이유는?
- KIA 신명승. 진흥고 시절에 배터리 하던 친구.

4. 내가 추천하는 최고의 보양 비법은?
- 꿀잠 자기. 10시간 이상.

5. 본인 또는 동료 이름으로 삼행시
- [최] 최고의 포수 [재] 재훈선배님 [훈] 훈남

2024시즌 기록

평균자책점	경기	승	패	홀드	세이브
5.17	21	7	7	0	0
승률	**이닝**	**투구수**	**피안타**	**피홈런**	**볼넷**
0.500	111 1/3	1,899	148	14	38
삼진	**실점**	**자책점**	**피안타율**	**WHIP**	**QS**
96	71	64	0.327	1.67	7

전력분석	최고 160km/h에 육박하는 강력한 직구를 앞세운 공격적인 투구 스타일을 가졌다. 스트라이크를 던질 수 있는 투수라는 평가. 아직은 직구 의존도가 높은 편으로, 강점이 확실한 만큼 변화구 활용도를 높일 방법을 찾아야 한다.
강점	아무나 흉내 낼 수 없는 리그에서 가장 빠른 공.
약점	커맨드의 완성도가 더 필요하다.

11  투수(우언우타)

엄상백

생년월일	1996년 10월 4일
신장/체중	187cm / 72kg
출신학교	역삼초-언북중-덕수고
연봉(2025)	9억 원

#풀타임_선발_합류
한화는 지난 시즌 종료 후 FA 자격을 얻은 엄상백과 기간 4년 최대 78억 원에 계약했다. 지난해 엄상백은 개막 직후 7경기에서 1승 6패를 기록하며 안 좋은 결과를 냈지만, 156⅔이닝으로 규정이닝 이상을 소화하며 초반 부진을 극복하고 개인 최다승인 13승을 달성했다. 엄상백의 합류로 한화는 좌완 류현진, 우완 문동주, 사이드암 엄상백이라는 완벽한 구성의 토종 선발진을 갖추게 됐다.

#1명_이상의_효과를
그간 토종 선발진이 안정적이지 않았던 한화는 선발 한두 명의 부진과 부상으로도 크게 흔들렸고, 그럴 때마다 아직 다듬어지지 않은 신인급의 투수들을 로테이션에 채워 넣을 수밖에 없었다. 특별한 일이 없다면 엄상백을 영입한 한화는 선발 로테이션에 구멍이 생길 확률이 줄어들었다. 엄상백이라는 투수 한 명의 영입으로, 계획적인 육성이 가능해지면서 현재와 미래를 함께 도모하는 장면을 기대할 수 있게 됐다는 뜻이다.

#약점이_사라졌다?
kt 위즈 시절 엄상백은 유독 한화에 약했다. 선발 16번을 포함해 한화전 32경기에 등판해 평균자책점이 8.05에 달했다. 통산 평균자책점이 4점대 후반인 걸 감안하면 엄청난 차이다. 특히 안치홍 상대 피안타율이 0.556, 노시환 상대 0.500, 채은성 상대 0.417 등 중심타선에 유독 맥을 못 추렸다. 이제는 한화로 오면서 이들을 상대하지 않아도 된다. 다만 KT 타자들을 마주 보게 된 그가 KT전에서는 어떤 모습을 보일지에 시선이 모인다.

2024시즌 기록

평균자책점	경기	승	패	홀드	세이브
4.88	29	13	10	0	0
승률	이닝	투구수	피안타	피홈런	볼넷
0.565	156 2/3	2,716	164	26	42
삼진	실점	자책점	피안타율	WHIP	QS
159	88	85	0.266	1.31	9

전력분석	사이드암의 투구폼에도 최고 150km/h 중반대의 빠른 공을 뿌리는 투수. 체인지업의 퀄리티를 높이면서 직구 구위의 강점까지 살아났다. 풀타임 선발로서의 검증은 끝났다. 구위를 얼마나 오래 유지하느냐가 관건.
강점	옆구리 투수 특유의 구위.
약점	직구, 변화구 투구 시 팔 스윙 차이.

🎤 TMI 인터뷰

1. 내가 가장 처음 좋아했던 야구선수는?
- 임창용 선배님

2. 나만의 유니폼 패션 포인트는?
- 유니폼 상의 단추 하나 푸는 게 편하다.

3. 다른 팀에서 데리고 오고 싶은 선수와 그 이유는?
- 오타니 쇼헤이. 세계 최고의 선수니까.

4. 내가 추천하는 최고의 보양 비법은?
- 삼계탕이 제일 좋더라. 단백질이랑 탄수화물 같이 섭취하면서 속도 편하다.

5. 본인 또는 동료 이름으로 삼행시
- [엄] 엄지척 [상] 상승세 [백] 백 점!

2
심우준
내야수(우투우타)

생년월일	1995년 4월 28일
신장/체중	183cm / 74kg
출신학교	송정동초-언북중-경기고-영남사이버대
연봉(2025)	5억 원

#주전_유격수_영입

한화는 지난해 11월 KBO의 FA 승인 선수 명단 공시 이틀 후 곧바로 심우준과의 계약을 발표했다. 계약 기간은 4년, 옵션 8억 원을 포함한 최대 50억 원 계약이다. 지난 시즌까지 주전 유격수였던 이도윤도 좋은 모습을 보였지만, 심우준이 합류하면서 한화는 한결 치열해진 경쟁 체제와 함께 더 탄탄해진 센터라인을 기대하고 있다. 심우준 계약 발표 이튿날 엄상백이 합류하면서, 중학교 동문인 두 사람은 함께 팀을 옮기게 됐다.

#도루왕

한화에는 보기 드문 빠른 발의 소유자. 기동력은 한화가 심우준을 영입한 이유 중 하나다. 상무에서 뛰었던 2023년과 2024년 전반기를 제외한 모든 시즌에 100경기 이상 출전한 심우준은 1072경기 통산 156도루, 도루성공률 0.788을 기록했고, 2020시즌에는 144경기 전 경기에 출전해 35도루로 도루왕을 차지하기도 했다. 한화 유니폼을 입은 심우준은 "다시 도루왕을 하고 싶다"는 포부를 밝혔다.

#수비가_곧_공격

냉정하게 말하자면, 한화가 심우준에게 기대하는 부분은 타격보다 주루와 수비. 심우준의 수비 능력만으로도 팀을 더욱 단단하게 만들 수 있다는 평가다. 수비가 안정되면 투수의 투구 수가 줄어들고, 자연스럽게 더 많은 이닝을 소화할 수 있기 때문이다. 물론 여기에 타격까지 개선된다면 더할 나위가 없다. 김경문 감독은 발이 빠른 심우준을 1번 타자로 놓고 싶어 했는데, 출루율이 높은 유형의 타자는 아니라 '1번' 심우준의 기용 여부는 시즌을 지켜봐야 한다.

🎤 TMI 인터뷰

1. 내가 가장 처음 좋아했던 야구선수는?
- 이종범 선배님

2. 나만의 유니폼 패션 포인트는?
- 유니폼 상의 빼 입을 때 각 디테일을 중요시한다.

3. 다른 팀에서 데리고 오고 싶은 선수와 그 이유는?
- 나도 이제 온 지 얼마 안 됐는데(?)⋯ 강백호. 더 괴롭히고 싶어서.

4. 내가 추천하는 최고의 보양 비법은?
- 많이 자기.

5. 본인 또는 동료 이름으로 삼행시
- [심] 심우준입니다. [우] 우월한 기록지
  [준] 준수한 플레이로 팬분들께 보답하겠습니다.

2024시즌 기록

타율	경기	타석	타수	득점	안타
0.266	53	192	169	22	45
2루타	3루타	홈런	루타	타점	도루
4	0	3	58	28	7
볼넷	삼진	병살타	장타율	출루율	RISP
17	29	3	0.343	0.337	0.412

전력분석	뛰어난 손목 힘을 가진 공격적인 성향의 타자로, 선구안이 부족하다는 뚜렷한 약점이 있다. 한화에 합류한 후 힘에 비해 불필요하게 큰 스윙을 교정하고 있는데, 이 부분이 좋은 결과로 이어질지가 관전 포인트.
강점	빠른 발을 앞세운 수비력과 기동력.
약점	상대적으로 약한 타격.
수비력	FA 대박을 터뜨린 이유라고 해도 과언이 아니다.

8
노시환

내야수(우투우타)

생년월일	2000년 12월 3일
신장/체중	185cm / 105kg
출신학교	부산수영초-경남중-경남고
연봉(2025)	3억 3천만 원

#홈런왕

노시환은 2023시즌 31홈런을 터뜨리며 리그 홈런왕을 차지했다. 2016년 최정 이후 7년 만에 나온 20대 홈런왕이자, 한화에서는 2008년 김태균 이후 15년 만의 홈런왕이었다. 여전히 노시환은 리그를 대표하는 3루수이자 젊은 우타 거포다. 노시환은 올 시즌 홈런왕 타이틀 탈환에 대한 각오를 밝히며 "다들 홈런을 너무 많이 쳐서, 그래도 40개는 쳐야 가능성이 있지 않을까"라고 웃었다.

#10kg_감량

지난 시즌 노시환의 성적이 나쁘다고 할 수는 없지만, 홈런왕에 등극하며 기대가 더 높아졌던 만큼 본인도 보는 이들도 아쉬움이 컸다. 어깨와 햄스트링 통증 등 잔부상의 영향도 있었다. 노시환은 올해 스프링캠프 전부터 10kg이나 체중을 감량하며 독하게 시즌을 준비했다. 재작년의 좋았던 느낌을 되살리고 스피드를 늘리기 위해서였다. 평소보다 밥 양을 줄이고, 단백질 위주로 식단을 조절했다. 얼굴부터 확실히 날렵해진 모습이 보인다.

#새로운_펜스와의_만남

담장 넘기기가 주특기인 노시환이 신구장과 어떤 궁합을 보일지도 이번 시즌의 주요 관전 포인트다. 비대칭 오각형의 신구장은 기존 이글스파크와 비교해 좌중간 펜스가 3m 멀어지고 담장 높이는 0.8m가 낮아졌다. 우측 펜스는 거리는 짧아졌지만 높이 8m의 몬스터월이 버티고 있다. 노시환은 특정 방향을 가리지 않는 스프레이 히터. 지난해 기록한 24개의 홈런도 좌중우에 고르게 분포되어 있는데, 올해 변화된 홈구장의 환경이 노시환의 기록에 영향을 미칠 수도 있다.

2024시즌 기록

타율	경기	타석	타수	득점	안타
0.272	136	601	526	88	143
2루타	3루타	홈런	루타	타점	도루
20	2	24	239	89	6
볼넷	삼진	병살타	장타율	출루율	RISP
60	129	10	0.454	0.356	0.314

전력분석	이제는 KBO를 대표하는 우타 거포. 특정 구종이나 방향을 가리지 않고 담장을 넘길 수 있는 능력이 있다. 히팅 포인트를 앞에 두고, 배트 스피드까지 빨라지며 홈런 좀 칠 줄 아는 선수가 됐다. 밸런스만 맞으면 이만큼 무서운 타자도 없다.
강점	홈런왕은 아무나 하나, 독보적인 파워.
약점	기복이 있는 편. 부상 없는 시즌을 만들어야 한다.
수비력	뛰어난 반사 신경. 최상급 3루 수비수로 성장했다.

🎤 TMI 인터뷰

1. 내가 가장 처음 좋아했던 야구선수는?
- 이대호 선배님

2. 나만의 유니폼 패션 포인트는?
- 안 될 때는 바지를 바꿔 입는다.

3. 다른 팀에서 데리고 오고 싶은 선수와 그 이유는?
- 오타니. 이유가 있을까, 오타니니까.

4. 내가 추천하는 최고의 보양 비법은?
- 잘 먹고 잘 자기.

5. 본인 또는 동료 이름으로 삼행시
- [이] 이제 KBO리그 개막전이 시작되었습니다. [원] 원석 선수가 타석에 들어옵니다. 초구를 받아쳤습니다. 간다! 간다! [석] 석 점 홈런!!

투수(우투우타)

55 와이스

생년월일/국적	1996년 12월 10일 / 미국			신장/체중	193cm / 100kg
출신학교	미국 Wright State(대)			연봉	95만 달러

2024시즌 기록

평균자책점	경기	승	패	홀드	세이브
3.73	16	5	5	0	0
승률	이닝	투구수	피안타	피홈런	볼넷
0.500	91 2/3	1,463	77	8	29
삼진	실점	자책점	피안타율	WHIP	퀄리티스타트
98	43	38	0.223	1.16	11

주무기 어마어마한 각도의 'S급' 스위퍼.

지난해 6주 대체 선수로 합류했다 정식 계약까지 성공, 올 시즌 '풀타임' 정규직으로 신분이 상승했다. 미국 독립리그에서 뛰었던 만큼 야구에 대한 간절함이 있는 선수다. 지난 시즌에는 16번의 등판에서 11번 퀄리티스타트를 기록하며 '이닝이터' 면모를 보였고, 타자들의 타이밍을 빼앗는 능력이 좋아 탈삼진도 많았다. 한국에 와 더 깔끔해진 투구폼으로 던지는 스위퍼가 강점에 너클 커브 구사력도 좋은 편. 오프스피드 피치 구사력이 상대적으로 약했는데, 문동주에게 영감을 받아 스플리터를 연마했다. 올해는 보다 정교해진 변화구를 활용한 좌타자와의 승부가 관건이 될 듯.

투수(우투우타)

30 폰세

생년월일/국적	1994년 4월 25일 / 미국			신장/체중	198cm / 115kg
출신학교	미국 California State(대)			연봉	100만 달러

2024시즌 기록

평균자책점	경기	승	패	홀드	세이브
-	-	-	-	-	-
승률	이닝	투구수	피안타	피홈런	볼넷
-	-	-	-	-	-
삼진	실점	자책점	피안타율	WHIP	퀄리티스타트
-	-	-	-	-	-

주무기 198cm 장신에서 뿜어져 나오는 강속구.

한화는 물론 KBO리그가 예의주시했던 외국인 투수. 2022년부터 일본프로야구(NPB) 닛폰햄 파이터즈와 라쿠텐 골든이글스에서 뛰며 아시아 야구를 경험했다. 평균 150km/h대의 빠른 직구에 투심, 커터, 커브, 슬라이더, 체인지업, 스플리터까지 다양한 구종을 던진다. 좌우 코스를 활용할 수 있는 커맨드에, 불리한 카운트에서도 변화구로 스트라이크를 잡을 수 있는 능력이 있다는 평가. 부드러운 투구폼에 빠른 퀵모션을 가졌고, 100구 이상 던져도 구속과 구위가 떨어지지 않는 스테미나도 확인했다. 부상만 없다면 역대급 퍼포먼스를 기대해 볼 만하다. 여기에 유쾌한 성격은 덤. 대전에서 선수들과 밴드를 결성하겠다고 선언했다.

외야수(우투좌타)

34 플로리얼

생년월일/국적	1997년 11월 25일 / 도미니카공화국			신장/체중	185cm / 88kg
출신학교	도미니카			연봉	85만 달러

2024시즌 기록

타율	경기	타석	타수	득점	안타
-	-	-	-	-	-
2루타	3루타	홈런	루타	타점	도루
-	-	-	-	-	-
볼넷	삼진	병살타	장타율	출루율	득점권타율
-	-	-	-	-	-

타격스타일 뛰어난 피지컬과 운동 능력을 가진 OPS형 타자.

명문 구단 뉴욕 양키스에서도 유망주 랭킹 1위를 다퉜던 촉망받는 선수가 한화에 왔다. 우수한 타구 판단 능력과 넓은 수비 범위, 강한 어깨를 가져 수비력이 좋고, 상대 배터리를 흔들 수 있는 빠른 발이 최대 장점. 한화에서도 수비와 주루에서는 합류하자마자 인정을 받았다. 타격 쪽으로는 배트 중심에 맞았을 때의 타구 속도가 180km/h에 육박할 정도로 남다른 파워를 가졌다. 다만 정교한 타격은 떨어지는 편이라 변화구 대처가 중요할 것으로 보인다. 차분하고 진중한 성격으로, 한화와 계약 당시에서도 양복을 갖춰 입고 등장해 관계자들을 놀라게 했다고.

투수(우투우타)

66 주현상

생년월일	1992년 8월 10일			신장/체중	177cm / 92kg
출신학교	청주우암초-청주중-청주고-동아대			연봉	2억 5천만 원

2024시즌 기록

평균자책점	경기	승	패	홀드	세이브
2.65	65	8	4	2	23
승률	이닝	투구수	피안타	피홈런	볼넷
0.667	71 1/3	1,074	52	9	8
삼진	실점	자책점	피안타율	WHIP	퀄리티스타트
64	22	21	0.206	0.84	0

전력분석	안정적인 마무리 투수로 완벽하게 거듭났다. 들어오는 공의 힘이 좋아 상대하기 까다롭다. WHIP(이닝당 출루 허용률)은 리그 최상위급. 내야수 출신으로 견제나 수비도 좋은 편이다.
강점	클로저의 안정감.
약점	변화구의 완성도가 높아지면 베스트.

투수(우투좌타)

46 이태양

생년월일	1990년 7월 3일			신장/체중	192cm / 97kg
출신학교	여수서초-여수중-효천고			연봉	2억 7천만 원

2024시즌 기록

평균자책점	경기	승	패	홀드	세이브
11.57	10	0	2	0	0
승률	이닝	투구수	피안타	피홈런	볼넷
0.000	9 1/3	180	17	4	2
삼진	실점	자책점	피안타율	WHIP	퀄리티스타트
2	13	12	0.370	2.04	0

전력분석	팔꿈치 수술 후 복귀 시즌. 수술 전보다 구속도 빨라지고 공이 더 좋아졌다는 평가다. 구위가 회복되면 주무기인 포크볼의 위력도 살아난다. 야구선수로서의 태도와 생각이 후배들에게 귀감이 되는 선수.
강점	어느 위치에서도 자기 역할을 한다.
약점	수술 후 풀시즌을 치를 체력이 관건.

투수(우투우타)

58 박상원

생년월일	1994년 9월 9일			신장/체중	187cm / 98kg
출신학교	백운초-서울이수중-휘문고-연세대			연봉	2억 2천만 원

2024시즌 기록

평균자책점	경기	승	패	홀드	세이브
4.59	65	3	3	16	2
승률	이닝	투구수	피안타	피홈런	볼넷
0.500	66 2/3	1,115	57	2	22
삼진	실점	자책점	피안타율	WHIP	퀄리티스타트
65	38	34	0.232	1.19	0

전력분석	안정적인 불펜 자원. 경험 많은 필승조로 빠른 공과 포크볼의 조화가 최고 수준. 다만 잘 풀리지 않았을 때 대처할 수 있는 방법이 필요해 보인다. 지난해 부침을 겪으며 멘탈도 성장했다.
강점	높은 타점의 구위.
약점	들쑥날쑥, 차분함이 더 필요할지도.

투수(좌투좌타)

47 김범수

생년월일	1995년 10월 3일		신장/체중	181cm / 92kg
출신학교	온양온천초-온양중-북일고		연봉	1억 4천3백만 원

2024시즌 기록

평균자책점	경기	승	패	홀드	세이브
5.29	39	0	0	4	0
승률	이닝	투구수	피안타	피홈런	볼넷
-	34	669	33	11	20
삼진	실점	자책점	피안타율	WHIP	퀄리티스타트
38	20	20	0.254	1.56	0

전력분석	좌완 파이어볼러 필승조. 올 시즌은 우타자 상대 체인지업 활용이 관건으로 보인다. 빠른 공에 슬라이더가 주무기. 팀과 개인 모두 중요한 시즌으로 'FA로이드' 기대. 부상 없이 풀 시즌을 치러야 한다.
강점	과감한 승부.
약점	높은 이닝당 출루 허용률.

투수(우투좌타)

26 한승혁

생년월일	1993년 1월 3일		신장/체중	185cm / 100kg
출신학교	도신초-강남중-덕수고-남부대		연봉	9천4백만 원

2024시즌 기록

평균자책점	경기	승	패	홀드	세이브
5.03	70	5	5	19	0
승률	이닝	투구수	피안타	피홈런	볼넷
0.500	62 2/3	1,210	63	2	38
삼진	실점	자책점	피안타율	WHIP	퀄리티스타트
64	39	35	0.264	1.61	0

전력분석	강속구 우완투수. 이제는 안정적인 필승조를 맡아 줘야 한다. 지난해 ABS의 수혜자라는 평가를 받았다. 구종이 다양한 것이 장점이자 단점. 공의 위력을 살릴 수 있는 피칭 디자인이 필요하다.
강점	빠른 공에 더해진 낙차 큰 포크볼.
약점	빠른 승부가 필요해.

투수(우투우타)

44 김서현

생년월일	2004년 5월 31일		신장/체중	188cm / 86kg
출신학교	효제초-자양중-서울고		연봉	5천6백만 원

2024시즌 기록

평균사책점	경기	승	패	홀드	세이브
3.76	37	1	2	10	0
승률	이닝	투구수	피안타	피홈런	볼넷
0.333	38 1/3	699	31	0	32
삼진	실점	자책점	피안타율	WHIP	퀄리티스타트
43	20	16	0.220	1.64	0

전력분석	문동주와 함께 리그에서 빠른 공을 던지는 영건. 구속과 구위는 타고났으니 제구만 되면 된다. 국가대표를 다녀오며 자신감은 커졌다. 사실상 첫 필승조 시즌으로, 부담감을 이겨내야 한다.
강점	와일드한 구위.
약점	마운드에서 더 차분해질 필요가 있다.

투수(좌투좌타)

68 조동욱

생년월일	2004년 11월 2일		신장/체중	190cm / 82kg
출신학교	소래초-영남중-장충고		연봉	4천만 원

2024시즌 기록

평균자책점	경기	승	패	홀드	세이브
6.37	21	1	2	0	0
승률	이닝	투구수	피안타	피홈런	볼넷
0.333	41	754	57	5	14
삼진	실점	자책점	피안타율	WHIP	퀄리티스타트
32	34	29	0.331	1.73	1

전력분석	프로 첫 경기를 퀄리티스타트로 장식하는 완벽한 데뷔전을 치렀으나 이후 그만큼의 임팩트를 보여주지 못했다. 오프시즌 체중 8kg를 찌우며 벌크업에 성공, 구속도 2~3km/h가 늘었다. 자신감까지 얻으며 기대감을 높이고 있다.
강점	선발과 불펜 모두 가능.
약점	경험치를 쌓자.

투수(우투우타)

53 김민우

생년월일	1995년 7월 25일		신장/체중	186cm / 123kg
출신학교	사파초-마산중-용마고		연봉	1억 3천만 원

2024시즌 기록

평균자책점	경기	승	패	홀드	세이브
2.19	3	1	0	0	0
승률	이닝	투구수	피안타	피홈런	볼넷
1.000	12 1/3	186	7	2	6
삼진	실점	자책점	피안타율	WHIP	퀄리티스타트
13	3	3	0.163	1.05	1

전력분석	류현진이 오기 전까진 개막전 선발까지 맡았던 토종 에이스였다. 지난해 팔꿈치 수술을 받고 재활에 매진했고, 변수가 없다면 6~7월 합류 예정. 서두르지 않고 완벽하게 돌아오는 것이 중요하다.
강점	헛스윙을 유도할 수 있는 강력한 포크볼.
약점	부상 후 구위 회복이 관건.

포수(우투우타)

13 최재훈

생년월일	1989년 8월 27일		신장/체중	178cm / 94kg
출신학교	화곡초-덕수중-덕수고-방송통신대		연봉	5억 원

2024시즌 기록

타율	경기	타석	타수	득점	안타
0.257	116	348	280	34	72
2루타	3루타	홈런	루타	타점	도루
10	0	4	94	37	0
볼넷	삼진	병살타	장타율	출루율	득점권타율
33	58	10	0.336	0.371	0.250

전력분석	한화의 주전 포수. 포수인데도 한때 2번 타자로 들어갔을 정도로 선구안과 출루율이 좋은 편이다. 삼진도 적은 편. 포수로서는 송구 능력이 뛰어나고, 아마추어 시절부터 인정받았을 정도로 프레이밍도 좋다.
강점	높은 순출루율.
약점	느려도 너무 느린 발.

포수(우투우타)

20 이재원

생년월일	1988년 2월 24일	신장/체중	185cm / 98kg
출신학교	인천숭의초-상인천중-인천고	연봉	1억 원

2024시즌 기록

타율	경기	타석	타수	득점	안타
0.239	72	152	134	10	32
2루타	3루타	홈런	루타	타점	도루
4	0	1	39	16	0
볼넷	삼진	병살타	장타율	출루율	득점권타율
7	21	4	0.291	0.287	0.306

전력분석	경험 많은 베테랑 포수. 한화에 필요했던 파이팅 넘치는 리더형 선수다. 지난 시즌 활약을 인정받아 다시 억대 연봉으로 복귀했고, 출전 기회도 늘어날 것으로 보인다. 체중을 감량하며 많은 준비를 했고, 날렵해진 만큼 타격감도 기대를 모은다.
강점	공격적인 리드.
약점	체력 관리와 부상 방지 필수.

내야수(우투우타)

3 안치홍

생년월일	1990년 7월 2일	신장/체중	178cm / 97kg
출신학교	구지초(구리리틀)-대치중-서울고	연봉	5억 원

2024시즌 기록

타율	경기	타석	타수	득점	안타
0.300	128	533	473	64	142
2루타	3루타	홈런	루타	타점	도루
21	0	13	202	66	3
볼넷	삼진	병살타	장타율	출루율	득점권타율
49	70	10	0.427	0.370	0.317

전력분석	전형적인 거포는 아니지만 파워와 정교함을 겸비했다. 꾸준함이 장점이다. 지난해 초반 극심한 부진에도 3할로 시즌을 마쳤을 만큼 '무조건 기본은 하는 선수'라는 이미지. 작년에는 1루수 혹은 지명타자로 나서다 시즌 중반부터 2루수를 맡았지만 올해에는 주전 2루수 고정.
강점	모든 부분에서 안정적.
약점	슬로우 스타터.

내야수(우투좌타)

7 이도윤

생년월일	1996년 10월 7일	신장/체중	175cm / 79kg
출신학교	고명초-배재중-북일고	연봉	1억 1천만 원

2024시즌 기록

타율	경기	타석	타수	득점	안타
0.277	134	374	336	49	93
2루타	3루타	홈런	루타	타점	도루
10	3	1	112	46	6
볼넷	삼진	병살타	장타율	출루율	득점권타율
26	56	5	0.333	0.332	0.330

전력분석	최근 몇 시즌을 치르며 공수에서 발전을 보이며 주전 유격수를 맡았으나, 심우준의 합류로 주전급 백업 유격수가 됐다. 언제든지 주전 자리를 가져올 수도 있다는 뜻. 유격수뿐만 아니라 2루, 3루 등 다양한 포지션으로 내야 백업이 가능하다.
강점	안정적인 수비.
약점	잔실수를 줄여라.

내야수(우투좌타)

51 문현빈

생년월일	2004년 4월 20일			신장/체중	174cm / 82kg
출신학교	대전유천초-온양중-북일고			연봉	8천8백만 원

2024시즌 기록

타율	경기	타석	타수	득점	안타
0.277	103	289	260	29	72
2루타	3루타	홈런	루타	타점	도루
16	2	5	107	47	3
볼넷	삼진	병살타	장타율	출루율	득점권타율
24	53	9	0.412	0.340	0.341

전력분석	데뷔 시즌에 114안타를 친 타격 '재능러'. 타격 재능을 살리기 위해 신인 시절부터 여러 타순은 물론 내야에 외야까지 다양한 포지션들을 소화했는데, 대부분 어느 정도의 역할은 해냈다. 올해는 3루 백업으로 시작해 기회를 기다린다.
강점	상당히 빠른 타구 속도.
약점	변화구 대처는 경험을 쌓아야.

내야수(우투좌타)

95 황영묵

생년월일	1999년 10월 16일			신장/체중	177cm / 80kg
출신학교	수진초-성일중-충훈고			연봉	8천3백만 원

2024시즌 기록

타율	경기	타석	타수	득점	안타
0.301	123	389	349	52	105
2루타	3루타	홈런	루타	타점	도루
8	4	3	130	35	4
볼넷	삼진	병살타	장타율	출루율	득점권타율
31	56	6	0.372	0.737	0.326

전력분석	독립리그 출신의 악바리. KBO 데뷔 시즌에 105안타와 3할 타율을 기록하며 한화의 새로운 스타로 급부상했다. 콘택트 능력이 좋아 인플레이 타구가 많은 편. 에너지 넘치는 플레이로 어느 하나 허투루 하지 않는다는 평가.
강점	팀 내 상위권의 콘택트 능력.
약점	파워 업그레이드 필요.

외야수(우투우타)

25 김태연

생년월일	1997년 6월 10일			신장/체중	178cm / 96kg
출신학교	서울청구초-덕수중-야탑고			연봉	1억 4천6백만 원

2024시즌 기록

타율	경기	타석	타수	득점	안타
0.291	126	472	413	59	120
2루타	3루타	홈런	루타	타점	도루
24	0	12	180	61	5
볼넷	삼진	병살타	장타율	출루율	득점권타율
45	89	9	0.436	0.363	0.295

전력분석	억대 연봉자 대열에 합류했다. 파워와 정교함을 겸비한 중장거리형 타자로, 최근 눈에띄는 성장세를 보였다. 적극적인 스윙을 하는 편. 원래 내야수였지만 외야수를 겸업하다 외야로 정착했다. 어떤 타순과 포지션에도 잘 어울리는 선수다.
강점	다양한 방향으로 뿌릴 수 있는 강한 타구.
약점	외야 수비를 더 보완하면 베스트.

외야수(우투좌타)

41 최인호

생년월일	2000년 1월 30일			신장/체중	178cm / 82kg
출신학교	송정동초-광주동성중-포항제철고			연봉	6천8백만 원

2024시즌 기록

타율	경기	타석	타수	득점	안타
0.286	82	244	210	37	60
2루타	3루타	홈런	루타	타점	도루
13	2	2	83	22	3
볼넷	삼진	병살타	장타율	출루율	득점권타율
25	31	3	0.395	0.367	0.325

전력분석	외야 한 자리를 잡아 줘야 하는 유망주. 적극적인 공격을 하는 스프레이형 타자로, 빠른 스윙 스피드, 콘택트 능력을 가졌다. 재능은 분명한데, 알을 깨고 나와야 한다. 팀에서는 3할에 두 자릿수 홈런까지도 기대한다.
강점	콘택트 능력.
약점	좌투수를 극복하라.

외야수(우투우타)

50 이원석

생년월일	1999년 3월 31일			신장/체중	177cm / 69kg
출신학교	화곡초-충암중-충암고			연봉	5천만 원

2024시즌 기록

타율	경기	타석	타수	득점	안타
0.233	87	154	133	26	31
2루타	3루타	홈런	루타	타점	도루
4	1	0	37	13	8
볼넷	삼진	병살타	장타율	출루율	득점권타율
16	32	3	0.278	0.322	0.265

전력분석	하루 6끼를 먹으며 두 달 만에 몸무게 13kg을 불렸다. 파워도 생겼지만 장점이었던 빠른 발도 둔해지지 않고 오히려 더 좋아졌다는 평가. 발이 빠른 만큼 수비와 주루 능력은 갖고 있었다. '절치부심' 벌크업이 타구에 얼마나 영향을 미칠지가 관건.
강점	빠른 발을 앞세운 수비 범위.
약점	주전 기회를 잡을 타격감이 필요해.

외야수(우투좌타)

24 임종찬

생년월일	2001년 9월 28일			신장/체중	184cm / 85kg
출신학교	청주우암초-청주중-북일고			연봉	3천7백만 원

2024시즌 기록

타율	경기	타석	타수	득점	안타
0.158	24	64	57	10	9
2루타	3루타	홈런	루타	타점	도루
3	2	0	16	7	0
볼넷	삼진	병살타	장타율	출루율	득점권타율
6	19	2	0.281	0.250	0.190

전력분석	수베로 감독 시절 100타석의 기회를 받았을 정도로 재능은 타고났다. 갭파워와 강한 어깨 등 공수 툴이 좋은 선수다. 군 제대 후 조급함도 사라졌다고. 이제는 알을 깨고 나와야 하는 시점.
강점	성실함과 침착함.
약점	더 과감한 모습이 필요하다.

15 김기중
투수(좌투좌타)

생년월일 2002년 11월 16일
출신학교 의왕부곡초-매송중-유신고

2024시즌 기록

선발과 불펜이 모두 가능한 좌완투수. 빨라진 팔 회전 속도에 따른 변화구 제구가 관건.

평균자책점	경기	승	패	홀드	세이브	승률	이닝	투구수
6.56	27	5	4	0	0	0.556	59	1,090
피안타	피홈런	볼넷	삼진	실점	자책점	피안타율	WHIP	QS
83	8	27	39	44	43	0.333	1.86	1

27 이민우
투수(우투우타)

생년월일 1993년 2월 9일
출신학교 순천북초-순천이수중-효천고
-경성대

2024시즌 기록

높은 타점의 구위, 포크볼이 강점. 안정감만 있다면 필승조도 충분하다.

평균자책점	경기	승	패	홀드	세이브	승률	이닝	투구수
3.76	64	2	1	10	1	0.667	55	989
피안타	피홈런	볼넷	삼진	실점	자책점	피안타율	WHIP	QS
56	5	23	49	25	23	0.277	1.44	0

29 황준서
투수(좌투좌타)

생년월일 2005년 8월 22일
출신학교 면일초(중랑구리틀)-상명중
-장충고

2024시즌 기록

2보 전진을 위해 기초 체력을 쌓으며 선발 수업을 받고, 1군 콜업을 기다린다.

평균자책점	경기	승	패	홀드	세이브	승률	이닝	투구수
5.38	36	2	8	1	0	0.200	72	1,412
피안타	피홈런	볼넷	삼진	실점	자책점	피안타율	WHIP	QS
80	9	51	70	44	43	0.287	1.82	1

14 김승일
투수(우언우타)

생년월일 2001년 7월 7일
출신학교 해강초(해운대리틀)-센텀중
-경남고

2024시즌 기록

한화에서는 흔치 않은 사이드암. 잘 성장한다면 투수진 구성에 큰 힘을 보탤 수 있는 투수.

평균자책점	경기	승	패	홀드	세이브	승률	이닝	투구수
3.00	3	0	0	0	0	-	3	54
피안타	피홈런	볼넷	삼진	실점	자책점	피안타율	WHIP	QS
4	0	0	2	1	1	0.333	1.33	0

18 이상규
투수(우투우타)

생년월일 1996년 10월 20일
출신학교 흥인초-청원중-청원고

2024시즌 기록

미국 자비 유학까지 다녀오며 절실한 준비. 스위퍼 연마와 활용이 관건.

평균자책점	경기	승	패	홀드	세이브	승률	이닝	투구수
5.63	21	1	4	0	0	0.200	32	614
피안타	피홈런	볼넷	삼진	실점	자책점	피안타율	WHIP	QS
39	5	15	27	20	20	0.298	1.69	0

36 장민재
투수(우투우타)

생년월일 1990년 3월 19일
출신학교 광주화정초-무등중-광주제일고

2024시즌 기록

전천후 가능한 롱릴리프 자원. 구속의 한계는 안고 가야 하는 숙제.

평균자책점	경기	승	패	홀드	세이브	승률	이닝	투구수
3.10	26	1	1	0	0	0.500	29	509
피안타	피홈런	볼넷	삼진	실점	자책점	피안타율	WHIP	QS
46	2	7	17	10	10	0.362	1.83	0

28 장시환
투수(우투우타)

생년월일 1987년 11월 1일
출신학교 태안초-태안중-북일고

2024시즌 기록

경험 많은 베테랑 불펜. 선수들의 체력이 떨어지는 시즌 중반 히든카드가 될 수도.

평균자책점	경기	승	패	홀드	세이브	승률	이닝	투구수
5.13	30	2	2	2	0	0.500	33 1/3	640
피안타	피홈런	볼넷	삼진	실점	자책점	피안타율	WHIP	QS
34	3	22	28	27	19	0.266	1.68	0

5 윤대경
투수(우투우타)

생년월일 1994년 4월 9일
출신학교 인천서림초-동인천중-인천고

2024시즌 기록

어깨 부상 후 떨어진 구속 회복이 관건. 구속만 회복된다면 활용도가 높은 불펜 자원.

평균자책점	경기	승	패	홀드	세이브	승률	이닝	투구수
10.57	7	0	0	0	0	-	7 2/3	149
피안타	피홈런	볼넷	삼진	실점	자책점	피안타율	WHIP	QS
10	1	6	7	9	9	0.345	2.09	0

60 김규연
투수(우투우타)

생년월일 2002년 8월 23일
출신학교 동수원초(수원영통구리틀)
　　　　-매향중-공주고

2024시즌 기록

빠른 공을 던지는 불펜 기대주. 상무 야구단 지원.

평균자책점	경기	승	패	홀드	세이브	승률	이닝	투구수
7.02	58	1	0	4	0	1.000	59	1,029
피안타	피홈런	볼넷	삼진	실점	자책점	피안타율	WHIP	QS
66	6	28	40	50	46	0.287	1.59	0

40 장지수
투수(우투우타)

생년월일 2000년 5월 25일
출신학교 사당초-강남중-성남고

2024시즌 기록

불펜 예비 자원. 1군 정착을 위해서는 더 확실한 무기가 필요하다.

평균자책점	경기	승	패	홀드	세이브	승률	이닝	투구수
10.93	13	0	0	0	0	-	14	284
피안타	피홈런	볼넷	삼진	실점	자책점	피안타율	WHIP	QS
23	0	10	11	18	17	0.365	2.36	0

38 김종수
투수(우투우타)

생년월일 1994년 6월 3일
출신학교 성동초-덕수중-울산공고

2024시즌 기록

팔꿈치 수술 후 긴 재활을 마쳤다. 수술 전 필승조를 경험했던 투수로 부활을 노린다.

평균자책점	경기	승	패	홀드	세이브	승률	이닝	투구수
-	-	-	-	-	-	-	-	-
피안타	피홈런	볼넷	삼진	실점	자책점	피안타율	WHIP	QS
-	-	-	-	-	-	-	-	-

61 배동현
투수(우투좌타)

생년월일 1998년 3월 16일
출신학교 판곡초(양평이틀)-언북중
　　　　-경기고-한일장신대

2024시즌 기록

수직 무브먼트가 좋은 우완투수. 독특한 디셉션의 투구폼이 특징.

평균자책점	경기	승	패	홀드	세이브	승률	이닝	투구수
-	-	-	-	-	-	-	-	-
피안타	피홈런	볼넷	삼진	실점	자책점	피안타율	WHIP	QS
-	-	-	-	-	-	-	-	-

62 김도빈
투수(우투우타)

생년월일 2001년 1월 5일
출신학교 서화초-경기신흥중-성지고
　　　　-강릉영동대

2024시즌 기록

좋은 속구와 좋은 체인지업. 세 번째 구종만 보완되면 미래가 기대되는 자원.

평균자책점	경기	승	패	홀드	세이브	승률	이닝	투구수
54.00	1	0	1	0	0	0.000	1/3	20
피안타	피홈런	볼넷	삼진	실점	자책점	피안타율	WHIP	QS
1	0	3	1	2	2	0.500	12.00	0

57 성지훈
투수(좌투좌타)

생년월일 2000년 1월 29일
출신학교 송정동초-무등중-광주제일고
　　　　-동아대

2024시즌 기록

종속이 좋은 왼손 투수. 구속이 조금만 더 늘면 좌완 불펜 경쟁에 불을 지필 수 있다.

평균자책점	경기	승	패	홀드	세이브	승률	이닝	투구수
-	-	-	-	-	-	-	-	-
피안타	피홈런	볼넷	삼진	실점	자책점	피안타율	WHIP	QS
-	-	-	-	-	-	-	-	-

45 배민서
투수(우언우타)

생년월일 1999년 11월 18일
출신학교 대구수창초-경운중-대구상원고

2024시즌 기록

2024시즌을 앞두고 2차 드래프트로 합류한 사이드암. 속구와 체인지업이 장점.

평균자책점	경기	승	패	홀드	세이브	승률	이닝	투구수
16.20	1	0	0	0	0	-	1 2/3	41
피안타	피홈런	볼넷	삼진	실점	자책점	피안타율	WHIP	QS
4	0	3	1	3	3	0.500	4.20	0

42 박상언
포수(우투우타)

생년월일 1997년 3월 3일
출신학교 무원초-영남중-유신고

2024시즌 기록

장타력을 가진 포수. 긍정적이고 에너지 넘치는 플레이. 이제는 한발 더 나아가야 한다.

타율	경기	타석	타수	득점	안타	2루타	3루타	홈런
0.286	27	52	42	4	12	3	0	0
루타	타점	도루	볼넷	삼진	병살타	장타율	출루율	RISP
15	4	1	9	12	0	0.357	0.423	0.364

59 허인서

포수(우투우타)

생년월일 2003년 7월 11일
출신학교 순천북초-여수중-효천고

2024시즌 기록

차분한 성격의 공격형 포수. 자신을 향한 기대치를 1군에서 증명해야 할 때.

타율	경기	타석	타수	득점	안타	2루타	3루타	홈런
-	-	-	-	-	-	-	-	-
루타	타점	도루	볼넷	삼진	병살타	장타율	출루율	RISP
-	-	-	-	-	-	-	-	-

32 장규현

포수(우투좌타)

생년월일 2002년 6월 28일
출신학교 인성초(미추홀구리틀)-동인천중
-인천고

2024시즌 기록

타격의 재능은 봤다. 수비에서 보완만 된다면 좋은 포수로 성장 가능하다.

타율	경기	타석	타수	득점	안타	2루타	3루타	홈런
0.000	9	7	6	0	0	0	0	0
루타	타점	도루	볼넷	삼진	병살타	장타율	출루율	RISP
0	0	0	1	1	0	0.000	0.143	0.000

16 하주석

내야수(우투좌타)

생년월일 1994년 2월 25일
출신학교 강남초-덕수중-신일고

2024시즌 기록

FA 신청 후 어렵사리 팀에 잔류했다. 주전 경쟁으로 자신의 가치를 직접 설명해야 한다.

타율	경기	타석	타수	득점	안타	2루타	3루타	홈런
0.292	64	151	137	16	40	9	1	1
루타	타점	도루	볼넷	삼진	병살타	장타율	출루율	RISP
54	11	1	10	33	1	0.394	0.349	0.286

17 권광민

내야수(좌투좌타)

생년월일 1997년 12월 12일
출신학교 서울청구초-홍은중-장충고

2024시즌 기록

야수에서 1루수로 전향. 미래 채은성을 대신할 선수가 되어야 할 왼손 거포.

타율	경기	타석	타수	득점	안타	2루타	3루타	홈런
0.271	19	51	48	10	13	3	0	4
루타	타점	도루	볼넷	삼진	병살타	장타율	출루율	RISP
28	9	0	3	17	0	0.583	0.314	0.222

37 김인환

내야수(우투좌타)

생년월일 1994년 1월 28일
출신학교 화순초-화순중-화순고-성균관대

2024시즌 기록

한 방이 있는 왼손 타자. 팔꿈치 뼛조각 제거 수술 후, 장타력을 회복해야 한다.

타율	경기	타석	타수	득점	안타	2루타	3루타	홈런
0.237	51	143	131	11	31	2	0	1
루타	타점	도루	볼넷	삼진	병살타	장타율	출루율	RISP
36	7	0	10	32	5	0.275	0.301	0.206

65 정민규

내야수(우투우타)

생년월일 2003년 1월 10일
출신학교 광일초(부산서구리틀)-경남중
-부산고

2024시즌 기록

1차 지명, 퓨처스 타점왕 출신. 자신의 능력으로 한 포지션에 정착해야 할 시간.

타율	경기	타석	타수	득점	안타	2루타	3루타	홈런
-	-	-	-	-	-	-	-	-
루타	타점	도루	볼넷	삼진	병살타	장타율	출루율	RISP
-	-	-	-	-	-	-	-	-

10 이진영

외야수(우투우타)

생년월일 1997년 7월 21일
출신학교 둔촌초-선린중-선린인터넷고

2024시즌 기록

파워만큼은 노시환과 견줄 만하다. 변화구 대처 능력을 키워야 경쟁력이 생긴다.

타율	경기	타석	타수	득점	안타	2루타	3루타	홈런
0.204	42	103	93	20	19	6	0	1
루타	타점	도루	볼넷	삼진	병살타	장타율	출루율	RISP
28	13	0	8	27	3	0.301	0.282	0.308

33 유로결

외야수(우투우타)

생년월일 2000년 5월 30일
출신학교 광주서림초-광주동성중
-광주제일고

2024시즌 기록

더 이상 유망주가 아니다. 재능은 충분한데, 기대만큼 성장하는 모습을 보여 줘야 한다.

타율	경기	타석	타수	득점	안타	2루타	3루타	홈런
0.222	23	39	36	6	8	1	0	0
루타	타점	도루	볼넷	삼진	병살타	장타율	출루율	RISP
9	4	0	3	11	0	0.250	0.282	0.125

9 이상혁

외야수(우투좌타)

생년월일 2001년 9월 14일

출신학교 수원영화초(군포시리틀)
-수원북중-장안고-강릉영동대

2024시즌 기록

빠른 발만큼은 인정을 받았다. 수비와 타격에서의 스텝 업이 필요하다.

타율	경기	타석	타수	득점	안타	2루타	3루타	홈런
0.154	43	15	13	13	2	0	0	0
루타	타점	도루	볼넷	삼진	병살타	장타율	출루율	RISP
2	0	5	2	5	0	0.154	0.267	0.000

98 최준서

외야수(우투좌타)

생년월일 2000년 6월 29일

출신학교 인천숭의초-율곡중-율곡고
-동국대

2024시즌 기록

경험은 부족하지만 좋은 공수 재능을 가졌다. 미래 중견수로 기대되는 자원.

타율	경기	타석	타수	득점	안타	2루타	3루타	홈런
-	-	-	-	-	-	-	-	-
루타	타점	도루	볼넷	삼진	병살타	장타율	출루율	RISP
-	-	-	-	-	-	-	-	-

1라운드 전체 2순위

43 정우주

생년월일	2006년 11월 7일
신장/체중	184cm / 88kg
출신학교	서울구남초(남양주리틀)-건대부중 -전주고

꾸준히 150km/h 중반대 강속구에 수준급의 회전수와 수직 무브먼트의 2025 최대어. 수준급 직구를 보유한 만큼 변화구 구사 활용이 관건. 즉시 전력감으로 빠른 데뷔가 예상되며, 향후 팀의 주축 성장이 기대된다.

3라운드 전체 23순위

67 한지윤

생년월일	2006년 4월 10일
신장/체중	188cm / 98kg
출신학교	가동초-휘문중-경기상고

리그에서 희소성 있는 우타 거포 포수 자원. 부드러운 타격 메커니즘에, 우측으로도 장타를 보낼 수 있는 남다른 파워를 가지고 있다. 공수는 물론 포수치고는 주력까지 준수하다는 평가.

5라운드 전체 42순위

104 이동영

생년월일	2006년 4월 9일
신장/체중	185cm / 85kg
출신학교	남도초-경상중-대구상원고

타이밍을 잡기 까다로운 디셉션이 있는 투구폼으로, 안정적인 밸런스와 제구력 보유하고 있다는 평가. 발전 가능성이 높은 유형의 선수로, 불펜 자원으로 빠르게 성장할 수 있다는 기대감도 있다. 1루 견제나 수비력 등도 준수한 편.

7라운드 전체 62순위

106 이지성

생년월일	2005년 11월 29일
신장/체중	180cm / 78kg
출신학교	세류초(장안구리틀)-개군중-라온고

수비력과 활발한 주루 플레이 능력을 갖춘 내야수. 내야 전천후 백업이 가능하다. 기민한 풋워크와 안정적인 핸들링 능력이 장점. 모든 상황에서 전력으로 허슬 플레이가 가능한, 팀의 활력소가 될 수 있는 스타일의 선수.

9라운드 전체 82순위

108 엄요셉

생년월일	2006년 5월 29일
신장/체중	190cm / 94kg
출신학교	오산광성초(오산시리틀)-성일중 -구리인창고

우월한 신체 조건을 바탕으로 강속구 투구가 가능한 사이드암 투수. 우수한 직구 구위를 보유하고 있고, 매년 구속이 향상되면서 발전 가능성도 보였다. 불펜 스페셜리스트로 성장하길 기대한다.

11라운드 전체 102순위

110 이민재

생년월일	2004년 3월 7일
신장/체중	184cm / 80kg
출신학교	호동초(안산리틀)-안산중-비봉고 -동원과학기술대

대학 시절 4경기 연속 1회 선두타자 홈런을 터뜨린 놀라운 기록의 소유자. 고교 시절에 비해 근력이 붙으면서 타격 능력도 향상된 케이스다. 히팅존 정립으로 타석에서 자신감이 있고, 갭파워도 양호하다는 평가.

2라운드 전체 12순위

64 권민규

생년월일	2001년 5월 13일
신장/체중	188cm / 90kg
출신학교	석교초-세광중-세광고

청주구장에서 선수들을 기다렸던 '한린이'가 40년 경력 양상문 코치도 놀랐을 정도의 '고교 최상위급' 제구력을 가진 투수로 성장했다. 나이답지 않은 안정적인 투구가 강점인 데다, 성장 속도도 빠를 것이라는 기대가 있다.

4라운드 전체 32순위

98 배승수

생년월일	2006년 5월 15일
신장/체중	184cm / 73kg
출신학교	가동초-자양중-덕수고

고교 수준에서는 최상위급 수비력을 보유한 내야수. 아마추어 시절에는 주로 유격수로 뛰었는데, 수비가 가장 중요한 포지션인 만큼 미래의 주전 유격수 자리도 노려 볼 만하다. 바운드를 읽는 능력이 우수해 안정적 타구 처리가 가능.

6라운드 전체 52순위

105 박상현

생년월일	2005년 1월 6일
신장/체중	184cm / 83kg
출신학교	슬기초(안산리틀)-안산중-안산공고

안정적인 제구력과 확실한 슬라이더 구사력을 갖춘 투수. 고교 투수 중에서는 흔하지 않은 우타자 몸쪽 직구 투구가 가능했다. 변화구로 스트라이크존 공략이 가능하고, 긴 이닝을 던져도 구속이 떨어지지 않는 스태미너를 보유했다.

8라운드 전체 72순위

107 엄상현

생년월일	2004년 7월 6일
신장/체중	175cm / 80kg
출신학교	중대초(의정부리틀)-건대부중 -장충고-홍익대

대학 진학 후 투수로 전향해 투수 경험은 짧은 편이지만, 최고 153km/h 빠른 공을 던질 정도로 강한 임팩트를 가졌다. 미래를 본 지명. 직구와 변화구 모두 KBO 수준급 회전수의 구종 가치를 갖고 있다는 평가.

10라운드 전체 92순위

109 최주원

생년월일	2006년 1월 11일
신장/체중	185cm / 85kg
출신학교	경기안성초(안성시리틀)-평택청담중 -북일고

구위형 불펜 투수로 성장 가능성이 있는 우완투수. 꾸준하게 140km/h 중반대 구속을 보여 줄 정도로 평균 구속에 강점이 있고, 타자 유형을 가리지 않고 투구 가능한 브레이킹 좋은 변화구도 가졌다.

TEAM PROFILE

구단명 : **NC 다이노스**

연고지 : **경상남도 창원시**

창립연도 : **2011년**

구단주 : **김택진**

대표이사 : **이진만**

단장 : **임선남**

감독 : **이호준**

홈구장 : **창원 NC파크**

영구결번 : **없음**

한국시리즈 우승 : **2020**

UNIFORM

HOME

AWAY

2025 NC DINOS DEPTH CHART

• 지명타자

서호철 손아섭

데이비슨

중견수
박건우
김성욱
박시원

좌익수
권희동
한석현
김범준

우익수
손아섭
천재환
송승환

유격수
김주원
김휘집
김한별

2루수
박민우
최정원
서호철

3루수
김휘집
서호철
도태훈

1루수
데이비슨
도태훈
오영수

• 감독

이호준

포수
김형준
박세혁
안중열

• 2025 예상 베스트 라인업

1번 타자	박민우	2루수
2번 타자	김주원	유격수
3번 타자	손아섭	우익수
4번 타자	데이비슨	1루수
5번 타자	박건우	중견수
6번 타자	권희동	좌익수
7번 타자	서호철	지명타자
8번 타자	김형준	포수
9번 타자	김휘집	3루수

• 예상 선발 로테이션

라일리

로건

신민혁

이재학

김영규

• 필승조

한재승

전사민

김시훈

김재열

• 마무리

류진욱

TEAM INFO

팀 분석

2024 팀 순위 (포스트시즌 최종 순위 기준)

9위

최근 5년간 팀 순위

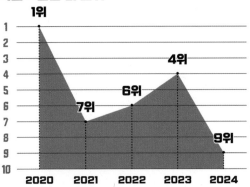

1위 (2020)
7위 (2021)
6위 (2022)
4위 (2023)
9위 (2024)

2024시즌 팀 공격력

↑: High / ↓: Low

타율↑	홈런↑	병살타↓	득점권 타율↑	삼진↓	OPS↑
0.274	172개	100개	0.270	1,200개	0.781
6위	2위	공동 5위	10위	10위	3위

2024시즌 팀 마운드

↑: High / ↓: Low

평균자책점↓	탈삼진↑	QS↑	볼넷↓	피안타율↓	피홈런↓	WHIP↓
5.00	1,061개	54	531개	0.279	137개	1.51
6위	8위	4위	7위	6위	4위	7위

2024시즌 팀 수비력

↑: High / ↓: Low

실책↓	견제사↑	병살 성공↑	도루저지율↑
108개	8개	115번	37.2%
6위	4위	7위	1위

2024시즌 최다 마킹 유니폼

1위 박건우
2위 박민우
3위 김주원
4위 손아섭
5위 서호철

PARK FACTOR

홈구장_창원 NC파크

3.3m
122m
107m
107m
101m
101m

천연 잔디
(켄터키 블루그래스)

수용인원

17,861석

구장 특성

KBO리그 구장들 가운데 실물 원탑. 야간 경기 때 조명이 커진 NC파크의 전경을 외야 잔디석에서 중앙석 방향으로 바라보면, 메이저리그 부럽지 않은 풍경이 만들어진다. 개방형 콘코스식 구조로 내외야 복도 어디서든 그라운드를 바라볼 수 있고, 시원하게 뻥 뚫려 있는 느낌을 줘서 무더운 여름에도 솔솔 바람이 통한다. 봄·가을에는 이런 구조 때문에 조금 더 춥다는 단점도 있지만, 여름밤에 가장 어울리는 야구장. 세계 2호 야구장 내 스타벅스 매장이 독특한데, 스타벅스 테라스석에서 야구장을 내려다볼 수 있는 특별 자리도 마련돼 있다.

HOME STADIUM GUiDE

원정팬을 위한
교통편 추천, 주차, 숙소 팁

고속열차를 이용할 경우 '마산역'을 이용해야 한다. 마산역에서 야구장까지는 택시나 시내버스를 이용할 경우 10~20분 내 도착할 수 있다. 다만, 마산역을 오가는 고속열차 편수가 많지 않아 시간 확인을 잘해야 한다. 김해공항을 이용하면 리무진버스를 타고 약 1시간 정도 소요된다.

숙소 선택의 폭이 의외로 넓다. 야구장 인근 모텔들도 있지만, 어시장이나 창원 시내 쪽으로 범위를 넓히면 다양한 비즈니스급 호텔들을 이용할 수 있다. 자가용을 이용할 경우 NC파크 바로 옆에 지상 4층짜리 옥외 주차장이 있고, 인근 유료 주차장들도 있다. 야구장 건너편 양덕동 공영 주차장도 야구 관람 시 무료 이용이 가능하다.

주말 경기나 인기 매치가 열릴 때는 관람객들이 많이 몰리고, 인근 불법 주정차 단속이 심해지니 꼭 확인할 필요가 있다.

응원단

응원단장
임종덕

치어리더
윤요안나

치어리더
김수현

치어리더
이주희

치어리더
강지유

치어리더
감서윤

치어리더
염세빈

치어리더
박슬비

치어리더
배한비

치어리더
김가은

치어리더
안수연

장내아나운서
이규래

211

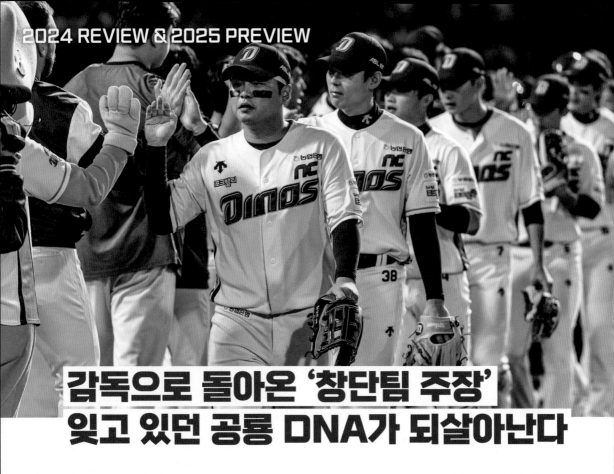

감독으로 돌아온 '창단팀 주장' 잊고 있던 공룡 DNA가 되살아난다

작년에 이것만 잘됐으면 좋았을 텐데

2위에서 9위로, 창단 최다 연패(11연패) 기록까지. 2024시즌 잘나가던 NC가 급추락한 배경엔 '줄부상'이 있었다. NC가 자랑하던 '현역 통산 타율 1~3위' 트리오 중 손아섭, 박건우 2명이 빠져나가면서 암흑기가 찾아온 것.

7월 초 왼쪽 무릎 후방 십자인대 손상으로 손아섭이 약 3개월 전열에서 이탈한 데 이어, 박건우가 7월 말 오른쪽 척골 골절 및 손목 인대 손상으로 시즌 아웃 판정을 받았다. 박민우 홀로 젊은 타선을 이끌어가기엔 무리가 있었던 상황. 예상치 못한 부상이 NC의 상승세에 발목을 잡았다.

자랑하던 선발진에도 균열이 일어났다. 외국인 투수 대니얼 카스타노가 기복 있는 피칭으로 교체 수순에 돌입했고, 'KBO 경력직' 에릭 요키시가 대체 외국인 선수로 왔지만 기대 이하의 피칭으로 보탬을 주지 못했다. 토종 에이스 신민혁 역시 시즌 중반부터 팔꿈치 통증을 호소하면서 제 기량을 펼치지 못했다.

젊은 선수들의 부진과 얇은 선수층의 한계도 드러났던 시즌이었다. 국가대표 유격수 김주원이 전반기 극악의 페이스로 부진했지만, 김주원을 대체할 선수도 좀처럼 보이지 않았다. 타격 부진에 빠진 국가대표 포수 김형준을 성장을 위한 '세금'으로 계속 기용한 점도 도마 위에 올랐다. 불펜 투수들의 더딘 성장세도 과부하를 불러일으키면서 고전을 거듭했다.

NC는 키움 히어로즈와의 트레이드를 통해 돌파구를 찾았다. 내야 유틸리티 플레이어 김휘집을 품는 대신, 내년 시즌 신인 지명권 2개(1, 3라운드)를 내주는 파격적인 조건으로 트레이드를 단행했다. 효과는 있었다. 김휘집이 타선에서 쏠쏠한 활약을 펼쳤고, 경쟁 상대가 생긴 김주원도 동반 시너지 효과를 일으켰다. 하지만 귀중한 신인 지명권을

2개나 내주고 즉시전력감 유망주를 영입할 정도로 내야 선수층은 참담했고, 내부 육성에 실패했다는 점에서 비판의 목소리도 이어지고 있다.

결국 핵심 선수들의 줄부상으로 인한 나비효과가 순위 추락으로 이어졌다. NC는 가을야구에서 일찌감치 탈락했고, 정규시즌을 몇 경기 안 남긴 상황에서 강인권 감독을 경질하는 초강수를 두면서 새 시즌을 준비했다.

스토브리그 성적표

집토끼를 잡는 데 그쳤다. 지난 시즌 중 영입한 김휘집과 오는 6월 돌아오는 구창모가 '최대 영입'이라는 평가가 있을 정도로 영입은 없었다. 군제대하는 선수들에게 기대를 걸어야 할 정도로 아쉬웠던 비시즌 행보였다.

지극히 주관적인 올 시즌 예상 순위와 이유

성장하는 투수진에 건재한 현역 통산 타율 1~3위 베테랑 타자들. '건강한' 선수단만 유지한다면 충분히 가능한 순위. 이 선수단으로 2023년 가을야구 업셋(와일드카드 결정전~플레이오프)도 해낸 바 있기에, 김휘집, 구창모 등으로 전력을 꾸린 올해는 지난해보다 더 나은 순위도 노려 볼 만하다. '파격 7선발'의 안착, 부상 및 군에서 돌아온 선수들의 기량 유지가 관건. 감독 이호준-주장 박민우가 부활시킬 '강팀 DNA'도 눈여겨볼 만한 요소. 다만 이호준 체제 첫해인 만큼, 더 높은 곳을 기대하기엔 무리가 있다. 이호준 감독이 만들 팀 컬러에 따라 가을야구 여부가 달릴 듯.

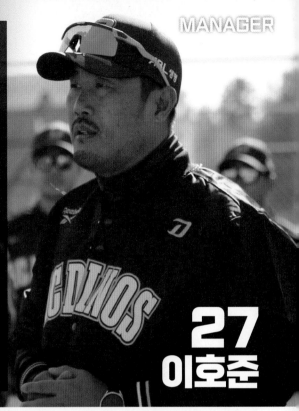

생년월일 1976년 2월 8일

출신학교 광주중앙초-충장중-광주제일고-호남대

주요 경력 해태 타이거즈 선수(1994~2000)
-SK 와이번스 선수(00~12)
-NC 다이노스 선수(13~17)
-NC 다이노스 1군 타격코치(19~21)
-LG 트윈스 1군 타격코치(22~23)
-LG 트윈스 1군 QC코치(24)
-LG 트윈스 1군 수석코치(24)-NC 다이노스 감독(25~)

"큰형님이 돌아왔다, 공룡이 다시 깨어난다"

'큰형님'이 돌아왔다. 2013년 1군에 데뷔한 NC 다이노스의 주장이자 선수단 기틀을 마련했던 이호준이 감독으로 돌아와 공룡 군단을 지휘한다. 리더십은 이미 선수 시절부터 정평이 나 있고 타격 코치와 수석 코치 코치진의 여러 보직을 경험할 수 있는 QC코치까지 다양한 지도자 경험도 쌓았다. 과거 '나테이박(나성범-테임즈-이호준-박석민)'을 이끌던 선수 시절과 창단 첫 우승(2020년)을 견인했던 코치 시절 화끈한 공격력을 강조했던 이호준 감독은 공룡 군단을 파워풀한 팀으로 만들고자 한다. 확고한 철학과 리더십을 바탕으로 한 '낭만야구'가 NC의 영광을 다시 불러일으킬지 주목된다.

27
이호준

1군

수석코치 서재응	타격코치 조영훈	타격코치 전민수	투수코치 이용훈	불펜코치 손정욱	배터리코치 김종민	주루·외야코치 김종호	작전·주루코치 진종길

퓨처스

수비코치 지석훈	멘탈 코디네이터 최건용	퓨처스 감독 공필성	수석·투수코치 김수경	타격코치 윤병호	배터리코치 윤수강	작전·주루코치 박용근	1루·외야코치 전상렬

수비코치 손용석	재활군 코치 전형도	재활군 코치 김건태	재활군 코치 권정웅	재활군 코치 최정민

2 ⓒ 내야수(우투좌타)

박민우

생년월일	1999년 2월 4일
신장/체중	185cm / 80kg
출신학교	마포초(용산구리틀)-선린중-휘문고
연봉(2025)	9억 원

2025 화이팅!

#고놈_참_잘_컸네

고졸 2년 차 만 20세 선수가 30대 고참 선수가 돼 주장 완장까지 찼다. 이호준 감독으로선 천지개벽이 아닐까. 12년 전 주장-막내로 만난 두 사람이 이젠 감독-주장으로 만난다. 지난해 손아섭의 부상으로 임시 주장직을 맡았던 박민우는 올해 정식 주장으로서 팀을 이끈다. 박민우가 시즌 시작부터 정식 주장을 맡은 건 이번이 처음이다. 프랜차이즈 창단 멤버 감독과 주장이 함께 공룡 군단을 이끈다.

#Light_Now

박민우는 이호준 감독이 주장이었을 때를 회상하면서 "창단 때엔 선수들 사이에 말로 표현할 수 없는 끈끈함이 있었다"라고 말했다. '캡틴' 박민우는 당시의 기억을 살려 "NC가 창단했을 때의 좋은 문화를 다시 새롭게 시작하고 싶다"고 덧붙였다. 설령 자신이 '꼰대'라 불릴지라도, 다시 한번 NC의 찬란했던 (Light) 시절을 되살리고 싶은 마음 뿐이다. 박민우는 "매 순간의 소중함을 기억하고 그라운드에서 최선을 다하는 선수들의 모습을 보여 드리겠다"고 다짐했다.

#더_날카로워지고_더_날렵해졌다

현역 통산 타율 3위(0.320)의 박민우지만, 최근의 모습은 좋지 않았다. 하지만 지난해는 달랐다. 타율 0.328에 2015년 (46도루) 이후 9년 만의 30도루(32개), 2016년(55볼넷) 이후 8년 만의 50볼넷(54개) 등 타격과 주루 전반적으로 부활한 모습을 보였다. 장타율이 늘어나고 실책이 줄어든 것도 고무적. 더 날카로워지고 더 날렵해진 '솔선수범'의 모습으로 2025시즌 그라운드를 누빌 예정이다.

🎤 TMI 인터뷰

1. 내가 가장 처음 좋아했던 야구선수는?
- 데릭 지터

2. 나만의 유니폼 패션 포인트는?
- 농군 패션

3. 다른 팀에서 데리고 오고 싶은 선수와 그 이유는?
- 김택연. 최고의 마무리 투수.

4. 내가 추천하는 최고의 보양 비법은?
- 소고기뭇국, 생선구이

5. 본인 또는 동료 이름으로 삼행시
- [박] 박민우는
  [민] 민첩한 플레이로
  [우] 우승에 도움되는 선수가 되고 싶습니다.

2024시즌 기록

타율	경기	타석	타수	득점	안타
0.328	121	528	457	75	150
2루타	3루타	홈런	루타	타점	도루
26	2	8	204	50	32
볼넷	삼진	병살타	장타율	출루율	RISP
54	79	5	0.446	0.406	0.314

전력분석	나이노스 프랜차이스 주장, 내야 사령관. 주상 완상의 부게감과 함께 더 성숙해진 멘털과 솔선수범. 리그 최고 콘택트 능력과 더 과감해진 주루, 허슬플레이로 팀 이끄는 중. 선배-후배에서 감독-주장으로 만난 이호준 감독과의 캐미 속에서 얼마나 더 만개할지 주목된다.
강점	더 상승한 콘택트 능력, 더 많아진 도루.
약점	ABS가 문제일까, 확 높아진 삼진율.
수비력	국가대표 2루 수비, 어깨 부상 여파 이겨 낼까.

37

박건우

외야수(우투우타)

생년월일	1990년 9월 8일
신장/체중	184cm / 80kg
출신학교	역삼초-서울이수중-서울고
연봉(2025)	7억 원

#10년_연속_3할_KBO_1위입니다

2022년부터 NC 다이노스가 자랑하는 수식어가 하나 있다. KBO리그 '현역' 타율 1~3위 타자를 모두 보유하고 있다는 것이다. 도중 이정후(타율 0.340)에게 1위 자리를 뺏기긴 했지만, 이정후가 미국 메이저리그로 떠나면서 다시 NC 선수들이 1~3위 자리를 찾았다. 이 중 1위 선수가 바로 박건우(타율 0.327)다. 2015년부터 지난해까지 10년 연속 3할 타율을 쳐내며 당당히 1위 자리를 지켰다. 통산 타율은 이정후, 장효조(0.331)에 이어 3위지만, 우타자로선 최고 기록이다.

#커리어하이_그러나

지난해 박건우는 타율 0.344의 맹타를 휘둘렀다. 하지만 끝까지 웃지 못했다. 7월 26일 창원 롯데 자이언츠전에서 손목에 투구를 맞고 쓰러졌다. 박건우는 척골 골절 및 손목 인대 손상 진단을 받고 시즌 아웃됐다. 이전까지 박민우, 권희동과 함께 '멱살 잡고' 팀 타선을 이끌었던 박민우였다. 박건우가 빠진 뒤, NC는 8월 창단 최다 연패(11연패)를 당하며 가을야구와 멀어졌다.

#야구가_너무_하고_싶었습니다

지난해 후반기 팀원들 대신 '손목 깁스'와 함께했던 박건우는 올해 선수들보다 더 빨리 미국행 비행기에 올랐다. NC 스프링캠프지인 미국에 먼저 건너가 몸을 만들기 위해서였다. "(부상으로) 시즌이 너무 빨리 끝났다. 야구가 너무 하고 싶다"라며 의욕을 내비쳤다. 3년 만에 중견수로 돌아가는 새 시즌을 앞두고 준비도 철저하다. "144경기도 가능하다"라며 몸 상태에 대한 자신감도 표출했다.

2024시즌 기록

타율	경기	타석	타수	득점	안타
0.344	89	362	323	58	111
2루타	3루타	홈런	루타	타점	도루
23	1	13	175	53	4
볼넷	삼진	병살타	장타율	출루율	RISP
33	54	7	0.542	0.409	0.375

전력분석	KBO 현역 통산 타율 1위(0.327). 무슨 말이 더 필요할까. 리드오프, 강한 2번 타자, 중심타자까지 모두 소화 가능한 만능 타자. 지난해 부상 병동이었던 팀을 멱살 잡고 끌고 갔으나, 본인도 사구 불운으로 완주하지 못한 것은 아쉽다. 새 시즌 풀타임 박건우는 얼마나 더 무서울까.
강점	호타준족, 중장거리 타자. KBO 현역 통산 타율 1위의 위엄.
약점	2사 후 클러치 능력.
수비력	준수한 주력과 강견, 중견수도 우익수도 리그 탑급.

🎤 TMI 인터뷰

1. 내가 가장 처음 좋아했던 야구선수는?

- 이병규(LG)

2. 나만의 유니폼 패션 포인트는?

- 선글라스

3. 다른 팀에서 데리고 오고 싶은 선수와 그 이유는?

- 없다. 우리 팀 선수단이 최고다.

4. 내가 추천하는 최고의 보양 비법은?

- 삼계탕

5. 본인 또는 동료 이름으로 삼행시

- [박] 박건우는
  [건] 건강한 모습으로
  [우] 우타 최고의 선수가 되겠습니다.

PLAYERS

7
김주원

내야수(우투양타)

생년월일	2002년 7월 30일
신장/체중	185cm / 83kg
출신학교	삼일초(군포시리틀)-안산중앙중-유신고
연봉(2025)	2억 원

#스위치히터

좌타자는 좌완 투수에게 약하고, 우타자는 우완 투수에게 약하다. 하지만 김주원에겐 이런 속설이 의미가 없다. 좌우타자가 모두 가능한 스위치 타자이기 때문이다. 매력도 남다르다. 우타석에선 정확성이, 좌타석에선 파워가 돋보인다. 좌우 편차도 없고 정교한 콘택트에 중장거리 힘까지 갖춘 김주원을 상대하기엔 투수로서 까다롭기 그지없다.

#롤러코스터

전반기 타율 0.195, 후반기 타율 0.320. 지난해 김주원은 그야말로 롤러코스터를 탔다. 시즌 도중 NC가 신인 지명권을 내주고 김휘집을 품은 것도 김주원의 부진이 결정적이었다. 다행히 시즌 중 레그킥에서 토탭으로 타격폼을 바꾸고 세세한 조정을 거치면서 살아났다. 부단한 노력 끝에 후반기 3할대 타율로 '커리어하이' 시즌을 만든 것은 고무적이다. "뒤늦게 내 것을 찾았다"는 그의 말대로 새 시즌 반등이 기대된다.

#다시_주전_유격수로_골글_재도전

NC는 새 시즌 김주원과 김휘집의 공존을 위해 김주원에게 주전 유격수를 맡기고, 김휘집을 3루수로 옮기는 구상을 짰다. 지난해 후반기에 보여 준 모습만 잘 이어 간다면 유격수 골든글러브도 더 이상 꿈이 아니다. 2026년 월드베이스볼클래식, 2026 아시안게임 등 국제대회를 앞두고 다시 한번 '국대 유격수'의 능력을 증명할 수 있을지 주목된다.

TMI 인터뷰

1. 내가 가장 처음 좋아했던 야구선수는?

- 최정

2. 나만의 유니폼 패션 포인트는?

- 암슬리브, 단추 1개 오픈

3. 다른 팀에서 데리고 오고 싶은 선수와 그 이유는?

- KIA 이의리. 가장 친한 친구이기도 하고, 실력도 좋지만 긍정적 성격으로 나에게 위안과 선한 영향력을 준다.

4. 내가 추천하는 최고의 보양 비법은?

- 장어 + 복분자 한잔

5. 본인 또는 동료 이름으로 삼행시

- [김] 김주원은 [주] 주요할 때 팬들이 [원] 원하는 선수가 되겠습니다.

2024시즌 기록

타율	경기	타석	타수	득점	안타
0.252	134	475	385	61	97
2루타	3루타	홈런	루타	타점	도루
18	2	9	146	49	16
볼넷	삼진	병살타	장타율	출루율	RISP
51	111	5	0.379	0.371	0.243

전력분석	국내 유일 스위치 타자. 투수에겐 까다로운 타자. 지난해까지 외로운 유격수 유망주였다면, 올해는 내야 선수층이 탄탄해지면서 부담과 체력 부하 우려도 덜 예정. 돌아온 이호준 감독 아래서 얼마나 더 성장할지 주목되는 선수.
강점	순출루율 상위권, 지난해 후반기 부활 조짐.
약점	2할대 초반 타율, 더 치열해진 유격수 경쟁서 필요해진 콘택트 능력.
수비력	넓은 수비 폭에 매끄러운 수비, 실책도 줄었다.

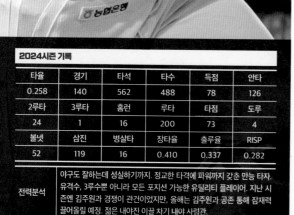

44 김휘집
내야수(우투우타)

생년월일	2002년 1월 1일
신장/체중	180cm / 92kg
출신학교	양목초(히어로즈리틀)-대치중-신일고
연봉(2025)	1억 7천5백만 원

#유망주에_신인_지명권_2개를_태워?

지난해 5월 30일, NC는 파격 트레이드를 단행했다. 키움 히어로즈로부터 내야 유망주 김휘집을 영입하면서 신인 지명권 2개를(1, 3라운드)를 내준 것. 공격력 있는 유망한 내야수, 기존 내야진의 경쟁 체제를 이끌어 줄 좋은 선수이긴 했어도, 신인 지명권을 2개나 태운 NC의 결정은 놀라웠다. 그러나 우려는 곧 희망으로 바뀌었다. 경쟁 의식을 느낀 김주원이 함께 살아났고, 김휘집도 NC에서 데뷔 첫 2할대 중반의 타율(0.258)을 기록하며 잠재력을 만개했다.

#히트_머신_히트_상품

NC에 온 김휘집은 단숨에 '히트 머신'이자 '히트 상품'으로 자리 잡았다. 데뷔 첫 100안타(126개)와 함께 첫 10홈런(16개)을 때려 내며 중장거리 타격 능력을 마음껏 뽐냈다. 활약도 화끈했지만 마케팅 효과도 화끈했다. 키움 시절부터 이어져 온 김휘집의 응원가는 중독성 높은 멜로디와 가사, 역동적인 응원 동작으로 큰 인기를 모았다. 시즌 중반에 합류했음에도 팀 내 유니폼 판매량 6위에 오를 정도로 인기도 상당했다. 그만큼 김휘집의 합류가 NC에 미친 영향력은 대단했다.

#생애_첫_20홈런

내야 유틸리티 플레이어 김휘집은 새 시즌을 3루수에서 시작한다. 3루에서 꾸준한 기회를 받고 더 많은 경기에 나서 '생애 첫 20홈런'을 때려 내겠다는 각오를 다졌다. 이를 위해 김휘집은 지난겨울 웨이트 트레이닝에 열을 올렸고 체중도 유지했다. 김휘집은 "타율-출루율 갭 1할 등 비율 스탯에 대한 욕심도 있지만, 지켜야 한다는 압박감이 생긴다"면서도 "엔파크(창원NC파크)에 왔으니 20홈런은 치고 싶다는 목표가 있다"라며 홈런에 대한 욕심을 드러냈다.

2024시즌 기록

타율	경기	타석	타수	득점	안타
0.258	140	562	488	78	126
2루타	3루타	홈런	루타	타점	도루
24	1	16	200	73	4
볼넷	삼진	병살타	장타율	출루율	RISP
52	119	16	0.410	0.337	0.282

전력분석	야구도 잘하는데 성실하기까지. 정교한 타격에 파워까지 갖춘 만능 타자. 유격수, 3루수뿐 아니라 모든 포지션 가능한 유틸리티 플레이어. 지난 시즌엔 김주원과 경쟁이 관건이었지만, 올해는 김주원과 공존 통해 잠재력 끌어올릴 예정. 젊은 내야진 이끌 차기 내야 사령관.
강점	콘택트 좋은 중장거리 타자, 성실성 최고.
약점	변화구 대처 능력, 조금씩 좋아지고 있지만 더 보완 필요.
수비력	어느 포지션 가도 주전급.

🎤 TMI 인터뷰

1. 내가 가장 처음 좋아했던 야구선수는?
- 강정호

2. 나만의 유니폼 패션 포인트는?
- 없다. 가장 정돈되어 있는 유니폼을 선호한다.

3. 다른 팀에서 데리고 오고 싶은 선수와 그 이유는?
- 키움 이주형, 박수종. 같이 있으면 즐겁고 든든하다. 그라운드에서도 심리적으로 안정감을 준다.

4. 내가 추천하는 최고의 보양 비법은?
- 마라탕

5. 본인 또는 동료 이름으로 삼행시
- [김] 김빠지지 않고 [휘] 휘몰아치는 [집] 집집이가 되겠습니다.

18
신민혁

투수(우투우타)

생년월일	1999년 2월 4일
신장/체중	184cm / 95kg
출신학교	염강초(강서구리틀)-매향중-야탑고
연봉(2025)	1억 8천만 원

#리틀_페디에서_리틀_선동열로

신민혁의 별명은 '리틀 페디'다. 2023년 20승-200탈삼진으로 KBO리그를 평정한 최우수선수(MVP) 출신 에릭 페디에게 여러 노하우를 배우고 따라하면서 야구적으로 성장했다는 그. 페디와 똑닮은 와인드업으로 제구와 투구 템포를 잡았다. 이젠 '리틀 선동열'로 한층 더 성장하고자 한다. 올 시즌 53번에서 18번으로 등번호를 바꾼 신민혁은 "좋아했던 선동열 감독님처럼 에이스 등번호를 달고 잘하고 싶다"라며 각오를 다졌다.

#팔꿈치_수술_7선발

토종 에이스로 순항하던 그에게도 시련은 있었다. 지난 시즌 중반 오른쪽 팔꿈치 뼛조각 제거 수술을 받으면서 완주하지 못 한 것. 토종 에이스였지만 부상으로 팀의 추락을 지켜볼 수밖에 없었다. 신민혁은 지난겨울 재활 훈련에 매진하면서 개막 로테이션 합류를 목표로 몸을 만들었다. 수술로 시즌 초반 정상 로테이션을 돌 수 없는 신민혁을 위해 이호준 감독이 '7선발' 대책을 마련한 상황. 신민혁도 7선발 체제에서 조금씩 몸을 끌어올리며 '토종 에이스'의 위용을 되살리고자 한다.

#농민혁_낚시신

운동선수에게 재활 훈련은 지루한 시간이다. 신민혁은 어떻게 버텼을까. 이미 신민혁은 부상 전부터 정적인 취미를 갖고 있었다. 낚시와 농사. 농사 초반엔 집 앞 주차장 마당에 텃밭을 꾸렸다면, 지금은 아예 마산구장 한편에 자신의 공간을 마련해 식물을 키우고 있다. 재활 훈련에 매진하는 자신의 멘털 관리에 큰 도움이 되고 있다고. 정적인 취미와 차분한 성격으로 차근차근 새 시즌을 준비하고 있다.

🎤 TMI 인터뷰

1. 내가 가장 처음 좋아했던 야구선수는?
 - 선동열
2. 나만의 유니폼 패션 포인트는?
 - 글러브
3. 다른 팀에서 데리고 오고 싶은 선수와 그 이유는?
 - 김도영. 대한민국 최고 야수이다.
4. 내가 추천하는 최고의 보양 비법은?
 - 장어
5. 본인 또는 동료 이름으로 삼행시
 - **[신]** 신박한 투구로
 [민] 민혁이가
 [혁] 혁신처럼 야구를 잘하고 싶습니다.

2024시즌 기록

평균자책점	경기	승	패	홀드	세이브
4.31	25	8	9	0	0
승률	이닝	투구수	피안타	피홈런	볼넷
0.471	121	2,003	140	20	16
삼진	실점	자책점	피안타율	WHIP	QS
74	67	58	0.284	1.29	10

전력분석	토종 선발진의 기둥. 지난해 타고투저, 팔꿈치 뼛조각 등 온갖 불운에도 NC 마운드를 묵묵히 지켜 온 토종 에이스. 주무기 체인지업을 앞세운 담대한 피칭이 강점. 팔꿈치 수술 여파 딛고 새 시즌에 날아오를 수 있을지 주목된다.
강점	어떤 구종이든 제구, 커맨드가 좋다.
약점	투구수가 늘어나면 확연하게 보이는 체력, 집중력 저하.

43 투수(우투우타)
신영우

생년월일	2004년 4월 21일
신장/체중	184cm / 95kg
출신학교	센텀초-센텀중-경남고
연봉(2025)	3천만 원

#7선발_다이노스에_없었던_새로운_투수

2023년 신인 드래프트 1라운드 전체 4순위로 NC 유니폼을 입은 신영우는 "다이노스에 없었던 새로운 유형의 선발 자원이다"라는 평가를 받았다. 훌륭한 워크에식과 최고 154km/h의 강속구를 던지는 자원으로 NC의 젊은 선발진을 이끌 한 축으로 기대를 모았다. 올해 기회가 찾아왔다. 이호준 NC 감독이 개막 7선발 체제를 시사하면서 신영우에게도 기회가 돌아갈 전망.

#호주_유학파

신영우는 지난겨울 호주로 떠나 실전 경험을 쌓았다. 호주프로야구(ABL) 퍼스 히트에 파견돼 7경기 2승 1패 평균자책점 3.45로 맹활약했다. 미국 메이저리그(MLB)와 일본프로야구(NPB) 선수들이 즐비한 곳에서 선발로서 가능성을 보인 것. 팔꿈치 통증으로 조기 귀국했지만 단순 염증 소견을 받아 새 시즌 정상 합류할 예정이다. 소중한 경험과 함께 2025시즌 날아오를 준비를 마쳤다.

#유구필응

'원하는 것은 반드시 이뤄진다.' 신영우의 좌우명이다. 고교 시절 미국 메이저리그(MLB)의 관심에 NC의 1라운더 지명까지 신영우는 승승장구만 한 듯 했지만, 고등학교 1, 2학년 땐 부상 등으로 많은 경기에 나서지 못했다. 하지만 그럴 때마다 신영우는 '유구필응'을 되뇌며 긴 시간을 버텼다. 시간을 갖고 꾸준히 노력한 결과, 3학년 때 최고의 피칭과 함께 상위 라운더 입단의 영예를 안았다. 프로에 들어와서도 그 마음가짐은 계속 이어가고 있다고.

2024시즌 기록

평균자책점	경기	승	패	홀드	세이브
10.61	4	0	1	0	0
승률	이닝	투구수	피안타	피홈런	볼넷
0.000	9 1/3	200	9	0	15
삼진	실점	자책점	피안타율	WHIP	QS
6	11	11	0.290	2.57	0

전력분석	NC가 그토록 기다려 왔던 파이어볼러. 150km/h 중반대의 빠른 직구와 체인지업, 슬라이더, 스플리터, 너클커브까지 다양한 구종을 보유하고 있어 미래 선발감으로 제격. 호주에서 선발 경험까지 쌓고 돌아와 새 시즌 '5선발' 후보까지 올랐다.
강점	154km/h의 빠른 직구 보유, 결정구로 사용할 수 있는 구종도 많다.
약점	제구력, 스태미너 보완 필요.

🎤 TMI 인터뷰

1. 내가 가장 처음 좋아했던 야구선수는?
- 오타니

2. 나만의 유니폼 패션 포인트는?
- 글러브

3. 다른 팀에서 데리고 오고 싶은 선수와 그 이유는?
- 안우진. 빠른 공을 던지면서도 좋은 로케이션을 가진 선발투수로 많은 것을 배워 보고 싶다.

4. 내가 추천하는 최고의 보양 비법은?
- 양고기

5. 본인 또는 동료 이름으로 삼행시
- [신] 신영우는 [영] 영원히 [우] 우리의 창원 NC파크 마운드를 지키겠습니다.

투수(좌투좌타)

12 로건

생년월일/국적	1997년 5월 23일 / 미국			신장/체중	186cm / 105kg
출신학교	미국 IMG Academy(고)			연봉	56만 달러

2024시즌 기록

평균자책점	경기	승	패	홀드	세이브
-	-	-	-	-	-
승률	이닝	투구수	피안타	피홈런	볼넷
-	-	-	-	-	-
삼진	실점	자책점	피안타율	WHIP	퀄리티스타트
-	-	-	-	-	-

주무기	빠르지 않지만 팔색조 변화구 보유.

떠난 카일 하트는 잊자. 이젠 로건이 에이스 역할을 할 차례다. NC 에이스 출신 하트와 에릭 페디가 강력 추천한 덕에 입은 NC 유니폼. 로건은 140km/h 중후반의 직구에 스플리터와 커브, 스위퍼, 슬라이더, 체인지업 등 다양한 변화구로 타자들을 현혹시킨다. 공격적인 투구와 위기관리 능력 또한 우수하다는 평가. 영리한 피칭으로 선발진 중심 잡아 줄 에이스로 낙점됐다. 로건은 하트뿐 아니라, 메릴 켈리, 커크 매카티(이상 SSG 랜더스 출신) 등 다양한 동료들의 KBO리그 경험담을 듣고 왔다. 로건이 KBO리그에 적응하는 데 얼마나 큰 도움이 될지 관심이 모아진다.

투수(우투우타)

3 라일리

생년월일/국적	1996년 7월 9일 / 미국			신장/체중	190cm / 100kg
출신학교	미국 Louisville(대)			연봉	52만 달러

2024시즌 기록

평균자책점	경기	승	패	홀드	세이브
-	-	-	-	-	-
승률	이닝	투구수	피안타	피홈런	볼넷
-	-	-	-	-	-
삼진	실점	자책점	피안타율	WHIP	퀄리티스타트
-	-	-	-	-	-

주무기	최고 159km/h의 묵직한 직구.

에릭 해커 이후로 오랜만에 NC에 찾아온 파워 피처. 최고 159km/h의 묵직한 직구 구위가 인상적이라는 평가. 강력한 직구와 좌타자 상대로 한 커브가 일품. 미국 마이너리그에서도 365이닝 동안 353개의 삼진을 기록할 정도로 탈삼진 능력도 우수하다. 댄 스트레일리, 제러드 영 등 KBO리그를 경험한 외국인 동료들의 조언도 받았다. NC는 드류 루친스키, 에릭 페디, 카일 하트 등 'MLB 역수출' 외국인 에이스를 여럿 배출했지만, '2선발 외국인 선수' 운은 생각보다 좋지 않았다. 라일리가 편견을 지울 수 있을지 주목된다.

내야수(우투우타)

24 데이비슨

생년월일/국적	1991년 3월 26일 / 미국			신장/체중	190cm / 104kg
출신학교	미국 Yucaipa(고)			연봉	96만 달러

2024시즌 기록

타율	경기	타석	타수	득점	안타
0.306	131	567	504	90	154
2루타	3루타	홈런	루타	타점	도루
25	1	46	319	119	0
볼넷	삼진	병살타	장타율	출루율	득점권타율
39	142	12	0.633	0.370	0.255

타격스타일	걸리면 넘어간다, 아쉬운 선구안 커버할 압도적 파워.

2024시즌 홈런왕(46개), 무슨 말이 더 필요한가. 압도적인 파워로 KBO리그를 평정해 재계약까지 성공했다. 빠른 타구 속도에 안타를 만들어 내는 능력도 탁월. 타율 3할-40홈런-100타점 성적으로 증명했다. 중심타자답게 영양가도 넘친다. 현역 선수 통산 타율 1~3위를 모두 보유한 팀에서 시너지 효과를 톡톡히 해내고 있는 중. 정교한 콘택트나 선구안이 떨어진다는 평가를 받고 있으나, 삼진은 홈런 타자의 숙명과도 같다. 올 시즌에도 데이비슨은 부동의 4번타자로 활약할 예정. '건강한' NC 타자들 사이에서 차려진 밥상을 맛있게 먹을 준비를 다 마쳤다.

투수(우투우타)

45 이용찬

생년월일	1989년 1월 2일		신장/체중	185cm / 85kg
출신학교	신원초-양천중-장충고		연봉	2억 원

2024시즌 기록

평균자책점	경기	승	패	홀드	세이브
6.13	57	3	9	2	16
승률	이닝	투구수	피안타	피홈런	볼넷
0.250	54 1/3	1,042	82	6	21
삼진	실점	자책점	피안타율	WHIP	퀄리티스타트
49	48	37	0.353	1.90	0

전력분석	2021년 NC 합류 이후 마무리 역할만 맡았던 이용찬이 5년 만에 선발 마운드에 오른다. 베테랑답게 노련한 경기 운영 기대. 30대 후반에 접어든 나이와 스태미너가 버텨 줄 수 있을지가 관건.
강점	베테랑. 어느 위치 가도 소화할 수 있는 선수, 뛰어난 변화구 무브먼트.
약점	후반기 갈수록 떨어지는 이닝 소화력과 높아지는 실점률.

투수(좌투좌타)

17 김영규

생년월일	2000년 2월 10일		신장/체중	188cm / 86kg
출신학교	광주서석초 – 무등중 – 광주제일고		연봉	2억 원

2024시즌 기록

평균자책점	경기	승	패	홀드	세이브
3.15	42	4	2	14	1
승률	이닝	투구수	피안타	피홈런	볼넷
0.667	45 2/3	734	40	3	14
삼진	실점	자책점	피안타율	WHIP	퀄리티스타트
48	19	16	0.244	1.18	0

전력분석	NC 마운드의 기둥. 지난해 필승조에서 올해 선발 투수로 도전. 선발 자리에서 2000년대생 최초의 완봉승, 구단 역사상 첫 무사사구 완봉승 기록을 세운 좋은 기억도 있다. 돌고 돌아 온 선발 자리에서 안착할 수 있을지 주목. 큰 키에서 나오는 높은 타점과 빠른 투구 템포, 다양한 구종과 로케이션 등이 눈여겨볼 만하다.
강점	150km/h 이상의 직구와 다양한 변화구, 좌우타자 상대 편차 적은 편.
약점	불펜에서 부활, 선발 도전 성공할까, 선발에서는 150 없어.

투수(우언우타)

51 이재학

생년월일	1990년 10월 4일		신장/체중	181cm / 84kg
출신학교	대구옥산초-경복중-대구고		연봉	1억 8천만 원

2024시즌 기록

평균자책점	경기	승	패	홀드	세이브
5.52	21	3	12	0	0
승률	이닝	투구수	피안타	피홈런	볼넷
0.200	104 1/3	1,814	108	17	42
삼진	실점	자책점	피안타율	WHIP	퀄리티스타트
97	68	64	0.266	1.44	7

전력분석	NC 마운드의 살아 있는 역사. 베테랑 선발 경험에 사이드암 스로 특유의 까다로운 무브먼트 앞세워 선발진 한 축 담당할 예정. 이호준 감독의 '7선발', '10일 로테이션' 구상에 모두 이재학이 들어가 있는 상황, 토종 에이스의 부활에 주목.
강점	리그 톱급 체인지업 무브먼트, 사이드암스로 투수의 팔색조 무브먼트.
약점	기복 줄이기.

PLAYERS

투수(우투우타)

41 류진욱

| 생년월일 | 1996년 10월 10일 | | | 신장/체중 | 189cm / 88kg |
| 출신학교 | 양정초-개성중-부산고 | | | 연봉 | 1억 3천5백만 원 |

2024시즌 기록

평균자책점	경기	승	패	홀드	세이브
5.74	50	2	1	10	0
승률	이닝	투구수	피안타	피홈런	볼넷
0.667	42 1/3	760	52	4	19
삼진	실점	자책점	피안타율	WHIP	퀄리티스타트
37	30	27	0.308	1.68	0

전력분석	이용찬 빠진 마무리 자리에 들어갈 1순위 클로저. 긴 익스텐션에 빠른 체감 구속, 눈앞에서 휘어지는 직구 무브먼트가 강점. 필승조에서 증명한 담대한 배포는 마무리 투수로 딱이라는 평가. 최근 저하한 구속(회전수) 상승이 관건.
강점	빠른 볼이 강점. 핀치 상황에서도 대담한 모습.
약점	좌타자 상대 약세.

투수(우투우타)

32 김재열

| 생년월일 | 1996년 1월 2일 | | | 신장/체중 | 183cm / 97kg |
| 출신학교 | 양정초-개성중-부산고 | | | 연봉 | 1억 2천만 원 |

2024시즌 기록

평균자책점	경기	승	패	홀드	세이브
2.49	69	1	5	12	2
승률	이닝	투구수	피안타	피홈런	볼넷
0.167	68 2/3	1,097	58	4	29
삼진	실점	자책점	피안타율	WHIP	퀄리티스타트
67	20	19	0.233	1.27	0

전력분석	방출 시련과 사회인야구 경험 끝에 1군 필승조로 거듭난 인간 승리의 주인공. 묵직한 직구와 폭포수 포크볼이 일품. 지난해 시즌 도중 임시 마무리까지 맡을 정도로 담대한 피칭도 강점. 첫 억대 연봉 진입한 올해도 셋업맨으로 팀 뒷문 책임질 예정.
강점	포크볼 무브먼트와 컨트롤이 리그 상위급.
약점	첫 풀타임 시즌, 스태미나 보완.

투수(우언우타)

21 김시훈

| 생년월일 | 1999년 2월 24일 | | | 신장/체중 | 188cm / 95kg |
| 출신학교 | 양덕초-마산동중-마산고 | | | 연봉 | 1억 3천5백만 원 |

2024시즌 기록

평균자책점	경기	승	패	홀드	세이브
4.53	39	3	4	5	0
승률	이닝	투구수	피안타	피홈런	볼넷
0.429	107 1/3	1,887	110	7	59
삼진	실점	자책점	피안타율	WHIP	퀄리티스타트
74	60	54	0.269	1.57	3

전력분석	1차 신인의 영광, 본투비 마산 투수의 항해는 계속된다. 최고 152km/h의 강력한 직구를 던지는 강속구 투수. 높은 팔 각도에서 내리꽂히는 공이 인상적이다. 지난해 포스트시즌 경험까지 장착하면서 새 시즌 필승조로 등극했다.
강점	구위가 좋은 패스트볼.
약점	패스트볼 구위가 떨어지는 날, 대안은?

투수(좌투좌타)

13 임정호

생년월일	1990년 4월 16일		신장/체중	188cm / 90kg	
출신학교	성동초-잠신중-신일고-성균관대		연봉	2억 원	

2024시즌 기록

평균자책점	경기	승	패	홀드	세이브
4.42	65	1	6	9	2
승률	이닝	투구수	피안타	피홈런	볼넷
0.143	55	981	54	3	25
삼진	실점	자책점	피안타율	WHIP	퀄리티스타트
46	32	27	0.263	1.44	0

전력분석	KBO리그에서 보기 힘든 좌완 사이드암 스로. 좌타자 상대 원 포인트 릴리프 한계 뛰어넘고 좌완 필승조로 거듭난 지난해. 올해도 좌완 필승조로 불펜 한 축 담당할 예정. 김영규가 선발로, 하준영이 아직 군 복무 중인 상황에서 임정호의 가치는 더욱 높아질 전망.
강점	좌승사자, 좌타자 상대 우세.
약점	멀티 이닝 시도 시 실점율 증가.

투수(좌투좌타)

26 최성영

생년월일	1997년 4월 28일		신장/체중	180cm / 85kg	
출신학교	영랑초-설악중-설악고		연봉	8천만 원	

2024시즌 기록

평균자책점	경기	승	패	홀드	세이브
5.79	24	2	0	1	1
승률	이닝	투구수	피안타	피홈런	볼넷
1.000	46 2/3	809	65	7	17
삼진	실점	자책점	피안타율	WHIP	퀄리티스타트
29	37	30	0.330	1.76	1

전력분석	선발, 롱릴리프 어떤 임무도 문제없다. 7선발 중 한 명으로 시즌 시작하지만 언제든 불펜에서 긴 이닝을 책임져줄 든든한 '믿을맨'. 구속이 빠른 편은 아니지만 안정적인 제구와 커맨드로 승부를 보는 피네스 피처.
강점	뛰어난 경기 운영 능력, 좌우타자 가리지 않는 준수한 커맨드.
약점	직구 구속 및 변화구 무브먼트 개선 필요.
수비력	좋은 블로킹 능력 보유. 도루저지가 약점이었지만 최근 많이 개선된 상황.

투수(좌투좌타)

- 구창모

생년월일	1997년 2월 17일		신장/체중	182cm / 85kg	
출신학교	천안남산초-덕수중-울산공고		연봉	-	

2024시즌 기록

평균자책점	경기	승	패	홀드	세이브
-	-	-	-	-	-
승률	이닝	투구수	피안타	피홈런	볼넷
-	-	-	-	-	-
삼진	실점	자책점	피안타율	WHIP	퀄리티스타트
-	-	-	-	-	-

전력분석	여전히 NC는 구창모가 있어 행복하다. '건강만 하다면' 확실한 토종 에이스. KBO리그 톱급의 디셉션과 묵직한 구위가 일품. 부상, 군 입대 등으로 오랜 기간 전열에서 이탈해 있지만, 여전히 NC는 오는 6월 그의 제대를 기다리고 있다.
강점	좋은 디셉션과 좋은 직구 바탕으로 한 다양한 결정구 보유.
약점	부상 그리고 부상 스트레스.

PLAYERS

포수(우투우타)
25 김형준

| 생년월일 | 1999년 11월 2일 | | | 신장/체중 | 187cm / 98kg |
| 출신학교 | 가동초-세광중-세광고 | | | 연봉 | 1억 1천만 원 |

2024시즌 기록

타율	경기	타석	타수	득점	안타
0.195	119	414	354	39	69
2루타	3루타	홈런	루타	타점	도루
12	0	17	132	50	0
볼넷	삼진	병살타	장타율	출루율	득점권타율
45	144	6	0.373	0.285	0.190

전력분석	확실한 장타와 안정적인 수비 능력 갖춘 차세대 국대 안방마님. 젊은 선수 위주로 꾸려진 국가대표에서 꾸준히 포수 마스크를 쓰면서 쌓은 경험은 무시할 수 없는 최고의 장점. 진정한 NC-국대 안방마님 칭호 얻기 위해선 타석에서의 정교함이 동반돼야.
강점	확실한 장타툴, 담대한 배포.
약점	바깥쪽 투구 취약, 공갈포 오명.
수비력	강한 어깨와 빠른 팝타임, 도루저지율 1위.

포수(우투좌타)
10 박세혁

| 생년월일 | 1990년 1월 9일 | | | 신장/체중 | 181cm / 86kg |
| 출신학교 | 수유초-신일중-신일고-고려대 | | | 연봉 | 6억 원 |

2024시즌 기록

타율	경기	타석	타수	득점	안타
0.264	82	171	148	21	39
2루타	3루타	홈런	루타	타점	도루
9	0	1	51	10	4
볼넷	삼진	병살타	장타율	출루율	득점권타율
14	43	3	0.345	0.337	0.114

전력분석	마운드와 안방의 중심 잡아 줄 베테랑 포수. FA 계약(4년) 반환점 앞두고 타격 성적이 상승하면서 새 시즌 타석에서의 활약이 기대되는 선수. 박세혁에게 유독 가혹한 부상 불운을 이겨 내는 것이 관건.
강점	빠른 배트 스피드, 이전보다 상승한 콘택트 능력 .
약점	높은 주전의 벽, 이호준 체제에선 다를까, 부상 조심 과제도.
수비력	풍부한 경험, 리그 평균 이상의 포수 능력.

내야수(우투우타)
68 김한별

| 생년월일 | 2001년 1월 18일 | | | 신장/체중 | 177cm / 85kg |
| 출신학교 | 호제초-선린중-배재고 | | | 연봉 | 3천8백만 원 |

2024시즌 기록

타율	경기	타석	타수	득점	안타
0.318	40	50	44	8	14
2루타	3루타	홈런	루타	타점	도루
1	0	0	15	3	0
볼넷	삼진	병살타	장타율	출루율	득점권타율
2	9	2	0.341	0.400	0.357

전력분석	수비 스페셜리스트. 탄탄한 기본기와 넓은 수비 범위, 안정적인 송구로 수비력만큼은 극찬을 받는 내야수. 이호준 감독도 "한국에서 수비 제일 잘한다"라고 극찬할 정도. 수비만큼 타석에서도 정교한 콘택트 능력 발휘하면서 내야 유망주로 무럭무럭 성장 중.
강점	뛰어난 선구안, 좋은 콘택트 능력.
약점	다소 느린 주루.
수비력	강건, 내야 전천후 수비 스페셜리스트.

내야수(우투우타)

5 서호철

생년월일	1996년 10월 16일			신장/체중	179cm / 85kg
출신학교	순천남산초-순천이수중-효천고-동의대			연봉	1억 7천5백만 원

2024시즌 기록

타율	경기	타석	타수	득점	안타
0.285	141	567	512	68	146
2루타	3루타	홈런	루타	타점	도루
19	3	10	201	61	1
볼넷	삼진	병살타	장타율	출루율	득점권타율
30	101	15	0.393	0.342	0.243

전력분석	9라운더 성공 신화 주인공. 주전 핫코너 자리 꿰차면서 NC의 핵심 내야수로 꾸준히 성장 중. 지난해 중장거리 능력도 과시했지만, 오히려 비시즌 동안 체중 감량과 콘택트 향상에 비중을 높여 새 시즌 준비. 자신의 강점과 역할을 정확하게 알고 타석에 들어서는 영리한 타자.
강점	좋은 콘택트 능력에 장타까지, 좌우 편차도 좁혔다.
약점	아직은 아쉬운 선구안, 높은 삼진율.
수비력	주전 3루수에 2루 백업까지, 인정받는 이유가 있다.

외야수(우투우타)

36 권희동

생년월일	1990년 12월 30일			신장/체중	177cm / 85kg
출신학교	동천초-경주중-경주고-경남대			연봉	2억 2천5백만 원

2024시즌 기록

타율	경기	타석	타수	득점	안타
0.300	123	511	416	66	125
2루타	3루타	홈런	루타	타점	도루
22	1	13	188	77	4
볼넷	삼진	병살타	장타율	출루율	득점권타율
77	63	10	0.452	0.417	0.255

전력분석	지난해 FA 못 잡았으면 어쩔 뻔. 강한 2번 타자, 중심타선 가리지 않고 주어진 임무 이상의 활약을 해 주는 NC의 간판타자. 화려하지는 않지만 꾸준하고 안정적인 활약이 돋보인다. 어느 타순, 어느 포지션에 갖다 놔도 흔들리지 않는 편안함을 주는 만능 타자.
강점	만능 육각형 플레이어, 압도적인 득점권 타율, 뛰어난 선구안.
약점	특정 상대 투수에게 약한 모습, 상대별 편차 줄여야.
수비력	좋은 판단 능력과 생각보다 빠른 발.

외야수(우투우타)

38 김성욱

생년월일	1993년 5월 1일			신장/체중	181cm / 83kg
출신학교	광주서림초-충장중-진흥고			연봉	1억 원

2024시즌 기록

타율	경기	타석	타수	득점	안타
0.204	129	412	358	55	73
2루타	3루타	홈런	루타	타점	도루
8	2	17	136	60	10
볼넷	삼진	병살타	장타율	출루율	득점권타율
31	79	7	0.380	0.291	0.245

전력분석	빠른 발과 좋은 콘택트 능력을 갖고 있는 중장거리 타자. 지난해 17개의 홈런을 때려 내면서 장타에도 눈을 떴지만 정교함에서 아쉬운 모습을 보이며 FA 대박엔 실패. 외야 선수층에 힘 보태 줄 유틸리티 외야수.
강점	5툴 플레이어, 전반적으로 좋은 타격 능력.
약점	확실한 매커니즘 정착 필요.
수비력	빠른 발, 강견, 좋은 판단 능력.

외야수(우투좌타)

53 박시원

생년월일	2001년 5월 30일			신장/체중	185cm / 85kg
출신학교	광주서림초-광주동성중-광주제일고			연봉	4천4백만 원

2024시즌 기록

타율	경기	타석	타수	득점	안타
0.234	55	158	141	17	33
2루타	3루타	홈런	루타	타점	도루
5	1	2	46	17	3
볼넷	삼진	병살타	장타율	출루율	득점권타율
14	46	2	0.326	0.301	0.314

전력분석	지난해 손아섭의 공백을 메우기 위해 깜짝 등장한 NC 외야 유망주. 정교한 타격을 앞세운 중장거리 타자이자, 투수 출신의 강한 어깨, 빠른 발까지 갖춰 만능 외야수로 거듭날 잠재력이 있는 타자. 나성범에 이어 손아섭, 박민우 등 멘토들 조언 들으며 무럭무럭 성장 중.
강점	뛰어난 타격 잠재력, 차기 중심타자감.
약점	1군에서의 운영 능력 개선 필요.
수비력	좋은 판단 능력, 빠른 발, 바로 주전 해도 이상하지 않을 좋은 능력.

외야수(우투좌타)

31 손아섭

생년월일	1988년 3월 18일			신장/체중	174cm / 84kg
출신학교	양정초-개성중-부산고			연봉	5억 원

2024시즌 기록

타율	경기	타석	타수	득점	안타
0.285	84	355	333	45	95
2루타	3루타	홈런	루타	타점	도루
16	0	7	132	50	6
볼넷	삼진	병살타	장타율	출루율	득점권타율
16	65	1	0.396	0.314	0.272

전력분석	KBO 역대 최다 안타 기록 보유자. 꾸준함의 대명사. 지난해 불의의 부상으로 14시즌 연속 이어 온 세 자릿수 안타 기록이 끊겼다. 적지 않은 나이에 새 시즌엔 수비 부담(우익수)까지 가중된 가운데, 지난해 부상 불운을 딛고 리그 최고의 안타 생산 능력을 다시 한번 발휘할 수 있을지 주목된다.
강점	KBO 통산 최다 안타 보유자, 까다로운 스프레이 히터.
약점	무너진 선구안, 높은 삼진율, ABS 적응.
수비력	강한 어깨, 빠른 발. 지명타자 아닌 우익수 정착 절실.

외야수(우투우타)

23 천재환

생년월일	1994년 4월 1일			신장/체중	181cm / 83kg
출신학교	대전신흥초-공주중-화순고-고려대			연봉	7천6백만 원

2024시즌 기록

타율	경기	타석	타수	득점	안타
0.284	89	236	215	31	61
2루타	3루타	홈런	루타	타점	도루
9	1	5	87	33	8
볼넷	삼진	병살타	장타율	출루율	득점권타율
13	52	7	0.405	0.335	0.327

전력분석	제4의 외야수로 거듭난 2024년. 9월 류현진 상대로 때려 낸 만루홈런으로 강렬한 인상을 남겼다. 2할 후반대의 타율, 4할대 장타율로 중장거리 잠재력이 있다는 것도 증명했다. 리그 최고의 외야진 사이에서 주전들의 부상 및 체력 부담 지워 줄 출중한 제4의 외야수.
강점	좋은 선구안과 뛰어난 콘택트 능력, 지난 시즌 스스로 증명.
약점	좀 더 힘써 줘야 할 클러치 능력.
수비력	외야 전 포지션 가능, 수비 능력도 평균 이상.

61 배재환
투수(우투우타)

생년월일 1995년 2월 24일
출신학교 가동초-잠신중-서울고

2024시즌 기록
오랜 부상 재활 마치고 돌아온 '리틀 선동열', 구위 회복이 관건.

평균자책점	경기	승	패	홀드	세이브	승률	이닝	투구수
7.32	20	0	1	0	0	0.000	19 2/3	388
피안타	피홈런	볼넷	삼진	실점	자책점	피안타율	WHIP	QS
20	5	15	13	17	16	0.274	1.78	0

55 한재승
투수(우투우타)

생년월일 2001년 11월 21일
출신학교 동막초-상인천중-인천고

2024시즌 기록
리그 톱급의 직구 상하 무브먼트. NC 마운드의 미래.

평균자책점	경기	승	패	홀드	세이브	승률	이닝	투구수
3.97	51	1	2	6	0	0.333	45 1/3	815
피안타	피홈런	볼넷	삼진	실점	자책점	피안타율	WHIP	QS
37	2	27	44	21	20	0.222	1.41	0

11 김태경
투수(우투우타)

생년월일 2000년 3월 27일
출신학교 김해삼성초-내동중-용마고

2024시즌 기록
높은 타점에서 나오는 빠른 속구, 선발 후보 중 한 명. 제대 버프 풀타임 시즌 기대.

평균자책점	경기	승	패	홀드	세이브	승률	이닝	투구수
-	-	-	-	-	-	-	-	-
피안타	피홈런	볼넷	삼진	실점	자책점	피안타율	WHIP	QS
-	-	-	-	-	-	-	-	-

15 김태현
투수(좌투좌타)

생년월일 1998년 3월 21일
출신학교 김해삼성초-내동중-김해고

2024시즌 기록
디셉션과 직구의 구위는 높게 평가. 슬라이더 뒤를 잇는 제3의 구종 필요.

평균자책점	경기	승	패	홀드	세이브	승률	이닝	투구수
7.20	11	0	0	0	0	-	10	187
피안타	피홈런	볼넷	삼진	실점	자책점	피안타율	WHIP	QS
14	3	7	3	10	8	0.350	2.10	0

54 김진호
투수(우투우타)

생년월일 1998년 6월 7일
출신학교 의왕부곡초-성일중-광주동성고

2024시즌 기록
150km/h에 가까운 빠른 구속과 체인지업의 조화가 뛰어난 투수.

평균자책점	경기	승	패	홀드	세이브	승률	이닝	투구수
7.71	2	0	0	0	0	-	2 1/3	52
피안타	피홈런	볼넷	삼진	실점	자책점	피안타율	WHIP	QS
3	0	2	3	2	2	0.333	2.14	0

20 목지훈
투수(우투우타)

생년월일 2004년 5월 11일
출신학교 효제초-청량중-신일고

2024시즌 기록
야신 김성근 감독과의 추억 있는 미떼 소년. 과감하고 빠른 직구, 좋은 슬라이더 보유.

평균자책점	경기	승	패	홀드	세이브	승률	이닝	투구수
12.00	3	0	1	0	0	0.000	9	215
피안타	피홈런	볼넷	삼진	실점	자책점	피안타율	WHIP	QS
15	1	10	3	12	12	0.375	2.78	0

58 서의태
투수(좌투좌타)

생년월일 1997년 9월 5일
출신학교 묵동초(남양주리틀)-청량중
　　　　-경기고

2024시즌 기록
194cm 거구의 좌완 파이어볼러. 높은 타점에서 내리꽂는, 움직임이 큰 투심이 장점.

평균자책점	경기	승	패	홀드	세이브	승률	이닝	투구수
9.39	11	1	0	0	0	1.000	7 2/3	149
피안타	피홈런	볼넷	삼진	실점	자책점	피안타율	WHIP	QS
5	1	8	7	8	8	0.192	1.70	0

50 소이현
투수(우투우타)

생년월일 1999년 2월 9일
출신학교 서울이수초-서울이수중
　　　　-서울디자인고

2024시즌 기록
150km/h에 가까운 직구가 매력적인 투수.

평균자책점	경기	승	패	홀드	세이브	승률	이닝	투구수
13.50	4	0	0	0	0	-	3 1/3	64
피안타	피홈런	볼넷	삼진	실점	자책점	피안타율	WHIP	QS
6	0	1	1	7	5	0.353	2.10	0

57 전사민

투수(우투우타)

생년월일 1999년 7월 6일

출신학교 연서초(부산동래구리틀)-대신중
-부산정보고

2024시즌 기록

캠프부터 구위로 배트를 부러뜨렸다. 수술-입대 마치고 새 시즌 새 마음으로 도전.

평균자책점	경기	승	패	홀드	세이브	승률	이닝	투구수
9.51	17	0	0	0	0	-	23 2/3	479
피안타	피홈런	볼넷	삼진	실점	자책점	피안타율	WHIP	QS
39	3	17	17	25	25	0.371	2.37	0

56 원종해

투수(우투우타)

생년월일 2005년 4월 9일

출신학교 길동초-건대부중-장충고

2024시즌 기록

호주 프로야구에서 증명한 준수한 실력. 사이드암 에이스 계보 잇는다.

평균자책점	경기	승	패	홀드	세이브	승률	이닝	투구수
-	-	-	-	-	-	-	-	-
피안타	피홈런	볼넷	삼진	실점	자책점	피안타율	WHIP	QS
-	-	-	-	-	-	-	-	-

63 김민규

투수(우투우타)

생년월일 2001년 9월 7일

출신학교 광주서석초-진흥중-광주동성고
-경성대

2024시즌 기록

과감한 몸쪽 투구 가능한 사이드암 스로. 무난한 피칭 운영과 구위 보유.

평균자책점	경기	승	패	홀드	세이브	승률	이닝	투구수
5.68	7	0	0	0	0	-	6 1/3	112
피안타	피홈런	볼넷	삼진	실점	자책점	피안타율	WHIP	QS
8	0	3	2	4	4	0.320	1.74	0

19 김휘건

투수(우투우타)

생년월일 2005년 8월 27일

출신학교 소양초-춘천중-휘문고

2024시즌 기록

쫓기기만 했던 시간은 그만, "NC에 제 팔을 바치겠습니다" 패기 실현할 시간.

평균자책점	경기	승	패	홀드	세이브	승률	이닝	투구수
-	-	-	-	-	-	-	-	-
피안타	피홈런	볼넷	삼진	실점	자책점	피안타율	WHIP	QS
-	-	-	-	-	-	-	-	-

67 박주현

투수(좌투좌타)

생년월일 1999년 8월 3일

출신학교 철산초(광명리틀)-영동중-충암고

2024시즌 기록

구위형 좌완 투수, 독립야구단 신화 쓸까.

평균자책점	경기	승	패	홀드	세이브	승률	이닝	투구수
6.00	3	0	0	0	0	-	3	51
피안타	피홈런	볼넷	삼진	실점	자책점	피안타율	WHIP	QS
3	1	1	4	2	2	0.250	1.33	0

46 손주환

투수(우투우타)

생년월일 2002년 1월 5일

출신학교 영천초-신정중-물금고-동아대

2024시즌 기록

간결한 팔 스로잉, 평균 이상의 커맨드.

평균자책점	경기	승	패	홀드	세이브	승률	이닝	투구수
9.82	4	0	1	0	0	0.000	3 2/3	65
피안타	피홈런	볼넷	삼진	실점	자책점	피안타율	WHIP	QS
2	0	2	4	4	4	0.154	1.09	0

28 임상현

투수(우투우타)

생년월일 2005년 7월 16일

출신학교 김천신일초(김천시리틀)-상원중
-대구상원고

2024시즌 기록

국가대표 마무리 박영현과 비슷한 투구 데이터. 상하 무브먼트가 뛰어난 선수.

평균자책점	경기	승	패	홀드	세이브	승률	이닝	투구수
6.47	12	1	5	0	0	0.167	40 1/3	667
피안타	피홈런	볼넷	삼진	실점	자책점	피안타율	WHIP	QS
46	5	23	21	35	29	0.303	1.71	1

47 전루건

투수(우투우타)

생년월일 2000년 6월 9일

출신학교 도신초-충암중-부천고

2024시즌 기록

모난 게 없는 무난한 투수. 결정구만 장착한다면.

평균자책점	경기	승	패	홀드	세이브	승률	이닝	투구수
22.24	6	0	0	0	0	-	5 2/3	174
피안타	피홈런	볼넷	삼진	실점	자책점	피안타율	WHIP	QS
15	0	9	14	14	14	0.556	4.24	0

48 최우석
투수(우투우타)

생년월일 2005년 3월 31일
출신학교 서흥초-동인천중-비봉고

높은 타점에서 꽂히는 140km/h 후반대의 강속구. 다양한 변화구에 제구까지 우수.

평균자책점	경기	승	패	홀드	세이브	승률	이닝	투구수
3.12	9	0	0	0	0	-	8 2/3	139
피안타	피홈런	볼넷	삼진	실점	자책점	피안타율	WHIP	QS
7	2	6	8	3	3	0.226	1.50	0

1 안중열
포수(우투우타)

생년월일 1995년 9월 1일
출신학교 가야초-개성중-부산고
-영남사이버대

2024시즌 기록

체구에 비해 좋은 파워툴 보유. 어깨도 강하다.

타율	경기	타석	타수	득점	안타	2루타	3루타	홈런
0.286	10	25	21	5	6	1	0	2
루타	타점	도루	볼넷	삼진	병살타	장타율	출루율	RISP
13	4	0	3	7	0	0.619	0.360	0.143

42 신용석
포수(우투우타)

생년월일 2003년 10월 11일
출신학교 양덕초-마산동중-마산고

2024시즌 기록

콘택트와 파워 균형이 잘 잡힌 포수. 팀 평균 수비 능력 보유.

타율	경기	타석	타수	득점	안타	2루타	3루타	홈런
0.000	2	2	2	0	0	0	0	0
루타	타점	도루	볼넷	삼진	병살타	장타율	출루율	RISP
0	0	0	0	1	0.000	0.000	0.000

16 도태훈
내야수(우투좌타)

생년월일 1993년 3월 18일
출신학교 양정초-개성중-부산고-동의대

2024시즌 기록

내야 전 포지션 가능한 만능 키. 흥겨운 응원가 만큼 능력도 출중.

타율	경기	타석	타수	득점	안타	2루타	3루타	홈런
0.214	100	181	145	20	31	4	0	0
루타	타점	도루	볼넷	삼진	병살타	장타율	출루율	RISP
35	15	1	24	29	5	0.241	0.345	0.238

34 오영수
내야수(우투좌타)

생년월일 2000년 1월 30일
출신학교 사파초-창원신월중-용마고

2024시즌 기록

좋은 파워툴, 일발장타 보유.

타율	경기	타석	타수	득점	안타	2루타	3루타	홈런
0.200	20	34	30	4	6	0	0	3
루타	타점	도루	볼넷	삼진	병살타	장타율	출루율	RISP
15	5	0	2	6	0	0.500	0.265	0.083

9 김세훈
내야수(우투우타)

생년월일 2005년 4월 4일
출신학교 매호초(경산시리틀)-경운중
-경북고

2024시즌 기록

준수한 콘택트 능력에 생각보다 펀치력이 좋다.

타율	경기	타석	타수	득점	안타	2루타	3루타	홈런
0.000	7	5	4	0	0	0	0	0
루타	타점	도루	볼넷	삼진	병살타	장타율	출루율	RISP
0	0	0	1	2	0	0.000	0.200	0.000

14 최정원
외야수(우투좌타)

생년월일 2000년 6월 24일
출신학교 서원초-청주중-청주고

2024시즌 기록

내외야 모두 가능한 만능 유틸리티 플레이어. 빠른 발, 정교한 타격 못하는 게 뭐야.

타율	경기	타석	타수	득점	안타	2루타	3루타	홈런
0.282	65	155	131	33	37	5	0	1
루타	타점	도루	볼넷	삼진	병살타	장타율	출루율	RISP
45	14	7	17	34	1	0.344	0.377	0.273

35 한재환
외야수(우투우타)

생년월일 2001년 10월 19일
출신학교 기장대청초(기장리틀)-대신중
-개성고

2024시즌 기록

좋은 파워툴과 빠른 배트 스피드가 강점.

타율	경기	타석	타수	득점	안타	2루타	3루타	홈런
0.222	7	9	9	1	2	1	0	0
루타	타점	도루	볼넷	삼진	병살타	장타율	출루율	RISP
3	1	0	0	3	0	0.333	0.222	0.000

33 한석현
외야수(좌투좌타)

생년월일 1994년 5월 17일
출신학교 후암초-대천중-경남고

2024시즌 기록

퓨처스에서 증명한 콘택트 능력.

타율	경기	타석	타수	득점	안타	2루타	3루타	홈런
0.247	40	76	73	10	18	4	1	0
루타	타점	도루	볼넷	삼진	병살타	장타율	출루율	RISP
24	3	2	2	22	2	0.329	0.276	0.063

66 김범준
외야수(우투우타)

생년월일 2000년 4월 20일
출신학교 울산대현초-제일중-대구고

2024시즌 기록

퓨처스에서 인정받은 홈런툴, 일발장타 보유.

타율	경기	타석	타수	득점	안타	2루타	3루타	홈런
0.000	5	5	5	0	0	0	0	0
루타	타점	도루	볼넷	삼진	병살타	장타율	출루율	RISP
0	0	0	0	2	1	0.000	0.000	0.000

8 송승환
외야수(우투우타)

생년월일 2000년 10월 28일
출신학교 신기초(금천구리틀)-양천중
-서울고

2024시즌 기록

좋은 손목 힘, 체구에 비해 힘이 좋다. 중견수 제외한 코너 외야 수비 가능.

타율	경기	타석	타수	득점	안타	2루타	3루타	홈런
0.200	3	5	5	1	1	0	0	0
루타	타점	도루	볼넷	삼진	병살타	장타율	출루율	RISP
1	0	0	0	1	0	0.200	0.200	0.200

39 박영빈
외야수(우투좌타)

생년월일 1997년 7월 16일
출신학교 호원초(의정부리틀)-청랑중
-충암고-경희대

2024시즌 기록

걸리면 뛴다. 대주자 0순위. NC 주력 1순위.

타율	경기	타석	타수	득점	안타	2루타	3루타	홈런
0.500	19	7	6	3	3	2	0	0
루타	타점	도루	볼넷	삼진	병살타	장타율	출루율	RISP
5	1	2	1	3	0	0.833	0.571	0.000

60 박한결
외야수(우투우타)

생년월일 2004년 4월 26일
출신학교 본리초-경복중-경북고

2024시즌 기록

빠른 배트 스피드를 바탕으로 한 파워만큼은 최고.

타율	경기	타석	타수	득점	안타	2루타	3루타	홈런
0.185	28	71	65	8	12	1	0	7
루타	타점	도루	볼넷	삼진	병살타	장타율	출루율	RISP
34	14	0	6	29	1	0.523	0.254	0.133

2라운드 전체 17순위
95 김태훈

생년월일	2006년 10월 26일
신장/체중	188cm / 88kg
출신학교	부평남초(부평구리틀)-동인천중-소래고

투수(우투우타)

데뷔 전부터 KBO 최상급 회전수로 주목. 압도적 구위 기대. 비공식 최고 153km/h의 빠른 공에 삼진 비율도 높아 미래의 마무리 자원 1순위로 꼽히는 대형 유망주. 어머니가 농구, 아버지가 배구 선수 출신으로 운동신경이 뛰어남.

4라운드 전체 37순위
96 홍재문

생년월일	2004년 7월 9일
신장/체중	183cm / 95kg
출신학교	충북우암초-청주중-청주고-동의과학대

투수(우투우타)

"직구야, 스플리터야?" 타자 헷갈리게 하는 수준급 스플리터. 각도가 큰 커브도 구사 가능. 대학리그 불펜 최다어 타이틀도 보유. 안정적인 경기 운영은 덤. 미래의 불펜진에 큰 힘 돼 줄 유망주 투수.

5라운드 전체 47순위
125 유재현

생년월일	2005년 10월 17일
신장/체중	182cm / 76kg
출신학교	길동초-홍은중-경기상고

내야수(우투우타)

빠른 발에 내외야 유틸리티 능력까지. 공수주 5툴 플레이어 자질 갖춘 유망주. 빠른 순간 스피드를 바탕으로 한 도루 능력이 장점. 빠른 타구 생산 능력도 좋다는 평가.

6라운드 전체 57순위
97 이세민

생년월일	2005년 8월 8일
신장/체중	187cm / 100kg
출신학교	칠성초-경북중-상원고

투수(우투우타)

차세대 마무리 투수. 묵직한 구위와 날카로운 커브가 일품. 최고 구속 151km/h의 빠른 공 보유. 각도 크고 회전력 좋은 커브 구사 능력이 장점. 전천후 자원 될 유망주.

7라운드 전체 67순위
126 정현창

생년월일	2006년 7월 14일
신장/체중	177cm / 70kg
출신학교	김해부곡초-부산토현중-부산공고

내야수(우투좌타)

안정적인 유격수 수비가 일품. 경남 지역에서 최고의 수비 능력을 가졌다고 평가될 정도로 수비 완성도가 높다. 정교한 타격과 빠른 발이 장점. 다소 왜소한 피지컬을 키우는 게 관건.

8라운드 전체 77순위
117 신민우

생년월일	2006년 8월 13일
신장/체중	181cm / 88kg
출신학교	김해우암초(김해시리틀)-경남내동중-마산고

포수(우투우타)

마산고 졸업한 '로컬보이'. 안정적인 선구안과 중장거리 타격 능력. 수준급의 어깨 보유해 도루 저지 능력도 좋다는 평가. 차분한 성격으로 투수 리드 능력까지 키운다면 금상첨화. 미래의 엔팍 안방마님 꿈꾸는 포수 유망주.

9라운드 전체 87순위
93 장창훈

생년월일	2000년 5월 22일
신장/체중	176cm / 70kg
출신학교	강남초-개군중-설악고-강릉영동대

투수(우투우타)

정교한 타격에 우수한 주력. 대학리그에서 가장 빠른 선수로 평가. 짧고 간결한 스윙이 장점. 내외야 유틸리티 플레이어의 자질이 충분한 선수로 기대.

10라운드 전체 97순위
120 양가온솔

생년월일	2001년 5월 29일
신장/체중	182cm / 79kg
출신학교	진북초-전라중-인상고

투수(우투우타)

고1 때까지 투타 겸업했던 유틸리티 플레이어. 탄탄한 신체에서 나오는 운동 능력이 뛰어나다는 평가. 준수한 외야 수비, 빠른 주루까지 인상적인 외야수.

11라운드 전체 107순위
127 조창연

생년월일	2006년 4월 7일
신장/체중	185cm / 90kg
출신학교	천안남산초-장충중-장충고

투수(우투우타)

우수한 피지컬 보유한 거포 유망주. 수비가 아쉽다는 평가를 받지만, 포지션 변경도 고려할 정도로 타격 능력이 뛰어나다는 평가. 공격력 특화 선수로 미래가 더 기대되는 선수.

구단명 : **키움 히어로즈**

연고지 : **서울특별시**

창립연도 : **2008년**(서울 히어로즈),
  2010년(넥센 히어로즈), **2019년**(키움 히어로즈)

구단주 : **박세영**

대표이사 : **위재민**

단장 : **고형욱**

감독 : **홍원기**

홈구장 : **서울 고척스카이돔**

영구결번 : **없음**

한국시리즈 우승 : **없음**

HOME

AWAY

2025 KIWOOM HEROES DEPTH CHART

● 지명타자
 김동엽
 김동헌

좌익수
카디네스
이용규

중견수
이주형
박수종

우익수
푸이그
이형종

유격수
김태진
이재상

2루수
송성문
오선진

3루수
여동욱
전태현

1루수
최주환
강진성

● 감독
 홍원기

포수
김건희
김재현
김동헌

● 2025 예상 베스트 라인업

1번 타자	푸이그	우익수
2번 타자	카디네스	좌익수
3번 타자	이주형	중견수
4번 타자	송성문	2루수
5번 타자	최주환	1루수
6번 타자	김건희	포수
7번 타자	김동엽	지명타자
8번 타자	여동욱	3루수
9번 타자	김태진	유격수

● 예상 선발 로테이션
 로젠버그
 하영민
김윤하
정현우
윤 현

● 필승조
 김성민
 이강준
 김연주

● 마무리
 주승우

TEAM INFO

팀 분석

2024 팀 순위 (포스트시즌 최종 순위 기준)
10위

최근 5년간 팀 순위

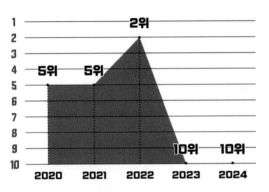

5위 (2020) 5위 (2021) 2위 (2022) 10위 (2023) 10위 (2024)

2024시즌 팀 공격력

↑: High / ↓: Low

타율↑	홈런↑	병살타↑	득점권 타율↑	삼진↓	OPS↑
0.264	104개	96개	0.279	1,141개	0.717
10위	10위	3위	7위	8위	10위

2024시즌 팀 마운드

↑: High / ↓: Low

평균자책점↓	탈삼진↑	QS↑	볼넷↓	피안타율↓	피홈런↓	WHIP↓
5.16	921개	57	497개	0.282	150개	1.50
9위	10위	공동2위	3위	7위	7위	6위

2024시즌 팀 수비력

↑: High / ↓: Low

실책↓	견제사↑	병살 성공↑	도루저지율↑
104개	2개	129번	25.5%
4위	10위	5위	5위

2024시즌 최다 마킹 유니폼

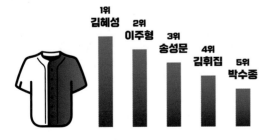

1위 김혜성 / 2위 이주형 / 3위 송성문 / 4위 김휘집 / 5위 박수종

PARK FACTOR

홈구장_서울 고척스카이돔

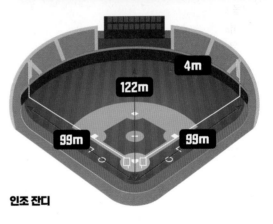

4m / 122m / 99m / 99m

인조 잔디

수용인원
16,000석

구장 특성

국내 최초, 유일의 돔구장. 2015년 개장 후 히어로즈가 임대해서 홈구장으로 사용하고 있다. 대형 공연 대관도 자주 있고, 국가대표 경기 등 이벤트가 자주 열린다. 유일하게 인조 잔디가 그라운드 전면에 깔려 있어, 내야수들은 수비를 할 때 타구 측정을 다른 구장과 다르게 하고 있다.

내부 시설은 아쉬운 면들이 있었지만, 지난해 메이저리그 구단들의 내한 당시 서울시가 투자를 해서 라커룸 등이 크게 업그레이드됐다. 다만 '반쪽짜리 돔'이라는 오명처럼 관중석 배치 등에서 아쉬운 면이 크다. 비거리가 넓은 구장은 아닌데, 생각보다 홈런이 많이 터지지는 않는다.

HOME STADIUM GUiDE

원정팬을 위한 교통편 추천, 주차, 숙소 팁

주차가 매우 까다롭다. 야구장 지하 주차장이 마련돼 있지만, 규모가 너무 작아 야구 경기가 열리는 날에는 관계자들만 지하 주차를 할 수 있다. 관람객들은 인근 유료주차장이나 공영주차장을 이용해야 하는데, 주차 후 야구장까지 다시 걸어와야 하는 것을 감안하면 무조건 대중교통을 추천한다. 전철을 탄다면 구일역이나 신도림역을 이용하면 된다. 신도림역의 경우 도보로 이동하거나 버스 환승을 해야 하지만, 야구장 사이의 시내버스가 많은 편이라 소요 시간이 그리 길지 않고 혼잡도도 덜하다. 백화점, 마트 등도 몰려 있어 야구장에 가기 전 필요한 것들을 구입하기도 좋다.
원정팬들의 경우 야구장 바로 인근보다는 신림이나 영등포나 상암 부근에 숙소를 잡는 것을 더 추천한다.

그래도 인근에 동양미래대학교 대학가 상권이 형성되어 있어서, 카페나 음식점 등을 이용하기에는 비교적 편리하다.

응원단

응원단장 김정석   **응원부단장** 박승건   **치어리더** 강수경   **치어리더** 박지안   **치어리더** 송민교   **치어리더** 용경아   **치어리더** 윤지나   **치어리더** 정차연

치어리더 조예은   **치어리더** 차예나

장내아나운서 유재환

공은 둥글다!
또 다른 혜성은 반드시 등장한다

작년에 이것만 잘됐으면 좋았을 텐데

이정후는 메이저리그로 갔고, 안우진은 군에 입대하며 투타의 핵심 선수 두 명이 동시에 떠났다. 베테랑 임창민과 이지영이 이적하며 안 그래도 젊었던 팀은 젊지 못해 어려졌다. 최하위권 예상은 당연했을지도 모른다. 입 밖으로 꺼내진 않았어도 모두가 키움의 2024년은 '탱킹 시즌'이 될 것이라 예측했다.

그럼에도 키움은 시즌 초반 7연승을 달리는 등 2위를 찍는 저력을 보였으나, 안 그래도 두텁지 않은 뎁스에 선수들의 줄부상이 이어지며 어려움을 겪었다. 5선발로 낙점됐던 조영건이 햄스트링 부상으로 이탈했고, 이주형은 왼쪽과 오른쪽 허벅지를 모두 다치며 복귀와 이탈을 반복했다. 김동헌은 토미존 서저리로 시즌 아웃. 이형종, 이재상, 박수종 등 계속되는 전력 손실에 홍원기 감독의 고민이 깊어질 수밖에 없었다. 결국 키움은 홈 13연패, 8연속 루징 시리즈라는 참담한 성적 속에 최하위를 찍었다.

후라도와 헤이수스라는 최강 원투펀치가 있었지만 외국인 투수가 나오지 않는 날에는 매치업에서 밀렸다. 불펜이 선발진을 제대로 도와주지 못한 것도 아쉬운 부분이었다. 후반기 들어서는 다시 부상 악령이 팀을 덮쳤다. 조상우는 어깨 통증을 호소했고, 외국인 타자 도슨마저 수비를 하다 무릎을 다치면서 시즌 아웃. 주전 의존도가 큰 키움에서 잇따른 부상은 가장 치명적인 변수가 됐다.

메마른 땅에서도 꽃은 폈다. 김혜성에게 주장직을 넘겨받은 뒤 펄펄 날기 시작한 송성문은 타율 3할 4푼을 달성, 팀의 중심 타자로 자리잡았다. 선발로 돌아온 하영민은 아쉽게 10승 달성에는 실패했지만 150⅓이닝을 소화하며 9승을 달성, 완연한 토종 에이스로 거듭났다. 장재영은 타자 전향 두 경기 만에 홈런을 터뜨리며 잠재력을 과시했고, 후반기부터 선발 기회를 받은 신인 김윤하는 돋보이는 이닝 소화 능력

으로 선발로서의 가능성을 입증했다.

키움은 시즌 중반 주전 유격수로 뛰었던 김휘집을 NC 다이노스로 보내고, NC의 2025 1라운드와 3라운드 지명권을 받고 신인드래프트에서 투수와 내야수 유망주들을 수집하는 등 장기적인 성장에 집중했다. 이제 미래를 위한 투자가 뿌리를 내리고 결실을 맺어갈 시간. 올해도 쉽지는 않겠지만, 언젠가 알게 될 것이다. 지금의 어둠이 해가 뜨기 직전의 새벽이었다는 것을.

스토브리그 성적표

유출은 크고 보강은 미미하다. 자리를 채우긴 했으나, 그 공백을 완전히 메우기 어려워 보인다.

지극히 주관적인 올 시즌 예상 순위와 이유

객관적인 전력만 놓고 본다면 밀려도 너무 밀린다. 안 그래도 변수투성이인데 잘 던지던 외국인 원투펀치를 다른 팀으로 보내더니 외국인 타자 2명이라는 도박을 걸었다. 이렇게 가늠하기 어려운 팀도 없다. 그래도 경험 있는 준주전급 선수들을 보강했고, 성장한, 또 성장할 젊은 피에 기대를 걸어 본다. 외인 타자 두 명이 동반 폭발한다면 그 효과는 상상 이상일 터. '탈꼴찌'는 최소한의 예상이다. 키움 히어로즈는 그 누구도 영웅이 될 수 있는 팀. 또 어떤 스타가 탄생할지 기대하시라.

생년월일	1973년 6월 5일
출신학교	공주중동초-공주중-공주고-고려대
주요 경력	한화 이글스(1996~1999)-두산 베어스(1999~2005) -현대 유니콘스(06~07) -넥센 히어로즈 1군 주루코치(09~10) -키움 히어로즈 1군 수비코치(11~19) -키움 히어로즈 1군 수석코치(20) -키움 히어로즈 감독(21~)

"성장과 성적, 두 가지 숙제"

계약 마지막 해가 밝았다. 성적과 육성이라는 두 마리 토끼를 모두 잡아야 하는 어려운 숙제를 안고 있다. 이정후도 없는데 이제 김혜성과 조상우도 없다. 지난 2년 최하위라는 처참한 성적표를 받아 들었고, 이제는 바닥을 차고 올라와야 할 때. 그런데 다른 팀들이 전력 보강을 할 때 오히려 주축 선수들이 빠져나간 데다 외국인 투수 1명 체제까지, 올해도 물음표만 수두룩하다. 그래도 홍원기 감독은 "부푼 꿈을 안고 있다"고 말한다. 히어로즈는 늘 예상을 깨는 팀이었고, 홍원기 감독은 그런 팀의 성질을 누구보다 잘 꿰뚫고 있다.

78
홍원기

1군

수석코치 김창현	타격코치 오윤	투수코치 이승호	불펜코치 정찬헌	배터리코치 박도현	작전·주루코치 박정음	1루 ·외야수비코치 김준완

퓨쳐스

퓨처스 감독 설종진	타격코치 김태완	투수코치 오주원	배터리코치 김동우	내야수비코치 장영석	작전 ·주루코치 박준태	재활·잔류군 투수코치 노병오	재활·잔류군 야수코치 이병규

24 © 내야수(우투좌타)
송성문

생년월일	1996년 8월 29일
신장/체중	183cm / 88kg
출신학교	봉천초(용산구리틀)-홍은중-장충고
연봉(2025)	3억 원

#캡틴_체질
키움은 지난해 6월, 김혜성에서 송성문으로 주장을 교체했다.
메이저리그 도전을 앞두고 있던 김혜성이 책임감을 내려놓고
야구에 전념하도록 하는 배려 차원이었다. 공교롭게도 송성문
은 주장 완장을 찬 직후부터 폭발적인 퍼포먼스를 보이기 시
작했다. 6월 한 달 타율이 0.404에 달했고, 시즌 끝까지 성적
을 유지하면서 커리어하이를 달성했다. 연봉은 130%가 올랐
고, 명실상부 키움의 대표 선수로 거듭났다.

#첫_태극마크
2024시즌의 활약을 인정받은 송성문은 11월 열린 WBSC 프
리미어12 국가대표팀에 승선했다. 청소년 대표팀 경험도 없
던 송성문의 생애 첫 태극마크였다. 국가대표에 대한 꿈을 얘
기하면 비웃음을 당할까 봐 밖으로 꺼낸 적이 없다는 송성문
은, 당당히 국가대표로 이름을 올린 것은 물론 젊은 선수들로
꾸려진 대표팀에서도 주장직을 맡아 선수들을 이끌었다.

#내야의_중심
송성문은 유격수를 제외한 내야 전 포지션을 소화할 수 있는
유틸리티 자원이다. 지난해 주로 3루수를 맡았으며, 간혹 1루
수와 2루수로도 출전했다. 주전 2루수였던 김혜성이 떠난 올
시즌, 홍원기 감독은 송성문에게 2루와 3루를 오가는 더블 포
지션 역할을 주문했다. 팀 상황에 따라 유연한 포지션 이동이
가능해 다른 선수들의 활용 폭도 넓어질 전망이다. 올 시즌에
는 주로 2루수로 나설 가능성이 크지만, 사실상 내야 전반에
서 핵심적인 역할을 맡게 될 것으로 보인다.

TMI 인터뷰

1. 내가 가장 처음 좋아했던 야구선수는?
- 김현수

2. 나만의 유니폼 패션 포인트는?
- 딱 달라붙게 입는 스타일.

3. 다른 팀에서 데리고 오고 싶은 선수와 그 이유는?
- 무키 베츠. 함께 야구해 보고 싶어서.

4. 내가 추천하는 최고의 보양 비법은?
- 푹 자고 스트레스 받는 날은 맛있는 거 먹기.

5. 본인 또는 동료 이름으로 삼행시
- [송] 송성문
  [성] 성공해서 승리의
  [문] 문을 열자 랄랄라.

2024시즌 기록

타율	경기	타석	타수	득점	안타
0.340	142	602	527	88	179
2루타	3루타	홈런	루타	타점	도루
29	4	19	273	104	21
볼넷	삼진	병살타	장타율	출루율	RISP
64	82	5	0.518	0.409	0.372

전력분석	10년 차에도 잠재력은 터진다. 지난 시즌을 기점으로 콘택트는 물론 파워까지 좋아지며 타격 생산성이 한 단계 업그레이드, 팀을 대표하는 중장거리형 타자로 거듭났다. 적극적인 타격을 하는 타입. 지난해 단 한 번의 도루 실패 없이 21도루를 기록하며 주루에서도 성장한 모습을 보였다.
강점	튼튼한 멘탈.
약점	장타력 유지가 관건.
수비력	내야 어디든 준수한 수비.

2
이주형

외야수(우투좌타)

생년월일	2001년 4월 2일
신장/체중	181cm / 80kg
출신학교	송수초(해운대리틀)-센텀중-경남고
연봉(2025)	1억 1천만 원

#트레이드_성공

2023년 7월 29일 LG 트윈스와 키움 히어로즈는 트레이드를 단행한다. 키움은 투수 최원태를 내주고 이주형과 투수 김동규, 2024 1라운드 신인 지명권을 받았다. 둥지를 옮긴 이주형은 곧바로 키움에서 맹활약을 펼치며 자신의 가치를 증명했다. LG에서 출전 기회를 거의 잡지 못했던 이주형은 버건디 유니폼을 입자마자 69경기에서 타율 0.326, 6홈런을 기록하며 펄펄 날았고, 2024년에도 좋은 모습을 이어 가며 2년 만에 키움을 대표하는 타자가 됐다.

#포스트_이정후

키움이 이주형을 영입해 외야수로 기용한 것은 당시 주전 중견수였던 이정후의 부상 공백을 메우기 위해서였다. 메이저리그 진출이 예상되는 이정후의 장기적인 빈자리를 대비한 선택이기도 했다. 체격과 플레이 스타일도 비슷한 편. 이정후 역시 그를 자신의 후계자로 인정하며 아낌없는 조언을 건네고 있다. 미국에 있는 이정후와 꾸준히 연락을 주고받고 있다는 이주형은 "정후 형 말은 100% 확신한다"고 신뢰를 보였다.

#유리창_파손_사건

파워만큼은 이정후를 능가한다는 평가를 받는다. 이주형의 힘 때문에 생긴 '웃픈' 에피소드도 있다. 이주형은 지난해 WBSC 프리미어12 국가대표로 발탁됐는데, 대만 첫 훈련에서 이주형이 친 타구가 텐무구장 장외로 넘어가면서 근처에 있던 대표팀 버스 유리를 직격했다. 버스의 뒷유리가 파손되면서 대표팀은 훈련을 끝내고도 한참을 기다린 뒤에야 숙소로 돌아갈 수 있었다.

2024시즌 기록

타율	경기	타석	타수	득점	안타
0.266	115	537	473	82	126
2루타	**3루타**	**홈런**	**루타**	**타점**	**도루**
19	3	13	190	60	6
볼넷	**삼진**	**병살타**	**장타율**	**출루율**	**RISP**
49	119	4	0.402	0.352	0.267

전력분석	일명 툴 가이. 타자로서의 잠재력은 이미 고교 시절부터 인정을 받았다. 간결한 타격폼에 장타력도 있고, 빠른 발에 수비력도 갖췄다. 중장거리형 타자로 강한 타구를 생산하는 능력이 탁월한데, 콘택트 비율을 높이는 게 관건이다. 디테일을 보완하면 더 무시무시한 선수가 될 수 있다.
강점	5툴 플레이어.
약점	잔부상만 없으면 더 좋을 텐데.
수비력	이적 전에는 내야와 외야를 오갔다. 이제는 완연한 외야수로 거듭났다.

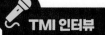

TMI 인터뷰

1. 내가 가장 처음 좋아했던 야구선수는?
- 강민호

2. 나만의 유니폼 패션 포인트는?
- 모자 옆에 보이는 구레나룻.

3. 다른 팀에서 데리고 오고 싶은 선수와 그 이유는?
- 오타니. 오타니와 함께하면 우승하니까.

4. 내가 추천하는 최고의 보양 비법은?
- 삼계탕

5. 본인 또는 동료 이름으로 삼행시
- [이] 이번 시즌을
  [주] 주목해 주세요.
  [형] 형들과 좋은 성적으로 보답하겠습니다.

50
하영민

투수(우투우타)

생년월일	1995년 5월 7일
신장/체중	183cm / 74kg
출신학교	광주수창초-진흥중-진흥고
연봉(2025)	1억 6천5백만 원

#토종_에이스

후라도와 헤이수스라는 강력한 외국인 투수 두 명이 있었지만, 시즌 개막 전까지 그다음을 책임질 선발 투수는 불확실했다. 홍원기 감독은 스프링캠프 출발 전 "10명 정도를 후보로 생각 중"이라고 말했다. 누구나 기회를 잡을 수 있지만, 누구도 확신할 수 없었다. 그 경쟁을 뚫고 선발 한 자리를 확실히 꿰찬 투수가 바로 하영민이다. 2014년 신인 시절 선발 로테이션을 돌았던 그는 10년 만에 다시 선발 기회를 얻었고, 올해는 로젠버그에 이어 2선발로서 더 큰 책임감을 안고 시즌을 시작한다.

#프랜차이즈_스타

하영민은 2014년 2차 신인 드래프트 1라운드 전체 4순위로 히어로즈 유니폼을 입었다. 당시 히어로즈는 목동야구장을 홈 구장으로 사용하고 있었고, 2016년부터는 고척돔으로 홈구장을 옮겼다. 선수단 구성이 끊임없이 변화하는 가운데, 하영민은 꾸준히 자리를 지키며 히어로즈 소속으로 목동야구장을 밟아 본 유일한 투수로 남아 있다. 팀의 역사와 함께 성장하며 중요한 순간들을 함께한 프랜차이즈 스타라고 할 수 있다.

#프로_독백러

선발로 안착하기까지, 박찬호의 조언이 도움이 됐다고 했다. 마운드에서 혼잣말을 많이 내뱉어 보라는 조언이었다. 경기가 잘 풀리지 않을 때 스스로에게 욕을 했더니, 정말로 도움이 됐다고. "정신 차려" 하고 혼잣말을 하고 나면, 집중력도 높아졌다는 게 하영민의 설명이다. 올해도 그 루틴을 이어 간다. 하영민이 볼을 계속 던지다 고개를 숙이면, 그가 스스로를 채찍질하며 마음을 다잡는 시간이다.

TMI 인터뷰

1. 내가 가장 처음 좋아했던 야구선수는?
- 다르빗슈 유

2. 나만의 유니폼 패션 포인트는?
- 유니폼 상의를 넣어서 입는 스타일.

3. 다른 팀에서 데리고 오고 싶은 선수와 그 이유는?
- 김하성, 이정후, 김혜성. 다시 같이 야구를 하고 싶어서.

4. 내가 추천하는 최고의 보양 비법은?
- 한방삼계탕

5. 본인 또는 동료 이름으로 삼행시
- [하] 하타니(하영민 선수 반려견) [영] 영원히
  [민] 민들레처럼 예쁘게 커라.

2024시즌 기록

평균자책점	경기	승	패	홀드	세이브
4.37	28	9	8	0	0
승률	이닝	투구수	피안타	피홈런	볼넷
0.529	150 1/3	2,539	168	8	58
삼진	실점	자책점	피안타율	WHIP	QS
101	82	73	0.280	1.50	9

전력분석	지난해 10년 만에 선발로 복귀해 안정적으로 로테이션을 소화했다. 선발 전향을 하면서 약점이었던 왼손 타자 상대 피안타율도 개선이 됐다. 주무기는 구종 가치 1위의 포크볼. 견제 능력도 좋은 편이고, 제구력에 기복은 있지만 피홈런이 적은 유형이다.
강점	공격적인 승부와 긍정적인 마인드.
약점	직구에 대한 자신감을 키우자.

30
주승우

투수(우투우타)

생년월일	2000년 1월 30일
신장/체중	180cm / 82kg
출신학교	송추초(의정부리틀)-영동중-서울고-성균관대
연봉(2025)	7천7백만 원

#갓차지명

성균관대 출신의 주승우는 2022 1차 지명으로 키움 유니폼을 입었다. 2023년부터 1차 지명 제도가 폐지되고 전면 드래프트제가 부활하면서 주승우는 키움의 마지막 '1차 지명자'가 됐다. 한편 2022 신인 드래프트에서는 주승우의 동생인 서울고 투수 주승빈이 5라운드에 지명되면서, 형제가 같은 해 같은 구단에 입단하는 KBO리그 최초 '형제 동반 드래프트 지명'이라는 이색적인 기록을 만들기도 했다.

#마무리_체질

압박감을 즐길 줄 아는 강심장이다. 지난 시즌 조상우의 부상으로 클로저 자리를 맡기 시작한 주승우는 만원 관중의 사직구장에서 한 점 차 세이브를 한 뒤 "관중들이 나만 바라보고 있다는 게 너무 재미있고 짜릿하다"고 웃었다. 타이트한 상황이 긴장은 되지만, 그 기분을 각성제 삼아서 던진단다. 이 말을 홍원기 감독에게 전하니 홍 감독은 "더그아웃에서는 피가 말랐는데, 미쳤다"고 혀를 내둘렀다.

#투심을_무기로

지난 시즌 후반기 투심 패스트볼을 본격적으로 장착하면서 더 위력적인 투수가 됐다. 이승호 투수코치의 권유로 투심을 연마했고, 대학 시절의 좋았던 모습을 찾았다. 포심과 비슷하거나 더 빠른 구속에 보기 드문 움직임을 가진 투심으로 타자들의 타이밍을 제대로 흔들며 마무리 자리에 안착했다. 주무기를 찾은 주승우는 이제 풀타임 마무리를 바라보며 새 시즌을 시작한다.

2024시즌 기록

평균자책점	경기	승	패	홀드	세이브
4.35	55	4	6	5	14
승률	**이닝**	**투구수**	**피안타**	**피홈런**	**볼넷**
0.400	51 2/3	781	50	4	18
삼진	**실점**	**자책점**	**피안타율**	**WHIP**	**QS**
43	25	25	0.255	1.32	0

전력분석	와일드한 투구폼으로 빠른 공을 던지는 파워 피처. 지난 시즌 시행착오를 겪으며 성장했다. 포크볼이 주무기. 입단 초반에는 제구 탓에 고전했으나 경험을 쌓으며 안정을 찾았다. 성적이 좋아지면서 자신감을 얻고, 자신감을 바탕으로 좋은 퍼포먼스를 내는 선순환을 만들었다.
강점	스릴을 즐기는 멘탈.
약점	안 좋을 때 높아지는 피안타율.

TMI 인터뷰

1. 내가 가장 처음 좋아했던 야구선수는?
- 정수빈

2. 나만의 유니폼 패션 포인트는?
- 정석 스타일

3. 다른 팀에서 데리고 오고 싶은 선수와 그 이유는?
- 김도영. 귀여워서.

4. 내가 추천하는 최고의 보양 비법은?
- 삼계탕

5. 본인 또는 동료 이름으로 삼행시
- [주] 주승우와 키움 히어로즈는
  [승] 승리를 향해
  [우] 우승을 향해 달려갑니다.

겁없이 당당하게?

19
김윤하

투수(우투우타)

생년월일	2005년 3월 7일
신장/체중	185cm / 90kg
출신학교	와부초(남양주리틀)-덕수중-장충고
연봉(2025)	4천5백만 원

#특급_DNA

한국인 최초의 메이저리거인 '코리안 특급' 박찬호의 조카다. 김윤하는 5촌 외당숙인 박찬호를 삼촌이라고 부른다. 피는 못 속이는지, 데뷔 첫해부터 두각을 보인 김윤하는 선발 한 자리를 당당히 꿰찼다. 홍원기 감독의 절친한 친구이기도 한 '투 머치 토커' 삼촌은 조카 김윤하에게도 조언을 아끼지 않는다. 신인이었던 작년에는 배짱을, 올해는 작년과 같은 자신감을 주문했다.

#찾았다_이닝이터

데뷔 첫 선발 등판에서 5이닝 무실점으로 호투하더니 세 번째 등판이었던 잠실 두산전에서 7이닝 무실점 퀄리티스타트 플러스를 달성하며 승리투수가 됐다. 장충고 시절 김윤하의 한 경기 최다 투구수는 75구를 넘지 않았는데, 이날 김윤하는 96개의 공을 던졌다. 2024 신인 중 첫 QS+였고, 김윤하 야구 인생에서 가장 많은 투구수였다. 김윤하는 이후에도 꾸준히 많은 이닝을 소화하며 선발로서의 자격을 증명했다. 홍원기 감독이 케니 로젠버그, 하영민과 함께 선발 로테이션을 맡길 투수로 김윤하를 낙점한 건 어쩌면 당연한 결정이었다.

#콕콕윤하

지난해 신인이었던 김윤하를 상대 투수로 만난 '챔피언' KIA 타이거즈 이범호 감독은 김윤하의 투구를 본 뒤 "치기 까다로운 투수"라고 평가했다. 특히 "스트라이크존 외곽에 콕콕콕콕 콕콕콕콕 던지는데 어떻게 쳐야 하나"라며 감탄하기도 했다. 신인답지 않은 김윤하의 제구력을 칭찬하는 말이었다. 그런 찬사를 받은 김윤하가 말한 제구력의 비결은? "그냥 포수 미트 보고 던지기"였다.

🎤 TMI 인터뷰

1. 내가 가장 처음 좋아했던 야구선수는?

- 박찬호

2. 나만의 유니폼 패션 포인트는?

- 오버핏 스타일

3. 다른 팀에서 데리고 오고 싶은 선수와 그 이유는?

- 조동욱. 친해서.

4. 내가 추천하는 최고의 보양 비법은?

- 잠자기

5. 본인 또는 동료 이름으로 삼행시

- [김] 김치처럼 매운 스플리터로 1S
  [윤] 윤곽 있는 커브로 2S
  [하] 하늘로 솟구치는 직구로 삼구삼진!

2024시즌 기록

평균자책점	경기	승	패	홀드	세이브
6.04	19	1	6	2	0
승률	이닝	투구수	피안타	피홈런	볼넷
0.143	79	1,311	93	6	35
삼진	실점	자책점	피안타율	WHIP	QS
43	57	53	0.296	1.62	4

전력분석	데뷔 시즌부터 4번이나 7이닝을 던지는 등 이닝 소화 능력을 과시했다. 직구는 물론 슬라이더와 포크볼, 커브까지 모든 변화구의 퀄리티가 높다는 평가. 부드러운 투구폼에 뛰어난 구위, 공격적인 투구 스타일까지, 선발의 덕목을 갖춘 영건.
강점	일정한 타점.
약점	경기 운영 능력 향상을 위한 경험.

12

김건희

포수(우투우타)

생년월일	2004년 11월 7일
신장/체중	186cm / 96kg
출신학교	대전신흥초-온양중-원주고
연봉(2025)	5천2백만 원

#이도류_출신

원주고 시절 포수와 투수를 함께 소화했다. 아마추어에서 투타를 병행하는 건 흔한 일이지만, 김건희는 프로에 와서도 진지하게 '이도류'의 꿈을 이어 갔다. 데뷔 시즌 스프링캠프에서는 투수와 타자를 함께 훈련했고, 퓨처스리그에서도 투타 겸업을 했다. 처음에는 포수가 아닌 1루수와 외야수를 소화했다. 그러다 지난해부터 포수에 집중하기로 결정했다. 팀의 미래를 함께 본 판단이었다. 김건희도 "내 선택에 후회하지 않는다"고 말했다.

#공격형_포수

포수로 포지션을 고정한 건 김건희가 우타 거포로서의 자질을 갖추고 있기 때문이었다. 타격 재능을 더 살릴 수 있다고 판단했다. 포수로 커리어를 시작한 김건희는 공격과 수비 모두 빠른 성장세를 보이며, 포수 전향 첫해에 기대 이상의 활약을 펼쳤다. 83경기에서 9개의 홈런을 기록하는 등 장타력이 돋보였다. 아직 포수로서 다듬어야 할 부분은 있지만, 올 시즌 주전으로 포수 마스크를 쓰며 한 단계 더 발전할 것으로 기대된다.

#기대감_펑펑펑

미국 애리조나 1차 스프링캠프에서 진행한 첫 실전부터 3연타석 홈런을 터뜨리며 파워를 과시했다. 이날 청백전에서 김건희는 박주성을 상대로 왼쪽 담장, 원종현을 상대로 오른쪽 담장을 넘겼고, 김선기를 상대로도 아치를 그렸다. 고교 시절에도 하루에 홈런 3개를 친 적이 없었다는 김건희의 반응은 '이래도 되나'. 지난 시즌에는 두 자릿수 홈런에 하나가 모자랐는데, 주전 기회를 잡는 올해 10홈런 이상도 기대해 볼 만하다.

2024시즌 기록

타율	경기	타석	타수	득점	안타
0.257	83	283	261	27	67
2루타	3루타	홈런	루타	타점	도루
15	0	9	109	38	0
볼넷	삼진	병살타	장타율	출루율	RISP
18	82	7	0.418	0.300	0.257

전력분석	포수에 집중하면서 타격 능력도 돋보이기 시작했다. 콘택트 능력은 상대적으로 떨어지지만, 강력한 파워와 굉장한 타구 스피드를 자랑한다. 선구안이 나쁘지 않고 인플레이 타구의 퀄리티가 좋아 정확성만 개선된다면 더 파괴력 있는 타자로 거듭날 수 있다.
강점	파워는 타고났다.
약점	변화구 대처 능력.
수비력	포수 정착 첫해 경쟁력이 있다는 평가를 받았다. 풀타임 포수로서의 모습도 지켜봐야 한다.

TMI 인터뷰

1. 내가 가장 처음 좋아했던 야구선수는?

- 강민호

2. 나만의 유니폼 패션 포인트는?

- 노란색 팔토시. 착용하면 야구가 잘됨.

3. 다른 팀에서 데리고 오고 싶은 선수와 그 이유는?

- 김도영. 스타성 있는 선수.

4. 내가 추천하는 최고의 보양 비법은?

- 멀티비타민

5. 본인 또는 동료 이름으로 삼행시

- [김] 김건희는
  [건] 건강하게
  [희] 희대의 전설이 될 것이다.

투수(좌투좌타)

22 로젠버그

생년월일/국적	1995년 7월 9일 / 미국		신장/체중	186cm / 90kg
출신학교	미국 California State(대)		연봉	80만 달러

2024시즌 기록

평균자책점	경기	승	패	홀드	세이브
-	-	-	-	-	-
승률	이닝	투구수	피안타	피홈런	볼넷
-	-	-	-	-	-
삼진	실점	자책점	피안타율	WHIP	퀄리티스타트
-	-	-	-	-	-

주무기 | 까다로운 디셉션에 특유의 무브먼트를 가진 체인지업.

키움이 외국인 타자 2명 체제를 구상했을 때 이미 에이스로 점찍었던 투수. 몇 년 전부터 꾸준히 KBO 팀의 러브콜을 받았던 로젠버그는 '1선발로 케니를 원한다'는 키움의 말에 버건디 유니폼을 입었다. 메이저리그 17경기 등판 경험이 있고, 키움과 계약 직전까지도 LA 에인절스의 40인 로스터에 포함될 만큼 기량과 가능성을 인정받은 좌완투수다. 투구 밸런스가 좋고 슬라이더, 커브, 체인지업 등 변화구가 뛰어나다는 평가를 받는다. 외국인 투수가 한 명뿐인데다, 토종 선발진 대부분이 경험이 많지 않은 만큼 로젠버그가 로테이션의 중심을 확실히 잡아 줘야 한다.

외야수(우투우타)

66 푸이그

생년월일/국적	1990년 12월 7일 / 쿠바		신장/체중	188cm / 108kg
출신학교	쿠바 티EFD(대)		연봉	100만 달러

2024시즌 기록

타율	경기	타석	타수	득점	안타
-	-	-	-	-	-
2루타	3루타	홈런	루타	타점	도루
-	-	-	-	-	-
볼넷	삼진	병살타	장타율	출루율	득점권타율
-	-	-	-	-	-

타격스타일 | 폭발적인 타격 본능. 손목 힘을 바탕으로 한 빠른 배트 스피드와 장타력, 그리고 쇼맨십까지.

'야생마' 푸이그가 3년 만에 키움으로 돌아왔다. 2022시즌 큰 주목을 받고 KBO리그에 데뷔했던 푸이그는 한국 무대에서도 인상적인 활약을 펼쳤으나 불법 스포츠 도박 연루, 위증 의혹 등으로 재계약에 실패하며 한국을 떠났다. 푸이그를 다시 데려온 키움은 그의 개인적인 문제를 여러 경로를 통해 확인했고, 문제가 없음을 알렸다. 악동의 이미지는 사라지고, 예전보다 성숙함이 느껴진다는 주변의 평가. 홍원기 감독은 푸이그에게 '맏형' 역할도 기대하고 있다. 연습경기에서는 톱타자로도 출전하며 리드오프로서의 가능성을 시험받았고, 정규시즌에서도 다양한 타순에서 활용될 전망이다.

외야수(우투우타)

4 카디네스

생년월일/국적	1997년 10월 10일 / 미국		신장/체중	186cm / 93kg
출신학교	미국 California State(대)		연봉	60만 달러

2024시즌 기록

타율	경기	타석	타수	득점	안타
0.333	7	25	24	2	8
2루타	3루타	홈런	루타	타점	도루
2	0	2	16	5	0
볼넷	삼진	병살타	장타율	출루율	득점권타율
1	6	1	0.667	0.360	0.429

타격스타일 | KBO 데뷔 두 경기 만에 140m 초대형 홈런을 터뜨린 파워 히터.

지난해 삼성에서 뛰었던 바로 그 카데나스다. 카디네스로 등록명을 바꾸고 키움에서 뛴다. 삼성에서는 대체 외국인 타자로 시즌 중반 합류했으나, 부상이 길어지며 7경기만 뛰고 방출됐다. 태업 논란까지 불거졌으나 오해가 있었다는 전언. 키움은 카디네스의 몸 상태는 물론, 야구를 대하는 자세, 성실성, 책임감 등을 꼼꼼히 살핀 뒤 계약을 맺었다고 강조했다. 전력 분석을 주도할 정도로 상대 연구를 많이 하고, 그에 기반한 수 싸움에도 능하다. 콘택트 능력과 선구안도 나쁘지 않다는 평가. 건강만 하다면 키움에 필요한 장타 갈증을 해소해 줄 타자다.

투수(좌투좌타)

8 김성민

생년월일	1994년 4월 26일			신장/체중	181cm / 90kg
출신학교	대구옥산초-경복중-대구상원고-일본경제대			연봉	1억 1천만 원

2024시즌 기록

평균자책점	경기	승	패	홀드	세이브
4.34	46	3	4	14	0
승률	이닝	투구수	피안타	피홈런	볼넷
0.429	45 2/3	722	45	5	17
삼진	실점	자책점	피안타율	WHIP	퀄리티스타트
34	24	22	0.273	1.36	0

전력분석	안정적인 좌완 불펜. 스리쿼터에 가까운 투구폼으로, 타자들이 공략하기 까다로운 궤적을 그린다. 제구도 좋은 편. 수싸움에 능하고 노련하게 경기를 운영하는 능력을 갖췄다.
강점	타이밍 싸움.
약점	구속의 한계.

투수(우투우타)

생년월일	2005년 5월 7일			신장/체중	186cm / 90kg
출신학교	잠일초(강동구리틀)-잠신중-서울고			연봉	3천2백만 원

2024시즌 기록

평균자책점	경기	승	패	홀드	세이브
6.83	18	2	4	0	0
승률	이닝	투구수	피안타	피홈런	볼넷
0.333	27 2/3	570	35	4	20
삼진	실점	자책점	피안타율	WHIP	퀄리티스타트
18	28	21	0.294	1.99	0

전력분석	최고 150km/h대 빠른 공을 던지는 우완투수. 데뷔 시즌이었던 지난해 선발과 불펜을 두루 경험했다. 빠른 구속과 구위를 가졌지만 회전수는 아쉽다는 평가. 이닝과 경기의 기복을 줄이는 게 관건.
강점	1라운드 픽을 받은 직구 구위.
약점	변화구 완성도.

62 전준표

투수(우투우타)

37 이강준

생년월일	2001년 12월 14일			신장/체중	182cm / 85kg
출신학교	서당초-설악중-설악고			연봉	3천2백만 원

2024시즌 기록

평균자책점	경기	승	패	홀드	세이브
-	-	-	-	-	-
승률	이닝	투구수	피안타	피홈런	볼넷
-	-	-	-	-	-
삼진	실점	자책점	피안타율	WHIP	퀄리티스타트
-	-	-	-	-	-

전력분석	입대 직전 한현희 보상 선수로 롯데에서 이적, 상무야구단에서 군 복무를 마치고 합류했다. 최고 158km/h 강속구를 뿌리는 사이드암. 제구만 된다면 이보다 무서운 투수는 없다.
강점	까다로운 무브먼트.
약점	커맨드의 일관성.

투수(우투우타)

68 김연주

생년월일	2004년 2월 27일		신장/체중	175cm / 75kg
출신학교	대전신흥초-충남중-세광고		연봉	3천8백만 원

2024시즌 기록

평균자책점	경기	승	패	홀드	세이브
6.61	34	1	1	1	0
승률	이닝	투구수	피안타	피홈런	볼넷
0.500	31 1/3	576	34	5	17
삼진	실점	자책점	피안타율	WHIP	퀄리티스타트
18	24	23	0.272	1.63	0

전력분석	체격은 작지만 다부지게 공을 던진다. 싸움닭 기질이 있는 공격적인 투수로, 데뷔 시즌에 필승조를 경험하며 성장세를 보였다. 직구 구위에 대한 평가가 좋으며, 구속 향상의 가능성도 있다.
강점	내야수 출신다운 견제와 수비 능력.
약점	더 많은 경험을 쌓자.

투수(우투우타)

49 김선기

생년월일	1991년 9월 1일		신장/체중	187cm / 98kg
출신학교	석교초-세광중-세광고		연봉	8천4백만 원

2024시즌 기록

평균자책점	경기	승	패	홀드	세이브
5.54	42	6	4	0	0
승률	이닝	투구수	피안타	피홈런	볼넷
0.600	76 1/3	1,318	91	13	30
삼진	실점	자책점	피안타율	WHIP	퀄리티스타트
43	51	47	0.292	1.59	1

전력분석	메이저리그도 주목했던 재능. 롱릴리프부터 필승조, 대체 선발까지 전천후 투수로 궂은 일을 도맡아 하는 투수. 대체로 안정적인 퍼포먼스를 보인다. 포크볼을 더 완벽하게 다듬는 게 관건.
강점	이닝이터 면모.
약점	좋을 때와 안 좋을 때의 차이가 큰 편.

투수(우투우타)

35 박윤성

생년월일	2004년 2월 8일		신장/체중	183cm / 96kg
출신학교	부산수영초-개성중-경남고		연봉	3천5백만 원

2024시즌 기록

평균자책점	경기	승	패	홀드	세이브
5.79	17	0	0	1	0
승률	이닝	투구수	피안타	피홈런	볼넷
-	18 2/3	301	14	5	9
삼진	실점	자책점	피안타율	WHIP	퀄리티스타트
14	12	12	0.200	1.23	0

전력분석	개성고 에이스 출신. 입단 직후 팔꿈치 수술을 받고 구속이 떨어지는 모습을 보였으나 구속도 다시 회복했다. 강속구를 뿌리진 않지만 수직 무브먼트가 좋아 경쟁력이 있다. 필승조로의 성장이 기대.
강점	커맨드는 확실하다.
약점	변화구의 퀄리티.

투수(우투우타)

41 안우진

생년월일	1999년 8월 30일			신장/체중	192cm / 90kg
출신학교	강남초-서울이수중-휘문고			연봉	-

2024시즌 기록

평균자책점	경기	승	패	홀드	세이브
-	-	-	-	-	-
승률	이닝	투구수	피안타	피홈런	볼넷
-	-	-	-	-	-
삼진	실점	자책점	피안타율	WHIP	퀄리티스타트
-	-	-	-	-	-

전력분석	류현진, 김광현 등 리그 대표 투수들도 최고라고 꼽는 토종 선발. 팔꿈치 수술 후 사회복무요원으로 군 복무를 하고 있다. 소집해제는 오는 9월. 홍원기 감독은 안우진의 올 시즌 복귀에 대해 확답하지는 않았지만, 포스트시즌에 올라갈 경우 준비해야 할 수도 있다고 내다봤다. 키움의 순위와 안우진의 몸 상태가 관건이다.
강점	강속구를 무기로, 완급 조절까지.
약점	실전 공백을 지워라.

포수(우투우타)

47 김동헌

생년월일	2004년 7월 15일			신장/체중	182cm / 91kg
출신학교	영문초(영등포구리틀)-충암중-충암고			연봉	3천8백만 원

2024시즌 기록

타율	경기	타석	타수	득점	안타
0.200	2	7	5	0	1
2루타	3루타	홈런	루타	타점	도루
0	0	0	1	1	0
볼넷	삼진	병살타	장타율	출루율	득점권타율
1	0	0	0.200	0.429	1.000

전력분석	콘택트 능력이 좋으면서도 홈런을 칠 수 있는 타자. 송구 불안이 있었지만 팔꿈치 수술로 개선될 수 있을 거란 전망. 군 문제가 없는 포수라는 점에서 활용도 높은 선수다. 1군에는 천천히 복귀할 것으로 보인다.
강점	나이에 비해 완성도 높은 공수.
약점	몸 상태 예의주시.

포수(우투우타)

32 김재현

생년월일	1993년 3월 18일			신장/체중	178cm / 90kg
출신학교	진북초-전라중-대전고			연봉	1억 원

2024시즌 기록

타율	경기	타석	타수	득점	안타
0.243	110	326	288	27	70
2루타	3루타	홈런	루타	타점	도루
11	0	0	81	26	1
볼넷	삼진	병살타	장타율	출루율	득점권타율
14	63	8	0.281	0.297	0.237

전력분석	경험 있는 베테랑 포수. 계약 기간 6년의 비FA 다년 계약을 통해 구단의 신뢰를 엿볼 수 있다. 빠른 팝타임과 정확성으로 도루 저지에 강점. 투수들이 안정감을 갖는 수비형 포수다.
강점	투수들의 신뢰.
약점	상대적으로 아쉬운 타격.

PLAYERS

내야수(우투좌타)

53 최주환

| 생년월일 | 1988년 2월 28일 | | | 신장/체중 | 177cm / 73kg |
| 출신학교 | 학강초-광주동성중-광주동성고 | | | 연봉 | 3억 원 |

2024시즌 기록

타율	경기	타석	타수	득점	안타
0.257	130	544	482	49	124
2루타	3루타	홈런	루타	타점	도루
23	1	13	188	84	0
볼넷	삼진	병살타	장타율	출루율	득점권타율
47	92	12	0.390	0.325	0.308

전력분석	간결한 스윙과 빠른 배트 스피드로 라인 드라이브성 타구가 많은 타자. 볼에 스윙이 많은 편이지만 좋은 공을 쳤을 때의 타구의 질이 좋다. 장타력도 있어 홈런을 항상 기대할 수 있는 선수.
강점	기술적인 타격.
약점	배드볼 히터.

내야수(우투좌타)

1 김태진

| 생년월일 | 1995년 10월 7일 | | | 신장/체중 | 169cm / 73kg |
| 출신학교 | 수유초-신일중-신일고 | | | 연봉 | 9천만 원 |

2024시즌 기록

타율	경기	타석	타수	득점	안타
0.222	81	202	189	26	42
2루타	3루타	홈런	루타	타점	도루
6	3	0	54	10	0
볼넷	삼진	병살타	장타율	출루율	득점권타율
7	27	1	0.286	0.249	0.214

전력분석	내외야 전 포지션이 가능한 유틸리티 플레이어. 주전 유격수 자리를 꿰찼다. 수비 집중력이 좋아 클러치 에러가 없는 편. 극단적으로 배트를 짧게 잡는 편이었는데, 더 효율적인 타격폼을 찾아야 한다.
강점	콘택트 능력.
약점	볼넷과 장타가 적은 편.

내야수(우투우타)

44 고영우

| 생년월일 | 2001년 6월 21일 | | | 신장/체중 | 173cm / 80kg |
| 출신학교 | 부산대연초(사상구리틀)-대동중-경남고-성균관대 | | | 연봉 | 4천5백만 원 |

2024시즌 기록

타율	경기	타석	타수	득점	안타
0.256	94	290	254	21	65
2루타	3루타	홈런	루타	타점	도루
12	2	0	81	35	0
볼넷	삼진	병살타	장타율	출루율	득점권타율
28	71	5	0.319	0.329	0.324

전력분석	수비 능력이 뛰어난 내야수로, 글러브 핸들링과 송구 능력에서 높은 평가를 받지만, 센터라인 내야수로는 수비 범위가 아쉬운 편이다. 타격에서는 콘택트 능력과 선구안이 좋아, 파워까지 갖춘다면 더욱 위협적인 타자로 성장할 수 있다.
강점	클러치 능력.
약점	장타력은 아쉬운 편.

외야수(우투우타)

27 강진성

생년월일	1993년 10월 19일			신장/체중	176cm / 89kg
출신학교	가동초-잠신중-경기고			연봉	5천5백만 원

2024시즌 기록

타율	경기	타석	타수	득점	안타
0.185	16	31	27	4	5
2루타	3루타	홈런	루타	타점	도루
0	0	0	5	2	0
볼넷	삼진	병살타	장타율	출루율	득점권타율
3	5	0	0.185	0.267	0.500

전력분석	타격에 대한 기대로 영입한 선수. 한 방이 있는 '깡' 이미지가 강하지만, 오히려 장타보다 콘택트 능력이 좋은 편. 수비는 내야와 외야 모두 가능하다. 꾸준함을 보여 줘야 한다.
강점	고른 타구 방향.
약점	낮은 출루율.

내야수(우투우타)

60 오선진

생년월일	1989년 7월 7일			신장/체중	178cm / 80kg
출신학교	화곡초-성남중-성남고			연봉	4천만 원

2024시즌 기록

타율	경기	타석	타수	득점	안타
0.200	26	29	20	0	4
2루타	3루타	홈런	루타	타점	도루
1	0	0	5	0	0
볼넷	삼진	병살타	장타율	출루율	득점권타율
2	8	0	0.250	0.333	0.143

전력분석	내야 전 포지션을 소화할 수 있는 선수로, 뎁스 강화를 위해 영입됐다. 안정적인 수비력과 준수한 작전 수행 능력을 갖춰, 공백이 발생했을 경우 구멍을 메울 백업 내야수로 기대된다.
강점	내야 수비는 언제, 어디나.
약점	아쉬운 타격 생산성.

외야수(좌투좌타)

15 이용규

생년월일	1985년 8월 26일			신장/체중	170cm / 74kg
출신학교	성동초-잠신중-덕수정보고			연봉	2억 원

2024시즌 기록

타율	경기	타석	타수	득점	안타
0.306	60	227	183	27	56
2루타	3루타	홈런	루타	타점	도루
5	2	1	68	12	2
볼넷	삼진	병살타	장타율	출루율	득점권타율
31	33	4	0.372	0.429	0.182

전력분석	맞히는 능력은 여전히 리그 최고다. 불혹의 나이지만 여전히 3할을 때려 낼 수 있는 정확성이 있다. 산전수전을 모두 겪으면서 쌓인 경험을 바탕으로 후배의 멘토 역할까지 하고 있다.
강점	'용규놀이' 괜히 나왔나. 최강의 콘택트.
약점	불혹의 나이. 한 시즌 온전히 치를 체력.

외야수(우투우타)

36 이형종

| 생년월일 | 1989년 6월 7일 | | | 신장/체중 | 183cm / 87kg |
| 출신학교 | 화곡초-양천중-서울고 | | | 연봉 | 6억 원 |

2024시즌 기록

타율	경기	타석	타수	득점	안타
0.216	35	126	102	19	22
2루타	3루타	홈런	루타	타점	도루
3	0	4	37	19	1
볼넷	삼진	병살타	장타율	출루율	득점권타율
22	27	1	0.363	0.360	0.385

전력분석	거침없는 스윙을 바탕으로 강한 타구를 생산해 낸다. 주력과 수비 모두 평균 이상. 파워도 있어 홈런 생산성이 있고, 이전보다 선구안도 좋아져서 출루율도 많이 높아졌다.
강점	확실하게 정립된, 스윙, S존, 그리고 야구관.
약점	부상 불운은 이제 그만.

외야수(우투좌타)

6 임병욱

| 생년월일 | 1995년 9월 30일 | | | 신장/체중 | 187cm / 94kg |
| 출신학교 | 수원신곡초-배명중-덕수고 | | | 연봉 | 6천만 원 |

2024시즌 기록

타율	경기	타석	타수	득점	안타
0.241	42	92	87	14	21
2루타	3루타	홈런	루타	타점	도루
3	0	3	33	10	1
볼넷	삼진	병살타	장타율	출루율	득점권타율
4	32	1	0.379	0.272	0.368

전력분석	입단 당시 '5툴 플레이어'로 꼽힐 정도로 많은 잠재력을 보여 줬다. 특히 장타력과 주력에 있어 강점을 보여 줬지만, 아직 확실한 벽을 뚫고 나오지 못하고 있다.
강점	장타력에 발도 빠르다.
약점	될 듯 하면 발목잡는 잔부상.

외야수(우투우타)

61 장재영

| 생년월일 | 2002년 5월 10일 | | | 신장/체중 | 187cm / 83kg |
| 출신학교 | 갈산초-서울신월중-덕수고 | | | 연봉 | 4천6백만 원 |

2024시즌 기록

타율	경기	타석	타수	득점	안타
0.168	38	139	119	14	20
2루타	3루타	홈런	루타	타점	도루
3	0	4	35	13	0
볼넷	삼진	병살타	장타율	출루율	득점권타율
17	64	2	0.294	0.288	0.212

전력분석	타고난 재능은 역대급. 150km/h 중후반을 던질 수 있던 재능이었지만, 결국 부상으로 타자로 출발한다. 타자로서도 타율 3할에 두 자릿수 홈런을 칠 수 있다는 평가. 다만, 올 시즌 상무 지원으로 잠시 휴식기에 들어갈 수도.
강점	'야잘잘' 대명사.
약점	경험 쌓기도 바쁜데 계속되는 부상.

46 원종현
투수(우언우타)

생년월일 1987년 7월 31일
출신학교 군산중앙초-군산중-군산상고

2024시즌 기록

중요한 건 꺾이지 않는 마음. 다시 돌아올 필승 불펜.

평균자책점	경기	승	패	홀드	세이브	승률	이닝	투구수
4.91	4	0	0	0	0	-	3 2/3	58
피안타	피홈런	볼넷	삼진	실점	자책점	피안타율	WHIP	QS
4	0	3	4	2	2	0.267	1.91	0

18 장필준
투수(우투우타)

생년월일 1988년 4월 8일
출신학교 온양온천초-온양중-북일고

2024시즌 기록

인생도, 야구도 모두 새출발. 이제 반등할 일만 남았다.

평균자책점	경기	승	패	홀드	세이브	승률	이닝	투구수
135.00	1	0	0	0	0	-	1/3	27
피안타	피홈런	볼넷	삼진	실점	자책점	피안타율	WHIP	QS
5	0	0	0	5	5	0.833	15.00	0

0 박주성
투수(우투우타)

생년월일 2000년 11월 9일
출신학교 경동초(성동구리틀)-건대부중-경기고

2024시즌 기록

돌아온 파워피처. 상무 10승 투수 위력 보여 줄까.

평균자책점	경기	승	패	홀드	세이브	승률	이닝	투구수
-	-	-	-	-	-	-	-	-
피안타	피홈런	볼넷	삼진	실점	자책점	피안타율	WHIP	QS
-	-	-	-	-	-	-	-	-

20 조영건
투수(우투우타)

생년월일 1999년 2월 4일
출신학교 대전신흥초-충남중-백송고

2024시즌 기록

구위는 통한다. 결국에는 기복과의 싸움.

평균자책점	경기	승	패	홀드	세이브	승률	이닝	투구수
8.01	25	2	1	1	0	0.667	39 1/3	734
피안타	피홈런	볼넷	삼진	실점	자책점	피안타율	WHIP	QS
51	7	24	31	39	35	0.304	1.91	0

63 손현기
투수(좌투좌타)

생년월일 2005년 10월 22일
출신학교 순천북초-순천이수중-전주고

2024시즌 기록

탈고교급 구위는 그대로. 스트라이크존 공략이 관건이다.

평균자책점	경기	승	패	홀드	세이브	승률	이닝	투구수
7.53	6	0	1	0	0	0.000	14 1/3	269
피안타	피홈런	볼넷	삼진	실점	자책점	피안타율	WHIP	QS
17	2	8	9	14	12	0.298	1.74	0

55 양지율
투수(우투우타)

생년월일 1998년 12월 16일
출신학교 서울청구초-홍은중-장충고

2024시즌 기록

확실하게 보장된 회전수. 아프지 않다면 필승조 도약도 가능하다.

평균자책점	경기	승	패	홀드	세이브	승률	이닝	투구수
6.27	21	0	2	3	0	0.000	18 2/3	345
피안타	피홈런	볼넷	삼진	실점	자책점	피안타율	WHIP	QS
16	1	13	7	13	13	0.235	1.55	0

48 이종민
투수(좌투좌타)

생년월일 2001년 6월 4일
출신학교 성동초-덕수중-성남고

2024시즌 기록

다가오는 병역의 시간. 첫 승 감동 한 번 더 느낄까.

평균자책점	경기	승	패	홀드	세이브	승률	이닝	투구수
7.63	12	1	8	0	0	0.111	43 2/3	754
피안타	피홈런	볼넷	삼진	실점	자책점	피안타율	WHIP	QS
56	9	22	21	39	37	0.313	1.79	0

67 김인범
투수(우투우타)

생년월일 2000년 1월 12일
출신학교 하남동부초(하남시리틀)-전라중-전주고

2024시즌 기록

압도적이지 않은 구위를 안정적인 제구력으로 커버해 승부한다.

평균자책점	경기	승	패	홀드	세이브	승률	이닝	투구수
5.40	19	2	7	0	0	0.222	63 1/3	1,129
피안타	피홈런	볼넷	삼진	실점	자책점	피안타율	WHIP	QS
75	9	31	27	40	38	0.294	1.67	0

31 오석주
투수(우투우타)

생년월일 1998년 4월 14일
출신학교 양정초-대천중-제주고

데뷔 7년 만에 첫 승. 싸움닭의 2차 드래프트 성공기 이제 시작이다.

평균자책점	경기	승	패	홀드	세이브	승률	이닝	투구수
11.12	17	1	1	0	0	0.500	17	343
피안타	피홈런	볼넷	삼진	실점	자책점	피안타율	WHIP	QS
28	0	11	16	21	21	0.368	2.29	0

99 김동규
투수(우투우타)

생년월일 2004년 7월 9일
출신학교 서울청구초-영남중-성남고

무궁무진한 잠재력. 장신 파이어볼러 기대주.

평균자책점	경기	승	패	홀드	세이브	승률	이닝	투구수
54.00	2	0	0	0	0	-	1/3	15
피안타	피홈런	볼넷	삼진	실점	자책점	피안타율	WHIP	QS
1	0	2	0	2	2	0.500	9.00	0

45 박범준
투수(우투좌타)

생년월일 2004년 5월 28일
출신학교 대전신흥초-한밭중-대전고

'9R 1년 차' 1군 경험까지 했다. 우상향 곡선만 유지하면 된다.

평균자책점	경기	승	패	홀드	세이브	승률	이닝	투구수
13.50	5	0	1	0	0	0.000	5 1/3	119
피안타	피홈런	볼넷	삼진	실점	자책점	피안타율	WHIP	QS
7	1	4	8	8	8	0.333	2.06	0

56 박성빈
포수(우투우타)

생년월일 2004년 4월 21일
출신학교 한밭초(계룡시리틀)-충남중-대전고

공수주가 되는 포수. 잠재력 터지면 '초대형 포수' 기대할 수 있다.

타율	경기	타석	타수	득점	안타	2루타	3루타	홈런
0.222	12	11	9	1	2	1	0	0
루타	타점	도루	볼넷	삼진	병살타	장타율	출루율	RISP
3	2	0	1	2	0	0.333	0.364	1.000

17 이원석
내야수(우투우타)

생년월일 1986년 10월 21일
출신학교 학강초-광주동성중-광주동성고-세민디지털대

히어로즈 최초 다년계약. 야속한 세월의 흔적. 노련함이 필요한 시기를 기다리고 있다.

타율	경기	타석	타수	득점	안타	2루타	3루타	홈런
0.220	39	109	91	5	20	4	0	0
루타	타점	도루	볼넷	삼진	병살타	장타율	출루율	RISP
24	8	0	14	18	2	0.264	0.330	0.185

10 김웅빈
내야수(우투좌타)

생년월일 1996년 2월 9일
출신학교 서라벌초-울산제일중-울산공고

파워는 진짜다. '2군 폭격'의 모습을 1군에서도 보여 줘야 한다.

타율	경기	타석	타수	득점	안타	2루타	3루타	홈런
0.125	12	38	32	2	4	0	0	0
루타	타점	도루	볼넷	삼진	병살타	장타율	출루율	RISP
4	2	0	4	15	1	0.125	0.243	0.143

5 이재상
내야수(우투우타)

생년월일 2005년 4월 17일
출신학교 갈산초-성남중-성남고

강렬했던 4월. 원통한 부상. '명품 유격수' 계보 잇기 재도전.

타율	경기	타석	타수	득점	안타	2루타	3루타	홈런
0.190	36	89	84	7	16	1	0	1
루타	타점	도루	볼넷	삼진	병살타	장타율	출루율	RISP
20	5	0	2	33	0	0.238	0.227	0.130

23 김병휘
내야수(우투우타)

생년월일 2001년 2월 16일
출신학교 효제초-홍은중-장충고

수비력은 검증 완료. 타격에 달린 1군 경쟁력.

타율	경기	타석	타수	득점	안타	2루타	3루타	홈런
0.169	28	71	59	6	10	3	0	1
루타	타점	도루	볼넷	삼진	병살타	장타율	출루율	RISP
16	3	0	6	26	0	0.271	0.300	0.000

26 이승원
내야수(우투우타)
생년월일 2004년 7월 2일
출신학교 도봉초(노원구리틀)-상명중
-덕수고

2024시즌 기록

강한 어깨는 진짜다. 타격 눈만 뜨면 기회는 분명히 온다.

타율	경기	타석	타수	득점	안타	2루타	3루타	홈런
0.108	20	41	37	3	4	1	0	0
루타	타점	도루	볼넷	삼진	병살타	장타율	출루율	RISP
5	1	0	2	13	2	0.135	0.154	0.091

58 이주형
내야수(좌투좌타)
생년월일 2002년 7월 5일
출신학교 이매초-매송중-야탑고

2024시즌 기록

상무 생활 마치고 온 '거포 유망주'. 1군 홈런 기억 다시 살린다.

타율	경기	타석	타수	득점	안타	2루타	3루타	홈런
0.266	115	537	473	82	126	19	3	13
루타	타점	도루	볼넷	삼진	병살타	장타율	출루율	RISP
190	60	6	49	119	4	0.402	0.352	0.267

98 서유신
내야수(우투우타)
생년월일 2000년 8월 17일
출신학교 광주수창초-충장중-화순고
-원광대

2024시즌 기록

하위라운더의 반란을 꿈꾼다. 무기는 '근성'.

타율	경기	타석	타수	득점	안타	2루타	3루타	홈런
-	-	-	-	-	-	-	-	-
루타	타점	도루	볼넷	삼진	병살타	장타율	출루율	RISP
-	-	-	-	-	-	-	-	-

38 김동엽
외야수(우투우타)
생년월일 1990년 7월 24일
출신학교 천안남산초-천안북중-북일고

2024시즌 기록

'킹' is Back. 통산 92홈런 파워히터의 새 페이지 시작됐다.

타율	경기	타석	타수	득점	안타	2루타	3루타	홈런
0.111	8	21	18	1	2	1	0	0
루타	타점	도루	볼넷	삼진	병살타	장타율	출루율	RISP
3	2	0	1	5	0	0.167	0.190	0.000

14 박수종
외야수(우투우타)
생년월일 1999년 2월 25일
출신학교 도신초-강남중-충암고-경성대

2024시즌 기록

2024년 첫 승 이끈 슈퍼캐치. 육성선수 성공 신화 불 지핀다.

타율	경기	타석	타수	득점	안타	2루타	3루타	홈런
0.256	80	148	129	23	33	5	1	0
루타	타점	도루	볼넷	삼진	병살타	장타율	출루율	RISP
40	6	3	13	17	4	0.310	0.333	0.171

9 변상권
외야수(우투좌타)
생년월일 1997년 4월 4일
출신학교 인천서림초-상인천중-제물포고
-인천재능대

2024시즌 기록

타격 잠재력 최고. 좌타자인데 좌투수를 더 잡는다.

타율	경기	타석	타수	득점	안타	2루타	3루타	홈런
0.251	77	232	219	16	55	3	1	5
루타	타점	도루	볼넷	삼진	병살타	장타율	출루율	RISP
75	21	0	11	51	4	0.342	0.289	0.192

29 임지열
외야수(우투우타)
생년월일 1995년 8월 22일
출신학교 대전신흥초-건대부중-덕수고

2024시즌 기록

클러치 히터로 불렸던 집중력. 2025년 재도약 위한 '반등의 키'.

타율	경기	타석	타수	득점	안타	2루타	3루타	홈런
0.102	22	57	49	4	5	0	0	1
루타	타점	도루	볼넷	삼진	병살타	장타율	출루율	RISP
8	5	0	7	16	2	0.163	0.211	0.000

57 박주홍
외야수(좌투좌타)
생년월일 2001년 4월 16일
출신학교 자양초(하남시리틀)-건대부중
-장충고

2024시즌 기록

1차 지명 아무나 받나. 최고라던 타격 잠재력 이제 보여야 한다.

타율	경기	타석	타수	득점	안타	2루타	3루타	홈런
0.102	25	59	49	5	5	2	0	0
루타	타점	도루	볼넷	삼진	병살타	장타율	출루율	RISP
7	1	2	10	17	1	0.143	0.254	0.083

33 원성준

외야수(우투좌타)

생년월일 2000년 3월 31일

출신학교 고명초-서울이수중-경기고
-성균관대

2024시즌 기록

홈런 호수비 도루 다 보여 줬다. '최강야구' 아닌 '프로 1군'도 신스틸러 준비 완료.

타율	경기	타석	타수	득점	안타	2루타	3루타	홈런
0.250	51	125	112	12	28	5	0	2
루타	타점	도루	볼넷	삼진	병살타	장타율	출루율	RISP
39	11	2	10	36	2	0.348	0.306	0.241

25 주성원

외야수(우투우타)

생년월일 2000년 8월 30일

출신학교 부산대연초(남구리틀)
-부산신정중-개성고

2024시즌 기록

홈런왕, 사이클링히터. 이제 1군 기억으로 만들어야 한다.

타율	경기	타석	타수	득점	안타	2루타	3루타	홈런
0.200	27	62	55	7	11	1	0	1
루타	타점	도루	볼넷	삼진	병살타	장타율	출루율	RISP
15	5	0	6	18	2	0.273	0.279	0.200

1라운드 전체 1순위

13 정현우

투수(좌투좌타)

생년월일 2006년 4월 13일

신장/체중 181cm / 91kg

출신학교 홍제초(서대문구리틀)-충암중-덕수고

전체 1순위의 주인공. 장재영, 안우진에 이어 구단 역대 세 번째로 많은 5억 원에 계약했다. 이닝 소화 능력, 경기 운영 능력, 카운트 싸움, 변화구 퀄리티 등 또래에 비해 한 단계 앞선 완성형 투수라는 평가를 받았다.

2라운드 전체 7순위

59 김서준

투수(우투좌타)

생년월일 2006년 12월 22일

신장/체중 187cm / 83kg

출신학교 고양화정초(일산서구리틀)-원당중
-충훈고

190cm 장신의 우완투수. 주무기 슬라이더를 비롯해 다양한 구종과 안정된 제구력을 바탕으로 아마추어 시절 뛰어난 경기 운영 능력을 보였다. 1군 무대에서도 충분히 통할 수 있는 경쟁력 있는 선발형 투수라는 평가다.

2라운드 전체 11순위

39 염승원

내야수(우투좌타)

생년월일 2006년 3월 20일

신장/체중 180cm / 180cm

출신학교 고명초-휘문중-휘문고

이영민 타격상의 주인공. 정교한 스윙으로 뛰어난 타격 정확도와 콘택트 능력을 가진 타자로, 빠른 주력과 부드러운 수비 움직임도 강점이다. 즉시전력감으로도 분류됐지만 작년 11월 수술을 받았고 1년 정도 재활의 시간을 가진다.

3라운드 전체 21순위

92 어준서

내야수(우투좌타)

생년월일 2006년 11월 27일

신장/체중 183cm / 87kg

출신학교 수유초-자양중-경기고

우수한 신체조건을 바탕으로 주력뿐만 아니라 장타력을 겸비한 유격수. 넓은 수비 범위를 가졌고, 어깨가 좋아 강하고 정확한 송구가 장점으로 꼽힌다. 콘택트 능력도 있어 힘이 붙는다면 빠르게 성장할 케이스.

3라운드 전체 27순위

93 여동욱

내야수(우투우타)

생년월일 2005년 11월 10일

신장/체중 180cm / 90kg

출신학교 남도초-협성경복중-상원고

영웅군단의 '최정'을 꿈꾼다. 파워 툴만큼은 고교야구 최고라는 평가를 받았다. 장타력이 좋은 이미지이지만 콘택트 능력도 나쁘지 않고, 주력도 좋은 편이다. 3루 수로 강한 어깨나 침착함, 범위 등 수비에서도 높은 점수를 받았다.

3라운드 전체 28순위

94 박정훈

투수(좌투좌타)

생년월일 2006년 3월 23일

신장/체중 192cm / 103kg

출신학교 삼일초-매향중-비봉고

와일드한 폼의 왼손 투수. 최고 구속 153km/h의 강력한 직구와 함께 궤적이 좋은 평균 이상의 체인지업을 가지고 있다. 타고난 운동 능력이 좋다는 평가.

4라운드 전체 31순위
96 윤현

생년월일	2006년 10월 20일
신장/체중	187cm / 90kg
출신학교	가동초-자양중-경기고

완성도 높은 변화구가 장점이다. 직구 구속은 최고 140km/h 중반으로 경기 내내 구속을 유지하는 스태미나를 갖춘 선수다. 구위나 변화구 등 전체적인 밸런스가 좋은 투수.

투수(우투우타)

5라운드 전체 41순위
97 전태현

생년월일	2006년 3월 2일
신장/체중	180cm / 82kg
출신학교	양덕초-마산동중-용마고

공수주 밸런스가 좋은 중장거리 타자로, 내야 멀티 포지션이 가능한 수비력을 갖추고 있다. 대만 연습경기에서 홈런을 터뜨리며 눈도장을 찍었다. 시즌 초반 3루수 경쟁을 할 것으로 보인다.

내야수(우투좌타)

6라운드 전체 51순위
70 양현종

생년월일	2006년 8월 15일
신장/체중	177cm / 84kg
출신학교	옥산초-협성경복중-대구고

대타자가 될 수 있을까. 정확한 송구를 바탕으로 안정된 수비 능력을 갖춘 선수. 타석에서도 준수한 모습이라는 평가다. 고교시절 사이클링 히트를 달성한 적이 있다.

내야수(우투우타)

7라운드 전체 61순위
71 권혁빈

생년월일	2005년 11월 4일
신장/체중	185cm / 75kg
출신학교	칠성초-경상중-대구고

빠른 주력이 최대 장점이며 주루플레이에 능하다. 고3 시절 고교 선수 중 도루 1위 기록. 타석에서 콘택트 능력도 뛰어나다는 평가다. 내야수로 지명되었으나 지명 후 외야수로 전향했다.

내야수(우투우타)

8라운드 전체 71순위
77 정세영

생년월일	2006년 9월 23일
신장/체중	177cm / 82kg
출신학교	학동초-언북중-경기상고

경기 운영 능력이 장점으로, 안정된 제구력을 바탕으로 커브와 체인지업을 잘 활용하는 투수. 변화구 구사 능력은 고교 최상급. 멘탈도 좋은 투수로 평가받는다.

투수(좌투좌타)

9라운드 전체 81순위
82 임진묵

생년월일	2006년 4월 23일
신장/체중	181cm / 85kg
출신학교	천안청룡초-상명중-경기상고

강력한 직구 구위와 체인지업을 주무기로 삼는 투수. 경기상고 시절 MLB 사무국에서 신분조회를 요청했던 선수이기도 하다.

투수(우투우타)

10라운드 전체 91순위
83 오혜성

생년월일	2006년 2월 27일
신장/체중	181cm / 85kg
출신학교	서래초(인천남동리틀)-신흥중-제물포고

역동적인 투구폼을 가진 우완투수로, 일관성 있는 투구 밸런스와 간결한 팔 회전으로 부드러운 투구 동작을 가졌다.

투수(우투우타)

11라운드 전체 101순위
85 정동준

생년월일	2002년 1월 14일
신장/체중	183cm / 90kg
출신학교	동주초(부산서구리틀)-외포중-용마고-경남대

140km/h 중반에 형성되는 직구의 구위가 강점으로, 기복 없이 안정된 모습을 보여준다. 마산용마고 시절 내야수였으나 대학에서 투수로 전향.

투수(우투우타)

2025 프로야구 가이드북

초판 1쇄 펴낸 날 ｜ 2025년 4월 4일

지은이 ｜ 나유리, 조은혜, 이종서, 윤승재, 김현세
펴낸이 ｜ 홍정우
펴낸곳 ｜ 브레인스토어

책임편집 ｜ 김다니엘
편집진행 ｜ 홍주미, 이은수, 박혜림
디자인 ｜ 참프루, 이예슬
마케팅 ｜ 방경희
자료제공 ｜ KBO

주소 ｜ (03908) 서울시 마포구 월드컵북로 375, DMC이안상암1단지 2303호
전화 ｜ (02)3275-2915~7
팩스 ｜ (02)3275-2918
이메일 ｜ brainstore@publishing.by-works.com
블로그 ｜ https://blog.naver.com/brain_store
인스타그램 ｜ https://instagram.com/brainstore_publishing

등록 ｜ 2007년 11월 30일(제313-2007-000238호)

© 브레인스토어, 나유리, 조은혜, 이종서, 윤승재, 김현세, 2025
ISBN 979-11-6978-051-3(03690)